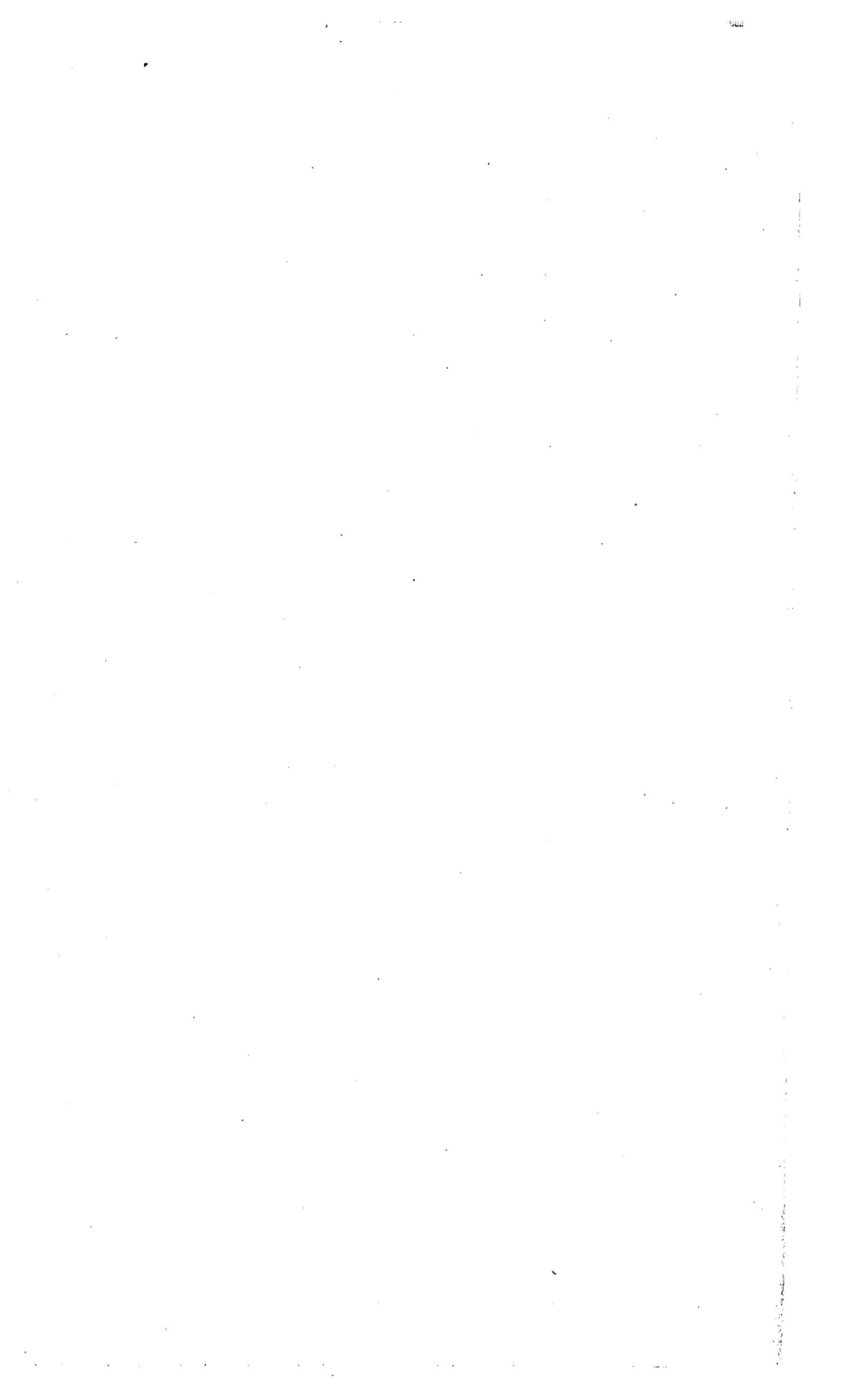

DE L'EMPHYTÉOSE

ÉTUDE

D'HISTOIRE, DE DROIT & DE LÉGISLATION

PAR

Eugène FRANÇOIS

AVOCAT

Docteur en droit

PARIS

PICHON IMPRIMEUR

22, RUE SOUFFLOT, 22

ÉTUDE

D'HISTOIRE, DE DROIT & DE LÉGISLATION

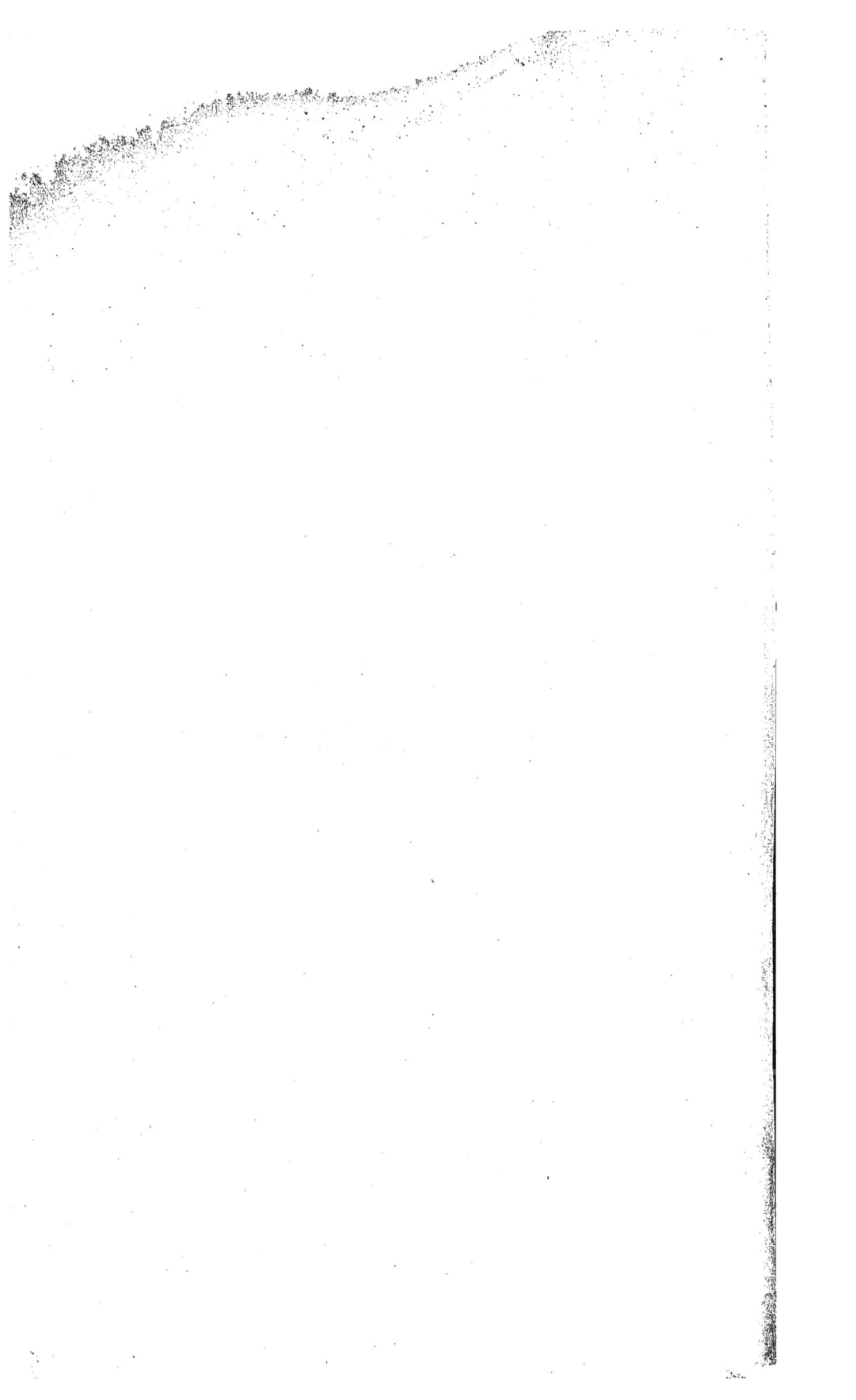

DE L'EMPHYTÉOSE

ÉTUDE

D'HISTOIRE, DE DROIT & DE LÉGISLATION

PAR

Eugène FRANÇOIS

AVOCAT

Docteur en droit

GRENOBLE

IMPRIMERIE MAISONVILLE. — BREYNAT ET Cᵉ, SUCC.

8, Rue du Quai, 8

1883

INDEX BIBLIOGRAPHIQUE

ACCARIAS. — Précis de droit romain. Paris, 1ᵉ éd. 1874.

ANDREOLUS. — *Controversiæ.* Genève, 1568.

ARGENTRE (d'). — *Commentarii in patrias Britonnum leges.* Paris, 1620.

ARGOU. — Institution au droit français. Paris, 1771.

AUBRY et RAU. — Cours de droit civil français. Paris, 4ᵉ éd. 1869.

AUCOC. — Conférences de droit administratif. Paris, 1869-76.

BALUZE. — *Capitularia regum francorum. Parisiis,* 1780.

— *Capitularia regum francorum,* éd. de Venise, 1773.

BAS (Le) et WADINGTON. — Voyage archéologique en Grèce et en Asie-Mineure.

BASSET. — Plaidoyez. Grenoble, 1568.

BAUDI DI VESME. — Vicende dalla proprieta della caduta d'ell imperio romano fino alla stabilimento dei feudi.

BEAUMANOIR. — Les coutumes de Beauvoisis, éd. Bugnot.

BINDING. C. — Das Burgundisch-Romanische Königreich. Leipzig.

BLONDEAU (Claude) et Gabriel GUERET. — Journal du palais. Paris, 1737.

BOERIUS. — *Decisiones.* Paris, 1603.

BOISSIEU (Salvaing de). — De l'usage des fiefs et du plait seigneurial. Grenoble, 1721.

BONNEFOY-PERRIN. — Documents sur le prieuré de Chamonix.

BOUTARIC. — Traité des droits seigneuriaux. Toulouse, 1751.

BOUTEILLER. — Somme rurale, éd. Charondas le Caron. Paris, 1621.

BRODEAU sur LOUET. — Recueil d'aucuns notables arrets, 8ᵉ éd. Paris, 1627, et 11ᵉ éd. Paris, 1633.

CAILLEMER.—Contrat de louage à Athènes, 1869.

CAMBOLAS (Jean de). — Décisions notables. Toulouse, 1735.

CATELLAN. — Arrêts. Toulouse, 1736.

CHARONDAS. — Pandectes et Réponses. Paris, 1507, et Lyon, 1596.

CHEVALIER (abbé Ulysse). — Cartulaire de Saint-André-le-Bas.

CHEVALIER. — Cartulaire de Saint-Chaffre.

CHEVALIER. — Inventaire des archives des Dauphins de Viennois à Saint-André de Grenoble.

CHORIER (Nicolas). — Jurisprudence de Guy-Pape, 1769.

CLARUS. Opera, *coloniæ Allobrogum,* 1636.

COQUILLE. — Commentaire sur la coutume de Nivernais, 1703.

CORBULUS (Aurelius). — *De jure emphyteutico tractatus. Coloniæ Agrippinæ*, 1589.

CORMIS (François de). — Recueil de consultations. Paris, 1735.

CORPUS *inscriptionum græcarum*. Berlin, 1828-1859.

CUJAS. — *Opera*, éd. Fabrot, 1658.

CUJAS. — *Opera*, éd. de Venise.

CUJAS. — *Opera*. Paris, 1577.

DAREMBERG et SAGLIO. — Dictionnaire des antiquités grecques et romaines. Paris, 1872.

DEMOLOMBE. — Cours de code civil, 2ᵉ éd. Paris, 1860-1878.

DENISART. — Collection des décisions nouvelles relatives, à la jurisprudence. Paris, 1771.

DESPEISSES. — Œuvres. Lyon, 1736.

DIDIER-PAILHÉ et TARTARI. — Cours élémentaire de droit romain, éd. Tartari.

DOMAT. — Lois civiles. Paris, 1726.

DONEAU. — *Commentaria juris civilis*.

DUMOULIN. — *Commentarii in consuetudines Parisienses*. Paris, 1624, et Paris, 1681.

DUNOD. — Traité des prescriptions. Paris, 1753.

DUPERRIER. — Œuvres. Toulouse, 1740.

DURANTON. — Cours de droit français.

DUVERGIER. — Collection des lois.

DUVERGIER. — Du louage.

EXPILLY. — Arrêts et plaidoyez. 1636.

FABER (Antonius). — *Rationalia ad pandectas*. Genève, 1626.

FABER (Antonius). — *Codex fabrianus*. Genève, 1540, et Lyon, 1616.

FABER (Antonius). *Err. pragmat. coloniæ Allobrogum*. 1613.

FERRIÈRES (Claude de). — Dictionnaire de droit pratique. Paris, 1760.

FONMAUR. — Des droits de quint, lods et ventes. Carcassonne, 1778.

FRESNE (Jean du). — Journal des audiences. Paris, 1565.

FRESQUET. — Traité élémentaire de droit romain. Paris, 1853.

FUSTEL DE COULANGES. — Les origines du régime féodal. (Revue des Deux-Mondes du 15 mai 1873.)

GALLAND. — Du franc-alleu et origine des droits seigneuriaux. Paris, 1637.

GARSONNET. — Histoire des locations perpétuelles. Paris, 1879.

GIBALINUS. — *Tractatio*. Lyon, 1563.

GIRAUD (Ch.). — Recherches sur le droit de propriété chez les Romains. Aix, 1836.

GIRAUD (Ch.) — Les nouveaux Bronzes d'Osuna. Paris, 1877.

GIRAUD (Ch). — Essai sur l'histoire du droit français. Paris, 1840.

GIRAUD. — Cartulaire de l'abbaye de Saint Barnard, de Romans.

GOLDAST. — *Constitutiones imperiales*. Francfort, 1713.

GRÉGOIRE DE TOURS. — *Historia francorum*. éd. *Ruinard*.

GRENIER. — Des privilèges et hypothèques. 1822.

GUÉRARD.—Cartulaire de Saint-Père.

GUÉRARD.—Cartulaire de Saint-Chartre.

GUÉRARD. — Polyptique d'Irminon.

GUÉRARD. — Explication du capitulaire de Villis.

GUÉRARD.—Cartulaire de Saint-Bertin.

GUY-PAPE. — *Consilia et decisiones.* Lyon 1513 et 1533.

HERVÉ. — Traité des matières féodales et consuelles. Paris, 1785.

JANET (Claudio). — Institutions et droit civil à Sparte. 2ᵉ éd. 1880.

JURISPRUDENCE DU PARLEMENT DE BORDEAUX. — Éd. de Limoges.

LABOULAYE.—Histoire du droit de propriété foncière en Occident.

LABOULAYE. — Des lois agraires chez les Romains. (Revue de législation). 1846.

LACOMBE (Guy du Rousseaud de) — Recueil de jurisprudence. Paris, 1769.

LACOMBE. — Recueil de jurisprudence canonique et bénéficiale. Paris, 1755.

LAPEYRÈRE. — Décisions sommaires du Palais. Bordeaux, 1749.

LEFORT.—Histoire des locations perpétuelles ou à longue durée. Paris, 1875.

LESTANGS. — Arrêts.

LOISEL. — Institutes coutumières. Paris, 1783.

LOYSEAU. — Œuvres complètes. — Paris 1678.

MAILLANE (Durand de). —Dictionnaire de droit canonique. Lyon, 1770.

MARION. — Cartulaire de Saint-Hugues.

MASSÉ et VERGÉ. — Droit civil français. Paris 1854.

MAYNARD (Géraud de).—Notables singulières questions de droit. Toulouse, 1751.

MENOCHIUS. — *Commentariorum de presomptionibus.* Lyon, 1588.

MERLIN. — Répertoire de jurisprudence et questions de droit. Bruxelles (1825-1828).

MOMMSEN. — *Corpus inscriptionum latinarum.* Berlin, 1863-1876.

MURATORI. — *Rerum Italicarum scriptores.* Milan 1723-1738.

MURATORI.—*Antiquitates Italicæ medii ævi.* Milan 1739-1742.

NIEGOLEWSKI. — *De jure superficiario.* Bonn. 1846.

D'OLIVE. — Œuvres. Lyon 1560.

ORELLI-HENZEN. — *Corpus inscriptionum latinarum.* Zurich, 1828-1856.

PAPON. — Instrument du premier notaire. Lyon 1576.

PAPON. — Recueil d'arrêts notables des cours souveraines. 5ᵉ éd. Lyon 1568.

PARDESSUS. — Lois saliques et *lex emendata.* Paris 1843.

PELLAT. — Exposé des principes généraux de la propriété et de l'usufruit. Paris 1853.

PÉPIN LE HALLEUR. — Histoire de l'emphytéose. Paris. 1843.

PERTZ. — *Monumenta Germaniæ historicæ*. — Hanovre 1826-1876.

POCQUET DE LIVONNIÈRE. Traité des fiefs. Paris 1729.

POTHIER. — Œuvres.

DE PRESTRE. — Questions notables de droit. Paris 1563.

PROST DE ROYER. — Nouvelle éd. du dictionnaire de Brillon. Lyon 1781.

PROUDHON. — Propriété et usufruit. Paris 1853.

PROUDHON. — De l'usufruit en droit romain.

RAGUEAU. — Glossaire du droit français (éd. Laurière.)

RECUEIL DES ARRETS DU PARLEMENT DE TOULOUSE. — Toulouse. 1759.

DE ROZIÈRE. — Recueil général des formules dans l'empire des Francs. — Paris 1859-1871.

ZEITSCHRIFT für die vergleichende rechtswissenschaft Bernhöft und Cohn. Stuttgart. 1878.

SACHSENSPIEGEL. éd. Homeyer.

SAVIGNY. — Possession, 6· éd. allemande.

SAVIGNY. — Possession, trad. Staedtler sur la 7· édition. Paris 1870.

SCHWABENSPIEGEL. — édition Lassberg.

SERRIGNY. — Droit public et administratif romain. Paris 1862.

TAISAND. — Coutumes générales de Bourgogne. Dijon 1698.

THIBAUT.— Systèmes de Pandectes.

THIBAUT. — Essais.

THIBAUT. —Dissertations sur le droit civil.

TROPLONG. — Du louage.

VALETTE. — Des privilèges et des hypothèques. Paris 1846.

VEDEL (Gabriel). — Observations sur les œuvres de Catellan. 1758.

VINNIUS. — *Com. ad institutiones.* Amsterdam. 1765.

VOET. — *Commentarii ad institutiones.* Utrecht. 1668.

VUY. — *De originibus natura emphyteutici romanorum.* Heidelberg. 1838.

WALTER. — *Corpus juris Germanici.* Berlin, 1824.

VAN WETTER. — Cours de droit romain.

NOTE. — Les arrêts des parlements cités dans le cours de l'ouvrage sont empruntés pour la plupart à Brodeau sur Louet, Basset, Cambolas, Catellan, Charondas, Chorier, Despeisses, Dunod, Jean du Fresne, Expilly, Guy de Iacombe, Lestangs, Maynard, Papon, de Prestre et surtout aux divers recueils de jurisprudence dont l'énumération vient d'être donnée dans l'index. Les décisions de la Cour des comptes, aydes de Montpellier se rencontrent principalement dans le recueil des arrêts du parlement de Toulouse, et celles de la chambre de l'Edit de Castres sont généralement mentionnées par Despeisses dans ses œuvres.

« *Latifundia perdidere
Italiam.* »
(Pline l'Ancien, historia
naturalis, xviii, 6.)

L'un des meilleurs esprits du dix-huitième siècle dit,
en traitant de la philosophie des lois, que les législations
et les institutions sociales empruntent leur caractère et
reçoivent même leur existence propre, de la religion, des
mœurs, du climat et des besoins, qui régissent une nation (1). Rigoureusement exact à toutes les époques et
dans toutes les situations, que l'histoire universelle peut
fournir, un tel principe semble avoir été écrit pour cette
espèce de bail à long terme, auquel les Grecs avaient
donné le nom d'emphytéose, et que nous nous proposons d'étudier depuis son origine, si controversée, jusque
dans sa propre existence, rejetée par quelques-uns de
nos jours.

Aucune étude ne nous permettra mieux de voir comment les destinées de la propriété sont étroitement liées
à celles de la civilisation et en forment un des traits

---

(1) Montesquieu. *Esprit des lois.* L. 19, ch. 1.

caractéristiques. Crée par la nécessité, l'emphytéose ne s'est façonnée et développée qu'avec la nécessité : c'est lorsque l'esprit d'une nation éloigne les citoyens de l'agriculture comme d'une profession servile, lorsque des guerres de conquêtes ou des luttes intestines enlèvent à la terre les bras qui lui sont indispensables, lorque le poids excessif des impôts, se multipliant sans cesse sous la cupidité des empereurs, éloigne des campagnes le travailleur désespéré ; c'est enfin lorsque les exactions et la rapacité des seigneurs ruinent la petite propriété, impuissante à se protéger contre d'aussi turbulents voisins, que nous voyons l'emphytéose apparaître, se former, s'étendre, recevoir une législation propre et arriver à son apogée. Mais lorsque la nécessité disparait, lorsque la grande propriété, se désagrégeant sous les efforts du temps et des hommes, commence à faire place à la petite propriété, presque ignorée jusqu'alors ; lorsqu'à un nombre restreint de grands propriétaires succède une multitude de petits propriétaires ; dès ce moment l'emphytéose tend à disparaître ; c'est une vieille institution, qui se meurt, et lorsque le code civil viendra établir une législation conforme au nouvel état social fondé par la Révolution, on n'y parlera pas même de cette emphytéose en si grand honneur pendant la féodalité, et une école, contre laquelle nous nous élèverons, soutiendra que l'emphytéose n'existe plus, et qu'elle a disparu, emportée comme le régime féodal lui-même par la Révolution française, brisant tout à la fois un état politique et une institution sociale vieille de plus de vingt siècles.

INTRODUCTION

ORIGINES DE L'EMPHYTÉOSE

DU CONTRAT D'EMPHYTÉOSE EN GRÈCE

L'emphytéose existait déjà dans la pratique bien avant que l'empereur Zénon ne l'eut réglementée dans une constitution restée célèbre (1). Mais si l'existence même de cette emphytéose, antérieurement à ce document, ne saurait faire de doute, il n'en est pas de même de ses origines et de sa nature ; sur ces deux derniers points, qui n'en forment du reste qu'un seul, la recherche des origines de l'emphytéose, une controverse très importante s'est élevée et domine le sujet à son début. Il importe donc, avant d'aborder cette première difficulté, de remonter aux sources de cet important contrat et de rechercher tout d'abord si, chez les peuples plus anciens que Rome, il peut se rencontrer des institutions présentant quelques analogies avec le bail emphytéotique.

---

(1) L. 1. *C.* de jur. emph. 4.66.

Dans l'Inde, la communauté des terres (1), qui a régné pendant de si longues années, et les entraves apportées par la loi hindoue à l'aliénation de la propriété foncière (2), semblent s'opposer à toute idée de tenure et partant à toute idée d'emphytéose. Toutefois l'organisation sociale qui existe dans certains villages, principalement à l'extrémité méridionale de la péninsule, laisserait supposer que cette espèce de location n'y aurait pas été totalement inconnue. Cette organisation partage le sol entre deux classes de personnes ; les unes ont la propriété telle que la reconnaît la loi hindoue, les autres, considérées comme impures, n'ont qu'un bail perpétuel ou temporaire. Mais d'une situation, qui ne semble n'avoir été à une époque éloignée qu'une exception due à quelque conquête ou à quelque révolution intérieure, et, en l'absence de textes plus précis, nous ne pouvons en conclure à l'existence de l'emphytéose. Du reste la détention du sol par un tiers locataire, même à long terme, ne suffit pas à transformer le bail ordinare en emphytéose : la vassalité, la recommandation supposeront aussi une longue jouissance, et cependant ni le vassal, ni le recommandé, ni le bénéficiaire, ni le colon ne sont des emphytéotes.

L'histoire des institutions juridiques de l'Egypte

---

(1) Loi de Manou. VIII. 237,238. Trad. Loiseleur. — Deslongchamps p. 287. Paris 1833. — Sumner-Maine. Village communities in the East and West. Londres 1872.

(2) Colbrooke. Digest of hindu law. Londres, 1841. t. 2 p. 161, n° 38.

n'offre pas beaucoup plus de certitude. De ce que, d'après Diodore de Sicile (1), les prêtres Egyptiens affermaient les biens de leur temple, on ne peut en déduire l'existence de l'emphytéose ecclésiastique, forme sous laquelle nous verrons ce contrat se produire presqu'à son début en Grèce et à Rome. Peut-être pourrait-on être conduit à une telle solution par la connaissance de ce fait que Sésostris (2) distribua des terres à quelques uns de ses guerriers afin de leur permettre de se consacrer au service militaire, ce qui excluerait donc toute idée de culture chez ces soldats et laisserait présumer la possibilité d'une concession à longue durée. Mais si l'on découvre ici les causes et l'utilité de l'emphytéose, aucun texte précis ne vient en attester l'existence et on en est encore réduit à raisonner sur de pures conjectures. Tout au plus, en adoptant les traditions juives (3), pourrions-nous reconnaître chez les cultivateurs des domaines de ces guerriers propriétaires la condition de colons ou de fermiers héréditaires. Les terres données ainsi aux guerriers devaient nécessairement comprendre la meilleure portion du sol, pour qu'ils pussent en tirer un profit vraiment réel, et dès lors le caractère distinctif de l'emphytéose, l'amélioration du sol inculte, venant à man-

---

(1) Diodore de Sicile. 1,73. Didot, p. 59. — Giraud rech. sur la propr. p. 23, et s.

(2) Diodore de Sicile, 1,54 Didot, p. 54.

(3) Genèse. XLVII. 18. et s.

quer, nous ne saurions admettre l'existence de notre
tenure. Toutefois nous sommes portés à croire
que l'Egypte a peut-être connu une certaine vassalité
se rapprochant assez de la jouissance emphytéotique (1).

En Judée, nous ne pouvons rencontrer aucune
trace de l'emhytéose; sans doute certains textes
supposent un véritable bail (2), mais ce bail ne présente aucun des caractères distinctifs de ce contrat.
Du reste des peuples voyageurs ou nomades ne pouvaient comprendre ni pratiquer la propriété territoriale privée et dès lors la communauté de biens qui
existait chez ces peuples, empêchait même qu'il fût
question d'une tenure perpétuelle ou à long terme (3).
Bien plus, lorsque la propriété privée sera parfaitement établie en Judée, l'emphytéose sera difficile à
concevoir, puisque chez les Hébreux les acquisi-
tions et les aliénations des terres ne sont faites

---

(1) Les agriculteurs seuls étaient soumis à l'impôt foncier : cet impôt
à l'origine assez léger devint de jour en jour plus onéreux, et il est probable que ceux qui y étaient soumis, c'est-à-dire ceux qui avaient
pu conserver leurs terres pendant la famine qui désola l'Egypte, ceux là
durent faire abandon de la propriété au roi, pour ne la conserver qu'à
titre de tenanciers, ce qui ne les assujetissait qu'à une faible redevance, dont M. Giraud p. 30 et s. fixe le montant au cinquième du produit annuel. Cette remarque aurait ainsi l'avantage de faire comprendre
le rapprochement qui existait entre la situation des tenanciers soumis
à la redevance fixe et celle des agriculteurs soumis à un impôt variable
et exclusif.

(2) Genèse XXI, 25 et 30 ; XXV, 9 ; XXVI, 15, 18 ; XXXV, 20.

(3) Joseph. de bel. judaico. cap. 8, n° 3. p. 1060.

que pour un certain temps, de beaucoup inférieur à la longue durée, qui sera assignée à cette
emphytéose, comme un de ses éléments essentiels (1).

Ce n'est qu'en Grèce que nous croyons pouvoir
découvrir les véritables origines de l'emphytéose.
Là, l'épigraphie nous offre une base vraiment solide,
qui nous permet de trouver la source du contrat
emphytéotique dans la législation grecque, de même
qu'on y a déjà rencontré l'hypothèque et la cession
de créance (2), que les Romains firent tant de difficulté à admettre.

Les premières populations Aryennes de la Grèce
vécurent probablement pendant longtemps dans un
communisme, qui, sans avoir toute l'extension de celui
des Scythes, des Sauromates (3) et autres nations
moins sédentaires, était cependant assez étendu et par
suite s'opposait à toute idée de tenure.

Aristote semble nous dire que malgré ce communisme le bail était déjà connu, mais aucun texte
précis ne nous permet de vérifier l'exactitude de cette
assertion et de savoir ce qu'était cette location, si toutefois elle a existé (4). Ce ne fut sans doute que lors-

---

(1) Mirabeau, discours sur l'égalité des partages dans les successions.

(2) Corp inscript. grœc. n° 5773, t. 3.

(3) D'après Ephore ces peuples possédaient tout en commun jusqu'aux
femmes et aux enfants V. Strabon. géographie. L. 7. Ch. 3 § 7.

(4) Aristote. politique. L. 2. ch. 2 trad. de Barthelémy Saint-Hilaire
p. 103.

que les Egyptiens et Phéniciens vinrent s'établir en Grèce que la propriété collective se transforma, et que cette idée de la propriété individuelle, qu'Aristote ne craint pas de qualifier de délicieuse, dut s'emparer du nouveau peuple qui se formait par la conquête (1). Toutefois la propriété individuelle ne succéda pas immédiatement à ce communisme, l'intermédiaire habituel entre les deux, la co-propriété familiale apparut et son existence est attestée par une curieuse inscription sur laquelle nous aurons l'occasion de revenir (2). Quoiqu'il en soit, la propriété privée était déjà créée : les conquérants, la lutte terminée, s'étaient organisés d'une manière analogue à celle que les premiers Romains devaient employer, ils s'étaient divisés en tribus et phratries (3), puis, suivant un usage que tous leurs successeurs, Hellènes ou Romains suivirent, ils considérèrent les terres des vaincus comme le fruit légitime de la victoire, et se les partagèrent. Cependant si la plus grande partie des terres fut destinée à former les lots des vainqueurs, une autre fut attribuée aux Dieux (4), et la dernière

---

(1) Aristote. L . 2 ch. 2. p. 105.

(2) Georges Perrot. sur un contrat de louage récemment trouvé à Athènes. Rev. critiq. du 28 nov. 1874. p, 337.

(3) Phratries. Communautés, dont les membres étaient unis par un lien civil et religieux et qui se subdivisaient en γενη et οιχοι ou parenté civile et naturelle, similitude avec les agnats et les gentils du dr. rom.

(4) Diodore de Sicile xɪɪ, 55. — Thucydide 111,50. — Aristote politique vɪ, 8. v. voyage archéologique en Grèce et en Asie Mineure par Le Bas et Wadington, p. 109, inscrip. 352 (dans l'espèce la dîme du butin fait sur l'ennemi est consacrée à Apollon).

portion fut réservée et resta commune entre tous ; c'est cette partie qui forma en Grèce ce qu'on appela le communal (1) et qui devait recevoir à Rome le nom d'*ager publicus* et dans les provinces celui d'*ager vectigalis*.

Les deux premières classes de propriétaires, les citoyens et les prêtres, ne cultivèrent jamais par eux-mêmes les terres qui leur étaient échues dans le partage ; l'agriculture, comme on le voit dans Aristote, était trop en déshonneur, et c'était, du reste, une pratique familière aux peuples anciens, que de faire cultiver le sol par des mains serviles : les laboureurs, suivant l'expression du célèbre philosophe grec, devaient être nécessairement des esclaves, des barbares ou des serfs (2). En Grèce toute la tâche du travail agricole fut dès lors rejetée sur les peuples vaincus ; le plus souvent même ils restaient en possession de leurs terres et les cultivaient pour le vainqueur en lui payant une redevance. C'étaient à Argos les Ornéates, les Cynuriens et les Gymnetes ; à Epidaure les Conipodes ; à Corynthe les Cynophycles ; à Delphes, les Craulides ; à Athènes les Penestes et à Sparte les Hilotes (3). Tous ces peuples étaient ainsi réduits à un véritable état de vasselage ; c'étaient pour la plupart de véritables serfs de la glèbe, et on ne peut s'empêcher de trouver un grand rapprochement

---

(1) Hérodote t. vi. 5. 7. — Pausanias t. 3, ch. 20. Platon Lois, L. i, p. 14. trad. de Grou.

(2) Aristote vii. 9.

(3) Aristote v. 2. § 8. — Hérodote viii. 73.

entre leur condition et celle du colon romain (1).
Comme lui l'Hilote et le Peneste étaient attachés héréditairement à des fonds de terre, qu'ils devaient cultiver moyennant une redevance fixe payée au propriétaire Spartiate ou Athénien (2) ; comme lui ils
avaient certains avantages de la propriété, et quant
au Peneste, un texte nous le montre astreint au service militaire (3), enfin l'un et l'autre, comme le colon
romain, étaient soumis à des châtiments serviles. La
tenure à long terme que nous venons d'entrevoir était
donc une tenue servile, dérivant de la condition
territoriale des peuples vaincus ; dès lors le fermier
n'est pas volontaire et nous ne pouvons pas avoir
l'emphytéose, c'est-à-dire la tenure résultant d'un
contrat.

Pendant un certain temps, il ne put être question
de location entre hommes libres ; l'idée d'une concession autre que servile ne pouvait, en effet, se
concilier avec l'égalité que le législateur voulait faire
régner entre tous les citoyens (4), et qu'il essaya de
faire observer, en promulguant des lois somptuaires
énergiques. Mais cette pensée chimérique, que des
esprits rêveurs ou malhonnêtes ont reproduite si

---

(1) Ceci est contraire à l'origine toute romaine que M. Garsonnet
donne au colonat. — Histoire des locations perpétuelles. page 156.

(2) Athénée Deipnosophistœ iv. 16, v. 22. ed. Schweighœuser. Stras-
bourg 1827. v. aussi Claudio Jannet, Les institutions sociales et le droit
civil à Sparte 1880, p. 13.

(3) Demosthènes, de republica ordinanda 23.

(4) Claudio Jannet p. 43.

souvent depuis, dut bientôt disparaître devant la
réalité ; soit que ces lois nivellatrices fussent rapidement tombées en désuétude, soit que le communal
n'eût pas conservé son intégrité (1), soit enfin que
le partage des terres n'eût pas été exactement fait
à l'origine, ou que les nobles y eussent prélevé des
parts léonines — ce qui leur permettait d'accaparer
la propriété foncière, première base du pouvoir, —
quoiqu'il en soit, les fortunes accusèrent de profondes différences et, dès ce moment, l'utilité des
longues tenures s'imposa aux Grecs.

La nécessité se faisait déjà sentir de recourir à
une institution qui permît aux grands propriétaires
de faire cultiver leurs vastes étendues de terre par
des hommes libres, et où ces derniers, dans leur
propre intérêt et par suite de certains des attributs
de la propriété, qui leur étaient conférés, seraient
amenés d'eux-mêmes à améliorer le sol. Ce mode de
concession avait, du reste, un immense avantage : d'une
part il les déchargeait de la surveillance qu'ils étaient
tenus d'exercer sur leurs esclaves agriculteurs et leur
permettait de se consacrer en entier aux affaires publiques et au gouvernement de la cité, qui devaient
être en Grèce la seule occupation des classes élevées ;
d'autre part, deux raisons de haute politique encou-

---

(5) Plutarque, Solon. passim. Giraud, p. 62.

(6) Claudio Jannet, p. 42. v. aussi les doléances du poëte Théo-
gonis sur la révolution qui avait donné le pouvoir aux bourgeois en-
richis de Mégare.

(1) Thucydide IV, 126.

courageaient les propriétaires à louer leurs terres à ces hommes de classe inférieure, mais libres. La première fut une raison d'ordre public : empêcher des esclaves d'être à la tète d'une agglomération d'esclaves ; leur nombre croissant en proportion directe de la dégénérescence de la population libre (1), était un danger que l'on pouvait tenter de paralyser en mettant à leur tête des hommes libres, de condition inférieure, il est vrai, mais dont les intérêts fussent en opposition directe avec ceux de la classe servile. La deuxième raison eut sa source dans la politique de la cité : les maîtres du sol, en accordant ainsi l'usage de leur propriété, moyennant redevance, mettaient en pratique une institution que leur recommande Aristote ; le philosophe grec ne craint pas de conseiller aux classes élevées d'aider les pauvres et de les tourner vers le travail, en imitant l'exemple du gouvernement de Tarente, qui accorda l'usage commun de ses terres aux citoyens pauvres et s'acquit ainsi le dévouement d'une foule toujours prête, par ses cris et ses violences, à réclamer son admission à la propriété et, par suite, son admission au pouvoir. Tout est disposé et semble nous conduire dès lors, aux tenures à long terme non serviles ; la situation politique, qui a toujours eu une si grande influence sur les questions de propriété, et l'utilité ou la nécessité qui s'impose aux Grecs de la mère patrie

---

(2) Aristote 11, ch. III, § 6, ch. VII, § 5. ch. IV § 3 — Platon République 1. v.

ou des colonies (1); tout nous fait donc pressentir en Grèce l'existence et la pratique de notre contrat d'emphytéose (2).

Examinons donc scrupuleusement les éléments de la tenure grecque, où nous croyons reconnaître le bail emphytéotique tel qu'il était connu à Rome et tel que nous le comprenons aujourd'hui.

A Rome, l'emphytéose était d'une façon générale un droit réel constitué par le propriétaire d'un immeuble au profit d'un tiers, pour une durée perpétuelle ou très longue, moyennant une prestatiou périodique, qui a reçu le nom spécial de canon. Cette définition comprend donc trois éléments essentiels : le droit réel, la durée et le canon. Notre définition, exacte et assez complète, serait presque suffisante pour l'étude que nous nous sommes proposée, mais nous lui préférerons une autre définition plus moderne, qui aura l'avantage, à nos yeux, de donner non seulement les éléments essentiels de l'emphytéose, mais tous les caractères de la tenure. L'emphytéose est une espèce de bail qui présente les caractères suivants (3) : 1° Longue durée du bail. —

---

(1) Le droit des colonies était celui de la Grèce, v. Strabon, géograph. et Foucart; academ. des inscript. et bel. let. 1878, p. 381. Sur les traces laissées par les Grecs dans la civilisation et les institutions religieuses. Strab. v. x.

(2) Sur l'origine grecque du mot emphytéose, v. jus εμφυτευτικον L. 3. § 4. de reb, eor, 27, 9. v. aussi G. : LL. 7 et 11 de fund. patr. 11.61. — C. th, LL. 3. xi. 19, 17 et 30, v. 13.

(3) Caillemer, Contrat de louage à Athènes 1869, p. 16. Cass. 26 janv. 1864, journal du Palais, p. 494.

2° Modicité de la redevance due par l'emphytéote au bailleur. — 3° Transmission pendant tout le temps de la location, des droits utiles de propriété sur le domaine. — 4° Obligation pour le preneur d'améliorer, sans aucune indemnité à la cessation du bail, et obligation pour le même preneur de remettre la chose au bailleur à la même époque. Ce sont ces caractères que nous nous efforcerons de rechercher dans les divers baux que nous fournissent les inscriptions.

Les exemples les plus anciens de baux à long terme s'appliquent aux propriétés des temples et des villes (1). Ainsi nous voyons Xénophon consacrer à Arthemis de Scillunte une terre qui lui appartient et dont il garde la jouissance, moyennant une dîme qu'il paye à la Déesse (2). Une Stèle nous révèle le fait d'un certain Thraséas, citoyen de Mylassa en Asie Mineure, vendant ses biens, pour sept mille drachmes, au temple de Jupiter Apollonien, et les reprenant de lui à bail perpétuel (3).

Le premier document nous découvre déjà le premier caractère de l'emphytéose, la durée du bail, qui, dans cette hypothèse, durera la vie entière du preneur, et laisse entrevoir en outre le deuxième caractère, car la dîme ne constitue qu'une faible redevance. Le second document est beaucoup plus complet ; nous y rencontrons la longue durée du bail, la transmis-

---

(1) Les Temples et les municipes étaient très-riches, v. inscript. déja citée, 116 (a). Le Bas et Wadington.

(2) Xenophon. Anabasis, v. 3, p. 267 (Didot).

(3) Corpus inscrip. græc, t. 2. n° 2693, e. p. 476.

sion des droits utiles de la propriété sur le fonds, et la modicité de la rente. En effet la jouissance du possesseur est perpétuelle, elle est transmissible à ses héritiers, et la redevance est peu élevée, puisque d'après le *corpus inscriptionum græcarum* elle n'est pas la vingtième partie du prix — les terres vendues sept mille drachmes ne sont louées chaque année que (*trecenis*) trois cents drachmes.

D'autres exemples de baux à longue durée présentent encore les mêmes caractères : ainsi les Athéniens louent leurs mines à perpétuité et les Byzantins agissent de même pour les terres publiques quand elles sont incultes ; à Athènes (1) et à Orchomène (2) un fermier général a la jouissance des biens des temples et de la cité, et les sous-loue en détail pour un temps plus ou moins long et quelquefois pour toujours (3) ; enfin à Sparte (4) et à Athènes (5), même entre simples particuliers, le louage à long terme devient une véritable industrie, les étrangers, les métèques, etc., ne pouvant posséder, on construit de vastes édifices pour les loger, on les loue à un locataire principal (ναυκληρος) qui sous-loue à son tour

---

(1) Andocide, de mysteriis, 92. Didot, p. 63.

(2) Bœck, économie politiq. des Athéniens, t. II, p. 13

(3) Thucydide v. 53. Garsonnet p. 28. — Bœck. t. II, p. 20.

(4) A Sparte, en Mégaride et dans le Péloponèse le décret de proxénie emportait la faveur exceptionnelle de posséder des terres et des maisons. Le Bas et Wadington pour Sparte 194. p. 103 et pour la Mégaride et le Péloponèse p. 114, inscrip. 228 (a et b.)

(5) Caillemer. contr. de louage à Athènes. Paris 1869, p. 7.

en réalisant d'importants bénéfices ; or ce locataire principal ne peut, suivant la judicieuse observation de M. Caillemer, se contenter d'un bail de peu de durée.

Ces différents textes nous laissent déjà entrevoir une certaine ressemblance entre la tenure grecque et celle que nous avons appelée emphytéose ; mais cette ressemblance nous paraît se transformer en identité avec les trois inscriptions suivantes que nous empruntons à diverses époques, toutes antérieures cependant à la domination romaine en Grèce.

La première inscription (1) se trouve sur une des faces de la table d'Héraclée, et porte le contenu d'un très curieux contrat de bail, passé par les administrateurs de la ville trois siècles au moins avant l'ère chrétienne (2). Par ce contrat les administrateurs d'Héraclée donnent à bail perpétuel, des terres appartenant au temple de Bacchus, et cela pour subvenir à l'approvisionnement de la ville ; puis suivant un usage presque constant (3), et qui démontre avec quels soins les baux étaient rédigés en Grèce ou dans les colonies, ils prennent la précaution de mentionner tous les détails de la jouissance accordée au fermier. Ainsi la location sera perpétuelle, le preneur devra payer annuellement une redevance, il pourra transmettre son droit à ses héritiers, il pourra

---

(1) Corp. inscript. grœcar. t. III, n° 5774 et 5775.

(2) Heyne, opuscula academica. Gœttingue. 1787, t. II, p. 243.

(3) Caillemer, p. 13.

même l'aliéner entre-vifs ou par testament, mais non l'hypothéquer ; s'il meurt sans héritier *ab intestat* ou testamentaire, ou s'il néglige de payer les redevances ou de fournir les cautions qui sont exigées de lui (1), le bien fera retour à la cité ; le bailleur devra une paisible jouissance au preneur, et si la guerre empêche de cultiver ou de recueillir les fruits des champs, le bail sera résolu ; enfin le preneur sera tenu de cultiver les terres déjà mises en culture et celles encore incultes et le propriétaire aura à cet effet une action spéciale, l'ἀγεωργιου διχη (2). L'assimilation de la tenure grecque est ici presque complète avec l'emphytéose. Nous y rencontrons en effet la longue durée du bail, l'obligation pour le preneur de payer la redevance et de cultiver les terres même incultes, par suite d'améliorer, le tout sauf résiliation du contrat ; nous voyons nettement poser l'obligation pour le propriétaire, de lui transmettre avec la jouissance, pendant toute la durée de la tenure, tous les droits utiles de propriété sur le fonds, et le droit à la résolution du bail, au cas où la guerre s'opposerait à la jouissance due par le bailleur.

Il en est de même de la deuxième inscription, con-

---

(1) Tous ceux qui contractaient avec l'Etat ou les cités devaient fournir des répondants. Wischer archœolog. Beitrœge n° 38. — Le Bas et Wadington. inscript. 203, p. 152.

(2) Poggi, Saggio di un trattato theorico pratico sul sistema Livellare. Florence t. I, p. 24, v. aussi Garsonnet, p. 29.

nue sous le nom de contrat de Munychie (1). Ce texte
présente les caractères distinctifs de l'emphytéose, la
clause d'amélioration (ici parfaitement indiquée), la
modicité de la redevance, etc., et nous prouve de plus
que cette dernière tenure existait entre simples particuliers. Par ce contrat, les administrateurs (2) du
dème des Cythériens louent un immeuble important à
Eucrate, fils d'Excésias, du dème d'Aphidna ; la location est faite pour tout le temps à venir ; la redevance
annuelle est fixée au prix de cinquante quatre drachmes ; elle doit être payée à deux échéances, indiquées
souvent dans les documents, en Hécatombéon et en
Possidéon, et si le paiement ne s'est pas effectué à ces
termes, le bail sera résolu. Le preneur s'engage à faire
toutes les réparations qui seront nécessaires, et cette
obligation est garantie par une véritable *stipulatio
duplœ* ; enfin les bailleurs s'engagent à transmettre
au preneur tous les attributs utiles de la propriété ;
ils s'engagent, sous indemnité de 100 drachmes, à continuer la jouissance de la chose à Eucrate et à ses
descendants, et une clause, imposant le paiement de
l'impôt au tenancier, indique chez Eucrate des droits
plus étendus que ceux d'un simple possesseur. Ici
l'équivalence est presque parfaite entre la tenure grecque et l'emphytéose : et d'abord la première condition,
la longue durée du bail, est scrupuleusement remplie ;
le contrat de Munychie porte que la concession est

(1) Cette inscription a été publiée par M. Vescher. Revue archéolog.
1866, nouvelle série, t. xiv, p. 352.
(2) Voyez sur ce mot « administrateurs » M. Vescher.

faite pour tout le temps à venir, éternellement, disent
les économiques dans un cas analogue (1). La
deuxième condition, la modicité de la redevance est
peut-être moins évidente ; le prix de location, en sup-
posant que les biens loués valent sept mines (2), est
environ de 7 3/4 0/0, et n'est pas de beaucoup inférieure à la moyenne des locations à Athènes, qui va-
riaient du 7 3/4 au 8 ou 8 1/2 0/0 (3). Mais nous ne devons pas ignorer qu'il s'agit dans notre contrat d'un
établissement situé dans la ville même, et d'autre part
il ne faut pas oublier que le capital imposable est toujours, à Athènes, inférieur à l'estimation réelle de la
chose. Ainsi, d'après les calculs de Bœck, que cite M.
Caillemer, un capital imposable de mille drachmes
peut atteindre une valeur foncière de dix-huit cents ;
dès lors, en prenant ce point de départ pour base, la
redevance serait environ de 4 0/0 dans notre cas, et la
seconde condition de l'emphytéose sera remplie. Du
reste la présence de cette condition en Grèce ne peut
faire de doute ; on la rencontre nettement exprimée
dans le dernier monument épigraphique que nous
analyserons, et dans les deux inscriptions de Mylasa
et de Gambreion (4). La troisième et la quatrième
conditions de l'emphytéose, l'obligation pour le pre-

---

(1) Lib. 11. C. 2. sect. 3. §1.

(2) V. la fin de l'inscription.

(3) Caillemer p. 9.

(4) Corp. inscript. grœc. nº 2693 c, et 3561.— Dans la première de ces
deux inscriptions la redevance est inférieure à 5 0/0 et dans la seconde
elle est encore plus minime.

neur d'améliorer les lieux loués, et celle du bailleur de transmettre au locataire tous les attributs utiles de la propriété, sont expréssement contenues dans le texte même de l'inscription. Il y est dit en effet qu'Eucrate fera les réparations nécessaires, sans pouvoir réclamer aucune indemnité à la cessation du bail ; puis un peu plus loin, on y ajoute que lui et ses héritiers auront la jouissance utile et paisible de la chose ; on y stipule même pour le cas d'éviction une véritable clause pénale, et par une mention spéciale, l'obligation pour le preneur d'avoir à payer les impôts, charge qui est toujours et justement considérée comme la conséquence de la propriété, et non celle d'une simple jouissance.

La dernière inscription, de beaucoup la plus importante, a été récemment trouvée à Athènes, par M. Neubauer (1), et concerne un contrat particulier, que ses conditions, littéralement exprimées, nous paraissent plutôt rapprocher de l'emphytéose que d'un simple bail. La location est faite pour dix ans, et est transmissible aux héritiers du preneur (v. § 8) ; la redevance est fixée à 5,100 drachmes, payables par moitié au 20 du mois Possidéon et au 20 du mois Hécatombéon ; le mode de jouissance parfaitement délimité, comprend pour le preneur, et l'obligation, comme un simple usufruitier de nos jours, de ne pas changer la destination des

_____

(1) Rev. critiq. d'histoire et de littérature, 28 nov. 1874 (nous nous servons du texte tel qu'il a été rétabli par la version allemande de M. Neubauer).

lieux loués (§ 3), et même — clause très-importante — l'obligation expresse de les améliorer (§ 4); enfin après avoir fixé d'avance les indemnités qui pourront être dues par le preneur, au cas de fautes commises dans la jouissance, ou au cas de non-paiement de la redevance aux termes indiqués, le contrat renferme une dernière disposition, sur laquelle nous aurons l'occasion de revenir; il exige que le contrat soit gravé sur une stèle de pierre, et ordonne de la placer sur le domaine, dans l'endroit où elle puisse être le plus en vue. La similitude de la tenure avec l'emphytéose est ici tellement complète, qu'aucun doute ne nous semble devoir s'élever sur leur identité. La première condition paraît seule n'être pas remplie; mais sans faire observer que la durée perpétuelle n'est pas un caractère essentiel, en Grèce, de l'emphytéose, la durée de dix ans est déjà très suffisante et laisse assez de latitude au preneur pour améliorer le fonds. Dans ce contrat, nous rencontrons donc tous les caractères essentiels de notre tenure : la redevance est modique, car le domaine, appartenant en commun à toute la phratrie, doit comporter une étendue telle, que la redevance de 5,100 drachmes ne peut avoir la prétention d'atteindre le taux des baux ordinaires, surtout si nous remarquons qu'une clause spéciale affranchit le preneur de toute charge et de tout impôt (§ 2); l'obligation pour le bailleur de transmettre au preneur tous les droits utiles de propriété, existe tout entière; le contrat vise non seulement le preneur, mais ses héritiers (§ 8); enfin la clause emphytéotique par excellence, l'obligation pour le preneur d'améliorer les lieux loués, y est contenue expressément : « Diodore, dit le texte, arrosera les vignes deux « fois l'an, il ensemencera en céréales la surface non « plantée, il ne fera pas durer les jachères plus qu'il « ne convient ; il mettra le tout en valeur le mieux qu'il « pourra » (v. § 4).

Ce monument épigraphique ne se borne pas du reste à établir l'existence de l'emphytéose en Grèce, il va plus loin, il détermine la nature du droit emphytéotique, et nous le montre soumis à une publicité autrement effective que celle qui a été organisée, il y a quelque vingt ans à peine, par la loi du 23 mars 1855.

Le paragrape 2 est en effet explicite ; il ordonne aux phratriarques (et je copie le texte) « de faire graver le « contrat sur une stèle de pierre et de la placer sur le « domaine de Myrrhinunte, *dans l'endroit où elle sera* « *le plus en vue,* afin qu'elle *puisse frapper les regards de tous ceux qui passeront par là* ». Que veut dire une pareille clause, sinon qu'en Grèce on voyait dans le contrat cité, plus qu'un simple droit personnel, puisqu'on exigeait pour lui la même publicité que celle donnée à l'hypothèque, droit réel par excellence.

DE L'EMPHYTÉOSE

PREMIÈRE PARTIE

EMPHYTÉOSE EN DROIT ROMAIN

PRÉLIMINAIRES

DES ORIGINES DE L'EMPHYTÉOSE

Après avoir déterminé la présence en Grèce du contrat emphytéotique, il semblerait logique de considérer la question des origines de l'emphytéose comme résolue, ou, il ne devrait plus rester, tout au moins, qu'à examiner par quelle évolution et sous quelles causes, cette institution s'était introduite dans la pratique et la législation romaine. Mais, dès que nous pénétrons sur le seuil du droit romain, nous nous trouvons en présence d'une théorie diamétralement opposée : tous les auteurs qui, à notre connaissance, ont écrit spécialement sur notre sujet, ont assigné unanimement à l'emphythéose une origine romaine, et ne se sont divisés que sur l'espèce de tenure qui en avait été le point de départ. Les uns ont cherché à rattacher ce bail emphytéotique aux locations de l'*ager publicus* ; les autres ont voulu le rencontrer dans celles, de l'*ager vectigalis* ; d'autres enfin, les moins nombreux, il est vrai, sont allés jusqu'à prétendre qu'il avait sa source dans les concessions des terres provinciales. Il importe donc de développer, discuter et combattre cette théorie, dans chacun de ses différents systèmes.

§ 1. — Théorie de l'ager publicus

Les Romains, suivant la coutume que nous avons rencontrée chez les Grecs (1), s'empressèrent, à peine établis, de se partager le territoire concédé par Numitor et bientôt étendu par la conquête. Dans cette distribution des terres, ils suivirent scrupuleusement l'exemple de leurs ancêtres, et dans le partage, une partie importante du sol fut conservée indivise, et réservée à la cité elle-même. Ces étendues de terrains, semblables en tout point au communal de Corynthe ou de Sparte, furent affectées à des droits d'usage ou de parcours, formèrent un véritable domaine public et reçurent le nom d'*ager publicus*. L'Etat ne pouvait laisser improductives ces terres communes ; le droit d'y faire paître les troupeaux fut soumis d'abord à une faible redevance (2) ; mais un tel reveun était trop restreint, les Romains sentirent le besoin de l'étendre, et bientôt en affermèrent le montant.

---

(1) Cicéron. Rép. II. Denys d'Halic. II. 3 et 21.III. 1.
(2) Pepin Le Halleur. Histoire de l'emphytéose. p. 5.

Toujours désireux d'accaparer la propriété qui devait leur assurer un pouvoir irrévocable, les Patriciens et les Chevaliers s'empressèrent de s'attribuer
exclusivement le privilège de la location des terres du
domaine public. Seuls du reste, ils pouvaient prendre
part à l'adjudication, seuls ils pouvaient en acquitter
la forte *scriptura*, puisqu'il est à peu près certain que
dans le premier partage, les Plébéiens furent écartés
avec soin (1). Toutefois, si avide qu'elle fût de con-
centrer dans ses mains la richesse immobilière, qui
devait être la seule connue pendant longtemps, cette
classe dominante comprit qu'il fallait déguiser son
ambition, et surtout qu'il importait de détourner les
appétits de la plèbe, dont les sourdes réclamations ne
demandaient qu'à se faire jour. Elle chercha un expédient, qui, tout en donnant une certaine satisfaction
aux Plébéiens, lui permît, non-seulement de conserver intacts les droits qu'elle s'était arrogée, mais
encore de les étendre ; elle crut l'avoir trouvé en sous-
louant à ces Plébéiens, moyennant une faible redevance, une partie même de l'*ager publicus*. Cette
institution répondait assez bien aux différents buts
que s'étaient proposés les Chevaliers et les Patriciens ; d'une part ils n'avaient pas à redouter que
la concession pût leur être préjudiciable, puisqu'elle
était essentiellement précaire, c'est-à-dire révocable
à leur propre volonté ; d'autre part, elle ne pouvait

---

(1) Huscke. — Die verfassung des königs Servius Tullius, p. 61, note
12. Tite-Live 31 et 32. L'ancienne Rome. Journal des savants. Janv. 1883.
p. 31 et s.

leur être onéreuse, puisque si la redevance fournie, fut dès l'abord suffisante pour compenser celle qu'ils devaient eux-mêmes acquitter envers l'Etat, elle devint bientôt pour eux un véritable bénéfice, lorsqu'ils s'affranchirent de cette obligation, en se considérant comme de vrais propriétaires ; enfin, grâce à ce semblant de libéralité, ils devaient compter sur la reconnaissance des concessionnaires, et pouvaient espérer endormir chez eux toute idée de participation au pouvoir. Ce dernier espoir, but final de leur fausse générosité, ne se réalisa pas. Devant la nécessité qui s'imposait tous les jours avec plus de force, et jaloux d'arriver au pouvoir, dont la propriété foncière fut si longtemps la conséquence, les Plébéiens combattirent à outrance pour arriver directement à cet *ager publicus,* et ne se lassèrent jamais d'exiger un remaniement des terres publiques. Après une lutte acharnée, dont les diverses phases ont été savamment décrites par MM. Giraud, Laboulaye et Macé (1), et dont le récit nous entraînerait beaucoup trop loin, les Plébéiens semblent avoir réussi dans leurs entreprises, et avoir été enfin admis à recevoir directement des terres du domaine public. Telles sont les concessions de l'*ager publicus* dans lesquelles une première opinion veut rencontrer les sources de l'emphytéose.

Cette doctrine, après avoir invoqué l'usage des

-----

(1) M. Giraud. — M. Laboulaye. Histoire de la propriété en Occident. — M. Macé, les lois agraires.

baux de cent ans (1) dont parle Hyginius, montre l'emploi des baux perpétuels dans les concessions de *l'ager publicus*, à une époque où les terres du domaine public n'étaient pas encore venues se fondre dans le patrimoine de l'empereur. Les partisans de cette opinion apportent un texte de Paul *(L. 11 § 1 D. de public. et vect. 39.4)* qui ne doit laisser, suivant eux, aucun doute à cet égard ; puis ne trouvant aucune témérité à admettre que ces concessions soient passées à cette époque dans les conventions des particuliers, — car si les textes n'en font pas mention, disent-ils, c'est qu'en fait de telles concessions se présentaient rarement, — ils découvrent l'analogie qui aurait existé entre l'emphytéose et ces baux perpétuels du domaine public, et tirent de ces concessions de *l'ager publicus,* l'origine même de notre tenure.

Nous repoussons cette théorie. Le texte de Paul qu'on invoque, est loin d'être concluant ; il ne dit qu'une chose, c'est que le droit du concessionnaire sera révocable au gré du prince, et ceci est entièrement conforme au caractère de précarité que nous avons signalé dans ces concessions. A cette objection, le premier système a répondu que le texte signifiait simplement que l'expulsion du fermier, dans le cas où elle est permise, ne pourrait être opérée par le curateur qu'en vertu d'une autorisation expresse du prince. Cette explication n'enlève rien au caractère de précarité

(1) Hyginius, de limit. const. cité par Pép. Le Hal. p. 8.

révélé par les antécédents historiques et par la loi 11
elle-même ; or, si haut que l'on puisse remonter, l'emphytéose se conçoit toujours avec un caractère tout
opposé, avec un caractère certain de permanence dans
le droit de l'emphytéote, tant qu'il paie la redevance ou
canon. Du reste les concessions de *l'ager publicus*
n'ont point changé avec le temps ; un texte précis, la loi
11. D. *de evict.*(*21.2*) nous montre que même à l'époque
où vivait Paul, il y avait encore en Germanie, des terres
soumises aux règles anciennes de *l'ager publicus*,
et que ces concessions avaient toujours conservé
leur caractère essentiel, la précarité, puisque l'empereur pouvait encore en disposer arbitrairement, en
révoquant les concessions accordées.

§ 2. — Théorie de l'ager vectigalis

Presque concurremment avec les concessions de
l'ager publicus, un autre mode d'exploitation fut employé pour les terres publiques ; ce fut l'assignation
faite à charge de redevance, et donnant droit à un
bail de longue durée, le *jus in agro vectigali*. Le nom
de la redevance, *vectigal*, qui avait déterminé le
droit lui-même, servit à désigner les terres qui y
étaient soumises, et l'institution elle-même à laquelle
elle donnait lieu ; et les mots *agri vectigales*, concessions vectigaliennes, passèrent dans la langue du droit.
C'est dans ces dernières locations, mieux assurées
pour le preneur que celles de *l'ager publicus*, qu'une
deuxième opinion presque universellement soutenue,
rattache les origines de l'emphytéose.

Cette doctrine apporte à l'appui du système qu'elle

présente, de puissants arguments, dont voici les principaux :

1° L'existence dans le *jus in agro vectigali*, d'un fermage plus récent que les possessions de l'*ager publicus*(1).

2° La confusion faite par les textes, entre les mots *ager vectigalis, ager emphyteuticus,* qu'ils semblent représenter comme synonymes (2).

3° L'adaption littérale à l'emphytéose, d'un passage de Gaius sur le bail vectigalien (3).

4° La presque identité d'objets entre les deux tenures, c'est-à-dire que les concessions de l'*ager vectigalis* s'appliquaient à des terres sinon complètement stériles, du moins peu fertiles.

5° L'identité de motifs pour les deux institutions : éviter le travail stérile, décharger les personnes morales d'une surveillance difficile sur les vastes *latifundia* de leur patrimoine, et permettre au preneur, en lui assurant une longue jouissance, d'entreprendre d'utiles travaux d'exploitation.

6° Enfin l'identité existant entre les droits et les obligations du preneur vectigalien, et de l'emphytéote.

De tous les arguments présentés le dernier est sans contredit, le plus fort, et comme il permet de fixer

---

(1) Savigny, traité de la possession, p. 175. — Pépin Le Halleur, page 9.

(2) V. la rubrique du livre 6, tit. III. D. Si ager vectigalis id est emphytenticarius petatur. v. aussi L. 15 § 1. D. qui sat. 2-8.

(3) Gaius. com. III. § 145 et inst. just. III. xxv.§ 3.

les idées, et de faire connaître d'une façon à peu près complète, l'étendue de la concession vectigalienne, nous n'hésitons pas à le développer.

Le bail vectigalien est concédé à long terme ou même à perpétuité (1); la redevance ou canon, le vectigal est annuel, et le preneur vectigalien a des droits bien plus étendus que ceux d'un simple fermier ordinaire. A la différence de l'usufruitier qui n'acquiert les fruits que par la perception, il les fait siens par la séparation du sol (2); il peut transmettre son droit à ses héritiers (3), il peut l'hypothéquer (4) et le grever d'usufruit (5), et malgré l'absence de l'*animus domini*, qui ne saurait se concilier avec le paiement du vectigal, il a pour couvrir sa posession, les interdits (6) par lesquels elle est ordinairement défendue; tout au moins et sans aucune controverse, l'interdit de *loco publico fruendo*, qui se donne à quiconque a des droits de jouissance sur le domaine public. Le concessionnaire de l'*ager vectigalis* peut protéger son droit contre les prétentions de la personne morale elle-même et à plus forte raison contre les tiers;

---

(1) L. 11 § 1 D. de publ. et vect. 39. 4. Hyginius de cond. agr. p. 116. — Gaius. com. III § 145. L. 1. pr. D. Si ag. vectig. 6. 3.

(2) L. 25. § 1. D. de usuris 22. 1.

(3) L. 1. pr. D. Si ag. vect. 6. 3.

(4) L. 16. § 2. D. de pigner. act. 13. 7 et L. 31. D. de pign. 20. 1.

(5) L. 1. pr. D. quib. mod. ususf. vel us. amit. 7. 4.

(6) Cette faculté avait été refusée par M. Trigerstrœm, mais cette opinion nous semble devoir tomber devant la loi 15 § 1 D. qui satisd. cog. 2. 8.

la loi 1 § 1 D. *si ag. vect.* 6. 3. lui donne à cet effet une action réelle utile, action qui le dispense d'exercer l'action *conducti*, pour se défendre en cas de trouble, ou se faire céder les actions du bailleur (1). Quant à la publicienne *in rem actio*, les auteurs ne sont pas d'accord pour la lui accorder. Le texte de la loi 12 § 2. D. *de publ. in rem act.* (6. 2.) semble cependant concluant « *in vectigalibus, et in aliis prœdiis,* « *quœ usucapi non possunt, Publiciana competit si* « *forte bona fide mihi tradita sunt* », mais la raison de douter vient de ce que l'action publicienne repose sur une usucapion feinte (2), et que dans le texte même on dit expressément que les *agri vectigales* ne peuvent pas être usucapés. M. Pellat donne la publicienne et l'explique en disant que « celui qui possédait « réunissait toutes les conditions habituelles de l'usu- « capion et, s'il n'y parvenait pas, cela tenait à la « rigueur de certaines règles un peu subtiles, et non « à quelque vice attaché à la chose par une raison « d'ordre public » (3). Nous sommes disposés à croire que la publicienne doit être accordée au preneur

---

(1) La formule de cette action vectigalis (L. 15 § 26 D. de damn. inf. 39. 2.) qui ne nous est point parvenue, a donné lieu à controverse. M. de Savigny pense avec la plupart des auteurs que cette action était *in factum* (système. t. 5 p. 98 n.); M. Pellat au contraire enseigne qu'elle a pu être *in jus concepta* (propriété et usufruit. p. 61) et il présume que l'*intentio* devait être ainsi conçue. « Si paret A. Agierium pertinere..... etc. ». Nous serions presque disposés à nous rallier à cette dernière opinion, qui semble répondre aux principes généraux d'après lesquels la distinction des actions *in rem* ou *in personam* ne s'appliquerait à proprement parler qu'aux actions *in jus*.

(2) L. 1. pr. D. de publ. in rem act. 6. 2.

(3) Pellat. p. 565.

.vectigalien. En effet, sans argumenter de la loi
15 § 27. *D. de damno infecto. 39. 2*, qui nous semble
confirmer ce système, le preneur vecgalien, véritable
possesseur d'après la loi 15 § 1. *D. qui satisd. cog. 2. 8*,
obtenait presque par sa concession une espèce de
propriété, puisqu'on voudra l'assimiler à l'acheteur,
et dès lors il n'y a aucune témérité à lui accorder
une action que possédait *l'usucapiens* dont le droit
était sans contredit *ab initio* inférieur au sien.

Enfin le concessionnaire vectigalien est muni de
certaines actions réservées au propriétaire ,telles que
les actions *arborum furtim cæsarum* et *aquæ pluviæ
arcendæ* ; il est dispensé, lorsqu'il plaide, de fournir
la caution *judicio sistendi causa*, et s'il est dans
l'indivision, ou si les limites de son *ager* sont con-
testées, il peut en demander le partage ou le bornage (1).

Mais, et c'est là une question que nous avons
réservée, le preneur vectigalien peut-il aliéner l'*ager
vectigalis*? La plupart, pour ne pas dire l'unanimité
des auteurs, a admis l'affirmative en se fondant
sur la loi *1 pr. D. si ag. vect. 6. 3* (2). C'est là selon
nous une solution beaucoup trop générale : 1° Les
termes de cette loi dont on argumente, les mots
« *qui successerunt* » ne sauraient désigner les successeurs à titre particulier aussi bien que les héritiers ;
et d'ailleurs à supposer que la loi *1 D. si ag. vect. 6. 3.*
vise les successeurs particuliers, rien ne pourrait

---

(1) L. 10. D. famil. ercisc. 10. 2. L. 4 § 9. D. finium regund. 10. 1.
(2) V. le président Favre. err. pragm. 64. 1.

prouver que le texte, en parlant des aliénations, ait eu en vue autre chose que les actes de disposition autorisés par le *dominus* bailleur. (1) 2° Si on admet l'aliénation, il est impossible de l'appliquer à toutes les concessions vectigaliennes, puisqu'il est certain que, quelle que soit l'époque où l'on se place, les personnes morales ont toujours eu deux patrimoines distincts, le patrimoine privé, et le patrimoine public, et que dès lors, on ne saurait admettre l'aliénation, au moins pour les cités, relativement aux terres du domaine public qui ne pouvaient être louées pour plus de cinq ans, même avec l'assentiment des *décurions* (2).

Enfin, si l'on envisage les obligations du preneur vectigalien, le concessionnaire est tenu comme tout possesseur, des charges fiscales du fonds (3); le paiement régulier du vectigal est assuré d'une façon énergique par l'expulsion du fermier, si ce dernier laisse passer deux ans sans payer la redevance (4).

Il est facile maintenant de suivre l'argumentation du système que nous exposons. Cette doctrine, partant du principe que le bail vectigalien est un mode d'exploitation plus récent et mieux assuré que

---

(1) Hilliger, sur Doneau. t. 2 col. 1248, note 4. v. le Comm. III § 145. de Gaius qui semble bien expliquer ce mot *successerunt* en disant que les *municipi et prædia neque ipsi conductori, neque heredi ejus aufferri possunt.*

(2) M. Giraud. Les nouveaux bronzes d'Osuna. Paris 1877. p. 8.

(3) LL. 7. D. de publ. et vect. 39. 4. et 36. D. de jure fisc. 49. 14.

(4) Gaius Com. III § 145. — L. 1. pr. D. Si ag. vectig. 6. 3. LL. 54 § 1 et 56. D. Locat. cond. 19. 2.

les concessions de l'*ager publicus*, expose ses effets
et ses caractères, découvre ses analogies avec le bail
emphytéotique, et en tire naturellement la conclusion,
qne l'emphytéose est le résultat final, le couron-
nement d'une suite de locations à longue durée, dont
la tenure vectigalienne aurait été le point de départ.

Cependant, quelque similitude que l'on puisse rencontrer dans la nature des contrats, dans leurs caractères distinctifs et dans leurs effets, nous n'adopterons point ce système. En effet, si grande que
puisse paraître la connexité de la concession vectigalienne et de l'emphytéose, il existe entre elles des différences tellement profondes, que l'on ne saurait les
attribuer, suivant nous, aux divers degrés de la formation d'une seule et même institution.

Tout d'abord l'idée première, la base du système,
nous semble contraire à la vérité historique. Si les
concessions de l'*ager vectigalis* sont des possessions
peut-être mieux assurées et plus stables en général
que les locations de l'*ager publicus*, il n'est pas
exact de dire qu'elles soient plus récentes. D'une part
une table de bronze, trouvée à Isocecco, nous apprend
que la concession vectigalienne était pratiquée dès
l'année 637 de la fondation de Rome (1), et d'autre
part les discours de Cicéron (2), et la loi Thoria (3) ne

---

(1) Mommsen. corp. inscript. lat. t. 1. p. 73. Rudorf et Mommsen ont
démontré que les Gênois avaient des droits semblables à ceux des Romains.

(2) Cicéron. adv. Rull. II. 2. 19. — adv. Verr. 2ᵉ act. 3. 6.

(3) L. Thoria. ch. 42.

peuvent laisser aucun doute sur l'application simul-
tanée aux terres publiques, des concessions de l'*ager
publicus* et du *jus in agro vectigali*.

En second lieu, il ne nous paraît pas que l'on puisse
admettre d'une façon générale, que la perpétualité ou
la longue durée du droit, ait toujours été de l'essence
de la tenure vectigalienne, ainsi que le présentent
Gaius et Hyginius (1). Les nouveaux bronzes
d'Osuna (chap. 82) n'admettent pas que la location des
terres publiques, concédées aux colons de Genetiva,
puisse dépasser cinq ans, et M. Giraud, dans le commentaire érudit qu'il a publié sur cette inscription, décide que sous la République, les propriétés des cités
n'ont pu être louées que pour cinq ans, et que c'est
l'Empire seul qui a pu les autoriser à contracter des
baux d'une plus longue durée (2).

En adoptant cette interprétation, l'argument fondé
sur l'identité de durée des concessions vectigaliennes
et emphytéotiques, tomberait de lui-même; mais alors
que l'on ne l'admettrait pas dans son intégralité, alors
que l'on se rangerait à l'opinion de M. Garsonnet, qui
ne voit dans la location citée qu'une application du
jus in agro vectigali aux terres du domaine *public*
municipal (3), il n'en faudrait pas moins, condamner
l'argument tout au moins dans sa généralité.

---

(1) Gaius Com. III § 145. Hyginius. de cond. agr. 116.

(2) Giraud. Les nouveaux bronzes d'Osuna. Paris 1877. p. 59 et s.

(3) Garsonnet. p. 176. — Cpr. Huschke. avitum et patritum und der
ager vectigalis. zeitschrift für die vergleichende Rechtswissenschaft. z.
179 et 180. — Tite. Live 31. 13. — Die veleiatischen Tafel N. 43.

Enfin, ainsi que nous venons de l'annoncer, il se présente entre le *jus in agro vectigali* et l'emphytéose des différences inconciliables :

1º Les deux tenures se séparent en premier lieu l'une de l'autre par l'objet auquel elles s'appliquent. Les *agri vectigales* ne comprennent que les fonds des personnes morales (1), et la concession vectigalienne semble n'avoir été dans la législation romaine qu'une exception due à l'importance du *dominus* bailleur, d'où cette conclusion, dictée du reste par les textes, que les simples particuliers n'ont jamais pu l'employer (2).

L'emphytéose au contraire, est générale dans son application et les *fundi emphyteutici* sont aussi bien les fonds des cités, des temples, des empereurs, que les fonds des simples particuliers. A ce sujet aucun doute ne saurait exister, la constitution *1. C. de jur. emph. 4.66*. suit immédiatement le titre où il est traité du contrat de louage, et dès lors il est raisonnable de penser, que les deux contrats sont également de droit commun. Cette induction est confirmée et renforcée par le texte même, tant de la constitution de Zénon, que de celle de Justinien. Ce dernier, opposant sans cesse le *dominus* à l'emphytéote, ne fait aucune restriction sur la qualité du bailleur, et l'empereur Zénon se prononce expressément dans notre sens, en ordonnant

---

(1) L. 1. § 1 D. si ag. vect. 6. 3. — Ulpien, Reg. tit. 22 § 6. — L. 11 § 1 D. de publ. in rem act. 6. 2.

(2) Tous les auteurs qui ont traité de ces concessions avant la constitution de Zénon sur l'emphytéose, et principalement Gaius, n'ont jamais dit que les particuliers en aient fait usage.

de respecter les stipulations *quœ inter utrasque contrahentium partes super omnibus placuerint (1)*.

Cette distinction a été vigoureusement combattue par les auteurs du système vectigalien, qui en comprenaient toute l'importance. M. du Roi (2) et M. Lefort (3) ont soutenu que la concession vectigalienne pouvait être faite par les simples particuliers, et ils ont trouvé leur principal argument dans la loi *31 D. de pign. et hypoth. 20. 1.* qui, s'occupant d'un fond donné à charge de vectigal, ne dit pas que le *dominus* doive être fatalement une personne morale. M. Vuy (4) dans son remarquable ouvrage sur l'emphytéose romaine, a répondu à ce texte, qui selon nous ne saurait avoir la force qu'on voudrait bien lui attacher. En effet, d'une part il nous semble que ses auteurs se sont peut-être trop préoccupés dans notre hypothèse, d'harmoniser leur décision avec leur théorie sur les origines de l'emphytéose, et d'autre part, si la loi 31 ne dit pas que la tenure vectigalienne ait été faite par une personne morale, elle ne décide nullement qu'elle puisse émaner d'un simple particulier. Or, si telle avait été l'intention du jurisconsulte, il s'en serait expliqué, en présence des documents qui supposent toujours chez le bailleur

---

(1) L. 1. C. de jur. emph. 4. 66.

(2) Bemerkungen über actio in rem und actio in personam (Dans les archiv. für die civilitische Praxis t. vi. p. 338.

(3) Histoire des contrats de locations perpétuelles où à longue durée, Paris 1875. p. 39.

(4) De originibus natura emphyteutici Romanorum. Heildelberg. 1838. p. 67.

la qualité de personne morale (1), et en raison de l'exception apportée par la concession vectigalienne, au principe que *non nudis pactis dominia rerum transferuntur* (2).

M. Pépin le Halleur a bien fait valoir, il est vrai, à l'appui de l'opinion de M. du Roi, un passage de Columelle, mais ce texte est écrit en termes si vagues, qu'on ne saurait le considérer comme probant, ni dans un sens ni dans l'autre (3).

2° Une deuxième différence, une des plus importantes selon nous, est encore relative aux terres, qui font l'objet des tenures vectigaliennes et emphytéotiques. L'*ager vectigalis* est un champ cultivé et défriché, susceptible, dès l'entrée en jouissance, d'un revenu quelque modique qu'il soit. L'emphytéose, au contraire, s'applique généralement à des terres désertes et incultes, dont le *Dominus* ne peut tirer actuellement aucun bénéfice. Cette distinction, dont toute l'importance se révèlera sur les obligations de l'emphytéote, est attestée et affirmée par des auteurs dont le témoignage ne saurait être facilement mis en doute. Appien (4), Hyginius (5) et Sicculus Flaccus (6) nous apprennent que le bail vectigalien ne portait que sur des terres cultivées, et, d'un autre côté, les plus

---

(1) L. 1. D. si ag. vect. 6. 3. — L. 11. D. de publ. in rem. act. 6. 2. — Hyginius. de cond. agr. p. 116 et 117. Sicculus Flaccus. de cond. agr. p. 162.

(2) L. 20. C. de pact. 2. 3.

(3) Pépin le Halleur, p. 17. — Columelle liv. 1. 6. 7.

(4) De bell. Civ. 1. 7.

(5) De gen. contr. p. 132.

(6) De cond. agr. p. 163.

célèbres romanistes des siècles derniers, ont toujours admis que l'emphytéose ne s'était appliquée, à l'origine, qu'aux terres incultes, et ne s'était étendue que beaucoup plus tard, aux fonds cultivés (1).

L'esprit de certains textes nous paraît concluant en faveur de cette solution. Ainsi, le canon emphytéotique est sensiblement inférieur au taux ordinaire des fermages (2), tandis que dans la tenure vectigalienne, on ne peut retrouver ce caractère, et le vectigal est véritablement la représentation de la jouissance. De même, et en ce qui concerne les risques, l'emphytéote supporte la perte partielle (3), tandis que dans les concessions de l'*ager vectigalis*, cette perte reste à la charge du bailleur, ce qui est conforme au caractère de louage qui a été assigné au bail vectigalien, à la suite d'une controverse restée célèbre (4). Enfin, l'emphytéote jouit d'un privilège spécial ; il est exempté du canon pendant les trois premières années de son entrée en possession (5), or, une pareille faveur ne peut se justifier que par une idée de compensation, et suppose nécessairement que, durant ce laps de temps, cet emphytéote n'a rien gagné, mais a dû, au

---

(1) Domat. Lois civiles L. 1. t. iv. sect. x § 2. — Glück. Erlauterung der pandeckten. t. viii § 392. Voet. Com. ad. inst. 111. 15 § 3. Vinnius. Com. ad inst. 111. 15.

(2) Nov. 7. c. 3 § 1. — Nov. 120. c. 1 et 2.

(3) L. 1. C. 4. 66. de jur. emphy. Toutefois la question est controversée. v. le Chapitre des risques en matière d'emphytéose.

(4) L. 15 § 4. D. de locat. 19. 2.

(5) L. 1. C. de omni agr. des. 11. 58.

contraire, faire des dépenses assez élevées pour mettre le sol en état de produire.

3° La troisième et dernière différence que nous avons à signaler, porte sur les obligations de l'emphytéote et du preneur vectigalien. Ce dernier n'est soumis qu'à deux obligations principales : payer le vectigal et entretenir les lieux loués ; l'emphytéote est, en outre, suivant nous, obligé à une troisième obligation, il doit améliorer les terres qui lui sont concédées. Toutefois, cette nouvelle distinction n'ayant pas été admise par tous les auteurs, et étant même repoussée par la majorité d'entre eux, il importerait de résoudre la controverse ; mais la question devant se présenter sur les obligations de l'emphytéote, c'est là où nous la trancherons définitivement, nous contentant simplement ici, d'indiquer la solution que nous lui donnerons.

§ 3. — **Théorie des concessions provinciales**

Un troisième système assigne enfin comme origine à l'emphytéose, les concessions de terres provinciales. C'est là, hâtons-nous de le dire, une doctrine qui n'est plus guère soutenue de nos jours, et à laquelle nous ne consacrerons donc que de très courts développements.

L'argumentation sur laquelle on se fonde, repose encore sur l'analogie qui existe, soit dans la physionomie générale des deux institutions, soit dans la condition juridique de l'emphytéote et du détenteur d'un fonds provincial. D'une part, en effet, le fonds provincial n'est tenu de l'Etat que sous la réserve d'un domaine éminent (1). Cette situation se rapproche beaucoup de l'emphytéose, où le bailleur conserve également la propriété, et cette similitude devient encore plus étroite, si l'on admet, conformément à l'opinion adoptée sur la nature du droit emphytéotique par les glossateurs, l'ancien droit, et certains arrêts même de la Cour de Cassation, que la propriété se divise en domaine direct et domaine utile, le premier étant retenu par le *dominus*, et le second passant seul à l'emphytéote. Le domaine direct du bailleur à emphytéose, semble alors s'identifier avec le domaine éminent conservé par l'Etat ou l'Empereur dans la concession d'un *prœdium provinciale*. D'autre part, le détenteur d'un fonds provincial a, sur la chose, les mêmes pouvoirs qu'un emphytéote et est soumis à la même obligation ; ainsi, il peut disposer librement du fonds (2), et en demander le bornage (3) ; sa possession est protégée par la publicienne (4) et probablement par les interdits (5) ; enfin il est assujetti également au paiement d'une redevance.

Nous ne pouvons admettre ce système.

En effet, en premier lieu, il nous semble bien difficile de considérer comme une location, une institution qui, soumise au paiement d'une redevance,

---

(1) Gaius. Com. II. § 7 et 21.
(1) Cpr. Garsonnet. p. 134.
(2) Frontinus. de contr. agr. p. 36.
(3) Pellat. p. 564 et 565   L. 12. § 2 D. de Publ. in rem act. 6. 2.
(4) Frontinus. loc. cit..

ne confère à l'Etat bailleur aucun droit de résolution,
et ne lui donne aucune action pour reprendre le
prœdium au possesseur n'exécutant pas son obligation (1). En second lieu, la concession provinciale
se rapproche tellement de la propriété, qu'il nous
paraît plus juridique de la considérer comme une
véritable propriété privée, non quiritaire, tenue de
l'Etat sous réserve d'un domaine éminent et sous
condition du paiement d'une redevance (2). C'est ainsi
qu'on s'explique comment certaines personnes morales peuvent établir un *jus in agro vectigali*, sur des
fonds provinciaux dont elles ne sont que déten-
trices (3), et que se résout la prétendue contradiction
offerte par les textes, qui supposent dans les provinces l'existence de la propriété privée, et portent,
en même temps, que le peuple romain ou l'empereur
sont seuls propriétaires du sol provincial (4).

§ 4. — **De l'origine grecque de l'emphytéose et
des causes sous l'empire desquelles l'emphytéose se produisit dans la législation romaine.**

L'influence de la législation grecque, qui à toutes
les époques s'est toujours manifestée dans le droit
romain (5), nous conduit naturellement à ne voir dans

---

(1) Giraud. p. 250 ; Pellat. p. 609. LL. 7. D. de publ. et vect. 39. 4 et
36. D. de jur. fisc. 49. 14. En vertu d'une loi *prædiatoria* il n'aurait eu que
le *jus vendendi* et la *pignoris capio*. Gaius. Com. IV. 28.

(2) Cpr. Garsonnet. p. 133.

(3) Pellat. loc. cit.

(4) Cicer. adv. Rull. 1. 4.

(5) Tite Live. 111. 31.

l'emphytéose romaine, qu'un développement de cette institution que nous avons constatée dans les inscriptions grecques.

Là en effet, tous les caractères distinctifs de la tenure emphytéotique, se sont trouvés réunis ; nous y avons rencontré la longue durée du droit, la permanence et la sûreté de la possession, la modicité de la redevance, l'obligation d'améliorer ; dès lors il est rationnel de conclure, que l'emphytéose s'est introduite dans la pratique et la législation romaine par les provinces et colonies grecques, que Rome avait soumises à sa domination.

Nous invoquerons à l'appui de notre thèse les arguments suivants :

1° Le nom même de l'emphytéose, dont l'origine hellénique a été toujours reconnue et qui a permis à un juriste du siècle dernier de soupçonner notre théorie (1), et les interpolations faites par Tribonien dans les titres relatifs à l'*ager vectigalis*.

2° L'existence même de l'emphytéose avec tous ses caractères distinctifs en Grèce, et dans les colonies grecques, qui conservèrent toujours leslois de la mère patrie avec un tel soin, que M. Foucart ne craint pas d'appliquer aux colonies Athéniennes ce qu'Aulu-Gelle disait des colonies romaines : *Coloniæ quasi effigies parvæ simulacraque populi romani*. (2).

---

(1) Nicolas Chorier. jurispr. de Guy-Pape 1769. p. 237. note.

(2) Strabon. Géographie. L. v. 10. L. vi. 11. — Foucart. acad. des inscript. et belles-lettres. 1878. p. 381.

3° Un texte célèbre d'Ulpien (1) où le jurisconsulte révèle la connaissance de l'emphytéose par les Romains à l'époque classique, et où il montre, en employant des caractères grecs pour exprimer sa pensée, qu'il s'agit d'une expression déjà usitée dans la partie grecque de l'empire (2).

4° L'adoption de l'emphytéose dans la législation Romaine à l'époque de l'établissement des empereurs dans la Thrace, colonie grecque, que les différents peuples de la Grèce se disputèrent longtemps avec acharnement et qui reçut des plus célèbres d'entre eux, sa législation (3).

5° Cette double considération : 1° que le sol de la Thrace était sur une large étendue, désolé et inculte ; 2° que les peuples originaires du pays, la plupart (Scythes nomades) ne vivant que de la chair de leurs troupeaux et de rapines, étaient rebelles à la culture des terres et que dès lors, les Hellènes conquérants durent avoir recours aux institutions, telles que l'emphytéose, qui en Grèce permettaient de développer l'agriculture (4).

6° Le texte même de la Constitution de Zénon qui

---

(1) L. 3. § 4. D. de reb. eor. 27. 9. Le président Favre a soutenu que le texte avait été interpolé par les compilateurs de Justinien (rat. ad pand. Genève 1626. t. 2 p. 548), mais cette conjecture a été victorieusement réfutée par M. Lefort. p. 66.

(2) Tropl. louage. t. 1. p. 145.

(3) Cpr. Foucart. 323, 381 et 392.

(4) Acad. des inscript. et bel. let. Mémoires sur les antiquités du Bosphore. Lenormant. t. 24. 1861.

se borne à consacrer un état de fait semblant exister depuis longtemps dans la pratique.

7° Enfin, cette circonstance que l'emphytéose théodosienne, la première admise, n'est que la reproduction de la tenure hellénique, puisqu'elle ne comporte pas comme l'emphytéose bizantine, la *commise* et le *laudemium*, que nous n'avons pu retrouver dans les inscriptions que nous avons étudiées.

Recherchons maintenant comment la tenure hellénique a pu se développer dans la pratique et le droit romain.

On était à la fin de la République ; l'Italie était alors épuisée tout à la fois par les luttes intestines qui l'avaient déchirée si longtemps, et par les guerres incessantes que l'empire devait soutenir contre d'innombrables barbares toujours de plus en plus menaçants. Le laboureur avait déserté ses champs pour venir s'enrôler sous les aigles des légions, ou suivre la fortune d'un César, les petites propriétés de l'*ager romanus*, les quatre à sept jugères des Cincinnatus, des Régulus et des Fabius Cunctator, n'étaient pas même suffisantes pour l'affranchi d'hier, et avaient fait place à d'immenses domaines de plus de cinq cents jugères ; le nombre des propriétaires s'était restreint à moins deux mille (1), et malgré les agronomes, qui en déconseillaient l'emploi dans les grandes exploitations, le travail servile avait peu à peu chassé le travail libre, et les agglomérations d'es-

---

(1) Cicéron, de off. II. 21.

claves, danger que les Grecs avaient signalé, avaient
engendré de tels soulèvements, qu'il avait fallu en-
voyer un Consul contre les révoltés pour les abattre.
Les sombres résultats d'une terre trop peu divisée
apparaissaient donc en entier : l'empereur lui-même
donnait dans Rome la subsistance à des milliers de
citoyens qui le payaient en acclamations (1), et l'Italie,
ce pays d'une fertilité remarquable, devait compter
pour vivre sur les blés de ses provinces. La Sicile
elle-même avait cessé de produire, et Agrippa haran-
guant les juifs prêts à se soulever, nous fait l'aveu
que l'Afrique et l'Egypte nourissaient seules chaque
année le peuple romain (2).

Telle était en Italie la situation désastreuse de
l'agriculture. Les guerres civiles lui avaient porté
un premier coup fatal, la multiplication des impôts,
les exactions des *procuratores*, qu'un législateur im-
puisant s'efforçait en vain de réprimer (3), la grande
culture, appliquée à un sol qui s'y refusait, devaient
l'achever, et la ruiner à tout jamais. La dépopulation
et la stérilité en furent la conséquence ; la forte race
plébéienne s'éteignit rapidement, et Rome commença

---

(1) Suétone. Cœs. 41. Les citoyens devaient faire inscrire leurs noms
in *tabula* pour recevoir la *tessara* alimentaire. Académ. des inscript. et
belles lettres. t. 29. 1879. Duruy. Les honestiores et les humiliores.
p. 282.

(2) Grands chemins de l'empire romain. Nicolas Bergier, 1736. p. 262.
D'après Aurélius Victor la seule province d'Egypte fournissait à Rome
20 millions de muids de froment.

(3) V. les inscriptions de la table de Souk-el-Kmis ou plutôt d'Henchir-
Dakhla sur les colons du Saltus Burunitanus. Rev. archéologiq. 1880 p. 96
et 1881 p. 285. n. 1.

à manquer en même temps de citoyens pour ses
armées et de cultivateurs pour son sol. Pline l'ancien
n'a donc rien exagéré, en disant « *latifundia perdidere
Italiam* » (1). Cependant les empereurs s'alarmè-
rent, ils comprirent le danger et firent toutes les ten-
tatives pour ramener à un sol appauvri, les bras qui
semblaient le fuir. Tibère obligea les capitalistes à
placer les deux tiers de leur argent en biens fonds
situés en Italie (2). Trajan et Marc-Aurèle contrai-
gnirent les sénateurs étrangers à l'Italie, à y acheter
des immeubles (3). Constantin, Valentinien et Valens
accordent des terres aux vétérans pour les mettre
en culture, avec exemption de l'impôt et l'avance de
quelque argent, pour subvenir aux premières dépenses (4). Théodose et Valentinien assurent aux cultivateurs des immunités importantes et perpétuelles (5);
puis les encouragements ne pouvant plus suffire, on
a recours à la contrainte; Valentinien, Valens et
Gratien autorisent des vétérans à s'emparer des
terres négligées, sans que le propriétaire puisse s'y
opposer, ni réclamer une part des fruits (6), et Valentinien, Théodose et Arcadius déclarent déchu de la
propriété, quiconque sera resté deux ans sans culti-

---

(1) Hist. nat. xviii. v. 11. 6.
(2) Tacite. ann. vi. 17.
(3) Pline le Jeune. Epist. vi. 9.
(4) L. 2, L. 3 et 8. c. th. de veter.
(5) L. 16. C. de omni agr. des. 11. 58.
(6) L. 11. C. th. de veter.

ver (1); Justinien enfin ordonne l'adjonction de toute
terre inculte au fonds voisin cultivé, et les curiales
sont rendus responsables sur leurs biens, de l'impôt
des propriétés incultes, qui se trouvent sans maître
ou dont le maitre est insolvable.

Toutes ces dispositions marquent la ruine toujours croissante de l'agriculture et furent loin de
donner les résultats qu'en attendaient leurs auteurs.

Bientôt, la misère agricole s'accentua davantage,
et l'empereur lui-même ne trouva plus de bras pour
cultiver ses immenses domaines (2), lesquels, cependant, étaient exemptés de la plupart des charges qui
incombaient à la propriété privée. Directement alors
intéressés au relèvement de l'agriculture, les empereurs étudièrent de plus près la situation agricole
et comprirent que le premier point était d'assurer
d'une manière définitive la location à long terme.

L'emphytéose, que les habitants de la Thrace
avaient toujours conservée et pratiquée en se séparant de la mère-patrie, leur montrait tous les avantages des concessions permanentes, stables, et de
longue durée ; aussi, après avoir apporté tout d'abord
un remède urgent à la situation de leurs propres
terres par l'institution du *jus privatum salvo canone*,
et du *jus perpetuum salvo canone*, ils se décidèrent
à adopter la tenure grecque, lui donnèrent une appli-

---

(1) L. 8. C. de omni agr. des. 11. 58.

(2) Les propriétés impériales étaient situées en grande partie dans les
provinces, où l'on parlait grec. Garsonnet p. 149.

cation générale et, dans le but de l'assurer encore mieux, en réglèrent les divers points sujets à controverse.

§ 5. — **Des tenures impériales**
L'emphytéose passe définitivement dans la législation romaine

Le *jus privatum* s'écarte de la location perpétuelle, et par suite tout à la fois du *jus perpetuum salvo canone*, et de l'emphytéose elle-même. Ce contrat ne paraît avoir été qu'un moyen assez ingénieux de favoriser l'établissement de la propriété privée, tout en sauvegardant la fortune impériale ; les fonds qui y sont soumis, sont probablement des fonds aliénés par le fisc en toute propriété et tombés dans le domaine privé, sous la condition du paiement du prix consistant en une sorte de rente, qui, par sa périodicité, assure le trésor impérial contre les dissipations de l'empereur et de ses agents.

Cette interprétation, que l'on peut tirer *a contrario* de la *L. 13 C. de fund. patr. 11. 61.*, et directement de la *L. 2 h. t.*, nous semble entièrement corroborée par la *L. 12 C. h. t.*, qui autorise l'acquéreur à affranchir les esclaves attachés au fonds, et, par cette considération, que ce même acquéreur est assujetti aux charges de la propriété et à l'impôt foncier, dont il reste personnellement responsable, s'il aliène à son tour la terre, qui lui a été accordée.

Ainsi donc, le *jus privatum* s'écarte entièrement, sur le fonds du droit, de la location perpétuelle, et le

4

seul trait de ressemblance qu'on puisse y rencontrer avec elle, consiste simplement dans la nature du prix, qui présente le caractère de périodicité annuelle, et dont le paiement régulier est la condition de la propriété.

Le *jus perpetuum salvo canone* se rapproche beaucoup plus de la location perpétuelle, et par suite, de l'emphytéose elle-même, à laquelle cependant on ne saurait devoir l'assimiler. Dans cette tenure, il n'y a ni aliénation du domaine impérial, ni transmission dans le domaine privé (1); les fonds, qui y sont soumis, restent la propriété des empereurs, et ne rentrent dans le patrimoine de l'acquéreur que relativement à la jouissance (2), et sous condition résolutoire du paiement d'une redevance périodique.

Le *jus perpetuum* ne nous parait avoir été, à proprement parler, qu'une concession vectigalienne étendue (3).

En droit, la condition du *perpetuarius conductor* est assimilée à celle du concessionnaire vectigalien, et l'objet de leurs tenures est le même, puisqu'il s'agit dans les deux cas, de la location perpétuelle de terres qui ne sont plus dans le domaine privé (4).

Cependant en créant le *jus perpetuum*, les empe-

---

(1) L. 2.C. de manc. et col. 11. 62.

(2) L. 3.C. de loc. præd. Civ. 11. 70.

(3) Cujas t. 9. col. 415 contra.

(4) M. Pép. le Hal. p. 39.

reurs n'eurent pas en vue de reproduire le *jus in agro vectigali* ; ils comprirent la nécessité, peut-être en considérant les avantages de l'emphytéose, d'élargir la concession vectigalienne, et les extensions, qu'ils apportèrent, constituent le *jus perpetuum* en lui-même. Ils déclarèrent l'irrévocabilité de la concession de l'essence de la tenure, et accordèrent au preneur le droit d'aliéner avec l'autorisation du juge ou du propriétaire.

La nécessité de l'autorisation a donné lieu à controverse ; certains auteurs ont soutenu qu'aucune condition n'était requise pour aliéner, si ce n'est dans la donation ; et d'autres ont admis que l'aliénation sans autorisation, même à la charge de rester garant du cessionnaire, n'était admise qu'au cas de donation.

C'est là, croyons-nous, donner à la loi *1. C. de fund. patr. 11. 61* un sens beaucoup trop étroit.

En premier lieu, la restriction proposée, qu'on ne peut établir par aucun monument de droit ni aucun raisonnement, est rejetée par la loi *3. C. de fund. rei priv. 11. 65,* qui constitue la responsabilité du preneur originaire, d'une manière générale et sans distinguer les différents titres de transmission ; et en second lieu toute l'autorité de Cujas ne saurait prévaloir contre le même texte, et faire admettre que la condition du vendeur autorisé fût la même que celle du donateur non autorisé.

Un deuxième point a été débattu, celui de savoir si l'autorisation demandée pouvait être accordée ou refusée à l'arbitraire du juge.

La négative a été proposée par M. Pépin le Halleur, qui s'est même prononcé pour l'admission du *laudemium*, en se fondant uniquement sur la nécessité d'harmoniser la solution de la question avec sa théorie sur les origines de l'emphytéose, et de trouver ainsi la source du prélèvement du cinquantième de la valeur de la chose, qui sera accordée par Justinien au *dominus* à chaque mutation à titre singulier (1). Nous ne pouvons [suivre ce système. Aucun document plus ou moins précis ne nous autorise à nous prononcer, et nous croyons plus juridique de suivre l'exemple de M. Vuy, (2) qui s'est abstenu, en se bornant à constater qu'une seule chose était nécessaire, la nécessité de l'autorisation.

Cet exposé rapide nous permet de saisir toute la portée de la tenure impériale, qui nous occupe. Distincte du *jus privatum*, qui suppose une véritable aliénation, alors qu'elle n'est qu'une espèce de bail à long terme, elle n'apparaît au point de vue du droit que comme une concession, mieux établie que celle de l'*ager vectigalis*, et ne présente pas encore les traits caractéristiques de l'emphytéose, dont elle se sépare nettement.

Ainsi, le *jus perpetuum* n'est pas employé par les simples particuliers ; il ne porte que sur des terres déjà mises en culture et sorties du domaine privé ; la redevance y est proportionnelle aux revenus de

---

(1) P. 42.

2) P. 121.

l'immeuble, et l'obligation d'améliorer n'incombe pas au preneur, qui est dès lors privé des immunités fiscales accordées à l'emphytéote, c'est-à-dire de l'exemption du canon pendant les trois premières années de l'entrée en possession (1). Ce n'est donc que par une erreur du législateur, ou par une nouvelle interpolation du rédacteur de la loi, que nous expliquons la *L. 1. C. de off. com. sacr. pal. 1.34*, qui identifie l'emphytéose et le *jus perpetuum*.

Cette dernière tenure ne nous paraît pas avoir eu plus de succès que les autres dispositions imaginées par les empereurs pour faire revivre l'agriculture. La perpétualité et l'irrévocabilité du droit y furent mal observées, et l'empereur lui-même, impuissant à protéger le *perpetuarius* contre les expulsions arbitraires que multipliaient les agents du fisc (2), dut avoir recours au seul mode d'exploitation du sol qui eût arrêté en Grèce la décadence de l'agriculture, à l'emphytéose, dont on avait pu déjà, dans les provinces de l'empire, apprécier les heureux effets. La nécessité la plus absolue avait donc fini par triompher des répugnances des Romains envers une institution qui avait le grand tort, à leurs yeux, de porter atteinte au principe du droit absolu de propriété, en paraissant transmettre cette propriété sous une condition résolutoire tacite (3). L'emphytéose fut donc adoptée par

---

(1) L. 1. C. de omn. agr. des. 11. 58.

(2) LL. 3 et 5. C. de fund. patr. 11. 61.

(3) Les empereurs redoutaient peut-être aussi la tendance naturelle du possesseur à longue durée de vouloir échanger sa possession contre la propriété. cpr. Nov. 120. 6. § 2.

la législation romaine : elle y entra d'abord sans supporter aucune modification et telle qu'elle était pratiquée dans les colonies helléniques ; l'emphytéose théodosienne ne fut que la représentation de la tenure grecque, mais bientôt les empereurs, voyant sa large extension, (1) sentirent le besoin, après l'avoir consacrée, de la perfectionner, et ce fut là l'œuvre des empereurs Zénon et Justinien, que nous allons étudier sous le nom d'emphytéose byzantine.

(1) On donna des emphytéoses à charge de construire à Constantinople, des maisons pour embellir la ville.

THÉORIE DE L'EMPHYTÉOSE DANS LE DROIT ROMAIN

CHAPITRE PREMIER

DÉFINITION DE L'EMPHYTÉOSE, SA NATURE ET SES ÉLÉMENTS ESSENTIELS.

I

Les développements, que nous avons consacrés à l'étude historique de l'emphytéose, nous permettent d'en donner, dès à présent, une définition à peu près compréhensible. L'emphytéose est un droit réel, constitué par le propriétaire d'un immeuble en faveur d'un tiers, pour une durée sinon perpétuelle, du moins très longue, sous condition résolutoire du paiement d'une prestation périodique appelée canon. Mais cette définition suppose résolues, quant au droit romain, deux controverses qui s'étaient élevées parmi les jurisconsultes, à savoir que l'emphytéose était un contrat spécial et que la nature du droit du preneur constituait un droit réel. Dès lors, et avant de nous avancer dans l'étude juridique que nous nous sommes proposés, déterminons la nature et les caractères du droit emphytéotique.

La même controverse, que nous avons signalée sur la concession vectigalienne à laquelle on avait fini par assigner le caractère de louage (1), se re-

---

(1) Gaius, com. III, § 145. L. 1. pr. et § 1 D. si ag. vectig. 6. 3 L. 71, § 5 et 6, D. de legat. 30. I.

produisit pour l'emphytéose. Devait-on voir dans cette tenure un louage ou bien une vente ? La raison de douter provenait de ce que la propriété elle-même, plutôt que la jouissance, semblait être transmise *ad non modicum tempus*, et sous condition résolutoire. De là, les jurisconsultes classiques discutaient le point de savoir s'il fallait encore ici assimiler l'emphytéose à une vente ou à un louage ; le plus grand nombre penchaient, avec Gaius (com. III, § 145), vers l'idée de louage. La question fut enfin résolue par l'empereur Zénon, et la *C. 1. C. de jur. emph. 4. 66.* décida que l'emphytéose ne devait être considérée ni comme une vente, ni comme un louage, mais former un troisième contrat particulier, distinct de l'un et de l'autre, où les conventions des particuliers feraient la loi du contrat lui-même (1).

La deuxième question, relative à la nature du droit emphytéotique, a donné lieu à plus de difficulté. Zénon, en considérant l'emphytéose comme un contrat spécial, ne s'est malheureusement pas expliqué sur la nature du droit auquel elle donnait lieu, et son silence sur un point aussi important a soulevé une controverse, qui n'est pas encore définitivement résolue. Plusieurs systèmes ont été soutenus.

1ᵉʳ Système, dit des Glossateurs. — Un premier sys-

---

(1) Il est à remarquer que cette constitution est conforme à la théorie que nous avons soutenue sur les origines de l'emphytéose. V. aussi Inst. de J. L. III, tit. 24, § 3.

tème a été présenté par les Glossateurs, et après eux par Glück, dans son commentaire des pandectes. Ces auteurs, s'attachant à l'identité établie par Tribonien entre les concessions vectigaliennes et le *jus emphiteuticarium*, ne font tout d'abord aucune distinction entre l'emphytéose du livre 4 (C. J.) et celle du livre 11 (C. J.), puis, se fondant sur quelques textes, qui qualifient l'emphytéote de *dominus*, et pour les concilier avec ceux beaucoup plus nombreux, qui réservent le *dominium* au concédant, ils n'hésitent pas à avoir recours aux idées féodales de leur époque et résolvent l'antinomie, en conservant le *dominium directum* au concédant, et en attribuant le *dominium utile* au concessionnaire emphytéote (1).

Ce système est inadmissible. L'idée du domaine direct et du domaine utile, que les Glossateurs avaient apportée eux-mêmes du moyen-âge dans la théorie de la location à longue durée, est complètement étrangère au droit romain, et dussions-nous parcourir tout le *corpus juris*, nous n'y trouverions ni le mot, ni la chose. Quant aux lois *4 et 12 C. de fund. patrim. 11. 61*, nous avons vu que le dernier de ces textes s'appliquait au *jus privatum*, et que dès lors il ne saurait exister entre eux une telle contradiction, que, du reste, le peu de précision de la langue juridique à l'époque du Bas-Empire, et les attributs considérables du droit emphytéotique suffiraient encore à expliquer.

---

(1) Clarus, § emph. Q. 1 ; Elb. Leoninus, de jur. emph. in rubr. n. 14 ; voët, in pand. 1. 7. t. 3. n. 1. Vinnius, ad. inst. t. 25. 1. 3, § 3.

2e Système. — M. de Savigny a soutenu un deuxième système, qui s'éloigne fort peu du précédent. L'illustre romaniste allemand a prétendu que l'emphytéote avait eu à l'origine le *dominium bonitarium*, et que, par suite de l'abolition du *nudum jus quiritium* par Justinien, il avait eu depuis un droit de propriété révocable, mais complet. M. de Savigny invoque tout d'abord l'assimilation faite par le droit des pandectes entre le preneur vectigalien et le *dominus bonitarius*, puis, se fondant sur l'opinion des jurisconsultes romains, qui considéraient l'emphytéose comme une vente (1), il trouve la confirmation de son système dans la fameuse loi *12 C. de fund. patrim. 11. 61.*, et dans la loi *1. D. de cond. tritic. 13. 3.*, qui oppose au concessionnaire d'un *ager vectigalis* celui, qui n'a sur la chose qu'un *jus in re alienâ* (2).

Bien que nous n'ayons pas, à vrai dire, à nous occuper d'un système, qui est entièrement basé sur une théorie, que nous avons abandonnée sur les origines de l'emphytéose, nous devons avouer que, même en nous plaçant au point de vue de cette théorie, l'opinion qu'on propose nous semble encore impossible à admettre. Sans entrer dans la brillante réfutation, qu'en a donnée M. Thibaut, et sans avoir besoin de citer les arguments qu'il a

---

(1) A cette époque, les institutes de Gaius n'avaient pas encore été découvertes.

(2) Ce texte est loin de nous paraître aussi concluant.

su tirer de la *L. 1,* § *1 D. si ag. vectig. 6. 3.,* nous rappellerons que nous avons déjà répondu à l'argument exhumé de la *L. 12 C. de fund. patrim. 11. 61,* et nous nous bornerons à faire observer que l'emphytéose n'a jamais pu, à quelque époque que l'on puisse remonter, impliquer une aliénation, et que les textes ont toujours opposé l'emphytéote au *dominus* (1).

3ᵉ *Système.* — Une troisième opinion, présentée il y a quelques années en Allemagne, par MM. du Roi et Buchel, consiste à soutenir que l'emphytéose n'est qu'un simple droit de créance.

Ce système ne saurait nous arrêter. Il suffit, pour le réfuter, de faire remarquer qu'il rendrait inconcevable la controverse élevée sur le caractère de l'emphytéose, et qu'il serait incompatible, d'une part avec la théorie, que nous avons admise sur l'origine de notre tenure, et d'autre part avec les textes, qui donnent à l'emphytéote le *jus prœdii* (2), déclarent son droit voisin de la propriété (3) et lui confèrent des actions *in rem.*

4ᵉ *Système.* — C'est à Cujas et à Doneau que revient l'honneur d'avoir résolu la controverse. Après avoir été les premiers à combattre la théorie du domaine utile et du domaine direct, en reconnaissant que l'action réelle utile excluait l'exercice

_____

(1) Les 3 lois C. de jur. emphyt. 4. 66. L. 8. C. de fund. patrim. 11. 61. Nov. 7 C. 1. L. 3, § 4, de reb. eor., 27. 9.

(2) L. 3, § 4, h. t.

(3) Nov. 7., C. 1.

du droit de propriété conservé par la loi civile à une autre personne, ces deux illustres jurisconsultes établirent que le droit de l'emphytéote consistait en un droit réel. Nous adoptons entièrement cette solution.

En effet : 1° ce système est fondé sur les seuls textes, qui soient concluants en notre matière, *(L. 3 § 4 de reb. eor., L. 8. C. de fund. et Nov. 7. C. 1)*; 2° il a l'immense avantage d'être entièrement en harmonie avec l'esprit des constitutions composant le titre de *jure emphyteutico* ; 3° enfin, il est absolument conforme à l'origine historique, que nous avons donnée sur l'emphytéose, puisque la tenure hellénique, qui en a été le point de départ selon nous, énonçait expressément la parfaite réalité du droit du preneur, en le soumettant à une publicité analogue à celle de l'hypothèque (1).

II

La controverse que nous venons de trancher sur la nature du droit de l'emphytéote nous fournit le premier des éléments essentiels de notre tenure. L'emphytéose donne lieu à un droit réel. Nous verrons ultérieurement comment ce droit réel était garanti, en étudiant les moyens donnés à l'emphytéote pour faire valoir judiciairement son droit.

Le second élément essentiel consiste dans la durée. L'emphytéose doit être perpétuelle ou de longue durée, et dans tous les cas *ad non modicum tempus*. Cette

---

(1) V. le Chap. du contrat d'emphytéose en Grèce. 3ᵐᵉ inscription.

nécessité ne saurait laisser de doute après les développements historiques que nous avons donnés : la longue durée était un des caractères distinctifs de l'emphythéose grecque, et tous les textes qui citent notre tenure expriment la même idée, que confirmerait à elle seule, dans une certaine mesure, l'interpolation faite au *corpus juris* entre le *jus perpetuum et le jus emphiteuticarium.* La durée de la jouissance dans le bail emphytéotique a soulevé une controverse; on s'est demandé si l'emphytéose constituée *ad modicum tempus* perdrait son caractère et enlèverait au preneur la réalité de son droit.

Dans l'opinion qui ne voit dans notre tenure qu'un développement des concessions de l'*ager vectigalis,* la loi *3. D. si ag. vectig. 6. 3.* apporte un argument bien fort au système de la négative, que soutiennent Barthole et Ant. Favre(1).Ces deux jurisconsultes donnent l'action réelle dans tous les cas conformément au texte de Paul, et invoquent à l'appui de leur thèse l'application générale de l'interdit de *loco publico fruendo,* qui appartient à quiconque a des droits de jouissance sur un fond public (2). Doneau (3) et tous les défenseurs du système vectigalien se sont élevés contre une pareille solution, qui aurait désorganisé leur théorie sur les origines de l'emphytéose ; ils refusent d'admettre que la concession vectigalienne constituée *ad modicum tempus* puisse laisser subsister l'action

---

(1) err. prag. 63.10.

(2) L. 1. § 1. D. de loc. publ. fruend. 43. 9.

(3) L. IX. ch. 13 n. 20 et 21.

réelle, et raisonnent à *fortiori* de la *L. 1* , § *3 de superf.*
43. 18.,en disant que la solution donnée dans ce texte
leur permettait de se montrer tout aussi difficiles à
l'égard de l'emphytéote, dont les droits sont autrement étendus que ceux du superficiaire. Nous ne
pouvons nous dissimuler que ce deuxième système
nous paraît bien peu juridique: la loi *3 si ag.vectig.6.3.*
ne fait aucune distinction sur la durée de la concession, les inscriptions latines relatives aux baux des
cités ne disent pas que la tenure vectigalienne *ad
modicum tempus* enlève au preneur *l'actio in rem
utilis*, et quant à prétendre que l'argument tiré de la loi
1, § 1 de loco publ. fruend. 43. 9. ne porte pas, parce
que cet interdit est accordé au superficiaire, il nous
semble qu'on aurait dû prouver que le droit de superficie ne repose que sur des terres sorties du
domaine privé (1), ainsi que nous l'avons fait pour
les concessions de l'*ager vectigalis.*

Dans notre théorie sur les origines de l'emphytéose,
les deux textes apportés par Barthole n'ont plus la
même importance; nous nous trouvons en présence
d'une tenure qui a toujours eu comme caractère distinctif la longue durée et dès lors il faudrait produire
des textes précis pour démontrer que, dans la législation romaine, l'emphytéose pouvait exister indépendamment de la longue durée de la concession.
Or, tous les textes, qui datent de la période impé-

---

(1) Le droit de superficie semble au contraire avoir été employé de très
bonne heure par les particuliers.

riale et qui concernent notre tenure, l'assimilent au *jus perpetuum,* et d'ailleurs la jouissance *ad modicum tempus* saurait peu se concilier avec l'obligation d'améliorer imposée au preneur, et avec le privilège qui lui est accordé en retour, d'être exempté du paiement du canon pendant les trois premières années de sa mise en possession.

Maintenant quelle durée faut-il donner au bail pour qu'il soit emphytéotique ?

Plusieurs réponses ont été faites. Cujas (1) veut que le bail soit de plus de cinq ans ; M. Pellat (2) a exigé une durée de cent ans ; Accurse, Barthole et Doneau (3) ont établi un minimum de dix ans.

Nous n'adopterons aucune de ces opinions ; aucun texte ne nous permettant de nous éclairer, nous nous abstiendrons de nous prononcer, tout en faisant remarquer que nous avons rencontré en Grèce une emphytéose dont la durée était de dix ans, et que toute la controverse peut se résoudre en cette simple question de fait, que le bail ne soit pas *ad modicum tempus.*

Le troisième élément essentiel de l'emphytéose consiste dans la redevance ou canon. A quelles époques que nous nous placions dans l'histoire de l'emphytéose, ce canon apparaît toujours comme un élément distinct et caractéristique de la tenure, et

---

(1) t. 7. col. 377.

(2) op. cit. p. 605.

(3) ch. 13. n. 22.

son paiement régulier forme la condition résolutoire du droit lui-même.

Le canon présente trois caractères particuliers : 1° il est inhérent à l'emphytéose ; 2° il consiste en une redevance périodique annuelle ; 3° il est sensiblement inférieur au taux des fermages ordinaires.

Le premier et le deuxième caractère ressortent très clairement de la généralité et du texte même des deux premières constitutions au titre de *jure emphyteutico,* et quant au troisième, il résulte tant des *Nov. 7 c. 3 § 1* et *120 c. 1 § 2* (1) que des inscriptions grecques que nous avons présentées sur l'emphytéose, et qui comportent toutes, la modicité de la redevance. Ces caractères particuliers du canon permettent de distinguer l'emphytéose du louage, où la *merces,* était du taux ordinaire des fermages et de la vente, où le prix était unique, sauf l'exception du *jus privatum salvo canone.*

Enfin la nécessité absolue d'un canon dans l'emphytéose montre que, si le droit avait été constitué à titre gratuit, il y aurait eu donation, car le droit du *dominus* sans redevance est sans effet, et lorsque des auteurs (2) admettent que le canon est payé *in recognitionem dominii,* ils expriment une idée, qui, sans paraître totalement étrangère au droit romain (3), emprunte sa forme et son fond aux principes du droit féodal.

---

(1) V. Thibaut. essais. tom. 2 dis. 15 § 3.
(2) Hilliger sur Doneau, t. 2. col. 1258.
(3) Vinnius. ad. inst. n° 5.

Le quatrième élément essentiel est relatif à l'objet
de la tenure. L'emphytéose ne peut porter que sur
un immeuble. Ceci est conforme aux antécédents
historiques, que nous avons posés, au but et à la
cause de notre institution, qui est toujours représentée comme s'appliquant à des *fundos steriles*. L'emphytéose ne peut donc jamais s'appliquer à un meuble; mais on s'est demandé si une maison pouvait
être l'objet de notre tenure. Nous penchons pour
l'affirmative. Bien que nous ne puissions invoquer la
loi *15 § 26 D. de damno infecto 39. 2.* (1) qui ne
saurait être de quelque utilité qu'au système vectigalien, et qui du reste a été combattue, non sans succès,
par Doneau (2); d'une part les *Nov. 7. c. 3. § 2* et
120. c. 1 § 2, surtout ce dernier texte, nous paraissent concluantes, car nous n'avons aucune raison
de penser qu'il s'agisse d'une règle spéciale à l'emphytéose ecclésiastique; et d'autre part, nous ne pensons pas que l'on puisse faire rentrer dans le contrat de superficie la concession d'un terrain à charge
de construire, puisque nous n'avons aucun document
qui impose cette obligation au superficiaire (3).

---

(1) M. Pellat, p. 607.

(2) Doneau, 1. IX. ch. 13. n· 11.

(3) V. en sens contraire M. Lefort, p. 46. V. aussi la théorie que nous
présentons sur le libellus contractus.

CHAPITRE II

CONSTITUTION DE L'EMPHYTÉOSE

§ 1. — De la capacité requise pour constituer une emphytéose

Le droit de consentir une emphytéose ne peut appartenir qu'au propriétaire d'un immeuble ayant la capacité d'aliéner. Cette condition, conforme au principe de la fameuse loi *54. D. de reg. jur. 50. 17*, est exigée très-clairement par les textes soit des Institutes, soit du Code, qui qualifient toujours le constituant de *dominus*.

La qualité du propriétaire est sans influence, et nous avons vu en étudiant les origines de notre tenure que des particuliers, des cités, des collèges de prêtres et l'empereur ont établi des emphytéoses sur leurs domaines (1).

La deuxième condition, la capacité d'aliéner, que l'on pourrait tirer d'un rapprochement entre les lois *1* et *3* § *4. D. de reb. eor. 27. 9.*, est contenue expressément dans la loi *7. C. de reb. al. non alien. 4. 51.*, et semble facile à déduire tout à la fois des *Nov. 7* et *120*, et de l'opinion des jurisconsultes romains, qui voulaient assimiler l'emphytéose à la vente.

---

(1) V. 1. 1. c. de jur. emph. 4. 66 et les textes relatifs à l'emphytéose théodosienne.

§ 2. — Des modes de constitution de l'emphytéose

A l'époque où l'emphytéose prit définitivement place dans la législation romaine, la propriété se transmettait suivant certains modes, dont les plus usités étaient la tradition faite en vertu d'un contrat, le testament et l'usucapion.

Transportons ces modes dans notre matière et recherchons s'ils peuvent s'appliquer à notre tenure.

I. *Du contrat.* — L'emphytéose se constitue le plus souvent par contrat, et il est presque certain qu'il en a toujours été ainsi, même antérieurement à l'empereur Zénon. En Grèce, le bail emphytéotique s'établissait par contrat; dans les colonies helléniques, soumises à la domination romaine, les habitants avaient recours aux pactes adjoints et au contrat innomé *facio ut facias*, et lorsque s'éleva la controverse célèbre qui assignait à notre tenure le caractère de vente ou de louage, il n'y avait plus de doute à avoir, l'emphytéose était devenue un pacte obligatoire et devait figurer parmi les contrats consensuels. La conséquence importante à tirer de ce caractère de pacte, était que la validité de la tenure était entièrement indépendante de l'accomplissement des formalités extérieures, par suite de la rédaction d'un acte, et comme l'empereur Zénon, se bornant dans sa Constitution à trancher les points controversés, s'était contenté de faire du contrat emphytéotique, un cinquième contrat consensuel, nous serions portés à admettre tout naturellement

que l'emphytéose reste affranchie de toutes ces formalités et que le consentement suffisant seul, la
rédaction d'un acte ne peut être nécessaire pour
donner force au contrat.

Cette déduction a été, il est vrai, vivement combattue, et un système soutenu par un nombre considérable de jurisconsultes, parmi lesquels Doneau
(1) et Elb. Léoninus (2), a affirmé que la rédaction
d'un acte était une condition essentielle de la validité du contrat. On a argumenté dans cette opinion
des termes mêmes de la Constitution de Zénon (*L. 1 C.
de jur. emph. 4. 66*), et surtout des mots « *scriptura
interveniente* », qui y sont contenus ; on s'est appuyé,
en outre, sur le texte même des deux autres Constitutions (*h. t.*), qui supposent expressément qu'un
instrumentum a été dressé ; on a expliqué la dérogation qu'une telle règle apporterait au droit commun,
en disant que la longue durée de la jouissance commande cette mesure indispensable, enfin on a invoqué le texte des *Nov. 7., pref.*, et *120, Ch. 5 pr.* et
ch. 6, § 2.

Accurse et Cujas repoussaient déjà cette doctrine et
refusaient d'admettre la nécessité de l'écrit. Ils faisaient
remarquer que la loi *3. h. t.* supposait *l'instrumentum* perdu, et que cependant les droits de l'emphytéote n'en étaient pas pour cela compromis.

Nous adoptons entièrement cette opinion; les

(1) L. IX, ch. 13, n° 14.

(2) De jur. emph. in rubr. n° 12. — V. aussi Vinnius, n° 8, et
Thibaut, syst. des Pand., § 779.

mots *scriptura interveniente* visent simplement les
pactes adjoints, et quant à l'argument tiré du texte des
Novelles, il suffit de rappeler qu'il s'agit de règles
particulières à une emphytéose spéciale, dont la durée
ne peut être perpétuelle, et dont les biens, qui en sont
l'objet, sont déclarés inaliénables. A vrai dire, une
considération dicterait à elle seule la solution de la
controverse ; la loi *1. C. h. t.* parle d'un écrit et le paragraphe 3 des Instìtutes ne dit rien de semblable.
Ce silence est d'autant plus extraordinaire que le dernier texte est au titre du louage, au milieu d'une série
de dispositions, qui se réferent aux contrats consensuels, eu dès lors il n'est guère permis de supposer
que le législateur ait voulu apporter une telle dérogation au droit commun sans exprimer sa pensée d'une
façon plus précise.

Du reste l'expression si concluante *scripturâ
interveniente* peut s'expliquer historiquement. Par
réminiscence d'un caractère propre à leur législation,
que le droit romain ne devait jamais reproduire, la
publicité des droits réels, ou peut-être aussi afin de
déterminer d'une manière non équivoque les droits et
obligations des parties dans une tenure que la coutume seule avait conservée, les colons grecs furent
souvent amenés en fait à rédiger un *instrumentum*,
surtout lorsque l'emphytéose était temporaire ou
comportait d'immenses *latifundia*. De là il dut donc
se présenter sur l'emphytéose la même question que
sur la vente, où Justinien décida que la rédaction d'un
écrit ne ferait pas de la vente un contrat *litteris*, mais
formerait une simple condition suspensive du contrat.

En résumé, le seul consentement des parties rend parfait le contrat emphytéotique, le *dominus* et le preneur sont réciproquement obligés, mais le droit réel en lui-même, le *jus prœdii reale* est-il en même temps constitué? La négative nous paraît la seule opinion possible en présence de la distinction toujours si nettement observée en droit romain entre le droit réel et le droit de créance, et les sources respectives de l'un et de l'autre. L'affirmative a été néanmoins soutenue par un certain nombre d'auteurs; les mêmes qui, dans une controverse restée célèbre, ont soutenu que les pactes et stipulations étaient suffisants pour donner naissance à l'usufruit et aux servitudes (1). On s'est appuyé dans ce système sur le texte des institutes de Gaïus (*2. 31.*) et de Justinien *(§ 4. de servit. 2. 3. et § 1. de usufruct. 2. 4.)* et on en a argumenté par analogie en faveur de l'emphytéose ; ce qui peut paraître au premier abord assez naturel, le droit emphytéotique ne s'étant rencontré à l'origine que dans les Provinces. Ce ne sont pas par de simples inductions plus ou moins problématiques que la question doit être résolue, mais par les principes. Le principe fondamental romain est donné par la loi *20. C. de pactis. 2. 3.* « *dominia rerum non nudis pactis, sed traditionibus transferuntur* » ; or, puisque l'emphytéose n'est qu'un droit réel, par suite un démembrement de la propriété,

---

(1) Savigny. 6° éd. p. 576, à la note, 7° éd. trad. Staedtler. p. 461. n. 1 ; Archiv. für die civilistische Praxis. 1829, Warnkœnig. p. 52.

ce qui est vrai du tout doit l'être de la partie, et la tradition doit être d'autant moins rejetée que, pour la propriété, c'est la tradition qui a remplacé la *mancipatio* et *l'in jure cessio*. On objecte, il est vrai, l'analogie étroite, qui a toujours existé entre l'emphytéose et l'usufruit, mais il faudrait auparavant que la solution donnée pour ce dernier droit fut admise unanimement, et ce n'est là qu'une opinion isolée, que nous repoussons avec la grande majorité des auteurs (1). Le texte des institutes de Justinien n'est en effet qu'une copie maladroite de celles de Gaïus, qui cherchait simplement, comme Africain et Ulpien (2), à indiquer un expédient susceptible de procurer tous les avantages d'une servitude à un fonds, sur lequel cette dernière ne pouvait être établie. Conformément donc au droit commun (3), si le contrat est valable *solo consensu* relativement aux prestations personnelles promises, il est incapable par lui-même de produire le droit réel, qui ne prendra naissance que par la tradition (4).

---

(1) Thibaut. système des Pandectes. § 779; Pellat. p. 62; Demangeat. 1. 518; Accarias. p. 612, § 278; Van Vetter. Cours de dr. rom. 1. § 132 et 2ᵉ éd. § 226; V. aussi archiv. für die civilistische Praxis. 1823. p. 284 et 386.

(2) 2. § 31; D. L. 33. § 1. S. P. R. 8. 3. et L. 13. pr. com. prœd. 8. 4.

(3) Cpr. L. 3. D. de oblig. 44. 7.

(4) Didier-Pailhé et Tartari. p. 417. Vinnius 1. 3. tit. 25. § 3, n. 4; Doneau. 9. 13. 15; Pép. le hal. p. 100. Doneau fait très justement remarquer qu'il serait étrange qu'un acheteur, auquel la tradition a été faite, put d'un côté repousser un acheteur antérieur n'ayant point reçu livraison, et d'un autre côté être évincé par un emphytéote n'ayant jamais été mis en possession de l'immeuble emphytéosé.

Enfin le contrat d'emphytéose, de même que la vente et le louage avec lesquels il présente une si grande similitude, peut être affecté de modalités. Quelques-unes lui sont même inhérentes : tels sont le *dies ad quem* — l'emphytéose étant toujours *ad non modicum tempus,* sans que la durée doive être nécessairement perpétuelle — et la *conditio ad quam* qui se réalisera, lorsque le preneur n'exécutera pas ses obligations ou détériorera le fonds. En ce qui concerne le terme *ex quo* ou la condition *ex quâ* il ne saurait y avoir de difficulté, rien, dans la nature du droit emphytéotique, ne s'opposant à leur apposition. De là il suit d'une façon générale, que cette emphytéose est susceptible de naître avec toutes les modalités auxquelles ne répugnera pas le mode de constitution employé, ce qui ne se présenterait que dans le cas, où elles auraient été formellement exprimées dans une *in jure cessio* ou une adjudication.

§ 3. — Testament

L'emphytéose peut être établie par testament. Bien que ce mode dut être assez rare, ce qui expliquerait le silence des textes sur ce point, un legs a toujours été considéré en droit romain comme suffisant pour transmettre la propriété ou ses démembrements, et dès lors il n'y a aucune raison pour ne pas l'appliquer au droit réel emphytéotique, qui présente un rapport si intime avec l'usufruit.

Cependant, Doneau (1) relevait une différence profonde entre le legs d'emphytéose et le legs ordinaire de
servitude ou d'usufruit. Ce dernier peut être pur et simple; le premier renferme toujours une condition tacite.
L'emphytéose suppose en effet le paiement d'une redevance; donc, il faut que le testateur en ait fixé le montant, (2) et que le légataire se soit obligé à l'acquitter.
Ainsi, lorsque le *de cujus* meurt après avoir fixé la
prestation périodique, le droit emphytéotique n'est
pas immédiatement constitué ; de même qu'une donation ou un legs avec charges, (3) il n'existe que sous
condition de l'acceptation du bénéficiaire et n'est définitivement fixé sur la personne qu'à partir de cette
acceptation. D'où cette conséquence pratique : si le
légataire décédait avant d'avoir donné son adhésion,
le legs serait caduc et le droit emphytéotique ne pas-
serait pas à ses héritiers.

Mais ici question : quelle devait être la forme du
legs d'emphytéose ? Nous distinguerons deux périodes, celle du droit classique et celle de la législation de Justinien. (4)

1re période. Droit classique. — Aucun doute ne
semblerait permis au premier abord et il ne paraîtrait y

---

(1) 9. 13. 13 ; Pép. le hal. p. 101, Van Vetter, 1, § 132, 2.

(2) Sans cela le legs serait inutile.

(3) LL. D. 66. i. et 30 § 3, iii. de legat.

(4) Nous négligeons la période dite Néronienne, car l'innovation qu'elle
renferme n'aura qu'un seul effet, celui d'assurer la validité du legs d'emphytéose, dans le cas où le testateur aurait employé la forme des legs
per vindicationem ou *per præceptionem*

avoir place que pour le legs *per vindicationem*. L'emphytéose est un droit réel, elle devrait donc être léguée comme la propriété elle-même dont elle est un
démembrement, avec cette seule différence toutefois,
que le legs d'emphytéose étant toujours conditionnel,
le droit emphytéotique n'entrerait définitivement dans
le patrimoine du légataire que lorsque celui-ci aurait
accepté la libéralité testamentaire à lui faite. Quelque
logique que soit cette argumentation, que vient fortifier encore l'analogie existant entre l'usufruit et
l'emphytéose, on ne saurait adopter la solution à
laquelle elle tend. D'une part, en effet, si l'emphytéose
est bien un droit réel, elle ne peut être qu'un droit réel
prétorien; or un legs *per vindicationem* n'est point
susceptible d'avoir pour objet un droit réel seulement
reconnu par le droit prétorien ; d'autre part, cette
même emphytéose ne se rencontrant guère en fait
que dans les provinces grecques de l'empire romain,
il devient impossible de voir se réaliser cette autre
condition du legs *per vindicationem*, que la propriété
quiritaire ait appartenu au testateur au moment de
la confection du testament. Cette dernière observation
fait également écarter le legs *per præceptionem*, car
ce n'est pas l'*in bonis* que possède le détenteur d'un
fonds provincial. (1) Il ne reste donc que le legs *per
damnationem*, l'*optimum jus legati*, et le legs *per
sinendi modo* ; ce sont les seuls qui permettent de
constituer une emphytéose grâce à l'étendue de leur

---

(1) Gaïus, 2. § 7.

application. De là, le droit réel ne sera pas acquis directement par le légataire, celui-ci n'obtiendra, après l'acceptation de la disposition testamentaire, qu'une créance contre l'institué, lequel sera alors tenu par la *condictio ex testamento* d'établir l'emphytéose par un mode entre-vifs. (1)

2ᵉ période. — Législation de Justinien. — Dans cette période il n'existe plus aucune difficulté, Justinien ayant supprimé dans la constitution *1. C. communia de legat. 6. 13,* toutes les dictinctions du droit classique, et ayant confondu dans une classe unique tous les legs dont les effets sont dorénavant uniformes. L'emphytéose arrive donc directement au légataire, et la seule formalité à laquelle ce dernier reste assujetti est d'accepter la libéralité, puisque le legs est toujours avec charges et par suite sous condition suspensive de cette acceptation.

§ 3. — **Prescription**

La question de savoir si la prescription peut servir de fondement à l'emphytéose est beaucoup plus difficile à résoudre (2). Ici encore on serait tenté de suivre la marche que nous avons observée pour le contrat et le testament, et il paraîtrait tout naturel de dire que, la propriété s'acquérant par usucapion, il devrait

---

(1) Cpr. Paul 3 . 6 § 17.

(2) La constitution du droit emphytéotique ne peut que difficilement se concevoir en pratique, car la jouissance emphytéotique offrant une profonde similitude avec celle d'un propriétaire, on doit supposer plutôt la prescription de la propriété que celle de l'emphytéose.

en être de même *a fortiori* de ses démembrements.
Mais la solution n'est pas aussi facile à déduire, et pour
en saisir toutes les difficultés, il faut avant tout préciser la situation dans laquelle se présente la controverse.

Il ne s'agit pas ici du cas où l'emphytéose ayant été
valablement constituée, le droit a été transféré à un
tiers de bonne foi par une autre personne que le véritable emphytéote. Il est certain, comme le fait très-
bien remarquer M. Pépin le Halleur (1), que la prescription ne saurait être alors considérée comme source
du droit emphytéotique, puisque l'on suppose que ce
droit a été établi par le véritable propriétaire. On
se borne à rechercher, si la prescription peut consolider la tenure irrégulièrement transmise ; or cet effet
sera atteint, lorsque l'action réelle du véritable emphytéote aura été éteinte par la *prescriptio longi
temporis* de trente ou quarante ans (2), le titre
régulier d'emphytéote suffisant à assurer au possesseur actuel l'action publicienne (3) à l'encontre de
tout le monde, même du *dominus*. La discussion ne
prend naissance que dans l'hypothèse, où le droit emphytéotique a été constitué *a non domino*. Pendant une
durée de dix à vingt ans, une personne a détenu un fonds
à titre d'emphytéose et a payé le canon au concédant,
aura-t-elle par cela même prescrit le droit réel em-

---

(1) p. 104.
(2) LL. 3 et 8. C. de prœscript. trig. vel quadrag. an. 7. 39.
(3) L. 11. § 1, D. de public. in rem. act. 6. 2.

phytéotique, et acquis ainsi une action réelle (1) opposable même au *dominus* du fonds emphytéosé? C'est
là un des points les plus vivement débattus de la
théorie de l'emphytéose.

1er système. — Un premier système considère la
prescription comme un mode de constitution de l'emphytéose. Dans cette opinion, on s'appuie sur ce que,
la partie étant régie comme le tout, l'emphytéose, démembrement de la propriété, doit s'acquérir ainsi que
la propriété elle-même, par usucapion ; raisonnement
d'autant plus naturel ici, que le détenteur se trouve
dans les conditions pour prescrire la propriété entière,
le *dominium.* On argumente ensuite de la loi *12. C.
de præscript. long. temp. 7.33*, qui aurait consacré
formellement l'acquisition de l'usufruit par la *possessio longi temporis* (2), et on invoque l'étroite analogie,
qui a toujours existé entre ce droit et l'emphytéose.
Enfin on se fonde sur ce fait que les jurisconsultes
classiques accordaient la publicienne à celui qui
était mis en possession d'un droit d'usufruit
(3), et on en conclut qu'il est impossible de refuser le bénéfice de cette action à l'emphytéote, dont
le droit est évidemment bien supérieur à celui de
l'usufruitier. Quant aux mots *usucapi non possunt*
de la loi *12. § 2. D. de public. in rem act. 6. 2*, on fait

---

(1) Durant la période classique, l'emphytéose n'étant pratiquée que dans
les provinces, l'usucapion ne pouvait s'appliquer, et il n'y avait place que
pour la præscriptio longi temporis.

(2) Cpr. Accarias. 1. p. 612 n. 1.

(3) L. 11, § 1. D. de public. in rem act. 6. 2.

remarquer qu'ils ne visent que l'usucapion du fonds, et non celle du droit emphytéotique. Ainsi, d'après cette doctrine, la prescription peut donc faire acquérir l'emphytéose ; mais alors, deux situations peuvent se présenter, suivant que l'on rencontre ou non chez le détenteur, juste titre et bonne foi.

1re situation. — Le détenteur a-t-il possédé à titre d'emphytéote sans interruption et pendant dix à vingt ans, a-t-il juste titre et est-il de bonne foi, alors il usucape l'emphytéose dans toute l'acception du mot. Il est, en effet, dans les termes de l'usucapion, et acquiert le droit emphytéotique en toute propriété ; il a l'action réelle et dans le cas où il perdrait la possession, il peut la revendiquer à l'encontre de tout le monde, même du *dominus.*

2e situation. — Au contraire le détenteur à titre d'emphytéote est-il de mauvaise foi ou dépourvu de titre, il n'y a plus lieu à l'usucapion proprement dite, mais seulement à la *præscriptio longissimi temporis* de trente ans, qui ne lui procure qu'un moyen de défense contre le *dominus* et les tiers. Il n'a pas l'action réelle, d'où cette conséquence que si la possession vient à lui échapper, il se trouvera sans ressources contre un nouveau possesseur et le *dominus* lui-même. Bien plus, s'il transmet sa jouissance à titre onéreux ou à titre gratuit, l'acquéreur ou le donataire, jusqu'à ce qu'il l'ait prescrite, sera exposé à être évincé par ce *dominus* (1).

---

(1) Thibaut. Syst, des Pand. § 1018. Van Wetter 1. § 215.

2° système. — Nous repoussons ce premier système d'accord avec la grande majorité des auteurs (1). Quelles que soient en effet les considérations que l'on puisse faire valoir, de nombreuses raisons de droit s'opposent à ce que la prescription puisse servir de base au droit emphytéotique.

N'importe l'époque à laquelle on se place dans l'histoire de l'emphytéose, l'obligation de payer le canon apparait toujours comme un élément tout aussi essentiel que le droit réel lui-même, comme un élément sans lequel cette tenure ne saurait se concevoir. Dès lors, la prescription devrait créer ici tout à la fois, le droit réel et l'obligation à la redevance, et la prescription ne peut certainement produire ce dernier effet, puisqu'elle n'a jamais pu être la source d'une obligation. Comment déterminer en fait que le détenteur possédait, non à titre de propriétaire, mais à titre d'emphytéote, et qu'il n'entendait prescrire que le *jus emphyteuticum*? A la vérité, l'usucapion est une institution de droit positif, elle ne s'applique donc que dans les cas où la loi la reconnait expressément, et il n'existe aucun texte dans le droit romain, où il soit dit que l'emphytéose s'établisse par ce moyen. Il y a d'ailleurs une raison, qui parait s'opposer à l'usucapion de l'emphytéose, c'est que le droit n'est pas

---

(1) Pép. le Hal. p. 108. Blondeau, chrestomatie p. 398; Unterholzner, gesammte verjährungslehre. 2 § 239, cité par van Wetter ; Maynz. 1, § 150. 4. ed.

susceptible de quasi-possession, l'emphytéote ayant
la possession même du fonds.

Du reste la prescription n'a jamais été regardée
par les Romains comme un mode général d'acquérir, applicable à tous les droits réels indistinctement ; les choses incorporelles ne la comportèrent
jamais (1), et Justinien en fondant ensemble l'usucapion et la *præscriptio longi temporis* ne paraît
pas avoir innové sur les précédents. Sans doute
le premier système a soutenu qu'il en avait été
tout autrement, et que la preuve même de l'innovation se découvrait dans la loi *12. C. de præscript. long. temp. 7. 39 ;* mais M. Zimmern (2), rendant à cette loi son véritable sens qu'il tire des
lois *16. C. de usufructu 3. 33* et *13. C. de servit.
3. 34*, a prouvé que la loi n'avait d'autre portée
que d'étendre aux cas d'extinction des servitudes
par le non usage, les règles qu'elle contenait sur
la détermination des délais de l'usucapion.

Enfin, en ce qui concerne l'argument que l'on a
cru rencontrer dans les lois *11 § 1.* et *12 § 2 D. de
public. in rem act. 6. 2.*, il est assez facile d'y répondre. S'il est en effet très-exact, comme le soutient le
premier système, que la loi *12* se borne simplement
à dire que l'emphytéote ne peut usucaper la propriété
du fonds emphytéosé (3), il ne résulte nullement de

(1) Tout au moins pour les servitudes depuis la loi Scribonia. L. 43
§ 1 D. de adq. rer. dom. 41.1.
(2) Thémis. T. 4. p. 373.
(3) Cpr. L. 15. § 26. D. de damn. infect. 39. 2.

ce que l'on accorde la publicienne à cet emphytéote qu'il soit *in condicione usucapiendi* (1). Les juris-consultes de l'époque classique donnaient bien cette publicienne à celui qui avait été mis en possession d'un droit d'usufruit par un propriétaire apparent et en vertu d'un titre régulier; cependant l'usu-fruit n'était pas susceptible d'usucapion. Au fait, l'at-tribution de cette action à l'emphytéote peut s'expli-quer : elle avait été donnée au possesseur de bonne foi qui ne l'employait qu'envers ceux dont le droit était inférieur au sien ; or, la possession de bonne foi n'exigeant du chef du possesseur qu'une acqui-sition *ex justa causa,* cette dernière considération devint prédominante et le principe de l'action Publi-cienne finit par être étendu à toutes les acquisi-tions de droits réels *ex justa causa,* même dans des hypothèses où cette acquisition ne pouvait servir de fondement à une usucapion (2).

---

(1) Maynz. 4. éd. § 122. n. 8 et 9.

(2) Maynz. 1. § 150 in. fine. L'emphytéose s'établissait-elle aussi par les autres modes d'acquérir la propriété ? Relativement à la manci-pation, il est évident qu'elle était incapable de s'y appliquer, puisque le droit réel emphytéotique n'est point une *res mancipi.* Mais rien ne semblerait s'opposer à ce que l'emphytéose soit constituée par *in jure cessio* ou *adjudicatio* , car les *res mancipi* et les *res nec mancipi* peu-vent également faire l'objet de l'une et de l'autre. Toutefois, nous ne croyons pas que l'*in jure cessio* ait dû être employée : l'emphytéose, nous le savons en effet, ne se présentait guère que dans les provinces, et il ne nous est pas permis d'oublier que le fonds provincial, et par suite ses démem-brements étaient incapables de s'acquérir par les modes du droit civil. Quant à l'*adjudicatio* son étendue était beaucoup plus large, en dehors même d'un *judicium legitimum* elle produisait encore son effet, il faut donc reconnaître qu'elle pouvait constituer un droit emphytéotique, à la condition néanmoins que ce dernier fût compris dans une action en par-tage.

6

CHAPITRE III

EFFETS DE L'EMPHYTÉOSE

SECTION Iʳᵉ

DES DROITS ET OBLIGATIONS DE L'EMPHYTÉOTE ET DU DOMINUS

§. 1. — **Des droits de l'emphytéote et des obligations du dominus.**

L'emphytéose est sans contredit la plus large extension qu'ait reçue la location perpétuelle dans le droit romain et c'est la tenure qui apparaît comme se rapprochant le plus étroitement de la propriété. L'application erronnée, il est vrai, qu'on a voulu y faire du *dominium utile*, n'en démontre pas moins combien on était prêt à identifier les droits du preneur emphytéotique avec ceux d'un propriétaire ; aussi paraît-il souvent plus facile de trouver les prérogatives accordées à ce preneur, que de rechercher celles qu'il n'avait pas. En droit romain, la jouissance de l'emphytéote comprend tous les droits d'un propriétaire, sauf le *jus abutendi* (1) ; il peut faire subir au fonds toutes les transformations, ce qui n'est pas, du reste, toujours refusé à l'usufruitier (2), pour le cas au moins où cet

---

(1) Nov. 7. C. 3. § 2.
(2) L. 13. § 5. D. de usuf. 7. 1.

usufruitier améliorera ; il perçoit les fruits et les fait siens par la seule séparation du sol (1), il est dispensé en qualité de possesseur de fournir la caution *judicio sisti* (2), il a pour défendre sa tenure contre les tiers l'action négatoire (3), les interdits, l'action d'injures (4), une action réelle utile ; enfin il n'y a aucun doute qu'il ne puisse retenir et conserver la chose à l'encontre même du *dominus*, dont la revendication sera paralysée par une exception.

L'emphytéote possède encore un droit bien supérieur à tous ceux dont nous venons d'ébaucher une énumération rapide, il a le droit d'aliéner sa tenure soit *inter vivos*, soit *mortis causa*. C'est là un des caractères les plus remarquables de l'emphytéose et son importance est telle que nous lui avons consacré un chapitre en entier, où nous l'étudierons dans tous ses détails.

Cette faculté d'aliéner, donnée au preneur emphytéotique, a encouragé les auteurs à se demander, s'il ne fallait pas aller plus loin, et s'il ne fallait pas lui accorder d'autres droits, qui ne sont reconnus en thèse générale qu'au propriétaire. Ainsi, on a agité le point de savoir si l'emphytéote pouvait prétendre au trésor trouvé dans le fonds emphytéotique, s'il pouvait affranchir les esclaves qui y étaient attachés, enfin s'il lui

---

(1) L. 25 § 1. D de usuris. 22. 1.

(2) L. 15. pr. D. q. sat. cog. 2. 8. (ce texte est interpolé).

(3) LL. 2. et 8. § 5. D. si serv. vind. 8. 5.

(4) L. 25. D. de act. empti. 19. 1.

appartenait d'y constituer des servitudes ou un droit réel d'hypothèque. Les deux premières questions n'ont pas donné lieu à de grandes difficultés. Relativement au trésor, il ne parait pas que l'emphytéote ait pu y avoir plus de droits que l'usufruitier (1) ; le trésor n'est ni un fruit, ni une valeur résultant de l'exploitation (2), et, quand au droit d'affranchir les esclaves du fonds, nous avons déjà vu que la loi *12. C. de fund. patrim. 11. 61.*, sur laquelle se fondait Cujas pour admettre l'affirmative (3), ne vise pas notre cas, mais celui où il y a *jus privatum*, c'est-à-dire propriété. Ainsi se trouve conciliée et résolue la contradiction, qui semble exister au premier abord entre les lois *4.* et *12. C. de fund. patrim.* et la loi 2 *de manc. et col.*, contradiction que Cujas voulait faire disparaître en appliquant la loi 12 aux emphytéotes et la loi 2 aux *perpetuarii conductores*. (4)

De plus vives controverses se sont élevées sur la troisième question, celle de savoir si l'emphytéote peut imposer des servitudes sur le fonds qui lui a été concédé. Deux considérations fort graves se présentent pour la solution de cette difficulté : en premier lieu on ne peut se prononcer *a priori* pour la négative, en se fondant sur ce que l'emphytéote ne peut détériorer,

---

(1) L. 9. § 4. D. de usuf. et quemadm. 7. 1.

(2) Pép. le hal. p. 68 ; Van Wetter, t. 1, §. 331.

(3) Cujas sur les lois 12. C. de fund. patrim. 11. 61. et 1. C. de loc. præd. civ. 11 70. t. 2. col. 866.

(4) Cujas t. 9. col. 427. Doneau ch. 14. n. 7.

puisque le droit, qu'il établira, est subordonné à la durée de l'emphytéose, conformément à la fameuse loi *54. D. de regul. jur. 50. 17* (1), et en second lieu, comme l'a fort bien fait remarquer M. Thibaut (2), et après lui M. Pépin le Halleur (3), il serait peut-être téméraire de conclure du droit d'aliéner au droit de constituer une servitude. Le propriétaire n'a rien à craindre du résultat d'une aliénation, tandis qu'il existe certaines servitudes, dont l'exercice peut frapper le fonds d'un préjudice irréparable. Au fait, l'établissement d'une servitude démembrerait le droit d'emphytéose lui-même, ce qui ne tendrait à rien moins qu'à créer une action réelle, et les actions réelles sont, en droit romain, des prérogatives telles, qu'il faut un texte formel de loi pour les admettre.

Cette dernière observation décide M. Pépin le Halleur ; poursuivant l'argumentation de M. Thibaut sur le nombre limité des actions réelles, il en déduit qu'on ne saurait multiplier ces mêmes actions en les fractionnant, et se prononce énergiquement pour la négative.

Ce système est cependant loin d'avoir été accepté par la majorité des auteurs, et le plus grand nombre reconnaît au contraire à l'emphytéote le droit d'établir des servitudes sur le fonds, objet de la tenure. Cette deuxième opinion invoque le paragraphe 61 des

---

(1) 31. fragmenta vatic.

(2) Essais. t. 2. diss. 15.§ 1.

(3) p. 70.

fragmenta vaticana relatif aux servitudes personnelles et la loi *1. D. quib. mod. usufr. amitt. 7. 4*; elle s'appuye ensuite sur les lois *16.§ 2.D.de pignerat.act.13.7, 13 § 3 et 31. D. de pignor. 20. 1*; enfin elle trouve un argument d'analogie très fort dans la loi *1. § 9. D. de superf. 43. 18*. Ce texte permet au superficiaire d'imposer des servitudes sur les édifices dont ce dernier a la possession, et c'est là une solution importante, car le superficiaire possède un droit moins étendu que celui de l'emphytéote, avec lequel il présente du reste un rapport très intime (1).

Nous ne pouvons dissimuler toute la difficulté que nous avons à considérer ces diverses dispositions comme aussi concluantes que veut le prétendre le deuxième système; sans doute, elles ont une grande force dans la théorie soutenue par ces auteurs sur l'origine de notre tenure; mais, pour nous qui l'avons expliquée autrement que par les concessions de *l'ager vectigalis*, nous ne pensons pas que l'on doive conclure du droit du preneur vectigalien à celui de l'emphytéote, alors que le texte ne vise point, même par interpolation, l'emphytéose. Quant à se prévaloir de la loi *1. § 9. D. de superf.* nous nous bornerons à rappeler que le superficiaire a plus qu'un droit réel; il a une véritable propriété prétorienne, et dès lors, on peut très bien concevoir le droit accordé au superficiaire par la loi précitée.

La dernière question a également soulevé de sé-

---

(1) Accarias. t. 1. n. 283.

rieuses difficultés. Il ne s'agit plus, comme précédemment, de déterminer s'il faut ou non refuser tel ou tel droit à l'emphytéote ; ici tous les auteurs sont d'accord pour lui attribuer celui de constituer une hypothèque (1), et la discussion ne s'ouvre que sur le point de savoir quelle est la chose même qui doit former l'objet de cette hypothèque. Deux opinions sont ici en présence ; l'une va jusqu'à décider que c'est le fonds emphytéotique qui est hypothéqué, l'autre admet que ce n'est que le simple droit réel emphytéotique, le *jus prœdii.*

1ᵉʳ système. — L'hypothèque consentie par l'emphytéote grève le fonds emphytéotique (2). Cette doctrine, qui est celle de tous les romanistes dans l'ancien droit français, invoque tout à la fois les principes, les textes, et la ressemblance étroite de l'emphytéose et de la superficie. Le principe, dit-on, est que d'après le droit prétorien, l'emphytéose, aussi bien que la superficie, constitue une véritable propriété : l'emphytéote et le superficiaire ont la revendication à l'encontre des tiers et du propriétaire lui-même, et peuvent imposer, sur la chose, des servitudes ; donc rien ne s'oppose à ce qu'ils puissent y établir une hypothèque. C'est en ce sens que s'expriment les textes, en traitant de l'hypothèque par eux consentie. Relativement à l'emphytéose, les lois romaines ne parlent jamais que du *pi-*

---

(1) L. 31. D. de pign. 20. 1. ; L. 15. qui pot. in pign. 20. 4 ; Jourdan. de l'hypothèq. en droit rom. p. 261. n. 1.

(2) Jourdan, p. 357.

gnus ou de *l'hypotheca* du *prœdii :* « *etiam vectigale prœdium pignori dari potest, sed et superficiarium* », dit la loi *16 § 2. D. de pigner. act. 13. 7;* et de même Scœvola, dans une hypothèse spéciale où il va examiner la validité d'une hypothèque passée par le preneur, se sert des expressions suivantes pour relater le fait de sa constitution « *postea is fundus a possessore pignori datus* » (1). En ce qui concerne, du reste, la superficie, il ne saurait y avoir aucun doute, c'est toujours le fonds qui est hypothéqué, et l'action quasi-servienne, qui compète au créancier, est alors donnée contre tout détenteur, y compris le propriétaire. S'il en est ainsi de la superficie, il doit en être de même de l'emphytéose, puisque en dehors de l'analogie, qui existe entre ces contrats, la loi *16. § 2. D. de pign. act. 13. 7.* les identifie complétement au point de vue de l'hypothèque que peuvent concéder leurs titulaires respectifs (2).

2ᵉ Système. — L'hypothèque ne peut porter que sur le droit d'emphytéose. Quelque solide que soit l'argumentation que nous venons de développer, nous repoussons le système auquel elle tend. En premier lieu, le principe même sur lequel il s'appuie, ne nous semble pas exact. Que le droit de superficie soit considéré par un assez grand nombre d'interprètes du droit romain, comme une propriété distincte de

(1) L. 31. D. de pign. 20. 1.

(2) Le créancier hypothécaire n'aura donc rien à redouter, dans ce système, de l'aliénation qu'un emphytéote ferait de son droit au propriétaire.

celle du sol, soit encore, mais que l'emphytéose soit regardée comme une véritable propriété prétorienne, c'est ce à quoi nous nous refusons énergiquement. L'emphytéose n'est qu'un droit réel, un *jus prœdii*, et c'est ce que dit Ulpien dans la loi *3, § 4. D. de reb. eor. 27. 8*. Il est vrai que l'emphytéote a l'*actio in rem*, seulement l'action est *utilis*, et en ce qui concerne le droit qui lui aurait appartenu de créer sur le fonds des servitudes, nous venons de le lui refuser. Ceci posé, comme le principe fondamental est qu'on ne peut hypothéquer que ce qui peut être vendu (1), il en résulte que l'on peut hypothéquer *tantum jus suum et non alienum*. De là, il est impossible, à moins toutefois d'une ratification de la part du propriétaire (2), que l'emphytéote hypotèque le fonds, c'est-à-dire le *dominium*, que conserve ce propriétaire. Sans doute, cette solution paraît être contredite par un certain nombre de textes du Digeste, mais, ainsi que nous l'avons fait observer, toutes ces dispositions ne sauraient être concluantes pour nous qui avons trouvé l'origine de la tenure emphytéotique ailleurs que dans les locations de l'*ager vectigalis*, et qui avons vu refuser expressément à l'emphytéote grec la faculté d'hypothéquer. Bien plus, alors même que les diverses lois, que l'on nous oppose, permettraient au preneur vectigalien d'hypothéquer le fonds (ce qui peut paraître discutable), elles devraient

---

(1) L. 4. D. de pign. act. 13. 7. et L. 11. C. de distract. pign. 8. 28.
(2) L. 20. D. de pign. act. 13. 7; LL. 1 pr. et 22. de pign. 20. 1.

d'autant moins s'appliquer à l'emphytéose, qu'on n'y rencontre pas l'interpolation ordinaire, par laquelle ce contrat et la concession vectigalienne semblent devoir être confondus. Quant à l'argument qui repose sur l'analogie existante entre cette même emphytéose et la superficie, nous rappelons que la décision donnée pour cette dernière serait-elle exacte, elle pourrait encore se justifier par l'idée d'une certaine propriété chez le superficiaire (1).

Enfin l'emphytéote pouvait faire valoir judiciairement ses droits. Ainsi il était d'abord investi d'une action réelle utile, qui lui permettait de retenir la chose et de la conserver à l'encontre de toute personne, même du *dominus*, dont la revendication était paralysée par une exception (2). Sans doute aucun texte ne fait expressément l'application de cette action réelle à l'emphytéose, mais il nous semble difficile de ne pas l'accorder au preneur en présence du droit réel conféré par le contrat emphytéotique, et alors surtout que la même action est donnée au fermier vectigalien, dont la possession est sans contredit moins bien assurée que celle de l'emphytéote. Du reste, n'est-ce pas précisément en vue de cette action réelle que Justinien identifie la tenure vectigalienne et la tenure emphytéotique, et n'est-il pas évident que l'on aurait jamais proposé d'assimiler l'emphytéose à la vente, si le premier contrat n'avait donné naissance qu'à une action personnelle?

---

(1) Cpr. Maynz. 4· éd., § 147.
(2) Doneau, ch. 14. n. 4 et 5,

L'attribution à l'emphytéote de l'action publicienne est plus délicate. Beaucoup d'auteurs, entr'autres M. Maynz (1), n'hésitent pas à la lui accorder en se fondant sur la loi *12, § 2, D. de public. in rem. act. 6. 2.* Nous adoptons cette opinion, mais nous repoussons en même temps l'argument de texte, qu'elle invoque : la loi 12 nous semble en effet être complétement en dehors de la question, car elle ne paraît viser que les fonds provinciaux. Pour nous, la solution proposée résulte simplement de la loi *11 § 1. D. h. t.*

L'emphytéote jouit en outre de la ressource précieuse des interdits possessoires. La possession, qui lui est attribuée, n'est pas une *quasi juris possessio*, analogue à celle de l'usufruitier, c'est une véritable *corporis possessio* ; il n'existe pas pour lui, comme pour le superficiaire, d'interdit spécial.

L'emphytéote, il est vrai, n'est pas possesseur dans la véritable acception du mot, puisqu'il lui manque l'*animus domini*, seulement on ne peut oublier que par une faveur toute particulière, le droit romain lui reconnait la qualité de possesseur (2), ce qui n'a jamais eu lieu pour l'usufruitier avant la découverte des *fragmenta vaticana* (3). Il y a là, on ne saurait

---

(1) T. 1. § 235.

(2) L. 15. § 1. D. q. satisd. cog. 2. 8. Ce texte est d'autant plus important qu'il porte l'interpolation « *jus emphyteuticum.* »

(3) Cette dernière considération répond à l'objection de M. Pellat, (p. 607). qui prétend qu'il peut en être de l'emphytéose, comme de l'usufruit, auquel on attribuait aussi la *corporis possessio* avant la découverte des *fragmenta vaticana.*

le nier, une anomalie, mais il est possible de l'expliquer autant par l'origine et le but des interdits, que par ces deux considérations : 1° que la possession a désigné dans les premiers temps tout ce qui n'était pas le *dominium*, 2° que l'emphytéose transmettait au preneur tous les attributs utiles de la propriété. (1)

Quant à déterminer les actions, qui sanctionnaient le contrat lui-même, les textes ne fournissent aucun renseignement à ce sujet. Avant la constitution de Zénon, l'on devait donner au preneur, suivant l'opinion admise dans la controverse, soit les actions *empti venditi*, soit les actions *locati conducti*, et dans tous les cas peut-être l'action *prœscriptis verbis*; mais dès que l'emphytéose eut été mise au rang des contrats consensuels, le législateur impérial dut la pourvoir d'actions spéciales (2). Certains auteurs, parmi lesquels Doneau (3), voulaient appliquer ici la *condictio ex lege* en vertu de la loi *1 D. de cond. ex lege. 13. 2.* Nous ne sommes guère disposés à l'admettre : en premier lieu, le texte, sur lequel on se fonde, ne nous semble faire allusion qu'à des obligations créées par la loi, tandis que dans notre cas la loi, consacrant le contrat tout entier, doit le munir d'actions propres à sa nature; et en second lieu, il nous

_____

(1) Machelard. traité des interdits. p 175; textes expliqués. p. 49 ;
Accarias. t. 5. n. 283 ; Maynz § 232 et 235.

(2) Doneau. IX. ch. 13. n. 17.

(3) ch. 14. n. 24.

paraît difficile à supposer que l'empereur Zénon ait voulu empirer la condition de l'emphytéote en remplaçant l'action de bonne foi par une action de droit strict.

D'autres auteurs ont affirmé l'existence dans l'emphytéose d'actions *de emphyteusi* ou *emphyteuticariœ* (1), actions de bonne foi, qui auraient appartenu, l'une, *emphyteuticaria directa*, à l'emphytéote, et l'autre, *emphyteuticaria contraria*, au *dominus*. Cette dernière doctrine nous paraît la plus rationnelle, et a pour nous l'immense avantage de concilier l'esprit de la constitution de Zénon avec les développements historiques que nous avons présentés, et où nous avons vu une action spéciale, l'ἀγεωργίου δίκη être concédée au *dominus* contre l'emphytéote grec. Cependant, en présence du silence des textes, nous hésitons à adopter cette solution, et nous nous bornerons à sanctionner le contrat emphytéotique par les actions *locati* et *conducti*, conformément à l'opinion juridique qu'un maître regretté nous a enseignée (2).

II

Les obligations du *dominus* paraissent assez difficiles à établir au premier abord, car aucun texte n'en fait mention, ou n'y fait même allusion. Nous pensons cependant qu'on peut sans témérité ré-

---

(1) Cujas. t. 7. col. 376; Clarus. q. 2. add. 8; Ortolan. t. 3.1522 ; V. aussi Hilliger sur Doneau. t. 2. col. 1255. n. 10.

(2) M. Pailhé à son cours.

soudre la question, et astreindre le propriétaire à mettre et maintenir le preneur dans sa jouissance.

D'une part, en effet, les jurisconsultes classiques avaient fini par assimiler l'emphytéose à un louage (1), et d'autre part, les inscriptions, que nous avons présentées sur l'emphytéose grecque, ont toujours mis à la charge du *dominus* cette obligation (2), qui était garantie le plus souvent par une clause pénale ou une espèce de *stipulatio* ou *cautio duplæ* pour le cas d'éviction. Ainsi, le maître devra livrer la chose au preneur, le défendre de toute éviction, et, par suite, s'abstenir lui-même de tout trouble. Si l'emphytéose résulte d'un testament et que l'emphytéote soit inquiété par l'héritier, cet emphytéote aura contre lui, non une action personnelle, mais l'action réelle habituelle, sans qu'il y ait à distinguer le legs *per vindicationem* ou *per damnationem*, car même dans ce second cas, la *condictio ex testamento* a été éteinte par l'exécution de cette disposition *mortis causa*. S'il y a eu legs d'emphytéose sur la chose d'autrui, alors l'emphytéote aura la *condictio ex testamento*, quelle que soit la forme du legs, fût-il *per vindicationem*, depuis le S.-C. Néronien. Toutes ces distinctions sont, du reste, sans importance à l'époque, où l'emphytéose est adoptée définitivement par la législation romaine ; depuis Justinien, tous les legs ne forment plus qu'une classe unique,

---

(1) Gaïus. Com. III. § 145.

(2) V. Supra. Le contrat emphytéotique en Grèce.

donnant lieu pour le légataire à la *rei vindicatio*, à la *condictio ex testamento* et à l'action hypothécaire.

Enfin dans l'hypothèse, où l'emphytéote serait évincé, il est certain qu'il devrait obtenir exactement *id quod interest*, c'est-à-dire la réparation intégrale du préjudice causé par l'éviction. Tel est l'effet des actions *empti* ou *conducti*, et il ne nous paraît pas que l'on puisse décider autrement pour l'action *emphyteuticaria* qui est également de bonne foi, si tant il y ait pu avoir une action *emphyteuticaria*. Le *dominus* sera donc tenu, non-seulement de restituer au preneur le montant des canons payés (1), mais même de lui rembourser la valeur des fruits, que l'éviction lui fait perdre. Bien plus, nous croyons que l'on devrait se montrer encore plus rigoureux, et qu'il faudrait astreindre le propriétaire à désintéresser l'emphytéote des améliorations, que ce dernier aurait déjà commencé à exécuter sur le fonds, dont il est expulsé (2).

§ 2. — Des obligations de l'emphytéote et des droits du dominus.

I

Quatre obligations principales sont imposées directement à l'emphytéote : ce sont celles d'acquitter les charges publiques, de payer le canon, de prévenir

---

(1) Anton. Faber ne soumettait le dominus qu'à cette restitution. C. tit. de jure emphyt. l. 4. def. 51.

(2) Arg. par analogie. L. 45. § 1. D. de act. empti. 19. 1.

le propriétaire en cas d'aliénation, de. lui payer le
cinquantième du prix ou de l'estimation et d'entretenir le fonds emphytéotique ; nous en ajouterons une
cinquième, qui est repoussée par la presque unanimité
des auteurs, l'obligation d'améliorer.

La première obligation concerne les charges publiques qui pèsent sur le fonds. L'emphytéote est tenu de
toutes les acquitter sans distinction. Déjà la même obligation incombait au preneur d'un *ager vectigalis* (1), en
tant que possesseur, et aux concessionnaires du *jus
perpetuum salvo canone* (2), qui, s'ils obtenaient certaines immunités, le devaient à la condition spéciale
de leurs fonds et non à la nature de leur droit. Quant
à l'emphytéote, il y est toujours astreint ; en Grèce, la
deuxième des inscriptions, que nous avons étudiées,
lui imposait déjà l'obligation de payer les impôts, et
Justinien a soin de formuler expressément la même
obligation dans la *loi 2. C. de jur. emph. 4. 66*.......
si......... *neque pecunias solverit, neque apochas domino tributarium reddiderit,* dit le texte. On comprend
en effet toute l'importance, que peut avoir pour le
dominus le non-paiement des contributions : appelé
sans cesse et éventuellement à rentrer dans la pleine
jouissance de son fonds, il est ainsi exposé à solder
un arriéré considérable d'impôts, auquel il ne devait

---

(1) L. 7. de public. 39. 4 ; L. 36. D. de jur. fisci 49. 14.

(2) L. 4. C. th. de ann. et trib. 11. 1. V. sur les variations de la législation des extraordinaria vel sordida munera relativement à ces
concessionnaires, Pép. le hal. p. 46 et s.

raisonnablement pas s'attendre. Toutefois, l'emphytéote jouit au point de vue de ces charges des mêmes
avantages que le propriétaire, et il obtiendra, comme
lui, une réduction en cas de perte partielle ou de
récolte manquée (1). La seule chose exigée, c'est qu'il
ne soit rien dû au fisc, sinon l'emphytéote peut encourir la déchéance, qui sera alors prononcée par le
juge.

La deuxième obligation consiste pour le preneur
emphytéotique à payer régulièrement le canon : c'est
une des conditions essentielles du contrat. Ce canon
s'acquitte en argent, conformément au caractère du
pretium et de la *merces*, car, si pour les fonds de
l'empereur il est permis de le fixer soit en denrées,
soit en or, il ne nous paraît pas que cette règle doive
être généralisée et appliquée aux biens des simples
particuliers (2). Comment s'expliquerait-on en effet
la controverse, qui s'était élevée avant Zénon sur la
nature du contrat emphytéotique ? En Grèce, la rente
était toujours en argent, et il est peu logique d'admettre, en droit romain, une redevance en nature, en
fruits, puisque les fonds emphytéosés, généralement
stériles, sont incapables de produire pendant les
premières années de la tenure. Quant à savoir si le
paiement s'effectuait en une ou plusieurs échéances,
il n'existe aucune règle précise à cet égard dans le

---

(1) L. 2. C. de alluv. 7. 41 ; L. 4 § 1. D. de cens. 50. 15.

(2) L. 3. C. th. 11. 19. Le paiement des denrées se faisait en trois fois
et celui de l'or en une seule fois. V. aussi L. 1. C. de doll. fund. patrim.
11. 64.

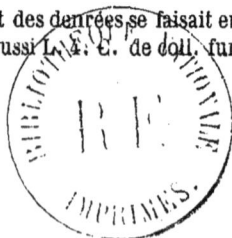

code. Néanmoins, nous croyons qu'en fait l'emphytéote était contraint de se libérer en une seule fois.
C'est la solution qui nous paraît le mieux se concilier
avec les termes de la loi *2. C. de jur. emph. 4.66*, et
avec le caractère de vente, que certains jurisconsultes
voulaient reconnaître au contrat d'emphytéose. Du
reste, lorsqu'il s'agit d'une redevance en or due par
le preneur emphytéotique d'un· fonds impérial, le
paiement se fait en une seule fois, quelle raison de
droit s'opposerait donc à ce qu'il en soit de même dans
notre hypothèse.

Il s'est présenté ici une question très-intéressante :
l'emphytéote a-t-il droit à la remise du canon en cas
de stérilité, bénéfice dont jouit le *conductor* ? L'affirmative a été admise par plusieurs auteurs, qui ont argumenté par analogie de la loi *15§ 4.D. de locat.19.2.*
Cette loi accorde la remise au preneur vectigalien dans
le même cas ; or, comme ces auteurs sont en même
temps de ceux, qui ne voient dans l'emphytéose qu'un
développement de la location vectigalienne, ils con-
cluent de la rubrique du titre 3 livre 6 des pandectes,
que Justinien a entendu appliquer à cette emphytéose
tout ce qui se rapporte dans les textes aux concessions
de l'*ager vectigalis.* Cette opinion était déjà vivement
combattue par les romanistes, qui soutenaient la même
théorie sur l'origine de la tenure emphytéotique : M.
Pépin le Halleur entre autres élevait des doutes sur
l'assimilation, que l'on voulait établir entre le *conductor* et le fermier vectigalien, et faisait remarquer que,
la remise étant provisoire et devant être rétractée, si
l'abondance des années postérieures compensait la

stérilité de l'année présente, cette compensation s'opérerait toujours pendant la très-longue durée du *jus in agro vectigali* (1).Nous n'avons pas à nous occuper d'un texte qui puise sa force dans un système,que nous avons essayé de réfuter ; pour nous, il ne saurait être question de remise de la redevance dans un contrat,où cette redevance, par suite de sa modicité,ne représente pas le prix de la jouissance. Une telle doctrine, nous semble d'ailleurs peu soutenable en présence de la constitution de Zénon, qui fait supporter à l'emphytéote tout accident *ex quo non ipsa lœditur substantia* (2).

La même controverse s'est reproduite lorsqu'il s'est agi d'une invasion par une armée ennemie, d'une inondation, etc., et la même solution a été donnée. Cependant nous inclinerions à admettre alors un tempérament, et, si une invasion ou une inondation de longue durée avait détruit toutes les améliorations faites par l'emphytéote, et avait ainsi ramené le sol à son état primitif, il serait peut être équitable d'accorder à cet emphytéote le droit de demander, non la

---

(1) p. 74.

(2) V. en sens contraire M. Garsonnet, p. 155. Cet auteur fonde son opinion sur ce que la loi 15 § 4. D. de locat. 19. 2. ne peut s'appliquer qu'à l'emphytéose, parce qu'il n'y a plus sous Justinien d'agri vectigales. M. Garsonnet semble s'être référé à la doctrine qui rencontre les origines de la tenure emphytéotique dans les concessions de l'ager vectigalis, système que nous avons combattu et auquel nous ne nous attendions pas lui voir donner son adhésion; ensuite rien ne prouve que les agri vectigales aient complètement disparu sous Justinien et que l'emphytéose ait été le seul mode de location des terres publiques.

remise du canon, mais la résiliation du contrat, conformément à ce que nous avons vu dans une des inscriptions grecques (1), que nous avons étudiées ; car
la perte, il faut le dire, est alors totale à son égard.

La troisième obligation est relative au cas d'aliénation de la tenure par l'emphytéote. Ce dernier doit
dénoncer son aliénation au *dominus*, lui demander
son consentement, et, lorsque le propriétaire lui donne
son adhésion, il doit lui payer le *laudemium*, c'est-à-
dire le cinquantième du prix ou de la valeur estimative de la chose. Cette obligation toute nouvelle, que
nous rechercherions en vain dans l'étude de l'emphytéose avant Justinien, forme à elle seule l'emphytéose
byzantine; nous l'étudierons avec quelques détails à la
section II, que nous avons consacrée au droit d'aliénation du preneur emphytéotique.

La quatrième obligation est celle qui impose au
preneur d'entretenir les fonds concédés en emphytéose. L'emphytéote doit jouir en bon père de
famille, cela tient à ce qu'il est privé du *jus abutendi*,
et que les règles de l'usufruit et du louage sont applicables à *fortiori* à notre tenure ; il doit rétablir toutes
les détériorations provenant de son fait ou de sa faute,
il doit cultiver et faire toutes les réparations,
les réparations d'entretien et même les grosses
réparations, car il a plus que la jouissance,
il a tous les avantages de la propriété et par
suite il doit en supporter toutes les charges (2). En

---

(1) Corpus inscript. grœc. t. 3. n°ᵉ 5774 et 5775.
(2) L. 10. de reg. jur. 50. 17.

Grèce, du reste, il n'en était pas autrement et une inscription (1) nous montre le preneur s'engager à faire toutes les réparations sans pouvoir réclamer aucune indemnité à la cessation du bail. L'obligation et sa sanction énergique, la déchéance de l'emphytéote, se concoivent facilement, puisque le *dominus* peut à chaque instant recouvrer la pleine propriété du fonds emphytéosé par l'effet d'une simple condition résolutoire tacite ou expresse.

Ne faut-il pas aller plus loin et dire que l'emphytéote est tenu d'une cinquième obligation, celle d'améliorer ? La presque unanimité des auteurs s'est énergiquement prononcée en sens contraire. On re-reconnait, il est vrai, que l'amélioration des terres ou la reconstruction des édifices était l'espoir et le but de l'empereur (2) et de l'église (3) en constituant des emphytéoses ; bien plus, on concède même que l'emphytéote ne pourrait faire disparaître la plus-value donnée au fonds et crée librement par lui, sans s'exposer à encourir une certaine responsabilité, sinon la déchéance (4) ; mais quant à la *lex meliorationis*, quant au droit pour le propriétaire d'exiger des améliorations sur l'immeuble emphytéosé, il est formellement repoussé. En résumé, cette doctrine en arrive donc à ce résultat que le *dominus*, en poursuivant par la concession emphytéotique la mise en

---

(1) Rev. arch. 1866. nouv. sér. t. 14, p. 352.
(2) C. de omn. agr. des. 11.58.
(3) Nov 7. et 120.
(4 L. 7. § 12. D. de adq. rer. dom. 41. 1.

valeur ou l'amélioration de son fonds, aura seulement à compter sur l'intérêt du preneur ou sur son bon plaisir.

Nous avons déjà annoncé la solution, que nous devions donner à la question, et nous n'hésitons pas à adopter l'opinion de Cujas (1), qui imposait formellement à l'emphytéote l'obligation d'améliorer.

En Grèce toutes les inscriptions, que nous avons rencontrées, mentionnent expressément que le preneur est tenu d'améliorer, et l'une d'entre elles est même concluante en ce sens. Dès lors il nous paraît difficile d'admettre que l'emphytéose Théodosienne, consécration de l'emphytéose grecque, et tous les textes depuis relatifs à notre tenure aient fait disparaître l'obligation d'améliorer par leur seul silence. Comment, du reste, concilier une telle suppression avec cette circonstance reconnue par tous les jurisconsultes, que les empereurs n'eurent en vue dans leurs constitutions, en traitant de l'emphytéose, que de trancher les points qui soulevaient des difficultés dans la pratique. Si l'emphytéote ne doit point améliorer, mettre le sol en un certain état de culture, nous ne pouvons nous expliquer la disposition de la loi *1. C. de omn. agr. des. 11. 58.*, qui accorde à l'emphytéote le privilège, refusé au *perpetuarius* (2), d'être exempté du canon pendant les trois premières années de sa jouissance. Le fait que l'emphytéose s'est appli-

---

(1) t. 10. col. 416. c.

(2) Garsonnet, p. 151.

quée le plus souvent à des terres incultes, la modicité du canon, qui ne saurait être augmenté pendant la durée de la tenure, l'origine de l'institution, l'étymologie du mot emphytéose et le texte des constitutions de Justinien qui supposent toujours des améliorations (1), tout semble dicter la théorie à laquelle nous nous sommes arrêtés. Enfin en Italie, où l'emphytéose byzantine s'était le mieux conservée, la condition d'améliorer était de rigueur (2), et c'est en termes catégoriques que la même obligation était formulée par un vieil auteur, Aurélius Corbulus, auquel on est redevable du traité le plus complet sur l'emphytéose, que nous ayons encore rencontré dans l'ancien droit : *quarta ex causa*, dit-il, *emphyteuta rem amittit, si emphyteusim incultam relinquit, quia deserendo illam incultam, dicitur eam deteriorare* (3). Quant à l'absence de textes précis, il est facile de l'expliquer par la considération, qu'il s'agissait dans notre espèce d'un point non sujet à controverse, qui n'avait pas du nécessiter une intervention du législateur impérial, et du reste en consultant attentivement les termes de la novelle *7. C. 3. § 2. in fine,* il nous semble qu'il y a autre chose qu'une attente où un espoir dans ces mots relatifs à l'emphytéose de domaines en ruine : « *illum vero et œdificare, et uti*

---

(1) V. aussi l. 2. C. de locat. prœd. civ. 11. 70.

(2) V. les diplomes cités par Muratori et Fantuzzi, passim ; et le codex diplomaticus cavensis, éd. Naples, 1873. t. 1 n. 31 et 39.

(3) de jure emphyteutico. Coloniœ Agrippinœ 1589. ch. 3. p. 13.

materiebus, si materias habeat, et transmittere emphyteusim usque ad duas successiones. »

Avant d'en terminer avec les obligations de l'emphytéote, on peut se demander si cet emphytéote, en entrant en possession, doit donner caution de jouir en bon père de famille et de restituer le fonds. L'unanimité des auteurs repousse cette obligation en faisant remarquer qu'on ne saurait argumenter de l'usufruit, qui est un droit viager, tandis que l'emphytéose est en quelque sorte un droit perpétuel. Aussi serait-il téméraire d'étendre à l'emphytéose privée les dispositions de la loi *7. C. de fund. patr. 11. 61.* et de la Novelle *120. c. 6.*, qui imposent la caution aux emphytéotes du fisc ou de l'Eglise. Nous ne serions pas éloignés cependant de soumettre en général l'emphytéote à cette nouvelle obligation : l'emphytéote grec devait fournir caution (1), et quand aux deux arguments qu'on oppose, nous répondrons que la *lex Malacitana* et la *lex Puteolana* assujetissaient les concessionnaires des *agri vectigales civitatium* à donner des cautions soit personnelles (2), soit réelles (3), et nous ajouterons, en ce qui concerne la novelle *120. c. 6.*, que lorsque Justinien entend ordonner quelque chose de spécial à l'emphytéose ecclésiastique, il prend soin de désigner expressément la dérogation au droit commun (4).

---

(1) Inscriptions loc. cit.

(2) Lex malacitana. c. 63. Abhandlungen der Kœniglich Sächsichen Gesselschaft der Wissenschaften t. 3. p. 368. — Lex Puteolana. Mommsen inscript. regni neapolit. lat. n° 2458.

(3) Scholia Bobiensa in orationem pro Flacco, Ciceronis opera. Orelli, t. 2. p. 244.

(4) Nov. 7. c. 3 § 2. in principio.

II

L'exposé rapide, que nous venons de présenter sur
les droits et obligations de l'emphytéote, nous laisse
entrevoir qu'il restait au *dominus* bien peu des attributs de la propriété. Néanmoins, ainsi que nous
l'avons déjà dit, il ne faut pas exagérer outre mesure
la situation de ce propriétaire, comme l'ont fait les
glossateurs en introduisant dans la conception de la
tenure emphytéotique les idées juridiques du moyen-
âge, et la simple lecture du paragraphe précédent permet de lui accorder tous les profits que ne comprend
pas l'emphytéose. Ainsi nous lui attribuerons le droit
au trésor *jure soli,* le droit aux îles se formant dans
un cours d'eau traversant ou bordant le fonds emphytéosé et le droit au lit de ce même cours d'eau, si
ce dernier venait à se dessécher ou à se porter ailleurs.
Le *dominus* conserve en outre la propriété intrinsèque,
le *jus abutendi,* il peut donc aliéner librement le fonds
emphytéosé, l'hypotéquer, mais, comme il est de principe que *nemo plus juris transferre potest quam ipse
habet,* l'acquéreur ou le créancier hypothécaire devra
respecter le bail de l'emphytéote, pour lequel la loi
emptorem est toujours sous-entendue (1).

Enfin nous venons de voir que le contrat lui-même
concède à cet espèce de nu-propriétaire d'importants

---

(1) L. 9. C. de loc. et cond. 4. 65,

avantages : il touche annuellement le canon, il profite
à l'expiration de la tenure des améliorations que le
preneur est contraint d'exécuter, et il reçoit, depuis
Justinien, en cas d'aliénation de la part de l'emphytéote, le cinquantième du prix ou de l'estimation. En
résumé, il peut être envisagé comme propriétaire
sous condition suspensive de la déchéance de l'em-
phitéote ou de l'exercice qu'il peut faire lui-même du
retrait, lorsque le droit emphytéotique est transmis
à un tiers *inter vivos*. Nous verrons en effet que le *dominus* peut refuser son consentement dans cette hypothèse, et, se préférant à tout autre, rentrer ainsi en
possession de son fonds sans que l'emphytéote puisse
s'y opposer, car l'exception dont jouit ce dernier cesse
alors de paralyser son action en revendication.

DEUXIÈME SECTION

TRANSMISSION DU DROIT EMPHYTÉOTIQUE

Nous venons de voir dans la section précédente
que l'emphytéote avait le droit de transmettre sa
tenure ; c'est là, comme nous l'avons fait observer,
la prérogative la plus remarquable de l'institution
emphytéotique, et son importance est telle que nous
lui consacrons une section spéciale. Nous développerons deux paragraphes, relatifs, l'un à l'aliénation
du droit emphytéotique dans le droit antérieur à

Justinien, l'autre aux innovations que cet empereur
a édictées sur le même sujet dans la loi *3. C. de
jur. emph. 4. 66.*

§ 1. — Droit antérieur à Justinien

La transmission héréditaire n'a jamais donné lieu
à discussion ; en Grèce, l'emphytéose passait aux
héritiers *ab intestat* ou testamentaires (1) de l'emphytéote, et à Rome, en matière de location perpétuelle
et d'emphytéose, la concession faite au preneur
primitif ne pouvait être enlevée à ses héritiers (2).
S'il y avait plusieurs héritiers, le droit emphytéotique appartenait indivisément à chacun d'eux ; chaque
héritier était tenu au paiement du canon dans la
proportion de ses droits ; mais, par suite de l'indivisibilité du droit emphytéotique, la déchéance encourue par un seul entraînait la déchéance contre
tous.

La transmission du droit emphytéotique entre-
vifs et à titre singulier a soulevé plus de difficultés . Un grand nombre d'auteurs, fidèles à la théorie qu'ils ont admise sur l'origine vectigalienne
de l'emphytéose, semblent croire sur la foi de certains termes d'une constitution (3), que cette liberté

---

(1) Corp. inscript. grœc. t. 3. n. 5774 et 5775.

(2) § 3. Inst. de locat. cond. et Gaius. Com. 3 § 145. L. 10. C. in fine.
de loc. et cond. 4. 65.

(3) L. 3. C. de jur. emph. 4. 66. « ... et ne avaritià tenti, dominii magnam molem pecuniarum propter hoc efflagitent : (quod usque ad prœsens
tempus prœstari cognovimus)... »

d'aliéner n'aurait été consacrée que par Justinien.
Nous ne saurions nous ranger à cette opinion et
en présence des développements historiques, que
nous avons fournis, nous pensons au contraire que
cet empereur a plutôt restreint dans une notable
proportion la faculté d'aliéner jusqu'alors illimitée (1).

En Grèce, le droit de transférer la tenure emphytéotique à des tiers a toujours été reconnu à
l'emphytéote (2), et rien ne peut nous autoriser à
croire que les empereurs, antérieurs à Justinien, aient
voulu innover sur ce point. La controverse élevée
sur le caractère de vente ou de louage, qu'il fallait
attribuer à l'emphytéose, ne laisserait-elle pas supposer du reste dans une certaine mesure l'existence
chez le preneur de ce libre pouvoir de disposition?
Qu'il ait toujours fallu le consentement du *dominus*
dans toute transmission du droit entre-vifs, nous
ne le nions pas, mais il ne nous parait pas que
cette approbation ait eu un autre effet que celui
d'opérer une novation par changement de débiteur
dans l'obligation de payer la redevance, ce qui
nécessitait l'intervention du *dominus*. Il est donc
naturel de penser que l'emphytéote pouvait aliéner
librement, s'il continuait à solder le canon au propriétaire, pour lequel la translation de la tenure en
d'autres mains était *res inter alios acta*. Cette
explication est conforme, croyons-nous, au texte

---

(1) Doneau. ch. 14. n. 8.
(2) Corp. inscript. grœc. loc. cit.

de la loi *1. C. de fund. patr. 11. 61.* et dès lors
nous ne voyons pas comment il est possible d'admettre que Justinien soit venu consacrer cette
faculté de disposer, alors qu'il considère l'aliénation faite sans le consentement du *dominus* comme
une cause de déchéance de l'emphytéote. Toutefois
nous ne serions pas éloignés de pressentir une conciliation entre ces deux systèmes.

Ainsi il est hors de doute qu'en fait, avant l'innovation de Justinien, l'emphytéote en aliénant deman-
dait toujours en même temps au *dominus* la novation de son obligation de payer le canon, et il est
tout aussi certain que le propriétaire, dans le but
de se faire consentir les avantages pécuniaires les
plus importants, s'y refusait le plus souvent en
exagérant ses prétentions. La situation du preneur
emphytéotique était véritablement fâcheuse, il restait
obligé *in perpetuum* ou tout au moins *per longum
tempus* à l'occasion d'un contrat, qui au fond avait
cessé d'être le sien, et l'on conçoit aisément qu'il fut
prêt aux sacrifices les plus onéreux afin de sortir
d'une position désastreuse pour son crédit. C'est à
cet état de choses que Justinien voulut remédier ; il
ne chercha qu'à rendre la novation obligatoire, tout
en sauvegardant dans une juste mesure les intérêts
du propriétaire, et par suite il est évident que l'u-
nique but de cet empereur, en édictant sa constitution, fut non pas d'accorder à l'emphytéote le
droit d'aliéner, mais simplement le moyen de mieux
assurer les effets de ce même droit, qui a toujours
appartenu au preneur.

§ 2. — Droit de Justinien

Le caractère de l'innovation de Justinien ainsi déterminé, nous entrons directement dans l'étude de cette innovation et par suite, dans l'explication de la loi *3. C. de jur. emph. 4. 66.*

Justinien ouvre sa constitution en posant le principe de la liberté des conventions dans l'emphytéose, conséquence naturelle du caractère consensuel du contrat ; puis, prévoyant le défaut de pactes ou la perte du titre, qui les prouve, il prévient le danger auquel était exposé auparavant l'emphytéote de ne pouvoir, en aliénant, obtenir décharge de son obligation de payer le canon. Désormais cet emphytéote, avant de transférer sa tenure à un tiers, devra toujours demander le consentement du *dominus*, et celui-ci n'aura que le choix, ou de refuser son consentement, cas auquel il sera tenu de se substituer à l'acquéreur, ou de le donner, et alors il recevra une certaine portion du prix du vendeur, qui transmettra tout à la fois et l'emphytéose et l'obligation d'acquitter le canon.

Nous développerons quatre points sur l'aliénation du droit emphytéotique.

1° Obligations de l'emphytéote de requérir le consentement du *dominus* et de lui notifier le contrat projeté et le prix d'aliénation.

2° Exercice du retrait par le *dominus*.

3° Du *laudemium* ; perception par le *dominus*, à chaque aliénation, d'une somme égale au cinquantième du prix ou de l'estimation de la chose et obligation, qui lui incombe.

4ᵉ sanction de ces obligations.

I. — *Obligation de l'emphytéote de demander le consentement du maître.* — Encas de vente, l'emphytéote doit demander au *dominus* son consentement, lui notifier le contrat et le prix d'aliénation ; cela fait, il est tenu d'attendre pendant deux mois que ce propriétaire donne son adhésion au contrat ou installe l'acquéreur, et, si aucun de ces deux faits n'est intervenu durant ce délai, il est libre, à son expiration, de passer outre à la vente sans le consentement du *dominus*, et de transférer son droit à toute personne *non prohibita et non idonea.*

Quelques auteurs ont prétendu que la marche à suivre était moins simple ; ainsi, après le terme de deux mois, dont nous venons de parler, il faudrait que l'emphytéote mît le propriétaire en demeure de recevoir l'acheteur en possession, suivant les formes indiquées par la constitution ; à partir de cette sommation , le *dominus* aurait encore un nouveau délai de deux mois pour exécuter la mise en possession, et ce ne serait qu'après son échéance que l'emphytéote n'aurait plus besoin de l'investiture.

Cette solution nous paraît difficile à accepter. Nous ne trouvons aucune trace de deux délais, de deux mois chacun, dans la loi *3. C. de jur. emph. 4. 66*, et lorsque Justinien, après avoir exigé l'investiture de la part du *dominus*, dit à la fin de la constitution, que l'emphytéote sera admis à s'en passer après une période de deux mois, il n'entend certainement viser qu'un terme unique, puisque, dans le cas où se place la seconde opinion, les deux délais auraient le même point de départ, la déclaration du prix (1). Du reste, si nous comprenons parfaitement l'utilité d'un délai pour permettre au *dominus* de se décider sur ce qui lui sera le plus avantageux à faire, nous ne pouvons plus expliquer le deuxième délai, qui devrait lui être accordé après la sommation, puisqu'il s'agit d'un acte auquel le *dominus* est astreint, son silence étant considéré comme un consentement tacite.

Pour nous donc, dès que le propriétaire aura laissé s'écouler deux mois sans se prononcer, il pourra être contraint par l'emphytéote à mettre immédiatement l'acquéreur en possession.

Jusqu'ici nous avons supposé une vente; mais, et c'est là la première des nombreuses questions controversées que nous allons rencontrer, l'emphytéote doit-il toujours, et dans toute aliénation autre que la vente, requérir le consentement du propriétaire et attendre les deux mois à l'expiration desquels, si cette adhésion n'est pas donnée, il est admis à réaliser librement l'acte de disposition projeté.

1er système. — Un premier système admet la négative et décide que, hormis le cas de vente, l'emphytéote n'a pas à demander le consentement du *dominus*, ni à observer le délai de deux mois.

Cette opinion se fonde sur ce que, la nécessité de requérir le consentement du propriétaire et d'attendre son adhésion pendant ces deux mois n'est exigée que

---

(1) Il est bien certain que la déclaration du prix a été faite ab initio puisque dans le premier délai de deux mois, suivant l'opinion que nous combattons, le dominus peut exercer le retrait.

pour permettre l'exercice par ce dernier de son droit
de préemption ; puis, posant en principe que ce retrait
ne saurait exister que dans la vente, elle déduit de son
absence dans toute autre mode d'aliénation, l'inutilité
des deux formalités corrélatives.

Nous repoussons ce système. D'abord le principe
qui lui sert de fondement est loin de nous paraître
démontré, en présence de la généralité des termes de la loi (1), et serait-il parfaitement exact, nous
ne serions guère disposés à admettre la corrélation
proposée, car le *dominus* n'en aurait pas moins intérêt à connaître l'aliénation, et à jouir d'un certain délai
pour sauvegarder et exercer les droits, qui lui appartiennent en outre du retrait.

2ᵉ Système. — Doneau et M. Thibaut imposent à
l'emphytéote l'obligation de solliciter dans toute aliénation le consentement du *dominus*, mais ils l'affran-
chissent en même temps de la nécessité d'attendre
pendant deux mois cette adhésion. Cette opinion distingue ainsi parfaitement les deux obligations auxquelles est soumis le preneur dans l'hypothèse d'une
vente ; la première serait applicable à tous les titres
d'aliénation ; la seconde serait spéciale à la vente.
Devant adopter et développer la première partie de cette
doctrine, nous ne nous y arrêterons pas ; quant à la
seconde, nous n'hésitons pas à la rejeter. D'une part
en effet, un terme de deux mois aurait, même en l'absence du retrait, une utilité incontestable, car il per-

_____

(1) L. 3. C. de ur. emph. 4. 66.

mettrait au *dominus* d'exercer les autres droits que lui
confère la loi (1) ; et d'autre part, l'obligation d'attendre
pendant un certain temps la réponse du maître n'est-
elle pas une conséquence directe de la nécessité, où se
trouve le preneur de demander le consentement. (2)

3e Système. — M. Pépin le Halleur applique l'une et
l'autre des deux formalités, exigées en matière de vente,
à tous les modes de disposition(3). C'est à cette dernière
doctrine, la plus conforme à la généralité du texte, que
nous nous rallierons. La préoccupation de Justinien, en
édictant sa constitution, était d'arriver à ce que la
translation du droit emphytéotique ne put s'effectuer
sans la novation de l'obligation du preneur ; il voulait
ainsi éviter que la charge de la tenure reposât sur une
personne autre que celle qui en retirait le bénéfice,
or ce danger ne se rencontrait-il pas dans toute
transmission quelconque autre que la vente ? Du
reste, c'est dans les termes les plus généraux que
la question est posée dans la loi 3, et dans la solution proposée il est impossible de trouver l'indice
de la moindre distinction (4). Bien plus, Justinien
nous semble avoir prévu la restriction qu'on veut
apporter à la nécessité pour l'emphytéote de requérir
le consentement du *dominus*, car il dit : « *minime
licere emphyteutæ, sine consensu domini, meliorationes suas aliis vendere , vel jus emphyteuticum*

---

(1) L. 3. C. de jur. emph. 4. 66.
(2) Doneau. 9. ch. 14. 16; Thibaut, syst. des Pand. § 778.
(3) p. 122 et s.
(4) ....alienare vel jus emphyteuticum transferre.

transferre ». Ce premier point établi, si nous poursuivons la lecture de la même loi 3, l'attente des deux mois, que doit subir le concessionnaire aliénateur, nous apparaît comme une conséquence logique de la première obligation, et la généralité, qu'offre encore ici le texte à son début, continue à être toujours aussi complète. D'ailleurs, ainsi que nous l'avons fait remarquer, le délai de deux mois est toujours nécessaire au propriétaire, ne fût-ce que pour apprécier la solvabilité de l'emphytéote, et, si l'on oppose la phrase « *si aliis melioratio secundum præfatum modum vendita sit* » nous nous bornerons à rappeler l'autre phrase qui suit immédiatement « *vel si jus emphyteuticum transponere* »

Nous venons de voir que l'emphytéote n'est reçu à transporter son droit que *ad personnas non prohibitas, sed concessas et idoneas ad solvendum emphyteuticum canonem*; on s'est demandé, si ces expressions désignaient une même catégorie de personnes, ou si elles se rapportaient à deux classes distinctes, l'une *prohibita*, l'autre *nec idonea*. Nous penchons pour cette dernière interprétation.

La deuxième catégorie de personnes, définies par le texte, ne peut faire de difficultés, ce sont celles *non idoneæ ad solvendum canonem;* mais relativement à la première classe, aux personnes *prohibitæ*, nous pensons que l'on doit entendre par là celles que le contrat d'emphytéose a formellement exclues, ou bien celles qu'un usage constant repoussait. En effet, Doneau observe très justement que la loi, en parlant de personnes « *prohibitæ* »,

visait la première partie de la constitution où
Justinien a consacré le principe de la liberté des
conventions, et quant à l'exclusion émanant des
usages, elle nous paraît résulter de cette phrase de
la constitution : « *quæ solent in emphyteuticis con-
tractibus vetari.* Parmi ces personnes auxquelles
l'emphytéose était défendue, Accurse a voulu y faire
rentrer les curiales et les soldats (1), et d'autres
auteurs sont venus y joindre les palatins (2) et
les économes des églises (3) : nous nous abstiendrons de nous prononcer sur ces applications,
l'argument d'analogie, qui leur sert de base, nous
paraissant peu sûr ou tout au moins un peu téméraire.

Enfin, une dernière question s'est agitée sur le
point de savoir, si l'on devait encore regarder comme
spéciale à la vente l'obligation pour l'emphytéote de
notifier au *dominus* le contrat et le prix d'aliénation
en même temps qu'il devait lui demander son
consentement? Deux systèmes ont été présentés.

1er Système. — D'après une première opinion,
l'obligation de déclarer au maître le contrat et le
prix d'aliénation est spéciale à la vente. Ce système
se fonde sur ce que la constitution vise et ne peut
viser dans ce cas que l'*emptio* : la première partie
du texte, dit-on, suppose bien une vente, puisqu'on

---

(1) L. 2. C. Th. X. 3. LL. 30 et 31. C. de loc. 4.65.
(2) V. cependant L. 1. C. ne Christian. mancip. 1.10.
(3) Comparez inst. de Justinien, l. 3. tit. 24. § 3, in fine.

parle de *meliorationes vendere,* et quant au terme
générique d'*alienare,* il est pris ici dans le sens de
vendere, conformément à ce qu'on lit dans la loi
1. C. de jur. emph. 4. 66. « *jus emphyteuticarium*
« *neque conductionis neque alienationis titulis est*
» *adjiciendum* ». On argumente ensuite de ce que
le même texte ne parle que de prix offert, prix
payé, et qu'il n'y a de prix que dans la vente, car s'il
s'agissait, ajoute-t-on, d'un prix estimatif, la loi aurait
déterminé les formes de l'expertise, ou tout au moins
opposé le prix à l'estimation. Enfin, on fait observer que l'utilité du retrait pour le propriétaire
peut seul expliquer les deux dénonciations exigées,
et que le retrait ne se comprend que dans la
vente (1).

2° Système. — MM. Pépin Le Halleur et Accarias
(2) appliquent les deux formalités à tous les modes
de disposition, et bien que l'éditeur du *Thesaurus,*
Evérardus Otto, trouve, dans la préface du 5ᵉ vo-
lume, ce système *plus quam ridiculus,* nous n'hésitons pas à l'adopter. Cette interprétation est en
effet conforme à la généralité des termes de la
constitution, et les deux notifications, dont on veut
dispenser alors l'emphytéote, nous paraissent la suite
immédiate d'un ensemble de conditions toutes aussi
générales que celles d'obtenir le consentement du
dominus et d'attendre deux mois cette adhésion.

---

(1) Cujas. t. 9. col. 426. D; Vinnius. sel. quest. l. 2; ch. 2; Doneau,
9. 14.17

(2) Pép. Le Hal., p. 126 ; Accarias. 2. n. 618.

Du reste, il n'est rien moins que démontré que le retrait soit spécial à la vente et nous ne saurions admettre que le *dominus* fut moins protégé en cas de donation, par exemple, qu'en cas de vente, contrat qui offre souvent un certain caractère de nécessité pour l'emphytéote. Pourquoi, si le retrait n'est susceptible de se concevoir que dans la vente, l'emphytéote doit-il indiquer *quantum pretium ab alio revera accipi potest ?* Dans l'*emptio-venditio*, le *pretium* est toujours *certum*. On objecte, il est vrai, que le texte parle de *meliorationes vendere*, mais il parle aussi de *jus transferre* en rapprochant les deux expressions, et, quant à l'explication fournie sur le mot si large en droit romain d'*alienare*, nous ferons remarquer qu'il n'y a rien à répondre à une interprétation qui argumente d'un terme impropre employé dans une autre constitution par un autre législateur.

II. — *Exercice du retrait par le dominus.* — Nous venons d'indiquer les formalités auxquelles est assujetti l'emphytéote, lorsqu'il veut transmettre son droit ; si nous supposons maintenant ces formalités remplies, nous voyons apparaître les obligations qui incombent au *dominus*. Le propriétaire ne peut plus s'abstenir sur l'aliénation qui lui est dénoncée ; il doit, en effet, dans tous les cas, décharger l'emphytéote de l'obligation personnelle de payer le canon, et pour cela la loi ne lui donne que le choix entre deux partis, qui supposent tous les deux son intervention. Il faut qu'il donne le consentement demandé, ou qu'il se substitue à l'acquéreur, c'est-à-dire qu'il reprenne le droit emphytéotique qu'il a concédé, en payant à l'emphytéote le prix qui lui a été offert et que celui-ci lui a indiqué en lui notifiant son aliénation. C'est ce droit de pouvoir se préférer à tout acheteur de la tenure, qui constitue pour le *dominus* le droit de préemption ou l'exercice du retrait.

Beaucoup d'auteurs ont pensé que ce droit de retrait était une innovation de Justinien, mais le plus grand nombre a soupçonné qu'il n'en avait pas été l'inventeur, par la raison seule qu'il ne s'en vante pas, comme il l'eût fait sans nul doute dans le cas contraire, et qu'il n'insiste même pas sur l'utilité de cette disposition.

Cette dernière opinion nous semble de beaucoup la plus rationnelle. L'idée des retraits n'est certainement pas étrangère avant Justinien au droit romain (1),

---

(1) L'idée de la conservation des biens dans la famille, si étroitement liée aux institutions juridiques de l'ancien droit français, existait à Rome dès les temps les plus reculés; il suffit, pour s'en convaincre, de rappeler la tutelle perpétuelle des femmes (Ulpien. Reg. tit. xi, § 27), les restrictions apportées au droit de tester, les dispositions de la loi Voconia (Gaius 2. § 274), la formule d'interdiction du prodigue, où nous ne voyons frapper d'incapacité, par le droit civil, que celui qui dissipe le patrimoine héréditaire (Paul, Sent. liv. 3. tit. iv. A. § 7. — Nous appelons l'attention sur l'expression *bona paterna*, qui y est contenue. V. infrà l'avitum et le patritum. —), enfin l'organisation de la curatelle. (L. 7. § 6. C. de curat. fur. vel. prodig. 5. 70). Dans la dernière époque du droit romain, celte même idée de la conservation des biens dans la famille tend à se développer de plus en plus; déjà, à l'époque classique, le mineur vaincu dans une enchère pouvait obtenir une nouvelle adjudication, s'il établissait que le bien licité provenait de ses aïeux (L. 35 D. de min. vig. ann. 4. 4.), et en cas de vente des biens d'un débiteur insolvable, nous voyons un droit de préemption ou retrait exercé non par les agnats, mais par les cognats, c'est-à-dire par les parents naturels

et nous ne pouvons ignorer la présence à Rome du pacte *protimeseos*, si fréquent dans la vente (1). En vertu de cette dernière considération, nous croyons pouvoir affirmer, sans trop de témérité, que c'est par l'usage seul que le droit au retrait s'est introduit dans l'emphytéose, et cette supposition ne nous paraît guère devoir s'écarter de la réalité, si l'on songe à l'opinion qui, dans une controverse restée célèbre, assimilait l'emphytéose précisément à la vente. En résumé, Justinien n'a donc fait ici que consacrer législativement la coutume, et la cause de son intervention est facile à expliquer. Désireux d'assurer à l'institution emphytéotique le développement rapide qu'exigeait impérieusement l'état misérable de l'agriculture, il donnait ainsi satisfaction à cet esprit étroit du droit romain, qui répugnait à toute décomposition du droit de propriété et dont l'introduction de l'emphytéose avait éveillé toutes les susceptibilités ; il favorisait la consolidation.

---

de ce débiteur (L. 16. D. de reb. auct. jud. poss. 42. 5. — comp. un texte d'Ulpien. L. 26. D. de reg. jur. 50. 17.). A mesure que nous avançons dans le droit impérial, l'emploi du retrait tend à se généraliser, le vendeur désigne ses *consortes* à l'acheteur, pour le prévenir de l'exercice du droit de préemption auquel il est exposé (Symmaque, epist. 9. 27. — comp. epist. 4. 24. de Sidoine Apollinaire, patrologie de l'abbé Migne, 58. p. 580), et le retrait est enfin affirmé dans la loi 6. C. th. de contr. empt., que reproduit Justinien dans la constitution 14. C. de contr. empt. 18.1. laissant ainsi supposer que ce retrait, supprimé en 391, s'était maintenu dans les conventions des particuliers.

(1) Convention par laquelle les parties établissaient qu'au cas où l'acheteur vendrait la chose qu'il tient du vendeur, celui-ci aurait un droit de préférence sur tout autre acheteur, s'il offrait d'aussi bonnes conditions.

Cette révélation des intentions du législateur va nous fournir une solution pour une question très grave, que nous venons déjà d'entrevoir : le retrait est-il spécial à la vente, ou est-ce un droit général, qui s'exerce toutes les fois que le concessionnaire emphytéotique dispose de sa tenure ?

1er Système. — D'après certains auteurs, les mêmes qui dispensent l'emphytéote de notifier au *dominus* l'aliénation projetée et le prix offert, le retrait ne s'appliquerait que dans la vente. Ces auteurs prétendent de nouveau que le texte de la constitution vise uniquement la vente et basent leur théorie sur ce que le propriétaire, en exerçant le retrait, doit procurer à l'emphytéote un bénéfice ou un avantage identique à celui que ce dernier aurait réalisé, si, le propriétaire ayant donné son consentement, il avait transféré le bail emphytéotique à l'acquéreur présenté (1).

Ce système ne peut être accepté. Le texte est loin d'être aussi restrictif qu'on veut bien le soutenir ; nous avons eu déjà l'occasion de démontrer, au contraire, toute sa généralité et nous croyons inutile de revenir sur ce que nous avons dit à ce sujet. Le deuxième argument invoqué, quoique plus spécieux, n'est pas plus concluant. Sans doute, en cas de donation, la substitution du *dominus* au donataire empêchera l'emphytéote de réaliser l'objet de *l'animus donandi*, mais, ainsi que le fait remarquer

---

(1) Cujas t. 9. col. 426. D ; Doneau, ch. 14. n. 17 ; Maynz, 1, § 233.

M. Pépin Le Halleur (1), il n'y a pas de comparaison à établir entre l'intérêt du donateur à transmettre la chose plutôt que sa valeur et l'intérêt
du propriétaire à rentrer dans l'intégralité de sa
propriété.

Toutefois, il faut avouer que, s'il s'agissait d'un
échange, la considération des intentions du donateur
donnerait une certaine force au premier système :
on comprend en effet facilement que celui qui est
disposé à faire un échange ne le soit pas toujours à
contracter une vente. Néanmoins, quelque soit l'intérêt de l'emphytéote, il est loin encore de compenser
celui du propriétaire, et puisque le preneur est disposé à céder sa tenure, il est très logique de permettre à ce *dominus* de reprendre le droit emphytéotique; car il a pu ne l'accorder qu'en vue des capa-
cités professionnelles ou de la solvabilité du preneur.
Du reste, la constitution porte que l'exercice du
retrait aura lieu à la charge de payer à l'emphytéote
l'estimation de la chose ; elle se place donc hors
du cas d'une vente, et autant dans l'hypothèse
d'une donation que dans celle d'un échange, la vente
ne se concevant jamais sans un prix certain et
déterminé.

2e Système. — Nous pensons que le retrait doit
s'appliquer dans toute mutation entre-vifs de l'emphytéose. Ce système a pour nous l'immense avantage de concilier le texte avec l'utilité du retrait

(1) p. 128.

et le motif qui l'a fait admettre. Si nous laissons effectivement de côté les termes si généraux de la constitution, d'une part il est aussi nécessaire de protéger le *dominus* en face d'une donation qu'en présence d'une vente, et d'autre part, puisque le retrait n'a été établi que pour favoriser la consolidation, il nous parait bien difficile d'admettre une distinction que l'idée romaine seule du retrait suffirait à repousser. Sans doute, si le retrait n'avait eu pour objet que d'accorder au *dominus* un moyen de déjouer les combinaisons frauduleuses de l'emphytéote, dissimulant une partie du prix pour restreindre l'importance du *laudemium*, nous serions forcés de reconnaître que tout autre mode d'aliénation que la vente ne devrait point en être susceptible; mais, nous avons déterminé que ce retrait avait une toute autre cause, et dès lors on ne peut guère penser que le législateur en ait limité l'exercice à la vente.

III. — *Du laudemium.* — Dans le paragraphe précédent, nous avons supposé que le propriétaire avait refusé son consentement à l'aliénation, et nous avons étudié les conditions du retrait emphytéotique; maintenant nous nous plaçons dans l'hypothèse où les formalités exigées de l'emphytéote ayant été remplies, le *dominus* a donné son adhésion, soit expressément, soit même tacitement, en laissant s'écouler le délai de deux mois, qui lui est accordé pour s'opposer à la transmission de la tenure. Dans ce cas, la constitution impose au propriétaire l'obligation de mettre le nouvel emphytéote en possession, et lui donne en même temps le droit de percevoir le cinquantième du prix ou de l'estimation de ce qui a été aliéné.

Cette prérogative du propriétaire, désignée le plus souvent sous le nom de *laudemium*, a été l'objet de nombreuses difficultés. Son origine a donné lieu à beaucoup de commentaires ; en Allemagne les auteurs ont tellement multiplié les systèmes sur cette question, que nous nous voyons dans l'impossibilité de pouvoir en donner une exposition à peu près complète (1). Du reste, les opinions soutenues présentent toutes le même degré d'incertitude, et bien que nous ayons quelques raisons de croire que le *laudemium* de l'emphytéose ait été emprunté au *jus perpetuum salvo Canone* (2) et ne soit pas, par suite, une pure innovation de Justinien, nous nous abstiendrons dans une controverse ténébreuse qu'aucun document certain ne peut éclaircir.

Nous nous en tiendrons donc au seul texte de la loi *3. C. de jur. emph. 4. 66.* pour résoudre les nombreuses controverses, qui se sont élevées sur cette matière. Une première question est celle de savoir si le *laudemium* doit être payé, non seulement lorsque le *dominus* donne son approbation au contrat, qui lui est dénoncé, mais encore lorsqu'il exerce le retrait, hypothèse dans laquelle le *dominus* serait ainsi autorisé à retenir le 2 0/0 sur le montant du prix à rembourser à l'emphytéote.

---

(1) Pép. Le Hall., p. 131, et surtout M. Thibaut, système des Pandectes, § 778.

(2) M. Garsonnet, p. 150.

Au premier abord, l'affirmative semble découler des termes de la constitution : le retrayant est seulement tenu de payer au preneur *quantum pretium ab alio revera accipi potest*, or, le preneur, si la tenure avait été transmise à un tiers, n'aurait définitivement reçu que le prix moins un cinquantième resté aux mains du *dominus*. Cette interprétation rigoureuse ne nous semble pas devoir être acceptée et nous lui préférons l'opinion contraire, qui n'accorde au propriétaire le *laudemium* que dans le cas où ce dernier a mis lui-même en possession le nouvel emphytéote.

Lorsque Justinien en effet traite dans sa constitution du droit de retrait du propriétaire, il ne s'est pas encore occupé du droit de cinquantième et il se borne à exiger de la part de l'emphytéote la dénonciation du contrat projeté et du prix offert par l'acquéreur; dès lors s'il soumet le retrayant à l'obligation de payer ce prix, il n'a pu entendre parler que du prix même qui avait été déclaré, c'est-à-dire du prix intégral.

Le motif même, qui a donné lieu à l'institution du *laudemium*, nous semble d'ailleurs confirmer cette décision. Avant la promulgation de la loi *3. C. de jur. emph. 4.66.*, les propriétaires exigeaient effectivement des sommes considérables de leurs emphytéotes pour les décharger de la nécessité de payer le canon et pour opérer à leur égard la novation de cette obligation ; lorsque Justinien rendit cette novation forcée, il dut fixer en conséquence le maximum de la somme à laquelle le *dominus* pourrait prétendre en apportant son intervention, et c'est ce qu'il fit en limitant ce maximum au cinquantième du prix d'aliénation. Ainsi ce cinquantième accordé au propriétaire n'est donc que la représentation de l'indemnité que devait payer l'emphytéote pour obtenir la novation de son obligation personnelle, et par suite il ne peut être dû que dans les cas où cette novation elle-même s'effectuait, c'est-à-dire dans l'hypothèse où le *dominus* admettait comme emphytéote, celui auquel le preneur primitif transmettait son droit (1).

Nous avons maintenant à nous demander quand aura lieu la perception du *laudemium*.

D'abord il est certain que toute aliénation entre-vifs, quelqu'en puisse être le titre, donne ouverture à ce droit. Jamais les interprètes n'ont élevé ici de doute sur la généralité des termes de la constitution et l'on comprend du reste très bien qu'il en ait toujours été ainsi, l'intérêt du propriétaire existant tout aussi bien dans le cas d'une vente que dans l'hypothèse d'une donation ou même d'un échange (2).

En ce qui concerne les transmissions à cause de mort, il nous paraît incontestable que celles, qui sont faites à titre héréditaire, doivent échapper au *laudemium*. Cujas semble il est vrai se ranger à l'opinion contraire, quand il cite, au nombre des modes soumis à ce prélèvement, l'institution d'héritier (3), mais cette solution malgré la grande autorité de

---

(1)... Et ne avaritiâ tenti..... —L. 3.C. de. jur. emphyt. 4.66.

(2) Comp. Salvaing de Boissieu. usage des fiefs.p. 400.

(3) t. 4. col. 427. E.

son auteur, nous paraît impossible à adopter. En droit romain, les locations perpétuelles ou de longue durée étaient toujours faites (nous l'avons vu dans plusieurs documents) au preneur primitif et à ses héritiers ; de plus, tout en faisant remarquer qu'il n'y aurait aucune raison de décider autrement pour l'emphytéose, qui est toujours établie *ad non modicum tempus*, nous possédons relativement à cette tenure un texte précis qui dispose que tant que le canon sera payé le fonds ne pourra être enlevé *neque ipsi conductori, neque hœredi ejus* (1). Enfin l'héritier est toujours considéré à Rome comme le continuateur juridique de la personne du *de cujus*, ce qui exclut toute idée de mutation entre deux personnes distinctes ; et dès lors, si l'on accordait ici le *laudemium* au propriétaire, il y aurait une révocation partielle et par suite une violation du contrat.

Toutefois, il se rencontre un cas spécial où la transmission du droit emphytéotique à cause de mort semble devoir être assimilé aux modes d'aliénation entre-vifs ; c'est le cas de transmission du droit emphytéotique par l'effet d'un legs. On ne saurait dire ici que le légataire forme avec son auteur une seule et même personne, puisque la concession est présumée faite à l'héritier, que le propriétaire à seul pu compter avoir comme débiteur du canon. Ce legs paraît donc impliquer une mutation du droit entre cet héritier, représentant le *de cujus*, et le légataire. En outre, et

_____

(1) Inst. Just. liv. III § 3 de loc. cond.

c'est ce qui constitue la plus forte raison de douter,
le legs d'emphytéose n'est pas susceptible de passer
directement au bénéficiaire comme le legs de propriété et d'usufruit ; au contraire, il est essentiellement conditionnel, et subordonné à l'acceptation du légataire, qui se soumet ainsi à l'obligation personnelle de payer le canon. Il est donc difficile de ne point concevoir l'intervention du maître et
par suite la perception du *laudemium*, qui en est le
prix (1). Cependant Justinien ne dit pas un seul mot,
dans sa constitution, qui puisse se rapporter à la
transmission de la tenure à cause de mort; aussi on
pourrait également conclure qu'il a entendu limiter
ainsi l'application du *laudemium* au seul cas d'aliénation entre-vifs.

Entre ces deux interprétations nous n'hésitons pas
à adopter la première, qui nous paraît être de beaucoup la plus conforme aux principes. Sans doute le
texte ne s'explique point sur le cas où la tenure serait
transférée *mortis causa*, mais il pose en règle générale que le *laudemium* doit être perçu toutes les
fois que le mode de transmission exige l'intervention du *dominus*, or ici n'y a-t-il pas l'intervention du
dominus dans le fait par ce dernier de recevoir du légataire (c'est-à dire d'une personne autre que celle
sur laquelle il avait compté) la promesse de payer le
canon.

Relativement à la règle que nous venons de

---

(1) Doneau ch. 14 n. 19.

poser et d'après laquelle l'héritier de l'emphytéote est affranchi du *laudemium* à raison de la mutation, il s'est présenté deux questions très importantes, que Justinien n'a pas prévues dans sa constitution : ce sont celles de savoir si le *laudemium* est dû lorsque l'emphytéote aliène entre-vifs sa tenure à son héritier présomptif, ou lorsqu'il intervient entre les héritiers d'un même emphytéote un partage, en vertu duquel un seul des co-héritiers devient seul emphytéote pour le tout.

1ᵣₑ Question. — L'emphytéote ayant transmis entre-vifs sa tenure à son héritier présomptif, le propriétaire est-il déchu du droit au cinquantième, ou doit-il tout au moins, le restituer, après l'avoir perçu, si l'héritier présomptif vient ensuite à la succession de l'emphytéote ?

Des auteurs ont soutenu l'affirmative en se fondant sur cette idée que, si l'emphytéote n'avait pas transféré son droit de son vivant à son héritier présomptif et avait laissé suivre le cours naturel des choses, cet héritier aurait été investi du droit emphytéotique sans que le *dominus* ait pu prétendre à la perception du cinquantième du prix ou de l'estimation. Cette opinion, toute hypothétique, ne saurait être admise. Il ne faut point considérer ce qui aurait pu être fait, mais envisager simplement ce qui a été réellement fait. Quand il y a eu aliénation, quelqu'en soit le titre, il y a toujours eu substitution d'un nouveau débiteur au débiteur primitif du canon, dès lors il a donc fallu l'intervention du *dominus* pour nover l'obligation ancienne, et par suite le propriétaire a eu certai-

9

nement droit au prix de cette intervention, c'est-à-dire au *laudemium*. Si le cinquantième a été réellement et légitimement perçu, comment soutenir que l'accomplissement d'un fait postérieur fut susceptible de le faire restituer ? Ne serait-il pas préférable alors de soutenir que le droit du *dominus* n'est qu'un droit conditionnel dont l'existence est soumise à la condition résolutoire que l'acquéreur deviendra héritier de l'emphytéote ? Du reste, sur quoi l'héritier présomptif pourrait-il fonder sa prétention de ne pas acquitter le *laudemium* ; sur l'espérance qu'il a de devenir l'héritier de l'emphytéote, mais jamais, croyons-nous, pas plus à Rome que dans notre Code civil, une simple espérance n'a pu donner lieu à l'ouverture d'un droit (1).

2ᵐᵉ Question. — Lorsqu'un partage est intervenu entre plusieurs héritiers d'un même emphytéote, cet héritier doit-il payer le *laudemium* ?

D'abord, il n'est pas douteux que ce co-héritier adjudicataire puisse retenir le paiement du *laudemium* relativement à sa part héréditaire; puisqu'il l'a obtenue à titre héréditaire ; mais, et c'est la question, la décision doit-elle être la même pour les parts qu'il a acquises de ces co-héritiers, et sur lesquelles le propriétaire vient réclamer le *laudemium* ?

1ᵉʳ Système. — Une première opinion, présentée par des auteurs considérables (2), a décidé que, même dans cette hypothèse, le *laudemium* n'était pas dû.

---

(1) Pép. le Hal. p. 138.

(2) Voët. ad titul. pand, si ag. vectigalis. 6. 3 § 3 ; Gluck. comment. 8. p. 491 ; Ant. Faber à son code. 1. 4. tit. 66. def. 29, 55, 71.

On fonde ce système sur le texte de la novelle *112.*
C. 1 (1).

Nous ne pouvons accepter une interprétation qui
ne tendrait à rien moins qu'à établir en droit romain
le principe déclaratif du partage. Sans doute le texte
de la novelle 112 eut été probant, si on avait pu,
malgré ses termes réservés, l'ériger en règle générale,
car l'idée du principe déclaratif du partage n'était pas
absolument inconnue des juriconsultes romains (2),
mais bien loin de là, on ne peut que lui attribuer le
caractère d'une étroite exception au principe formellement reconnu, que le partage, en droit romain,
était attributif de propriété (3).

Il nous reste à indiquer comment se percevait le
laudemium et à quelle partie incombait l'obligation
d'en effectuer le paiement.

Justinien, n'ayant donné aucun renseignement
sur le mode de perception, on s'est demandé si cet
empereur, en distinguant le prix de l'estimation, avait
entendu se référer aux deux hypothèses distinctes,
d'une vente et d'une donation, ou bien s'il avait simplement voulu fournir au *dominus* une ressource
pour lui permettre de déjouer la dissimulation du
prix d'acquisition, faite par les contractants pour diminuer la quotité du *laudemium.*

Cette dernière interprétation doit être repoussée.

---

(1) Cpr. Vuy, p. 193 et 194.

(2) L. 31. D. de usu. et usuf. 33. 2. V. L'opinion de Trébatius citée
par Labéon.

(3) L. 6. § 8. D. de commun. divid. 10. 3.

La règle rigoureuse, à laquelle elle tend, exigerait en effet pour être admise un texte formel ; or non-seulement ce texte n'existe pas ici, mais les termes et l'esprit de la constitution s'opposent à ce que l'emphytéote doive payer au propriétaire plus du cinquantième du prix véritable, ce qui arriverait inévitablement, si l'on adoptait la solution proposée. Du reste, les intérêts du *dominus* ne nous semblent pas aussi menacés par la dissimulation du prix, qu'on voudrait le faire croire ; le *dominus* est appelé tout le premier à profiter du bon marché excessif, puisqu'il n'aura alors, en exerçant le retrait, qu'à payer le prix tel qu'il lui a été indiqué dans la dénonciation. En un mot la dissimulation du prix faite par l'emphytéote est en réalité une arme à double tranchant, qui peut blesser celui-là même qui la manie, et dès lors nous ne comprendrions pas que l'auteur de la loi ait voulu donner au *dominus* une deuxième ressource, pour lui sans nécessité et presque sans utilité.

Cette réfutation justifie, il nous semble, l'opinion qui soutient que par la distinction établie on a simplement voulu indiquer la marche à suivre, pour calculer le *laudemium* dans le cas d'aliénation ne comportant pas stipulation d'un prix.

La question de savoir, à laquelle des deux parties le propriétaire devra s'adresser pour réclamer le *laudemium*, est plus controversée ; néanmoins il ne paraît pas cependant que l'on puisse hésiter longtemps en présence des termes de la constitution. Le *laudemium* représente le prix du consentement que le *dominus* doit donner à l'aliénateur pour effectuer la novation de l'obligation de ce dernier à la redevance ; par suite il faut le mettre entièrement à la charge de celui qui est appelé à avoir tout le bénéfice de cette novation. Dès lors, ce sera donc l'ancien emphytéote qui acquittera le cinquantième envers le propriétaire, sauf son recours contre l'acquéreur, si celui-ci en est définitivement tenu comme retirant tout l'avantage de l'aliénation. Cependant, et au point de vue de la pratique, nous devons faire remarquer que l'acquéreur étant lui-même intéressé à l'acquittement du *laudemium*, dont le non paiement aurait entraîné la résolution du droit emphytéotique, il devait arriver souvent en fait que cet acquéreur se chargeât de cette obligation, sauf ensuite à en retenir le montant sur le prix stipulé, et cela pour n'avoir rien à redouter de la pénalité sévère qui sanctionnait l'accomplissement de cette formalité.

Quant à déterminer quelle sera la partie qui devra supporter définitivement la perception du *laudemium*, il y a lieu, croyons-nous, de faire une distinction. S'il s'agit d'une donation, ce sera presque toujours, et sauf conventions expresses, le donataire qui devra acquitter le droit au cinquantième, car c'est lui qui retire seul tout le bénéfice du contrat. Au contraire, dans l'hypothèse d'une vente, nous pensons que c'est à la charge du vendeur que devra être mis le versement du *laudemium* : ce n'est qu'à lui en effet que profite la novation dont le *laudemium* est le prix ; on ne peut

guère supposer que l'acquéreur ait entendu débour-
ser une somme supérieure à celle qui lui a été fixée
comme la représentation du droit emphytéotique (1).

IV. — *Sanction de ces formalités*. Les dispositions
rigoureuses, que nous venons de parcourir en cas de
transmission du droit emphytéotique *inter vivos*, réclamaient de la part du législateur une sanction énergique pour être respectées, tant par le bailleur que par
le preneur. En effet, d'une part le *dominus* n'était guère
disposé à obéir de plein gré à une loi qui ne lui donnait qu'une alternative peu conciliable avec les prétentions exagérées qu'il formulait d'habitude, le 2 0/0
du prix était sans aucun doute beaucoup trop peu pour
lui ; et d'autre part l'emphytéote ne devait se plier
qu'avec peine aux restrictions qui avaient été apportées
à son libre pouvoir de disposition. De là, la double
sanction sévère que Justinien édicta dans sa constitution : le *dominus*, qui, sans exercer le retrait, refusait
de mettre l'acquéreur en possession, était dorénavant
privé du *laudemium* (2), et l'emphytéote, qui ne se con-
formait pas scrupuleusement aux règles prescrites,
était déchu du droit emphytéotique (3).

---

(1) Cout. de Paris. art. 23. et Dumoulin § 33. gl. 11.

(2) L'emphytéote n'ayant plus à requérir, à l'expiration des deux mois,
l'intervention du dominus ne pouvait en devoir le prix.

(3) L. 3. C. de jur emph. in fine. 4. 66.

SECTION III

DES RISQUES DANS L'EMPHYTÉOSE

Ce fut, nous l'avons vu, sur la question des risques que résida pendant longtemps tout l'intérêt pratique de la controverse, qui s'était élevée sur la nature du contrat d'emphytéose. Suivant que l'on voyait dans cette tenure une vente ou un louage, l'emphytéote devait supporter les cas fortuits ou en être affranchi, et, telle était l'importance que les jurisconsultes classiques attachaient à la solution donnée, que ce fut précisément pour éviter de soumettre le preneur à la perte totale, qu'ils inclinèrent, Gaius entre autres (1), vers l'idée de louage. Ainsi, et à la différence de ce qui se passait dans la vente, où, la chose venant à périr par cas fortuit, le paiement du prix n'en était pas moins exigé, l'emphytéote était entièrement libéré d'après l'opinion la plus générale. Néammoins le débat ne s'éteignit pas pour cela, et, à la fin du Vᵉ siècle, il dût être tranché par le législateur : Zénon ne se contenta pas seulement en effet de faire de l'emphytéose un cinquième contrat consensuel, il arrêta que, si les parties ne s'en étaient pas expliquées, la perte totale incomberait au *dominus* et que la perte partielle serait à la charge du preneur (2). Cette décision, fort rationnelle, n'était que la conséquence du principe que le

---

(1) Comm. 3. § 145.

(2) L. 1. C. de jur. emph, 4.66.

législateur avait écrit en tête de sa constitution et
d'après lequel l'emphytéose, tout en tenant de la vente
et du louage, ne devait être confondue ni avec l'un, ni
avec l'autre de ces deux contrats, mais devait être
considérée comme un nouveau contrat. Dans la vente,
l'acheteur supporte la perte totale et la perte partielle ;
dans l'emphytéose, la perte partielle seule sera supportée par l'emphytéote. Dans le louage, les obligations des parties restant toujours corrélatives, on ne
saurait pas même véritablement dire que le preneur
supporte la perte partielle, puisqu'il a droit à une diminution proportionnelle du loyer, qui de provisoire
peut fort bien devenir définitive; dans le contrat emphytéotique au contraire, la perte partielle incombe
toujours, et quoiqu'il arrive, à l'emphytéote.

CHAPITRE IV

CAUSES D'EXTINCTION DE L'EMPHYTÉOSE

L'emphytéose est susceptible de prendre fin de deux
manières générales ; soit par des causes, que nous
appelerons causes ordinaires d'extinction, et qui pro-
duisent immédiatement cette extinction en rendant
impossible l'existence de la tenure, soit par des causes,
qui impliquent la déchéance prononcée contre l'emphytéote à titre de peine pour inexécution de ses obligations les plus importantes. Nous distinguerons
donc, dans ce chapitre, les causes d'extinction et les
causes de déchéance.

SECTION 1re

CAUSES D'EXTINCTIONS PROPREMENT DITES DE L'EMPHYTÉOSE

Les causes ordinaires d'extinction du droit emphytéotique peuvent être ramenées à sept. Ce sont : 1° La résolution du droit du constituant ; 2° l'échéance du terme ; 3° la perte de la chose ; 4° la consolidation ou confusion ; 5° la mort de l'emphytéote sans héritier ; 6° le *mutuus dissensus* ; 7° la prescription.

1° La résolution du droit du *dominus*, survenue en vertu d'une condition résolutoire, entraîne l'extinction de l'emphytéose constituée. Ainsi le fonds, depuis emphytéosé, avait été vendu sous pacte commissoire au constituant ; celui-ci n'éxécutant pas son obligation, la résolution du contrat, poursuivie par le vendeur, fait tomber *ipso jure* le droit emphytéotique (1). 2° L'arrivée du terme fait cesser l'emphytéose établie *usque ad certum diem.*L'emphytéose est de sa nature, et non de son essence, perpétuelle ; par suite une stipulation ou un pacte peut limiter sa durée à un certain délai, passé lequel le *dominus* pourra revendiquer, paralysant alors *l'actio in rem utilis* de l'emphytéote ou son exception par la *replicatio* générale de dol ou la *replicatio* spéciale *pacti conventi* (2). Toutefois il faut remarquer que ce délai doit toujours être *ad lon-*

---

(1) L. 41. D. de rei vindic. 6. 1 ; L. 4. § 3. D. de in diem addict. 18. 2 : L. 2. C. de donat. sub modo. 8. 55.

(2) L. 44 § 1. D. de oblig. et act. 44. 7.

gum tempus; un terme très-court ne pouvant jamais se concevoir dans l'emphytéose, où le preneur est tenu d'exécuter des améliorations le plus souvent considébles (1).

3° La perte totale de la chose, qu'elle soit juridique ou matérielle (2), fait évidemment disparaître l'emphytéose ; les droits et les obligations des parties ne sauraient pas plus subsister que naître sans objet. Mais, ne l'oublions pas, pour qu'il en soit ainsi, la perte doit être totale, et résulter d'un cas fortuit. En effet, d'une part l'emphytéote, d'après les termes de la constitution *1. C. de jur. emph. 4.66* supporte, à la différence du simple locataire, la perte partielle si importante qu'elle puisse être ; et d'autre part, il est de principe à Rome que le débiteur perpétue son obligation, lorsque c'est par son fait ou sa faute, que l'objet de cette obligation vient à périr (3).

4° L'emphytéose prend également fin par suite de la consolidation, ou réunion sur la même tête des qualités de *dominus* et d'emphytéote. Cela se produit, si le preneur est devenu l'héritier légitime ou testamentaire du bailleur et réciproquement, ou si l'emphytéote acquiert à titre particulier le *nudum dominium* du

---

(1) v. Supra. ch. 3. sect. 1. § 2.

(2) La distinction proposée par Celsus dans la loi 79 § 3. D. de leg. III. 32. n'a jamais prévalue à Rome. v. L. 83. § 5. D. de verb. oblig. ; L. 98 § 8. D. de sol. 46. 3.

(3) Inst. Just. § 16. de legat. 2. 20 ; L. 91 § 1 et 2. D. de verb. oblig. 45. 1. Il en serait de même si la perte totale était survenue après la mise en demeure du preneur par le bailleur de payer le canon. L. 8 § 1. D.; second. furtiv. 13. 1 ; L. 108. § 11. D. de legat. I. 30.

dominus, ou enfin si ce dernier rentre dans l'intégrité de ses droits en vertu d'une donation, d'une vente ou par l'exercice du retrait (1). L'extinction de la tenure, qui résulte de cette consolidation, consiste plutôt alors dans une impossibilité d'existence ; néanmoins il est hors de doute que, si cette confusion venait à cesser par suite de la disparition de la cause, qui l'avait amenée, l'emphytéose renaîtrait avec toutes les conditions stipulées dans l'*instrumentum*, s'il en existait un (2).

5° La mort de l'emphytéote sans héritiers testamentaires ou *ab intestat* opère la consolidation au profit du maître. Ce mode d'extinction s'explique facilement ; l'action en revendication du *dominus* n'est plus paralysée par l'exception habituelle, qui ne peut se concevoir, lorsque le droit emphytéotique est sans titulaire. En résumé, la tenure prend fin par suite d'un fait qui en rend encore l'existence impossible ; aussi la condition essentielle de son application est-elle, qu'il ne reste aucune personne sur laquelle le droit emphytéotique puisse se fixer. En vertu de ce principe non seulement le *de cujus* ne devra laisser aucun héritier soit testamentaire, soit *ab intestat*, mais nous pensons qu'une *addictio libertatum conservandarum causâ* empêcherait le bail de s'éteindre : c'est là en effet, un mode d'acquisition *per universitatem*, qui entraîne succession de l'*addictus* aux biens du *de*

---

(1) Van Vetter. 3. § 134 et Maynz. 1. § 237.

(2) arg. d'analogie. L. L. 21 § 2. D. de inoffic. testam. 5. 2 et 87. § 1 D. de acq. vel amit. hered. 29. 2.

cujus,à son *patrimonium* (1),lequel comprend évidemment le droit emphytéotique.

6° Le *mutuus dissensus* anéantit aussi l'emphytéose. Ce contrat étant purement consensuel, la volonté des parties qui l'a créé, peut évidemment le détruire, ce qui est d'autant plus naturel que les choses sont susceptibles, dans notre cas, d'être *in integrum restitutœ*. Une question s'est présentée sur ce mode d'extinction. On s'est demandé si l'*unus dissensus* de l'emphytéote ferait tomber la tenure, ou, en un mot, s'il était donné à cet emphytéote d'y renoncer. Des auteurs considérables l'ont admis, et ont décidé que l'emphytéote pouvait ainsi, par un acte unilatéral de sa volonté, se soustraire aux obligations du contrat (2). Les partisans de cette opinion, s'inspirant de cette idée, universellement répandue dans l'ancien droit français, que le déguerpissement était de droit commun dans l'emphytéose, ont argumenté *a contrario* de la loi *3. C. de fund. patrim. 11. 61.*, qui interdit à l'emphytéote du fisc de renoncer à sa tenure, et ont invoqué en outre la loi *29. C. de pactis. 2. 3.*, aux termes de laquelle il est toujours permis de renoncer aux droits établis en sa faveur. Cette doctrine nous paraît être en opposition formelle avec tous les principes juridiques les plus élémentaires.

---

(1) L L. 3 et 4 § 21, 22. D. de fideic. libert. 40. 5.

(2) Ant. Favre. code definit. for. déf. 11. IV. tit. 43: Mülhenbruch, Pand. § 301. n. 14.

En droit romain, les obligations doivent se dissoudre comme elles se forment (1), et il est de règle qu'il n'y a qu'un pacte, qui pourrait défaire ce qu'a fait un premier pacte. Dès lors, comment concilier ces principes avec cette autre idée souvent répétée, que l'emphytéose n'est qu'un pacte devenu obligatoire ?

Les deux textes, sur lesquels on s'appuye, sont loin d'être favorables à l'opinion que nous combattons. Rien ne peut autoriser à regarder la loi 3 comme une disposition spéciale à l'emphytéose du fisc; au lieu de contenir une exception au droit commun, elle nous semble le consacrer en mettant à la charge de l'emphytéote les chances de détériorations, et par suite nous ne comprendrions pas que cette dernière règle ait eu besoin d'être formulée, s'il avait été loisible à l'emphytéote de l'éluder en renonçant à l'emphytéose. Quant à l'argument que l'on veut tirer de la loi 29, il ne porte pas davantage. Ce texte est complétement en dehors de notre cas; sans doute l'usufruit ou les servitudes peuvent se résoudre par la seule volonté du titulaire, lorsque ces droits ont été constitués à titre gratuit, mais la loi ne dit nullement que, s'ils ont été établis à la suite d'une vente ou moyennant une rente viagère, la renonciation du titulaire puisse le dispenser de payer le prix convenu. Enfin une dernière considération est pour nous concluante; les

---

(1) L. 100. D. de reg. jur. 50. 17.

obligations dérivant du contrat d'emphytéose deviennent indépendantes l'une de l'autre ; le paiement du canon est une obligation personnelle contractée directement envers le *dominus*, aussi nous paraît-il difficile d'admettre que l'emphytéote puisse s'en affranchir en présence du texte de la loi 5. *C. de oblig. et act. 4. 10.*

7° La prescription éteint également l'emphytéose. Il ne saurait s'agir ici de la prescription au profit du propriétaire ou d'un tiers ayant usucapé la propriété du fonds emphytéotique. D'abord le *dominus* peut certainement prescrire la liberté de ce fonds, s'il en a manifesté la volonté par un acte contraire à la jouissance de l'emphytéote. Comme en matière de servitudes urbaines, dont les règles peuvent s'appliquer ici sans témérité, il lui suffira même d'un délai de dix ou vingt ans, sans qu'on ait à se préoccuper du titre ou de la bonne foi. Le résultat serait le même, si c'était un tiers qui eut usucapé la propriété du fonds et nous accorderons même à l'emphytéote la prescription, s'il avait acquis *a non domino* avec juste titre et bonne foi, car dans cette hypothèse il aurait véritablement *mutare causam possessionis suœ*. Mais en dehors de ce seul cas, l'emphytéote ne peut jamais prescrire ; la bonne foi lui fait défaut, et *l'animus domini* est absente de sa possession ; c'est un véritable détenteur précaire tel que l'entend le code civil (C. C. art. 2236).

Cependant on s'est demandé si l'emphytéote, après avoir joui pendant trente ou quarante ans du fonds en pleine liberté, et sans payer le canon, pouvait se prévaloir contre le *dominus* de la situation décrite par la loi *8 § 1. C. de præscr. XXX vel XL ann. 7. 39.;* c'est-à-dire si cet emphytéote était assuré, après ce délai, de n'avoir plus à redouter aucun trouble de la part du propriétaire, tant qu'il conserverait la possession.

Nous ne pouvons adopter cette interprétation, et nous ne croyons pas, en présence des termes formels de la loi *7 § 6. C. h. t.*, qu'il soit possible d'accorder au preneur emphytéotique d'autre faveur, que celle d'être déchargé de l'obligation d'acquitter les redevances échues depuis plus de trente ans. En effet, la créance du propriétaire ne peut naître qu'avec l'arrivée des échéances, et par suite nous comprenons qu'après trente ou quarante ans, l'action du propriétaire, relativement au canon échu avant ce délai, soit prescrite, mais nous ne saurions accorder à l'emphytéote le droit d'être dégrevé de tout paiement postérieur, puisque l'obligation, étant successive, se renouvelle entière chaque année. (1)

Du reste il faut avouer que cette hypothèse se présentera rarement, car nous savons par la loi *2, C. de jur. emph. 4. 66.* que l'emphytéote est astreint au paiement sans avoir besoin d'y être invité par le *dominus* et dès lors il est à supposer que cet emphytéote ne s'exposera pas à une déchéance certaine, que le propriétaire, toujours désireux de reprendre la pleine propriété, ne manquera pas de faire prononcer contre lui.

---

(1) Pép. le Hal. p. 94 ; Mainz. t. 1. § 237.

SECTION II

DES CAUSES DE DÉCHÉANCE DE L'EMPHYTÉOTE

La déchéance du droit emphytéotique est la sanction des obligations imposées à l'emphytéote.

Les textes ne citent que trois causes de déchéance : la détérioration du fonds, le non paiement du canon et des impôts, la violation des règles relatives à l'aliénation de la tenure. Mais nous ne pouvons en conclure que ce soient là les seules causes susceptibles de provoquer la déchéance de l'emphytéote, car cette matière n'a jamais été traitée *ex professo* par le législateur, et les constitutions qui se trouvent dans le Code de Justinien, ont eu seulement en vue de décider les points controversés. Ainsi, dans le cas où le *dominus* aurait stipulé que telles améliorations devaient être faites, que telles cultures étaient interdites, etc., il est hors de doute que la déchéance serait encourue par le preneur dans le cas où ce dernier aurait désobéi aux clauses du contrat. Toutefois, comme les trois causes que nous venons d'énumérer sont les seules qui se rencontrent mentionnées dans les documents juridiques, ce seront donc les seules dont nous nous occuperons.

§ 1. — Déchéance pour cause de détérioration

Il est certain, surtout pour nous, qui avons imposé à l'emphytéote l'obligation d'améliorer, que la détérioration de la chose par cet emphytéote, entraîne la déchéance de son droit. Cette décision n'a donné lieu à aucune hésitation pendant tout le temps que l'emphytéose a été assimilée à un louage, car elle émanait alors d'un texte précis (1), et, depuis la constitution de Zénon, il ne nous paraît pas qu'il soit possible de décider autrement en présence des termes de la Novelle *120. C. 8.*, laquelle prononce formellement dans cette hypothèse la déchéance de l'emphytéote coupable. On a prétendu, il est vrai, qu'il ne s'agissait là que d'une faveur spéciale accordée aux Eglises, mais il nous semble impossible de relever dans le texte la trace d'aucune dérogation au droit commun, alors que nous connaissons le soin avec lequel Justinien distingue d'ordinaire les particularités de l'emphytéose ecclésiastique (2).

Cette cause de déchéance admise, que doit-on décider, si l'emphytéote a amélioré d'une part et dégradé de l'autre ? Faut-il déclarer encore l'emphytéote déchu de son droit ? Plusieurs systèmes ont été proposés par les interprètes. Suivant les uns, l'emphytéote devait être privé seulement de la partie du fonds, qu'il a détériorée ; suivant les autres, on devait établir une compensation entre les améliorations et les dégradations, et l'emphytéote ne se voyait enlever sa tenure que si la valeur des dé-

---

(1) L. 3. C. de loc. et cond. 4. 65.
(2) Nov. 7. c. 3. § 2.

gradations surpassait celle des améliorations. Nous repoussons ces deux systèmes . La première opinion, dont le seul argument consiste à dire que la peine ne peut être plus grande que la faute, est véritablement impossible à soutenir, malgré son apparence de logique, en présence des termes précis de la Novelle 120. Quant à la deuxième interprétation, elle est également loin d'être satisfaisante. D'une part, en effet, les deux textes sur lesquels elle s'appuie, les lois *11 in fine D. de neg. gest. 3. 5 et 45 § 13. D. de jur. fisci. 49. 14*, n'autorisent aucunement la compensation projetée ; et, d'autre part, si l'emphytéote peut bien se trouver débiteur envers le *dominus*, nous ne comprenons nullement qu'il soit susceptible d'en devenir créancier, puisque les améliorations faites sur le fonds doivent toujours revenir sans indemnité à ce *dominus*, lors de l'expiration du bail (1). Nous nous en tiendrons donc aux termes de la Novelle 120, mais en exigeant que les détériorations soient telles, qu'elles inspirent de véritables craintes sur la culture future ; car on ne saurait oublier toute l'étendue de jouissance que l'emphytéose accorde au preneur.

Cette condition une fois remplie, il n'appartient plus alors à l'emphytéote d'échapper à la déchéance, même en indemnisant le propriétaire ; le droit à la déchéance constitue en effet un véritable droit acquis

---

(1) L. 2.C. de jur. emph. 4. 66, in medio.

pour ce dernier, et ce droit doit être d'autant plus respecté que les efforts du législateur romain ont toujours tendu à encourager la consolidation en faveur du *dominus* bailleur.

§ 2 Déchéance de l'emphytéote pour défaut de paiement du canon et des impôts

Avant la constitution de Zénon, et conformément à l'opinion, qui avait fini par prévaloir, on appliquait à l'emphytéose les règles du louage. Lorsque l'emphytéote avait laissé passer deux ans sans acquitter soit la redevance, soit les impôts, au paiement desquels il était assujetti, tant à l'égard du fisc qu'à l'égard du *dominus*, il était déchu de son droit. La législation ne subit aucune modification jusqu'à Justinien, qui consacra une constitution entière à la règlementation de la déchéance de l'emphytéote pour défaut de paiement du canon et des impôts (1). Cet empereur établit, qu'à défaut de conventions spéciales, qui devaient toujours être scrupuleusement observées, l'emphytéote était déchu de son droit s'il restait trois ans sans solder le canon, ou sans représenter au maître les quittances des impôts ; il déclara en outre que le propriétaire serait libre de requérir la déchéance contre ce preneur sans avoir besoin de le mettre préalablement en demeure. Cette règlementation législative permettrait de supposer que Justinien avait ainsi éteint les nombreuses controverses, qui s'agitaient avant lui sur cette matière ;

---

(1) L. 2. C. de jur. emph. 4. 66.

ce fut probablement son intention, mais il ne paraît
guère avoir réussi, et la théorie de la déchéance
pour défaut de paiement n'en continue pas moins
à soulever de nombreuses difficultés.

Un premier point très-discuté est celui de savoir
si Justinien, en posant dans sa constitution le
grand principe de la liberté des conventions, a entendu par là, rendre obligatoire tout pacte relatif à la
déchéance. Ainsi, le contrat portant que l'emphytéote
ne serait expulsé qu'après un non-paiement de deux,
trois, cinq, dix ans, ou ne serait même jamais
expulsé pour cause de non-paiement, on s'est demandé
quel effet devait être reconnu à de telles stipulations.
La première clause a été admise sans hésitation,
mais la seconde a rencontré beaucoup d'opposition, et
Accurse en a contesté la validité en invoquant deux
textes, la loi *14 § 2. D. de comm. divid. 10. 3.* qui
prohibe l'interdiction de partager, et la loi *12. pr.*
D. de prec. 43. 26. qui défend d'assigner une durée
fixe au précaire.

Nous repoussons cette interprétation ; la constitution de Justinien n'apporte aucune restriction au
principe, qu'elle pose elle-même, de la liberté des
conventions (1), et, le consentement des parties
créant le contrat en entier, nous ne voyons pas
pourquoi ce consentement serait impuissant à faire
subir à l'emphytéose des modifications dans ses éléments simplement naturels. Quant à l'argument de

---

(1)..... *et in omnibus aliis capitulis observari, et de rejectione ejus.*

texte, invoqué par Accurse, Cujas l'a facilement détruit. La loi *14 D. de comm. divid. 10. 3* s'explique par une raison d'ordre public ; il est de l'intérêt commun de ne pas perpétuer une situation aussi dangereuse que celle de l'indivision, et la loi *12 D. de prec. 43. 26* est complétement en dehors de notre hypothèse, car, si la révocabilité *ad nutum* est essentielle au précaire comme le *pretium* à la vente, il n'en est pas de même dans l'emphytéose de la faculté d'expulsion, laquelle n'est pas de plus l'essence du contrat que la garantie n'est de l'essence de la vente (1).

Une nouvelle difficulté se présente ici. Faut-il, pour qu'il y ait lieu à la déchéance que le défaut de paiement ait été absolu, qu'il n'ait rien été payé pendant trois ans, ni sur le canon, ni sur les impôts ? Ici l'incertitude résulte des termes même de la constitution. Le législateur impérial en effet, après s'être exprimé en ces termes, « *si solitam pensionem vel publicarum fonctionum apochas non præstiterit* » reproduit ensuite la même condition par ces nouvelles expressions « *si neque pecunias solverit, neque apochas domino tributorum reddiderit* ». Suffirait-il donc qu'une seule des prestations exigées ait été faite pour que la déchéance soit évitée ? Nous ne le pensons pas. L'antinomie, offerte par ces deux phrases, n'est qu'apparente, et la constitution ne permet à l'emphytéote d'échapper à la déchéance, qu'en déposant et consignant tout ce qui est dû ; or, l'offre

---

(1) Cujas. t. ix. col. 423. B.

n'est valable que si elle comprend un paiement intégral, (1) et il est de principe en droit romain, toutes
les fois que la déchéance est encourue par suite d'i-
nexécution des engagements, que la peine doit être
prononcée, aussi bien quand l'exécution de l'obligation a été incomplète, que quand elle a fait totalement défaut (2). S'il y a contestation entre le *dominus* et l'emphytéote sur la réalité des paiements, ce·
sera à ce dernier de prouver sa libération par titres
ou témoins, conformément à la théorie générale.
Toutefois nous ne l'admettrons à fournir cette preuve
que pour le paiement des trois dernières années,
car, pour les années antérieures, il est présumé libéré jusqu'à preuve du contraire. (3)

Ainsi l'emphytéote, ayant laissé passer plus de
trois ans sans acquitter le canon, encourt la déchéance ; mais alors le *dominus* pourra-t-il le poursuivre en paiement des canons arriérés et demander en même temps contre lui cette déchéance ?
La question est assez controversée. Une première
opinion soutient que si le maître consentait dans
ce cas à recevoir les canons échus et impayés, il perdrait par cela même le droit de se prévaloir de la déchéance. En faveur de ce système, Accurse invoquait
la loi 7 *D. de leg. commis. 8. 3,* Vinnius se fondait
sur des textes du droit canon et sur cette raison de

---

(1) LL. 6 et 19 c *de usuris.* 4. 32.

(2) L. 47. D. de act. empti. 19. 1 ; L. 83. § 6. D. de verb. oblig. 45. 1.

(3) L. 3. C. de apoch. public. 10. 22 ; Cujas. IX. col. 424 ; Doneau,
ch. 15. n. 7. Balbus. tractatio de prœscr. 3. part. 1. q. 10. n. 18. cpr. L.
19. C. de fide instrument. 4. 21.

droit pur qu'on ne peut réclamer à la fois *pœnam et rem*, enfin Hilliger faisait remarquer que le canon est moins le prix de la jouissance concédée à l'emphytéote que le signe récognitif du *dominium*, et que dès lors, puisque le propriétaire a fait reconnaître son droit par le paiement des canons, il ne peut avoir à prétendre à la commise, qui tendrait au même but. (1).

Quelque soit l'autorité de ces auteurs, cette doctrine nous semble difficile à accepter ; l'emphytéose confère au preneur non le *dominium*, mais une simple jouissance, aussi croyons nous plus juridique d'accorder au *dominus* le paiement du canon pour le passé et la commise pour l'avenir. Cette solution, qui était déjà celle de Doneau (2), nous parait imposée par la Novelle *120 C. 8* : ce texte porte en effet expressément, que dans le cas où l'emphytéote n'aura pas effectué le paiement du canon, le maître pourra « *et quœ debentur... exigere, et ejicere de emphyteusi* » ; or, quelle témérité il y aurait-il à étendre cette disposition à l'emphytéose laïque ? Du reste, remarquons qu'il s'agit dans notre hypothèse de deux choses parfaitement distinctes ; lorsque le *dominus* réclame le paiement des canons, il réclame *quod sibi debetur*, la *solutio* d'une créance échue ; quand il demande ensuite la déchéance de l'emphytéote, il agit moins pour le punir du préjudice causé, que

---

(1) Vinnius select. quœst. 2. 3 ; Hilliger sur Doneau 2. col. 1284. n. 6.
(2) ch. 15. n. 13.

pour prévenir le dommage, qui pourrait lui incomber ultérieurement, si l'emphytéote conservait sa jouissance.

Les arguments de textes, qu'on a fait valoir dans le premier système, ne peuvent nous arrêter : l'analogie que l'on invoque entre notre espèce et celle de la loi *7 D. de leg. commiss. 18. 3.* ne saurait exister. Qu'il y ait incompatibilité dans la vente entre la prétention d'exiger le prix et celle de reprendre le fonds, cela se comprend ; le prix est la représentation de la chose, et, si le vendeur payé faisait résoudre le contrat, il retiendrait le prix *sine causâ*. Dans l'emphytéose au contraire il n'en est plus de même, le paiement des canons n'est que le prix de la jouissance concédée antérieurement, et dès lors, si le *dominus* réclamait le prix de cette jouissance échue, il ne conserverait plus le prix *sine causâ*, puisque l'emphytéote a eu la chose représentative du prix, et qu'il est privé seulement de la possession future du fonds, à l'égard de laquelle il n'aura plus à acquitter la redevance.

L'application que Vinnius veut faire de ce principe de droit, « qu'on ne peut demander à la fois *pœnam et rem* », ne nous semble pas plus exacte, et il nous paraît même évident, que cette raison, transportée dans notre matière, porte à faux. Vinnius ne peut entendre ici, par *res*, que les canons échus, et par *pœna*, que la déchéance ; par suite, l'axiome cité se référant au cas d'une clause pénale, il faudrait dire alors que la déchéance n'est qu'une clause pénale. Mais ceci n'est pas ; la déchéance n'est nul-

lement destinée à remplacer le paiement des arrérages ; elle ne tend qu'à faire tomber un contrat,
pour lequel le *dominus* ne trouve plus dans l'emphytéote les garanties nécessaires de solvabilité, et
elle ne vise que l'avenir, tandis qu'une clause pénale
ne s'appliquerait qu'au passé. Quant à prétendre
que le paiement du canon n'est que le signe récognitif
du *dominium*, cela nous semble tout au moins
exagéré, car si la reconnaissance des droits du propriétaire est une des utilités du paiement du canon,
ce n'est pas la seule, et nous croyons que, dans la
mesure où il existe, il a aussi un véritable caractère
rémunératoire au regard du maître (1).

Deux questions se sont présentées dans l'hypothèse où le paiement régulier du canon aurait été
garanti par une clause pénale.

Ainsi on s'est demandé si le propriétaire, qui a
reçu le montant de la clause pénale, conserve le
droit d'expulser l'emphytéote. L'affirmative résulte
à notre avis des termes mêmes de la constitution
de Justinien (2), et il est évident d'ailleurs que l'adjonction d'une clause pénale ne saurait diminuer les
sûretés données au *dominus* par le droit commun.

On a agité ensuite le point beaucoup plus délicat
de savoir si le *dominus*, nonobstant le paiement
reçu, n'en a pas moins toujours le droit de requérir

---

(1) Doneau, ch. 15. n. 13 ; Cujas, IX. col. 424 ; Vinnius, n. 586 et
Select. quœst. 2. 3.

(2) L. 2. C. de jur. emph. 4. 66. « licere eum... repellere, nulla ei
opponenda.... »

la déchéance du preneur emphytéotique? L'opinion
la plus générale refuse dans ce cas au maître la
faculté d'expulser le preneur, en se fondant sur ce
que l'on ne peut cumuler *pœnam* et *rem* (1). Nous
ne sommes guère disposés à admettre une telle doctrine et nous inclinons plutôt, avec Doneau, vers la
solution contraire (2). De deux choses l'une, disait en
effet Doneau, ou la peine stipulée doit être payée
concurremment avec le montant des canons échus
et dûs, ce qui exclut la commise, ou la *pœna* rem-
place le canon, et alors le canon étant la *res*, il reste
parfaitement place à la déchéance, puisque l'on ne
peut plus dire qu'en expulsant l'emphytéote, le *dominus* cumule *pœnam et rem*. On objecte, il est
vrai, que le maître poursuivant plutôt le paiement
de la clause pénale que celui du canon, ce choix
indique que la quotité de cette clause est supérieure
à celle des sommes dues, et qu'ainsi l'emphytéote
supportera une double peine, si la déchéance est
prononcée; mais cette dernière considération est
loin d'être établie, et, du reste, comment l'adjonction
spéciale d'une peine au contrat aurait-elle pour effet
d'écarter les déchéances du droit commun?

Il ne nous reste plus qu'à rechercher, si l'emphytéote, qui a négligé pendant trois ans de payer le
canon et les impôts, doit être nécessairement expulsé dans tous les cas. Il nous suffit, pour résoudre

---

(1) Vinnius, loc. cit ; Cujas, IX. col. 425. A ; Pép. lo Hal., p. 88.
(2) Doneau, ch. 15. n. 14.

la question, de parcourir rapidement les moyens de défense qui peuvent être opposés à la prétention du *dominus,* et de rechercher s'il n'y en a pas d'applicables dans notre hypothèse.

Il est tout d'abord évident que l'emphytéote ne pourra pas repousser la poursuite en déchéance du maître, en alléguant le refus de celui-ci de lui rembourser les améliorations faites sur le fonds emphytéosé. Les termes de la constitution sont formels « *volenti ei licere eum a prœdiis emphyteuticariis repellere, nulla si in posterum allegatione nomine meliorationis..... opponenda* », et Doneau faisait remarquer qu'il n'y a là rien de contraire à l'équité, puisque c'est ce qui constitue la répression de sa faute (1).

L'existence d'une clause pénale, établie contre le maître pour le cas où il expulserait l'emphytéote, ne permettrait pas davantage de repousser la déchéance, car cette clause cesse d'avoir son effet dès que l'emphytéote s'expose à l'expulsion, et, s'il réclamait le montant de la clause pénale, une exception de dol appartiendrait au maître pour faire tomber son action (2).

L'emphytéote pourrait-il exciper de son ignorance pour se soustraire à la déchéance (3)? Nous ne le pensons pas non plus, car la loi ne fait aucune

---

(1) Doneau, ch. 15. n. 9.

(2) L. 54 § 1. D. de loc. cond. 19. 2.

(3) Ignorance de fait bien entendu, car, s'il s'agissait de l'ignorance de droit, aucun doute. L. 9. § 1 D. de jur. et facti. ignor. 1. 18.

distinction. Cujas avait cependant reconnu que l'héritier de bonne foi pouvait obtenir du Préteur une *restitutio in integrum ob magnam et justam erroris causam* (1), mais il ne nous paraît pas démontré que l'on doive adopter cette exception à la règle posée. Malgré la *clausula generalis* de l'édit du Préteur, l'erreur n'était en effet admise que très difficilement comme cause de *restitutio in integrum*, et seulement dans des circonstances spéciales et dignes d'intérêt (2).

Le fait enfin pour l'emphytéote, de n'avoir pas été inquiété par le *dominus*, ni mis en demeure de payer, ne peut pas certainement constituer un moyen de défense contre la poursuite en déchéance, tout au moins depuis la loi *12 C. de contr. stipul. 8. 38*, que le législateur impérial prend soin d'appliquer expressément à l'emphytéose. Cette loi dispose en effet que dans les obligations exécutoires à terme fixe, personne ne doit attendre d'être invité à acquitter la prestation exigée, mais doit offrir et payer spontanément ; il y a véritablement, dans ces obligations, ce que Cujas appelle *mora in rem* (3).

Il ne faudrait pas croire néanmoins que l'expulsion fût toujours possible ; la règle comporte deux exceptions : l'une, déjà étudiée, est relative à l'hypothèse d'une convention spéciale, portant que l'emphytéote ne pourra pas être déchu de son droit pour

---

(1) L. 2. D. de in integr. restit. 2. 22 ; Cujas, IX. col. 421.

(2) Inst. de Just. 4. tit. 6 § 33.

(3) Cujas, IX. col. 422.

cause de non-paiement du canon et des impôts ; l'autre est fondée sur les diligences qu'a faites l'emphytéote pour s'acquitter de sa dette. Cette deuxième exception est contenue dans la loi *2 C. de jur. emph. 4. 66.* Justinien prévoit que les *domini* trouveraient dans la déchéance pour cause de non-paiement un expédient facile pour expulser leurs emphytéotes; ils n'auraient en effet qu'à refuser de recevoir le canon pendant trois ans; aussi, afin d'empêcher que les preneurs ne soient mis ainsi à la discrétion des bailleurs, il organise au profit des premiers une procédure d'offres et de consignation, dont les formes sont réglées par les lois *19 C. de usur. 4. 32.* et *9 C. de solut. et liberat. 8. 43.* Aux termes mêmes de la constitution, l'offre dans ces conditions met l'emphytéote à l'abri de l'action en paiement, et cette offre, suivie de consignation,le garantit de la déchéance ; c'était du reste la solution que Cujas tirait de la loi *32. C. de episcop. aud. 1. 4* (1).

§ 3. Déchéance pour violation des règles concernant la transmission du droit emphytéotique

Nous nous sommes déjà occupés de cette déchéance en traitant de la transmission du droit emphytéotique sous Justinien,et dès lors nous renvoyons à la section,

---

(1) On a publié d'après la collection des constitutions impériales et les Basiliques, un épitome de ce texte, qui aurait reproduit une quatrième constitution du titre *de jure emphyteutico*, mentionnée dans quelques manuscrits, mais qui n'a pu être retrouvée. cpr. Corp. juris de Kriegel. t. 2. p. 64 et 289; cpr. Accurse sur la loi 3. C. de jur. emph. 4. 66. t. 5. p. 1104. n. δ.

que nous avons consacrée à l'aliénation par l'emphytéote de sa tenure.

La règle est en effet que la déchéance est encourue
à la suite de toute violation des formalités imposées
à l'emphytéote ; pour déterminer les cas dans lesquels
elle s'applique il suffit donc de se reporter aux diverses obligations dont est tenu le preneur emphytéotique.

Nous nous bornerons seulement à rappeler que cette
sanction rigoureuse se trouve formellement inscrite
dans la loi *3. C. de jur. emph. 4. 66.* qui s'exprime
ainsi en faisant allusion aux conditions exigées de
l'emphytéote, « *sin autem aliter fuerit versatus, quam
nostra constitutio disposuit, jure emphyteutico cadat.*»

§ 4. Comment a lieu la déchéance

Si, lorsqu'une des trois causes de déchéance s'est
présentée, il y a *hic et nunc* droit acquis pour le
dominus à l'expulsion du preneur (qui ne saurait s'y
soustraire par un fait postérieur), en principe la déchéance n'a jamais lieu de plein droit et le maître doit
toujours faire intervenir sa volonté. Cette solution est
celle, qui existe de droit commun en matière de
déchéance (1), et la loi *2. C. de jur. emph. 4. 66.*
en fait l'application à l'emphytéose en cas de déchéance pour défaut de paiement du canon et des impôts ; aussi nous n'hésitons nullement à l'étendre à
toutes les autres causes de déchéance. Du reste,

---

(1) L L. 2 et 3. D. de leg. commis. 18. 3.

cette décision s'impose d'elle-même : l'emphytéose
ayant le caractère d'un pacte obligatoire, il ne peut
être permis au preneur de se soustraire à ses obligations par une faute soit *in faciendo*, soit *in omit-
tendo* (1). Mais, et c'est la question, faut-il permettre
au *dominus* d'employer la violence pour expulser
l'emphytéote ? On l'a soutenu en invoquant l'expression « *expellere emphyteutam* », qui se trouve dans
la constitution, et Accurse argumentait en ce sens de
la loi *2. C. de metatis. 12. 41* (2). Nous ne pensons
pas que l'on doive s'arrêter à cette doctrine, qui est
en opposition avec tous les principes du droit romain.

L'interprétation donnée à la loi *2. C. de metatis
12. 41.*, qui n'est pas d'ailleurs à l'abri de tout
reproche, ne saurait justifier une pareille solution,
et, s'il est admis que le possesseur est reçu à repousser la violence par la violence, il est impossible
de donner par analogie le même droit au *dominus*
contre un emphytéote titulaire d'une possession ré-
gulière (3).

Quant à l'argumentation tirée du mot « *expellere* »,
elle ne peut être suffisante à elle seule à établir une
exception au droit commun, car à Rome, le grand principe, que « nul ne peut se faire justice à soi-même »

---

(1) En ce sens, Doneau. ch. 15. n. 17 et 18.

(2) Accurse, sur la loi 3 au code de Justinien. t. 5. p. 1104. n. h.

(3) Cpr. le fameux *vis vi defenditur*. Cicéron, pro Milone; L. 176. D. de
reg. jur. 50. 17

existait dans toute son étendue (1). Pendant l'époque classique, le propriétaire qui se mettait violemment en possession de l'objet de son droit, encourait la sanction criminelle de la loi *Julia de vi*, et, sous la législation impériale, il fut même puni plus sévèrement encore, sa propriété lui était enlevée et était attribuée au détenteur (2).

En définitive, le *dominus* s'adressera donc au juge, et, la sentence rendue, il usera de l'action réelle directe, à qui la déchéance prononcée aura rendu toute sa force (3).

CHAPITRE V

EMPHYTÉOSES EXCEPTIONNELLES

La théorie de l'emphytéose, telle que nous avons essayé de la développer, ne constitue à proprement parler que le droit commun de la matière sous le règne de Justinien. Mais, à côté de ces principes généraux, la législation romaine nous offre une série de règles spéciales dans le cas où le *dominus* se trouve être

---

(1) L. 13. D. quod metus causa. 4. 2.
(2) L. 7. C. unde vi. 8. 4.
(3) Vinnius, inst. n. 5; Clarus, q. 11 et 44; Cujas, IX. col. 424 Doneau, ch. 15. n. 424. A.

l'Empereur ou l'Eglise. Les avantages concédés au preneur, ou les restrictions auxquelles il est soumis, forment alors pour les emphytéoses impériales et ecclésiastiques un régime exceptionnel, dont nous allons parcourir rapidement les particularités les plus importantes.

SECTION 1re

Emphytéose des biens impériaux

Objet, nous l'avons vu, des premières dispositions législatives des empereurs, et de beaucoup la plus importante par la richesse de son *dominus* bailleur, l'emphytéose des biens du domaine impérial échappe à quelques-unes des règles, que nous venons d'esquisser et soulève d'assez graves difficultés sur l'aliénation du droit, le défaut de paiement des redevances et le régime fiscal.

§ I. — Tout d'abord, et en ce qui concerne l'aliénation du droit, la loi 1. *C. de fund. patr. 11. 61* semble apporter une dérogation au droit commun. Ce texte décide en effet que la donation est valable, quoique faite sans l'autorisation du juge, mais que le donateur reste responsable envers le fisc de la solvabilité du donataire. De cette décision Voët et Vinnius (1) n'ont pas hésité à conclure que la

---

(1) Voët, loc. cit. n° 22 et Vinnius, Select. quest. 1. 2. ch. 2.

vente, même faite sans le consentement du *do-minus*, suffit à transporter la dette du canon sur la tête de l'*accipiens*. Cette solution est inadmissible ; elle est inconciliable avec la loi *3. C. de fund. rei priv. 11.65*, qui établit d'une manière générale la responsabilité du « *perpetuarius* », et elle est en complète opposition avec les plus élémentaires principes de droit ; la substitution du donataire au donateur, comme débiteur de la redevance, ne pouvant jamais s'effectuer que par une novation, laquelle exige un *animus novandi* formel (1). Cujas a déduit du même texte une autre conséquence tout aussi inexacte ; il a soutenu qu'en l'absence d'une autorisation du juge, l'aliénation, même à charge de rester caution du cessionnaire, ne pouvait produire d'effet que dans le cas d'une donation. Ainsi expliquée, la loi 1 *de fund. patr. 11. 61* serait en contradiction absolue avec la loi *3 de fund. rei priv. 11.65*, aussi l'illustre romaniste a-t-il essayé d'écarter l'objection invincible, qu'il était facile de tirer de ce dernier texte contre sa doctrine, en prétendant qu'il ne s'appliquait qu'à une vente autorisée (2). Nous avons déjà répondu à cette interprétation en traitant du *jus perpetuum salvo canone*, et nous nous bornerons simplement ici à rappeler que la décision de Cujas ne tendrait à rien moins qu'à rendre la condition du vendeur autorisé égale à celle du donateur non autorisé. Du reste,

---

(1) L. 8. C. de nov. 8. 42.
(2) T. 2. Col. 863.

nous ne voyons rien de spécial aux fonds impériaux dans la loi 3, et nous n'y trouvons même qu'une application des principes juridiques reçus, tels que nous les connaissons avant les innovations de Justinien.

§ II. — Relativement au défaut de paiement des redevances la loi *4. de fund. patrim. C. 11. 61* a soulevé une question très importante. On s'est demandé si, dans l'emphytéose des biens de l'empereur, le preneur pouvait être expulsé pour non acquittement du canon. ·Cujas a voulu rencontrer encore ici une dérogation au droit commun et a soutenu que cette loi *4* excluait par ses termes toute expulsion (1). Cette opinion ne nous paraît pas fondée : d'une part le texte invoqué par Cujas (2) nous semble loin d'être décisif, même dans l'hypothèse qu'il prévoit, car la fin de la constitution, le *ita tamen, ut...* laisse supposer la possibilité de la déchéance, si l'emphytéose *in posterum non dissolvat* ; et d'autre part, la loi *4. C. de fund. patri. 11. 61* se trouverait alors en contradiction avec la loi 2 h. t. et surtout avec la loi *23 C. de adm. tut. 5. 37.* L'opposition offerte par ces divers textes n'avait pas échappé à Cujas, mais il tournait la difficulté en alléguant que les lois 2 et 23 étaient en dehors de la question. Suivant lui en effet la loi 2, tout en attribuant au mineur certains privilèges,

---

(1). t. 2. col. 864; t. 9. col. 422. B.

(2) L. 4. C. de fund. patr. 11. 61.

n'aurait eu en vue que des tributs dûs au fisc, ne
serait donc qu'une loi fiscale, et la loi 23 ne viserait
que l'emphytéose commune, l'emphytéose des biens
des simples particuliers. Nous reconnaissons volontiers que l'explication de Cujas est fondée quant à
la première des deux constitutions ; mais pour la
seconde, l'argument qui en est tiré par Accurse
reste entier, car le texte, emprunté au code théodosien, a été défiguré par Tribonien, et, dans l'original, s'appliquait sans aucun doute à l'emphytéose
du fisc (1). La grande majorité des auteurs a été
plus loin dans notre sens, et a admis que la loi 4 ne
prévoyait pas même notre cas, mais bien celui où, le
fonds, étant revenu aux mains du fisc, avait été
l'objet d'une nouvelle concession ; hypothèse dans
laquelle l'emphytéote nouvellement installé n'aurait
eu alors ni à payer l'arriéré du canon, ni à redouter
de ce chef aucune déchéance. Nous ne sommes guère
disposés à adopter cette interprétation, peut-être un
peu trop problématique, et nous pensons que dans
cette constitution, les empereurs Valens, Gratien et
Valentinien ont simplement voulu rééditer une fois
de plus le principe de l'irrévocabilité de la concession
emphytéotique, alors si souvent violé par les agents
du fisc. En résumé, nous appliquerons encore ici les
principes généraux ; l'emphytéote du fisc pourra
encourir la déchéance, mais le représentant du prince

----

(1) C. Th. III. 19. L. 3.

devra obtenir un ordre exprès de l'empereur pour pouvoir exercer l'action en résolution (1).

§ III. — Au point de vue du régime fiscal, l'emphytéose impériale se sépare nettement de l'emphytéose ordinaire. Le preneur, tout en restant soumis à l'impôt foncier, qui lui incombe comme possesseur, jouit de certaines immunités attachées aux biens impériaux et dont profitent par voie de conséquence tous les concessionnaires (2). Toutefois, pour qu'il en soit ainsi, il faut que le *dominium* soit resté aux mains de l'empereur ou du fisc ; s'il y avait *jus privatum* par exemple, le fonds perdrait le bénéfice de sa franchise (3). En résumé, pour déterminer tous les avantages fiscaux de l'emphytéote impérial, il faudrait rechercher toutes les immunités qui appartiennent aux fonds de l'empereur ou du fisc ; mais c'est là une question trop complexe et trop controversée pour vouloir la résoudre d'une façon à peu près complète. Nous nous bornerons donc simplement à faire remarquer :

1° Qu'il y a exemption de l'impôt foncier pour les *fundi rei privatœ*, tandis que pour les *fundi patrimoniales* cette exemption est fort hypothétique (4).

---

(1) L. 11. § 1. D. de publ. et vect. 39.4.

(2) L. 9 et 10. C. de fund. patrim. 11. 61. ; L. 4. C. de exact. tribut. 10. 19.

(3) L. 9. C. de fund. patrim. 11. 61.

(4) L. 1. C. th. xi ; L. 6. C. th. xi. 7. v. aussi. C. th. L. 2. de coll. fund. patrim. et LL. 9 et 2. de extraord. mun. — Les fundi patrimoniales sont les biens personnels de l'empereur administrés par le *comes sancti patrimonii*, hors du commerce et transmissibles aux seuls succes-

2° Que la contribution de l'*annona* (1) était levée sur les *fundi patrimoniales* et les *fundi rei privatœ* (2). L'imposition de l'*annona* sur ces deux derniers fonds nous paraît résulter de la combinaison de trois constitutions insérées au code de Justinien, les lois *10, 15 de excusat. muner. 10. 47.* et *5 de annon. et tribut. 10. 16.* Ces textes portent que les *fundi rei privatœ* et les *fundi rei patrimôniales* restent soumis aux contributions ordinaires, au rang desquelles est mentionnée la contribution de l'*annona*.

3° Que relativement aux *munera sordida et extraordinaria;* bien que la législation ait pu souvent varier, elle nous paraît définitivement fixée depuis longtemps dans le sens de l'exemption (3), aussi bien à l'égard des *fundi rei privatœ* qu'à celui des *fundi patrimoniales.*

---

seurs du prince et non à ses héritiers, s'ils ne règnent pas (*C.* de off. com. sacr. patr. 1.35 *; D. LL.* 39. § 10 de leg. I° et 56 de leg. II°. 1. 3). Au contraire les fundi rei privatœ constituent le patrimoine privé de l'empereur, sont administrés par le *comes rei privatœ*, restent dans le commerce et sont transmissibles aux héritiers du prince, alors même qu'ils ne monteraient pas sur le trône). D. L. 2. § 4 ne quid in loco publ. vel. it. 43. 8. et L. 72 § 1. de contrah. empt. 18. 1. - C. L. 2 de offic. com. rei priv. 1. 33.)

(1) Pris dans ce sens, *annona* désigne un impôt direct en nature, perçu déjà sous la République dans certaines provinces, et qui était employé sous l'empire à l'entretien de l'armée ; elle remplaçait alors l'*œstimatum* et les *commeatus* de la République et formèrent pendant longtemps une partie de la solde de l'armée. L'adœratio (conversion en argent) fut cependant permise pour certaines fournitures. — Daremberg et Saglio. op. cit. v°. Annona et Annona militaris. Humbert.

(2) C. th. L. 4. xi. 1; C. L. 5. de ann. et trib. 10. 16.

(3) C. LL. 1 et 2. de collat. fund. patr. 11. 64 ; 1 de priv. dom. aug. 11. 74 ; 10, 12, et 15 de excus. mun. 10. 47.

4° Que les propriétés publiques et privées de l'empereur étaient dispensées de l'obligation de loger (1).

5° Enfin que les contributions pour la construction et la réparation des routes publiques, des monuments élevés en l'honneur des empereurs précédents, et des palais impériaux sont formellement imposées aux fonds de l'empereur, quoique ce dernier soit ordinairement *legibus solutus* (2). Cette solution est d'ailleurs entièrement conforme au principe d'après lequel les fonds impériaux ne sont exempts que des *sordida et extraordinaria munera;* car, si dans la construction des grands chemins la contribution d'œuvres est dite sordide, celle de deniers est noble et honorable.

Il ne nous reste plus à signaler que trois particularités, que la majorité des auteurs considère comme spéciales à l'emphytéose impériale, et qui paraissent empruntées en grande partie à la législation des *agri vectigales civitatum* (3). Ainsi : 1° d'après les lois 7 et *11. C. de fund. patrim. 11. 61*, le possesseur d'un fonds patrimonial doit fournir des fidéjusseurs solvables, sous la responsabilité des fonctionnaires à ce préposés (4); 2° suivant la loi *3. C. de locat. præd. civ. 11.70*, l'emphytéose des biens du fisc ou de l'empereur s'établit par voie d'adjudication en faveur

---

(1) C. L. 5 de metat, 12. 41.

(2) C. th. LL. 3. et 4. xv. 3 ; C. LL. 3. et 4 de priv. dom. aug. 11. 74.

(3) Lex Malacitana. C. 58. loc. cit. et lex Puteolana loc. cit. supra.

(4) L. 1. C. de locat. præd. civ. 11.70.

du dernier et plus fort enchérisseur ; 3° enfin, si une emphytéose temporaire est constituée sur ces mêmes biens, lorsque le terme arrive, un droit de préférence est accordé aux anciens emphytéotes, s'ils consentent à payer une rente de même valeur que celle offerte par leurs compétiteurs (1).

SECTION II°

L'EMPHYTÉOSE ÉCCLÉSIASTIQUE.

Le patrimoine des temples et des collèges de prêtres, que Romulus avait fondé en attribuant au culte une des trois parts de *l'ager romanus,* s'était rapidement développé et avait atteint une telle importance, malgré les incapacités d'acquérir par libéralités entre-vifs ou testamentaires, dont les avait frappés le législateur (2) ,qu'ils durent administrer leurs immenses *latifundia* comme ceux

---

(1) L. 4. C. h. t.

(2) Les temples étaient incapables de recevoir des libéralités, sauf les faveurs spéciales accordées à certains d'entre eux par le Sénat (Ulpien· Reg. tit. 22. § 6), et les collèges de prêtres ne pouvaient rien acquérir à titre gratuit, sans permission de l'Etat, (L. 20. D. de reb. dub. 34.5.) si ce n'est de leurs affranchis (L L. D. 1 et 2 de man.quœ. serv. 40. 3.) ou à moins que *singulis legetur.* On doit ajouter avec M. M. Gide (du droit d'association en matière religieuse. p. 126.) et Garsonnet (op. cit. p. 176. n. 7.) que l'Etat ne paraît jamais avoir autorisé que les prêtres des temples ayant capacité pour recevoir gratuitement (D. LL. 38 § 6 de leg. III. 32 et 20. § 1. de ann. leg. 33. 1). Les autres personnes morales étaient également incapables. V. Ulpien. Reg. 22. § 5, et Pline le jeune· epist. v. 7.

du fisc et des cités, et les donner comme eux à bail perpétuel ou de longue durée. Le Christianisme triomphant partagea avec les empereurs cet immense patrimoine du culte vaincu, et cette large part, à laquelle était encore venue se réunir une partie du domaine municipal (1), s'accrut bientôt dans une proportion considérable grâce aux libéralités des fidèles, que le législateur du reste ne cherchait alors qu'à encourager (2). Les empereurs firent plus, ils voulurent donner une complète stabilité au domaine patrimonial de l'Église : Léon rendit inaliénables les immeubles de l'église principale de Constantinople (3), Anastase en fit autant pour tout le ressort de cette ville (4), et quelques années après, la prohibition d'aliéner devint générale pour tout l'empire romain (5). De telles dispositions étaient appelées à centraliser dans la même main la plus grande part de la fortune immobilière du monde romain, mais ces prohibitions furent éludées par l'Eglise elle-même, dont l'œuvre de charité et de propagande religieuse exigeait surtout des ressources mobilières, et ce fut à l'emphytéose, déjà en usage dans les provinces grecques de l'empire, que les évê-

---

(1) L. 12 C. de her. inst. 6. 24.
(2) LL. 1. et 13 C. de sacr. eccl. 1. 2; Nov. 5. c. 5,123. c. 38 et 131 c. 9.
(3) L. 14. C. de sacr. eccl. 1. 2.
(4) L. 17. h. t.
(5) Nov. 7 prœf. c. 1 et 9.

ques et les clercs eurent recours pour ne point
violer trop ouvertement le droit des constitutions.
Bien que l'emphytéose perpétuelle *non procul ab
alienatione consistit* suivant la propre expression de
Justinien, son application aux biens ecclésiastiques ne
tarda pas ainsi à devenir générale. C'était là une pratique des plus dangereuses pour l'avenir ; les empereurs le comprirent, aussi n'hésitèrent-ils pas
à modifier les règles ordinaires de la tenure. Anastase,
pour éviter la fraude, avait distingué avec soin
les emphytéoses constatées par écrit, de celles qui
ne l'étaient pas, et avait admis dans les premières
seules la durée perpétuelle, limitant les autres à
la vie du preneur. Justinien fit encore plus rigoureusement observer le droit établi par ses prédéces-
seurs et qu'il avait expressément confirmé (1) ; il
décida que l'emphytéose temporaire seule serait
possible sur les biens de l'Eglise (2) et que le
nombre des titulaires serait restreint à trois, savoir,
le preneur originaire (qui était toujours compris dans
le calcul), deux de ses héritiers ou son conjoint ;
dans ce dernier cas toutefois la clause de reversi-
bilité devait être expressément stipulée. De plus,
comme on avait observé, que pour éluder la prohibition d'aliéner, les administrateurs des églises constituaient des emphytéoses pour des redevances
dérisoires, Justinien prévint encore cette fraude

---

(1) Nov. 7 prœf. et C. 1.

(2) V. les peines édictées par Justinien. Nov. 7. C. 7 pr. et § 1.

par les trois dispositions suivantes: 1° il déclara
que la réduction à faire sur la pension des immeubles donnés en emphytéose ne pourrait excéder
le sixième du canon précédemment perçu ; 2° il
ordonna que nulle diminution ne serait accordée,
si la redevance avait déjà été réduite auparavant,
mais que, dans cette hypothèse, et pour mettre un
terme aux réductions successives et exagérées,
qu'avait subies un grand nombre de biens fonds,
surtout à Constantinople, on procéderait à une juste
estimation, laquelle servirait de base pour fixer
le canon (1); 3° enfin il défendit de prolonger indéfiniment la durée de l'emphytéose en substituant
toujours les héritiers les uns aux autres ; après la
mort du troisième titulaire de la tenure, le bien emphytéosé devait nécessairement revenir à l'Eglise (2).
Quelque sévères que puissent paraître ces dispositions, Justinien cependant ne les jugea pas encore
suffisantes et crut nécessaire de les compléter. Ainsi,
il décida que le contrat emphytéotique serait soumis à la rédaction d'un *instrumentum*, et que la
déchéance pour défaut de paiement serait encourue
après un simple délai de deux années ; en dernier
lieu, il établit que toutes les innovations édictées
s'appliqueraient sans exception aucune ; alors même
que la tenure aurait été concédée sur des bâtiments en ruine, le fonds amélioré n'en faisait pas

---

(1) L. 24. C. de sacr. eccl. ; Nov. 7 c. 3 pr. et § 1 ; Nov. 120 c. 1.
(2) Nov. 7. C. 3. § 3.

moins retour à l'Eglise après la deuxième géné-
ration (1). Il ne se trouva personne pour accepter
de telles conditions ; Justinien, voyant les terres
ecclésiastiques rester abandonnées, dut se résoudre
à modifier les règles trop rigoureuses qu'il avait
posées dans la novelle 7. Tout d'abord les églises
furent autorisées à donner des possessions ecclésiastiques en paiement à leurs créanciers, après
justification de l'impossibilité absolue où elles se
trouvaient de pouvoir s'acquitter mobilièrement ;
puis, sous la même condition, la novelle 46 leur
permit d'aliéner un immeuble pour acquitter les
dettes fiscales dont elles étaient débitrices ; enfin
la novelle 55. c. 2, tout en leur défendant l'é-
change des immeubles, leur accorda à toutes, sauf
à l'église principale, la faculté de pouvoir contracter entre elles des emphytéoses perpétuelles.
Ces adoucissements législatifs n'eurent pas sans
doute le résultat qu'en espérait leur auteur, car
peu de temps après, celui-ci traita de nouveau *ex
professo* dans la novelle 120 la matière de l'emphytéose ecclésiastique.

La prohibition d'aliéner et de constituer des emphytéoses perpétuelles est maintenue pour Constanti-

---

(1) D'après M. Garsonnet. p. 177, la novelle 7. C. 3 et 4 imposerait de
plus à l'emphytéote ecclésiastique, à l'expiration du temps fixé pour
la tenure, l'obligation de donner à l'Eglise, en outre du bien loué rendu,
un autre bien de valeur au moins égale et lui appartenant en propre ;
mais nous pensons qu'il y aurait témérité à argumenter de l'*usus* ou
de l'*ususfructus*, seul visé dans le texte, à l'emphytéose, et nous repoussons cette nouvelle obligation de l'emphytéote ecclésiastique.

nople et le ressort, ainsi que les dispositions précédemment édictées par la novelle 7 sur l'emphytéose temporaire ; toutefois les édifices en ruine sont susceptibles d'emphytéose perpétuelle, et le canon est alors fixé soit au tiers de la redevance perçue, lorsque les édifices existaient, soit à la moitié des revenus, que fournira la construction une fois relevée. Pour les églises situées dans les autres ressorts, on leur permet de concéder leurs biens en emphytéose à perpétuité et même d'aliéner suivant certaines formes (1), pourvu que l'utilité de l'aliénation ait été constatée, et à charge pour les acquéreurs de surveiller l'emploi du prix.

Bien que Justinien soit ainsi revenu sensiblement aux conditions ordinaires de l'emphytéose, il n'en reste pas moins à signaler certaines particularités séparant l'emphytéose ecclésiastique du droit commun. Dans l'emphytéose ecclésiastique en effet : 1° le contrat est rédigé par écrit (2), certains dignitaires l'approuvent, et les administrateurs de l'Eglise ou de la maison religieuse intéressée sont tenus de prêter serment que toutes les formalités requises ont été remplies ; 2° l'emphytéote est déchu de son droit s'il dégrade le fonds, ou s'il ne paye

_____

(1) Les mêmes formes furent toujours observées par le droit canonique, dans notre ancien droit français, pour tout acte translatif de propriété ou de possession concernant les églises et le clergé. — V. Durand de Maillane. Diction. de droit canon. Lyon, 1770. V° Aliénation ; v. aussi les décisions rendues en ce sens par de nombreux conciles. Hermant, hist. des conciles. Rouen. 1619.

(2) Nov. 120. c. 6.

pas les redevances pendant deux ans, et dans tous les cas, n'a rien à réclamer pour ses améliorations (1); 3° l'Eglise jouit, en outre du retrait ordinaire, d'un retrait spécial quand le fonds emphytéotique passe au fisc, à une ville ou à une autre église ; dans ce cas, un délai de deux ans est accordé aux administrateurs de l'église, par laquelle l'emphytéose a été constituée, pour exercer le retrait au profit de ladite église propriétaire (2) ; 4° enfin les fonds ecclésiastiques, et par suite leurs concessionnaires, possèdent les mêmes immunités fiscales que les *fundi patrimoniales* ou *rei privatœ* : Ils sont dispensés des nouveaux impôts, des *sordida* et *extraordinaria munera*, du logement des militaires (3) et sont exemptés des collectes, exactions et corvées (4), mais ils restent soumis aux mêmes charges que les fonds impériaux, dont ils ont à proprement parler la situation légale ; aussi sont-ils assujettis à la réparation et à la construction des grands chemins, au service des voitures, et à tout ce qui est nécessaire pour assurer les voyages de l'empereur (5).

---

(1) Nov. 7. c. 3 et 120. c. 8. Ici aucun doute ne peut s'élever sur le droit pour le propriétaire d'exiger la pension échue et d'expulser l'emphytéote.

(2) Nov. 120. c. 1. § 1.

(3) LL. 1 et 2 prœf. et § 2. C. de episc. 1. 3.

(4) Nova constitutio Frederici imperatoris de statu et consuet. contr. lib. eccl. coll. 10. item multa.

(5) Loi 7. ad. instructiones. C. de sacr. eccl. 1. 2 et loi 11. h. t ; Voyez aussi un curieux arrêt du 24 mai 1583, rapporté par Robert. Liv. 2. rerum judic. cap. 3.

APPENDICE

COMPARAISON DE L'EMPHYTÉOSE AVEC LES DROITS ET CONTRATS QUI S'EN RAPPROCHENT

En recherchant dans l'exposé historique de notre tenure les diverses créations juridiques, qui, selon les systèmes généralement reçus, auraient servi de point de départ à l'emphytéose romaine, nous avons successivement rencontré les possessions de l'*ager publicus*, le *jus in agro vectigali*, le droit des particuliers sur les fonds provinciaux, le *jus privatum salvo canone* et le *jus perpetuum salvo canone*. Toutes ces institutions présentant par suite des ressemblances assez étroites avec le bail emphytéotique, il importerait donc de les signaler et de rechercher en même temps les différences qui les séparent, si nous ne l'eussions déjà fait dans l'esquisse que nous avons consacrée à chacune de ces tenures. Dès lors nous n'avons pas à y revenir et nous nous contenterons de renvoyer aux chapitres, où il est traité de chacune d'elles en particulier. Mais ce ne sont pas là les seules analogies que puisse offrir l'emphytéose en droit romain ; en tant que contrat elle se rapproche de la vente et du louage avec lesquels on n'a pas hésité à la confondre ; considérée comme droit réel, elle peut être comparée à l'usufruit, au précaire, à la superficie, à l'*avitum* et *patritum* ; envisagée enfin au point de vue de l'institution en elle-même, elle présente une similitude assez grande dans les traits généraux et même dans certains caractères particuliers avec les *patrocinia vicorum*, les bénéfices militaires et le colonat.

I. — Les ressemblances qui existent entre l'emphytéose d'une part, et la vente et le louage d'autre part, sont au premier abord assez nombreuses pour justifier la controverse soulevée par les auteurs sur la nature du contrat emphytéotique. Comme la vente et le louage, l'emphytéose est un contrat consensuel, nommé, synallagmatique parfait, de droit des gens, de bonne foi, et les pactes, qui y sont adjoints, sont tous obligatoires. Si l'on considère même que l'emphytéose tend directement pour le preneur à la translation d'un droit réel, le plus souvent perpétuel et transmissible aux successeurs universels ou particuliers, on est presque disposé à la rattacher immédiatement à la vente. Cette opinion est inadmissible ; les deux contrats proposés accusent entre eux des différences trop profondes pour qu'on ne s'explique pas alors la solution donnée par Gaïus à la controverse pendante. En effet : 1° dans la vente, la *merx* ou chose vendue peut être une chose mobilière ou immobilière, le *pretium* est unique, c'est-à-dire payé en une seule fois, et l'obligation du vendeur est remplie, lorsque la tradition a été effectuée, sauf le cas réservé d'éviction; dans l'emphytéose au contraire, la *res* ne peut être qu'un immeuble (1), le canon est acquitté annuellement pendant toute la durée de la tenure, et le *dominus* doit, pour exécuter son obligation, fournir au preneur la jouissance successive de la chose, soit perpétuellement, soit pendant le temps fixé par les parties ; 2° La vente fait passer sur la tête de l'acheteur tous les droits que le vendeur pouvait avoir sur la chose ; l'emphytéose n'en transmet au preneur qu'une partie, un *jus in re*, le *plenum dominium* reposant toujours sur la tête du *dominus* bailleur ; 3° le défaut de paiement du prix n'entraîne jamais *ipso jure* la résolution de la vente (2) ; le défaut de paiement du canon fait tomber l'emphytéose constituée ; 4° enfin, en ce qui touche la question des risques, la perte totale ne libère pas l'acheteur, et affranchit au contraire l'emphytéote des redevances à échoir.

II. — Ces dissemblances entre la vente et l'emphytéose laissent entrevoir l'analogie de cette dernière institution avec le louage, et sans aucun doute, si nous ne nous attachions qu'à un premier examen comparatif, nous n'hésiterions pas à les assimiler. En effet, des deux parts la redevance est périodique, acquittable annuellement, et est due aussi longtemps que la jouissance est fournie par le *dominus* ; des deux parts l'expulsion sanctionne la détérioration du fonds ou le

---

(1) Nov. 7. c. 3 et 120 c. 1 § 2.
(2) LL. 8, 9, 12 in fine et 13 C. de contrah. empt. 8. 38.

non payement des redevances par le preneur ; chez
tous les deux il n'y est jamais question de *mutare
dominium* ; enfin l'emphytéote, comme le locataire et
au même titre, peut conclure une sous-location (1).
Mais plusieurs différences séparent encore ces deux
contrats ; la plus importante de toutes est le droit
réel et l'action réelle conférés au preneur emphytéotique, et que n'a jamais pu avoir en droit romain
le simple *conductor*, dont le droit a toujours été
considéré comme purement personnel (2). Du reste,
les textes expriment d'une manière énergique l'acte
par lequel le propriétaire concède sa terre en emphytéose, ils l'appellent *aliénation*, ce qui ne saurait être
applicable au *locator*. Lorsque de telles conditions se
rencontrent en droit romain dans une concession
de terres, il est donc impossible de prétendre qu'il
y ait encore louage ; cependant Cujas a écrit qu'il
n'y voyait pas d'obstacle, et a cité en ce sens la loi
11. C. de loc. 4.65 (3). Ce texte est entièrement en
dehors de la question; il prévoit simplement un louage
de choses, *quæ primo usu consumuntur*, louage spécial, qui est au louage ordinaire ce que le *mutuum* est
au commodat, et dès lors on ne saurait en tirer aucune
induction pour le cas où la chose, qui doit être restituée

---

(1) L. 6. C. de locat. 4. 65.

(2) V. la constitution Emptorem (L. 9. C. de loc. 4.65) et la loi 3. h. t.
Il en a été de même dans l'ancien droit français. Pothier, n° 285, 288 et
305 du louage et n° 52 de l'introduction au titre 21 de la coutume d'Orléans;
la controverse ne s'est élevée que sur l'art. 1743. c. c.

(3) t. IX. col. 416. E.

à la fin du contrat, est *in specie*, et non comme ici, *in genere*. D'autres différences existent encore entre le bail ordinaire et la tenure emphytéotique : le louage est généralement consenti pour une durée de cinq ans, *in lustrum,* l'emphytéose, même temporaire, est essentiellement *ad non modicum tempus ;* l'objet du premier peut être mobilier ou immobilier, celui du second est toujours immobilier ; le locataire n'a sur la chose qu'une jouissance limitée et peut enlever ses améliorations à la fin du bail, au contraire les droits les plus étendus tant d'exploitation que de jouissance sur le fonds emphytéosé) sous condition toutefois de ne pas le détériorer) sont accordés à l'emphytéote, mais le droit d'enlever ses améliorations lui est refusé. De plus, considération importante, si le droit au louage peut, il est vrai, passer aux héritiers du preneur au cas où ce dernier meurt pendant la durée du bail, ce même droit ne peut être vendu, tandisque le droit emphytéotique est non seulement héréditaire, mais encore transmissible à titre universel ou particulier, *mortis causa* ou *inter vivos ;* l'emphytéote est tenu des grosses réparations qui ne sont pas à la charge du simple fermier, et il doit, comme conséquence de sa possession, acquitter les impôts, dont ne répond le locataire que si les usages locaux l'y obligent; à la différence du louage, l'emphytéose s'éteint par prescription et n'est pas susceptible d'une tacite reconduction (1), dont l'utilité n'existerait plus en présence

(1) L. 16. C. de loo. 4. 65.

de la durée fort longue de la tenure. Enfin la législation impériale est venue apporter de nouvelles dissemblances entre les deux contrats ; tels sont : la commise après trois ans pour l'emphytéote, après deux ans pour le locataire ; le privilège accordé à l'emphytéote et refusé au *conductor* d'être exempté du canon pendant les trois premières années d'entrée en jouissance (1) ; la possibilité pour le locataire d'obtenir une réduction du canon en cas de stérilité ou de perte partielle, alors que cette faveur est enlevée au preneur emphytéotique.

La distinction à établir entre les locataires perpétuels et les emphytéotes est plus délicate, et a du reste donné lieu à controverse. Cujas (2) a soutenu qu'il existait une différence bien marquée entre ces deux espèces de preneurs *ad non modicum tempus,* différence venant de ce que le *perpetuarius conductor* n'aurait pas eu comme l'emphytéote un droit réel sur le fonds. Il invoquait une Novelle des empereurs Valentinien et Valens rapportée au code de Justinien sous la loi *1 de præscr. XXX vel. XL. ann. 7.39,* il argumentait de deux textes contradictoires relatifs aux affranchissements (3) et faisait remarquer, sans s'arrêter à l'assimilation faite par la loi *1. C. de officio com. sacr. palat. 1.34,* que certains manuscrits ne portaient pas *perpetuarii conductores, id est emphyteuticarii,* mais bien *vel emphyteuticarii.* La

---

(1) L. 1. C. de omn. agr. des. 11.58,

(2) t. IX. col. 415. C.

(3) LL. C. 12 de fund. patrim. 11.61 et 2. de manc. et col. 11.62.

grande majorité des auteurs admet au contraire avec Jason, Balde et Elbertus Leoninus, qui les cite, un système diamétralement opposé; elle décide que la différence, si différence il y a eu, entre l'emphytéose et la location perpétuelle est purement historique et que dans tous les cas elle a disparu à l'époque du *Corpus juris*. Cette opinion se fonde sur la confusion faite par les textes entre le *jus perpetuum et le jus emphyteuticarium* et ajoute que la loi *1 C. de off. com. sacr. palat. 1.34.* fut-elle même interpolée, elle ne prouverait que davantage la volonté du législateur de les assimiler. Cette même doctrine combat enfin le raisonnement de Cujas, en faisant remarquer que la correction présentée par le jurisconsulte ne devrait être admise que si elle était de toute nécessité, et elle rappelle qu'il est facile d'expliquer autrement les textes relatifs aux affranchissements. Nous nous associons à cette dernière partie de la réfutation, puisque nous avons concilié l'antinomie de ces textes de la même manière, mais il nous paraît difficile de suivre le deuxième système dans ses conclusions, d'identifier le *jus perpetuum* et l'emphytéose. Pour s'en convaincre, on a qu'à se rappeler par combien de points les deux contrats diffèrent : le *jus perpetuum* est réservé aux empereurs, au fisc ou aux cités (1), l'emphytéose est d'un emploi général, quelque soit le *dominus,* le *jus perpetuum* ne porte que sur des terres

---

(1) L. 3. C. de loc. prœd. civ. 11. 70. ; L. 5. C. th. de loc. fund. jur. emphy.

déjà en culture et la redevance y est simplement proportionnelle aux revenus de l'immeuble, l'emphytéose
s'applique à des fonds incultes ou tombés en friche et
le canon est bien inférieur au taux ordinaire des fermages, le *perpetuarius* n'est pas tenu d'améliorer
comme l'emphytéote ; enfin il ne jouit pas, comme ce
dernier, du privilège d'être exempté du canon pendant
les trois premières années de son entrée en jouissance. Cette dernière disposition, que nous empruntons à une constitution de Constantin, suffit à
démontrer que ce n'est que par une erreur de son rédacteur, ou par une interpolation fréquente chez les
commissaires de Justinien, que la loi *1 C. de off. com.
sacr. pal. 1.34*, constitution d'Arcadius et d'Honorius,
peut assimiler le *jus perpetuum* à l'emphytéose.

Envisagée au point de vue du droit réel, l'emphytéose peut être comparée à l'usufruit, au précaire, à
la superficie, au séquestre, au *pignus*, à l'hypothèque,
au *jus sepulcri*, enfin à un certain droit réel, tout
récemment révélé, l'*avitum* et le *patritum*.

III. — Au premier abord, l'emphytéose présente avec
l'usufruit une ressemblance presque parfaite ; dans les
deux cas il y a droit réel, c'est-à-dire démenbrement de
la propriété, dont le *nudum jus* continue cependant à
reposer sur la tête du *dominus*, et par suite l'usufruitier et l'emphytéote ont une action réelle à l'encontre
des tiers ; l'un et l'autre n'ont rien à redouter des
aliénations postérieures à la constitution de l'usufruit
ou de la tenure emphytéotique ; enfin tous les deux
doivent entretenir les fonds donnés en usufruit ou en
emphytéose et payer les impôts. A l'époque même du

code de Justinien, l'emphytéose et l'usufruit se constituent et s'éteignent à peu près par les mêmes procédés, sauf que l'usufruit ne s'acquiert pas par *possessio longi temporis* et que l'emphytéose ne tombe pas par le décès du preneur, sa renonciation ou sa *capitis deminutio*. Mais quelque puisse être la similitude que cette réalité du droit établisse entre les deux institutions, elles se séparent par des différences très importantes. Ainsi, l'usufruit est un droit essentiellement viager ; le décès du titulaire en marque toujours la résolution, le terme fixé pour sa durée ne fut-il pas arrivé ; au contraire l'emphytéose est de sa nature un droit perpétuel et héréditaire, et dans le cas où elle aurait été faite *ad tempus* et *non perpetualiter*, la mort de l'emphytéote, qui arrivera presque nécessairement *ante diem* (puisque cette tenure n'est jamais *ad modicum tempus*), n'entraînerait pas la consolidation, mais ferait passer le droit sur la tête de son héritier testamentaire ou *ab intestat* ; l'usufruit peut se constituer gratuitement, et c'est du reste le cas le plus général, le canon est essentiel à l'emphytéose ; l'usufruitier n'est tenu qu'à entretenir, l'emphytéote doit améliorer ; enfin, alors que le premier ne peut défendre son droit que par l'action confessoire et les interdits quasi-possessoires, le second jouit de la revendication utile et des interdits du propriétaire. L'ensemble des droits conférés dans les deux cas ne présente pas moins de dissemblance : l'emphytéote peut aliéner son droit lui-même, tandis que l'usufruitier ne peut céder que l'exercice de son droit ; l'emphytéote est investi d'une large jouissance et n'est pas tenu d'une aussi lourde responsabilité, il acquiert les fruits, non par la perception, mais par la simple séparation du sol, et possède les actions *aquœ pluviœ arcendœ* et *arborum furtim cœsarum*. La majorité des auteurs admet en outre, que l'emphytéote n'est pas astreint à donner caution, comme l'usufruitier, mais l'opinion contraire nous paraîtrait préférable (V. Suprà, p. 104).

IV. — Le précaire et l'emphytéose présentent entre eux une certaine similitude et offrent même une analogie considérable, si l'on se place au point de vue du système qui trouve les origines de la tenure emphytéotique dans les concessions de l'*ager publicus*. En effet, dans ce dernier cas, il suffit de se reporter à la doctrine de M. de Savigny (1), qui a recherché la source du précaire dans l'habitude qu'avaient jadis les patriciens de concéder des terres à leurs clients. Si nous nous plaçons maintenant dans la doctrine que nous avons soutenue, si nous envisageons l'origine hellénique de la tenure, nous ne pouvons nous empêcher de trouver encore une certaine ressemblance entre ces deux institutions : d'une part, une situation quasi-similaire, lorsque le précaire (contrat accessoire dans cette hypothèse) a été adjoint à un louage, combinaison qui procure au preneur le moyen de rester en possession après l'expiration de son bail d'une façon illimitée, à moins d'une révocation formelle (2) ; d'autre part, un point juridi-

---

(1) Traité de la possession. XII. a. 3.
(2) L. 10. pr. et § 1. D. de adq. vel am. possess. 41. 2.

que, sur lequel l'identité est presque absolue ; le précariste, comme l'emphytéote, a la *corporis possessio* et
l'exercice des interdits, sauf contre le maître, ce qui
fait qualifier l'interdit *de precario* de restitutoire (1).
Mais ce sont là les seuls traits de ressemblance que
nous puissions faire valoir entre les deux contrats, et,
si nous poursuivons la comparaison, nous ne rencon-
trerons plus entre eux que de profondes différences.
Les deux éléments essentiels du précaire, à savoir la
gratuité et la révocabilité *ad nutum*, sont en opposition directe avec ceux de l'emphytéose, qui comprennent la perpétualité du droit et l'existence du canon ;
de plus la possession du précariste ne fut protégée
d'abord que par l'interdit *de precario* (2), qui est dépourvu de force à l'égard du concédant, tandis que
dans l'emphytéose, l'action réelle utile de l'emphytéote
est opposable au maître dont l'action est ainsi paralysée ; enfin, à l'époque classique, le précaire s'applique également aux meubles, aux immeubles, et même
aux *res incorporales*, alors que l'emphytéose n'est
applicable qu'aux immeubles.

V. — La superficie est le droit réel qui se rapproche le plus de l'emphytéose et présente avec elle, la
plus profonde analogie. Si l'on adopte l'opinion qui
attribue à l'emphytéose une source romaine, et si en
même temps on la compare avec le système soutenu

---

(1) D. de prec. 43. 26 ; C. de prec. et salv. interd. 8. 9.

(2) Ce ne fut que beaucoup plus tard qu'on accorda au précariste la
condictio incerti et peut-être l'action *prœscriptis verbis*.

en Allemagne par Niegolewski (1) sur les origines de
la superficie, système qui rattache aussi cette dernière
aux locations de l'*ager publicus,* la similitude s'ac-
centue encore davantage ; il y a identité de point de
départ pour les deux institutions. Toutefois, alors que
l'on repousserait ces deux théories ou l'une d'elles,
quelque caractère que l'on veuille attribuer au droit
de superficie, qu'on y reconnaisse un droit réel, qu'on
puisse y voir, comme un auteur considérable (2), une
servitude d'une nature particulière, paralysant l'application de la règle *superficies solo cedit,* dans tous les
cas, la ressemblance, qui existe entre les droits du
superficiaire et ceux de l'emphytéote, est très-grande.
Ainsi, la superficie comme l'emphytéose produit un
jus in re (3), perpétuel ou tout au moins constitué
ad non modicum tempus (4), soumis à une redevance,
solarium, qui correspond au canon et présente parfois
les mêmes caractères que lui. Le droit de superficie
est transmissible aux héritiers du preneur (5); il est
susceptible d'aliénation, d'hypothèque (6), de servitudes réelles (7), et d'usufruit (8) ; enfin il est protégé
par une action réelle, un interdit spécial *de superfi-*

---

(1) De jure superficiario. Bonn. 1846. p. 4, 8 et s.

(2) Accarias. t. 1. n° 283.

(3) L. 19. D. de damn. inf. 39. 2.

(4) L. 1. § 3. D. de superf. 43. 18.

(5) L. 1 § 7. D. h. t.

(6) L. 16. § 2 D. de pign. act. 13. 7.

(7) L. 1. § 9. D. de superf. 43.18.

(8) L. 1. § 6. D. h. t.

ciebus, la publicienne (1), et par les actions *familiœ*
erciscundœ et *communi dividundo*. Du reste, en ce
qui concerne la défense du droit, le superficiaire
peut exercer *utiliter* les droits et actions qui appartiennent au maître, l'action négatoire, la *novis*
operis nuntiatio, les interdits *quod vi aut clam*,
l'action *finium regundorum*, le droit de demander
la *cautio damni infecti*. Malgré cette analogie des
deux institutions, il existe entre elles une différence
capitale, souvent rappelée par Cujas, qui les empêche de se confondre ; c'est que l'emphytéote, qui a
construit sur le fonds emphytéosé, possède indistinctement et en vertu du même droit le sol et la construction, au lieu que dans la superficie les deux
choses restent séparées, et le droit du superficiaire est
restreint à ce qui couvre le sol, c'est-à-dire à la construction (2). Une différence presque aussi importante
se présente encore relativement à la redevance. Nous
avons dit, il est vrai, que le *solarium* pouvait offrir
tous les caractères du canon, mais, et c'est ce qui
les distingue, tandis que le canon ou redevance emphytéotique forme un des éléments essentiels de
l'emphytéose, le *solarium* n'est pas aussi indispensable dans la superficie ; il peut être remplacé
par un *pretium* unique, c'est-à-dire payé en une

---

(1) L. 12. § 3. D. de publ. in rem act. 6. 2.

(2) Le superficiaire ne peut donc pratiquer des excavations qu'autant
qu'elles seraient nécessaires à l'exercice de son droit ; telles que celles destinées à l'établissement des caves et fondations des bâtiments qu'il se
proposerait de construire.

seule fois ; il peut même manquer complètement et le droit de superficie être par suite constitué à titre gratuit. D'après une opinion qui a pour elle l'autorité de M. de Savigny, la superficie et l'emphytéose se sépareraient encore en ce que le superficiaire n'aurait qu'une *quasi-juris-possessio*, au lieu que l'emphytéote a, comme nous avons eu l'occasion de le dire, la *corporis possessio*. Toutefois l'avis du grand jurisconsulte allemand est loin d'avoir fait loi ; la question est encore assez discutée, et, si nous avions à nous prononcer, peut-être serions-nous amenés à admettre une nouvelle ressemblance entre les deux institutions (1).

VI. — Le séquestre, le *pignus*, l'hypothèque, et le *jus sepulcri* se rapprochent également de l'emphytéose, mais ils s'en éloignent en même temps par des différences trop saillantes pour qu'il soit nécessaire d'en faire l'objet d'une étude spéciale (2).

VII. — Nous en arrivons donc à rechercher les rapports et les dissemblances qui peuvent exister entre l'emphytéose et un certain droit *sui generis* encore inconnu jusque dans ces derniers temps,

---

(1) En ce sens : L. 1 § 1 et L. 2. D. de superf. 43. 18 ; L. 13 § 3 D. de pignor. 20.1 ; L. 1 § 5 D. de vi. 43.16 ; L. 3 § 7. D. uti poss. 43.17, et l'explication de cette loi d'après M. Van Wetter, traité de la possession. p. 66.

(2) En effet : le séquestre et le *pignus* attribuent au *sequester* et au gagiste la possession juridique, la possession ad interdicta ; l'hypothèque confère au créancier un *jus in re* sur les biens de son débiteur ; enfin le *jus sepulcri* constitue au profit des descendants ou des héritiers un droit d'usage sur les tombeaux, propriété des dieux mânes (cpr. Accarias t. 1. n. 192.)

l'*avitum* et le *patritum*. Cette réunion des deux adjectifs, *avitus* et *patritus*, n'était pas cependant entièrement ignorée des jurisconsultes et des littérateurs;
plusieurs fois en effet les uns et les autres l'avaient
rencontrée dans divers textes romains, où elle paraissait impliquer à la chose, qu'elle semblait se
borner à qualifier, une idée de perpétualité et de
stabilité héréditaire (1). Mais la difficulté s'était présentée, lorsque ces deux adjectifs, où l'un deux,
étaient pris dans un sens complétement absolu,
comme cela avait lieu dans une inscription de Ferentinum (2), élevée en l'honneur d'un généreux citoyen
de la ville, qui, après avoir *redimere ab re publica*
plusieurs immeubles, les lui rendit *in avitum*. Sans
doute il paraissait s'agir ici d'une de ces donations
ou fondations de rente, qui jouèrent sous l'empire
un si grand rôle dans les municipalités ; mais l'inscription était cependant trop laconique dans ses termes pour permettre de déterminer, au point de vue
juridique, ce que pouvait être l'*avitum* et le *patritum*,
et dès lors le document, même avec les restitutions

---

(1) Tels sont : Cicéron, Tusculanes 1, 19, 45 « patritam et avitam, ut
ait Theophrastus, philosophiam. » — Varron, Non. § 161 « patrito et
avito more precabamur ». — Ackergesetz. C. I. L. I. p. 813, 28, tan-
tidem pro patrito redemptum, p (ro) p (atrito) subsignent. — Paul.
Sent. liv. III. tit. IV⁰. § 7 «...... quando tibi paterna avitaque....... »

(2) Dans Grut. 461. Voici le texte tel qu'il a été rétabli par Mommsen.
« Hic ex S (enatus) c (onsulto) fundos Ceponian(um) et Roianum et Ma-
mian (um) et pratum Exosco ab r (e) p (ublica) redem (it) HSLXX
m (ilibus) n (ummum) et in avit(um) r (ei) p(ublicœ) reddidit, ex quorum
reditu de HSIV m (ilibus) cc quod annis VI id. mai. die natale suo
perpet (uo) daretur..... »

que Mommsen y avait apportées, ne put être compris. Ce n'est que tout dernièrement et grâce aux récentes découvertes faites à Pompéï par M. le professeur de Pétra, de Naples, que l'on a pu espérer obtenir quelques éclaircissements sur cette expression, *avitum, avitum et patritum*, ou même *patritum*. Parmi un certain nombre de tablettes de cire (en général triptyques) mises à jour, la plupart, des années 53 à 62 de l'ère chrétienne, et sur lesquelles étaient inscrites des quittances délivrées par l'*argentarius* de la ville, une de ces tablettes datée du 14 mars 53, fait mention d'un *avitum et patritum* payable à la cité de Pompéï, « l'*avitum et patritum fundi Rudiani* » (1). De cette dernière inscription rapprochée de celle de Ferentinum, il en résulte alors que ces deux textes font allusion, soit à une dette foncière, soit à un impôt foncier, soit même plus exactement à une redevance ou rente foncière, dont la

(1) Voici le texte tel qu'il a été restitué par Mommsen; Hermes p. 141

Q. Coelio justo L. H.[el] vio.
Blaesio Proculo II. vir. i. d.
      pro idus Martias
Secundus [colonaru]m coloniae
[vener]iae Corneliae servos
accepi a Terentio Primo
HS. N. DCCLXXVI reliquos ob avitum [et]
patritum fundi Rudiani
nomine Stali Inventi
jussu Caltili Justi
Helvi Procu [li].
      act. Pompeis
D. Junio Torq [uato] Silano
Q. Haterio Antonino cos.

ville de Pompéï est créancière perpétuelle. Il est vrai
que le texte ne porte pas l'indication du mot *vectigal*, mais nous ne pouvons pas oublier que ce
mot est souvent sous-entendu dans les textes, où
il est d'un usage habituel de désigner le droit
de l'État ou de la ville, ainsi que la dette qui en
est corrélative, par un adjectif pris dans un sens
absolu; ainsi, *publicum* est souvent employé seul
ou avec addition des autres adjectifs, *portorium,
vicesima, quadragesima, octavarium* etc.... La difficulté ne prend naissance que sur le point de
savoir quel était le droit qui donnait lieu à cet *avitum*,
ou, ce qui est la même chose, quel était le droit qu'acquérait celui qui payait sur l'immeuble l'*avitum*. Ici,
les seuls auteurs, tous les deux allemands, qui ont
traité la question, sont en désaccord. Mommsen (1)
ne voit dans le droit ou institution qui produit l'*avitum*
et le *patritum*, qu'une espèce particulière d'*ager vectigalis* du domaine municipal privé, solution qu'il
obtient en comparant nos deux inscriptions avec un
texte de Pline, qui semble prévoir la même hypothèse
(2). D'après l'illustre épigraphiste allemand, il y aurait
avitum, avitum et patritum, lorsqu'un citoyen, désireux d'établir une fondation en faveur d'une ville,

---

(1) loc. cit.

(2) epist. 7. 18. Dans ce texte comme dans l'inscription de Ferentinum
le vectigal et le canon représentent le 6 0[0 du capital, revenu supérieur
à celui perçu ordinairement dans les fondations, prix qui n'atteignait que
rarement le 5 0[0 et s'abaissait parfois même au 2 1[2. Duruy, histoire
des Romains. 1874. t. 4. p. 271.

aurait transmis à celle-ci un immeuble lui appartenant ou acquis à cet effet, sous la condition que
cette cité lui rétrocéderait ensuite le même
immeuble en emphytéose, moyennant un canon
ferme, perpétuel, annuel et immutable, qu'il devrait
payer à la cité, et que cette dernière serait tenu
d'employer au but déterminé indiqué par la fondation.
L'immeuble donné serait donc bien au fond un *ager
vectigalis*, seulement le *vectigal* serait ici désigné
par *avitum et patritum* afin de marquer cette stabilité de la redevance, par opposition à la mutabilité
du revenu des terres vectigaliennes louées pour
cinq ans et avec intervention des *mancipes.* En
résumé, suivant Mommsen, le détenteur de l'immeuble
chargé de l'*avitum*, ou de l'*avitum et patritum*, ne
serait qu'un emphytéote, et cet *avitum et patritum*
ne constituerait qu'un droit réel conféré au fonda-
teur sur l'immeuble qu'il a donné, et dont la munici-
palité conserverait la propriété, restreinte cependant dans les limites du droit d'emphytéose établi.
Ce système a été combattu par M. Huscke dans
une ingénieuse dissertation publiée par la *Zeitschrift für die vergleichende Rechtswissenschaft*,
récemment fondé à Stuttgart par MM. Berknoeft et
Cohn. Le savant professeur de Breslau repousse
toute assimilation du *jus in agro vectigali* au droit
dont il est ici question, et développe avec beaucoup
d'érudition cette idée toute opposée que le fonds,
débiteur de l'*avitum* et du *patritum*, appartiendrait
en propriété au concessionnaire en qualité de *fundus privatus* et que la cité ne s'y réserverait

qu'un *vectigal publicum* comme droit réel (1). *Avitum et patritum* exprimerait précisément l'idée d'une propriété perpétuelle et héréditaire acquise au détenteur de l'immeuble soumis à cette redevance (2). C'est ce dernier système qui nous paraît devoir être adopté. D'une part, les arguments tirés par M. Huscke de la combinaison de notre inscription avec celle de Ferentinum et de la lettre de Pline (3), ou même ceux empruntés aux discours de Cicéron (4), nous semblent concluants en faveur de cette thèse ; d'autre part, la sentence des deux Minucius, gravée sur la table d'Isocecco, et la connaissance que nous avons de la situation juridique des *agri quæstorii*, nous permettent d'admettre la possibilité d'un vectigal sur un fonds privé dont un particulier a la propriété (5) ; enfin, en présence du texte même de l'inscription relatant l'*avitum et patritum jundi Rudiani* (6), et d'après le contenu des quittances

---

(1) Zeitschrift für die vergleichende Rechtswissenschaft. Avitum et patritum und der ager vectigalis. t. 1. p. 185.

(2) Les codes des Francs-Ripuaires et des Francs-Saliens désignent aussi la terre possédée en propre par l'expression latine de *terra aviatica*.

(3) Avitum et patrit. op. cit. p. 185 et 186.

(4) 3° discours agraire 2, 9 cap. 40.

(5) M. Huscke op. cit. p. 192 et s. réfute du reste l'opinion de Mommsen (Staatsrecht. II. p. 411) que le vectigal n'aurait été en général et à toutes les époques que l'impôt du sol appartenant à l'État en tant que celui-ci est propriétaire du sol. — V. Tite-Live, 7 16. — Plutarque. C. Gracchus, 9. — M. Huscke op. cit. 197 montre que les villes romaines pouvaient avoir un vectigal sur des terres privées; sur ce vectigal. v. die professionen der Veleiatischen tafel N. 2. 3. 13. 15. 22. 24. 30. 31. 38. 40 à 44.

(6) La quittance N. 125 démontre en effet que Jucundus (l'argentarius) faisait le paiement *nomine Stali Inventi*, lequel est représenté du reste dans le N. 126 comme débiteur.

13*

N. 3 et 112 de l'année 54 et N. 8 de l'année 55 il
devient impossible d'accepter la supposition de
Mommsen que Jucundus aurait été lui-même le titulaire du droit d'emphytéose, existant d'après lui dans
l'avitum et patritum (1). L'adoption du système de
M. Huscke résoud ainsi d'elle-même la question
de savoir quelles étaient les ressemblances ou les
dissemblances susceptibles d'être signalées entre ce
droit d'*avitum* et l'emphytéose. Dans le droit emphytéotique le preneur obtient seulement un *jus in
re alienâ* ; dans le droit dont il s'agit ici, le preneur
a sur l'immeuble le droit de propriété, le *dominium*,
diminué, il est vrai, d'un droit réel que la cité s'y
réserve (2); ce qui constitue la même différence que
celle que nous aurons à relever, entre l'emphytéose
et le bail à rente, dans notre ancien droit français.

Il ne nous reste plus pour terminer notre examen
comparatif, qu'à étudier la place occupée par l'emphytéose au milieu des institutions politiques et
sociales du Bas-Empire. Toutes, sans exception,
marquent la ruine croissante de la liberté et de la
fortune publique, en même temps que la pente fatale
sur laquelle roule l'empire romain lui-même ; les
frontières sont menacées ; la terre est sans culture,
abandonnée ou en friche ; les violentes exactions des

---

(1) Il est à remarquer que les terres privées assignées par C. Gracchus
dans sa loi agraire, moyennant un vectigal à acquitter à l'Etat, ont été
aussi considérées à tort comme concédées en emphytéose. Rudorff, R.-G. I.
§ 16. — Mommsen, C. I. L. I. p. 88.

(2) La même différence existe en Allemagne entre l'Erbzinsgut et le
bail emphytéotique. V. Huscke. p. 210.

potentes envers tous les *humiliores* détruisent ce qui reste encore de la petite propriété ; les impôts excessifs, que l'avidité impériale s'ingénie à multiplier, et dont les collecteurs détournent la plus grande partie, restent improductifs et sans rendement, et dès lors, un législateur impuissant se voit obligé de pourvoir simultanément à la défense de l'empire envahi, à la mise en culture du sol délaissé, et au recouvrement des impôts impayés. La nécessité et la misère publique avaient commandé l'adoption de l'emphytéose, la nécessité et la misère publique déterminèrent l'institution des bénéfices militaires, l'usage des *patrocinia vicorum* et l'application du colonat.

VIII. — Par bénéfices militaires, on entend dans l'histoire du droit romain les établissements fondés dans les provinces extrêmes de l'empire pour défendre les frontières ; ils consistent en terres concédées, à charge de service militaire, soit à des vétérans, soit à des Barbares pris à la solde de l'Etat. A l'origine de leur création, qui ne paraît pas devoir remonter au-delà du III° siècle (1), ils ne furent accordés qu'aux vétérans ; les terres qui les composaient, (*fundi limitaneœ*, *fundi limitrophi*), comme plus tard les fiefs, furent données à charge de service militaire et ne se transmirent héréditairement que sous la même condition (2). Ce

---

(1) Lampride. Vita Alexandri Severi, 57. Les établissements des Romains sur le Rhin. De Ring, t. II. p. 265.

(2) A défaut d'enfants mâles, les fonds composant les bénéfices revenaient au corps dont le défunt faisait partie. Godefroy, ad codicem Theodosianum, t. II, p. 399.

caractère tout particulier du bénéfice militaire permet de le distinguer facilement de l'emphytéose. En effet, le bénéficiaire romain n'a jamais été soumis à aucune autre obligation qu'à celle du service militaire, pas même à celle de cultiver ; dès lors, il est difficile d'admettre que ces bénéfices constituent une institution agricole, à laquelle l'emphytéose aurait succédé. Dans le Bas-Empire, il est vrai, des vétérans reçurent des terres pour les défricher, mais ces concessions sont aussi étrangères aux bénéfices militaires, qu'aux assignations faites à ces mêmes vétérans sous la République et au commencement de l'Empire en récompense de leurs services : ce ne fut là qu'un des nombreux expédients imaginés alors par un Etat aux abois pour arrêter la ruine de l'agriculture.

Il en est de même des bénéfices accordés plus tard aux Barbares sous le nom de terres létiques (1). Dans ces bénéfices, les *lœti* ou *gentiles* collataires, comme les vétérans, des *fundi limitrophi*, ne paraissent pas avoir été soumis à d'autre obligation qu'à

---

(1) En présence de l'invasion générale, qui devenait de plus en plus menaçante, et des difficultés que rencontrait le recrutement des armées, Rome dut se résoudre à prendre à sa solde des Barbares : les uns, *fœderati*, furent rémunérés au moyen de l'*annona militaris* et le *fœderatus* fut un hôte, *hospes,* chez le romain qui le logeait (Philostorgius, hist. ecclesiastica, XII, 4. p. 161. Recueil général des historiens des Gaules et de la France. Olympiodore, historiæ, anno 413. t. 1. p. 600); les autres, *lœti* ou *gentiles* reçurent des terres en échange de leurs services; c'est ce qu'ils ambitionnaient le plus (v. Les origines du régime féodal : la propriété foncière dans l'empire romain et la Société mérovingienne. Fustel de Coulanges. Rev. des Deux-Mondes, 15 mai 1873, p. 404). cpr. Garsonnet, p. 166.

celle du service militaire héréditaire ; et, par suite, puisque la mise en culture de la terre ne leur est pas imposée sous condition formelle, il ne peut être question de les comparer à l'emphytéose. En un mot, de même que les *agri limitanei*, les terres létiques n'ont trait qu'à une institution militaire, et non à une institution économique et sociale.

IX. — L'usage toujours croissant des *patrocinia vicorum* atteste au dernier degré la misère sociale des malheureux cultivateurs à cette lugubre époque, en même temps que l'impuissance des empereurs à faire observer les lois et à protéger les faibles. C'est le dernier refuge de la petite propriété réduite à l'impuissance sous la charge des impôts qui l'accablent, et soumise aux exactions honteuses et incessantes du fisc, aux violences et aux rapts sans pudeur des *potentes*. Les lois du IVe et du Ve siècle, qui signalent et combattent les *patrocinia vicorum*, et les déclamations de Lactance et de Salvien nous permettent d'entrevoir en quoi ils pouvaient consister (1). C'était une sorte de pacte par lequel les petits propriétaires et même des curiales, en vue de se soustraire à l'impôt ou pour obtenir en justice la protection d'un puissant personnage, mettaient leurs terres sous le nom de cet homme, c'est-à-dire lui cédaient leur titre de propriété. Ainsi, et pour citer les propres expressions du prêtre Salvien :

(1) C. th. de patroc. vic. — C. ne rusticani 11. 54. — Lactance. de mort. pers. XXIII, 23 (Patrol. de l'abbé Migne. t. 7. p. 321) — Salvien. de Gubernat. Dei. V. 8 (id. t. 53. p. 102).

« le faible se met entre les mains d'un puissant
« pour être protégé; celui-ci ne le reçoit sous son
« patronage qu'en commençant par le dépouiller,
« car le malheureux doit avant toutes choses faire
« l'abandon de son bien. Il continue, à la vérité, à
« occuper sa terre, mais il n'en a plus que l'usu-
« fruit, et, s'il a un fils, ce dernier sera dépouillé à
« jamais et ne pourra espérer succéder à son père sur
« le fonds, que s'il obtient une concession nouvelle
« de ce protecteur qui en est devenu le propriétaire »
« (1). Il ne saurait donc être question encore d'une
comparaison avec l'emphytéose; sans doute l'emphytéote et le client paient une rente de la terre qu'ils dé-
tiennent, mais le premier jouit d'un droit perpétuel,
tandis que le second n'a qu'une simple jouissance,
qui lui est accordée, non pas même par un contrat
formel de louage, mais par simple précaire ou par
pur bienfait.

X. — De toutes les institutions du Bas-Empire,
le colonat (2) est évidemment la tenure qui se rapproche le plus de l'emphytéose. Cependant le colonat présente les caractères d'une institution tout
à la fois militaire, juridique, économique et sociale :
le colon, *servus terrœ*, est un fermier perpétuel
et héréditaire; il jouit de la terre concédée, sous
condition d'acquitter une rente en argent ou en

---

(1) Fustel de Coulanges. op. et loc. cit.

(2) V. Sur le colonat en Grèce, Athénée, Deipnosophistæ, IV. 16. V.
22.

fruits (1), de payer la capitation, dont il est quelquefois exempt et dont son maître fait en tous cas l'avance pour lui (2), de satisfaire au service militaire, que le *dominus* doit fournir par ses colons (3), et enfin d'acquitter quelques *extraordinaria vel sordida munera,* dont sont dispensés les colons de l'empereur (4); il est protégé contre l'omnipotence du propriétaire, qui ne peut ni augmenter sa redevance (5), ni exiger de lui des corvées (6), ni lui infliger des châtiments excessifs (7), ni le séparer de ses enfants dans les partages de successions (8). Mais, et c'est là un point caractéristique, le colon n'est pas un fermier volontaire ; il est attaché au fonds qu'il doit cultiver, et forme pour ainsi dire le premier instrument d'exploitation ; rien ne peut rompre le lien qui l'y attache ; il ne peut être investi des fonctions publiques qui l'en éloigneraient ; s'il s'enfuit, il est revendiqué comme un esclave (9) ; le propriétaire ne peut le vendre sans le fonds, ni vendre le fonds sans lui (10) ; les constitutions impériales défendent

---

(1) LL. 5 et 20. C. de agr. cens. 11. 47.

(2) L. 20. § 3 et L. 4 C. h. t.

(3) C. th. de tir. LL. 5 et 7.

(4) C. th. L. 20. de extr. vel sord. mun.

(5) L. 1. C. in quib. caus. 11.49.

(6) LL. 1. et 2. C. Ne rust. ad ull. obs. 11. 54.

(7) L. 24. C. de agr. cens. et col. 11.47.

(8) L. 11. C. comm. utr. jud. 3.38.

(9) Il est encore considéré comme esclave relativement aux châtiments serviles auxquels il est soumis. C. Th. de hær. L. 52 §4. — C. LL. 24 et 20 de agr. cens. et col. 11.47, 2 in quib. caus. col. 11.49.

(10) C. LL. 2, 7 et 21 de agr. cens. et col. 11.47.

même aux agents du fisc, de l'expulser s'il ne peut payer l'impôt.

Cet énoncé rapide des caractères généraux et parfaitement connus aujourd'hui du colonat (1), permet d'établir facilement les ressemblances et les dissemblances qu'il peut présenter avec la tenure emphytéotique. Comme l'emphytéote, le colon tient sa terre d'un maître et peut la conserver malgré lui ; chez tous les deux la possession est durable et la redevance est fixe, en ce sens qu'il n'appartient pas au *dominus* de l'augmenter (2). Mais le colonat se sépare de l'emphytéose à trois points de vue principaux : 1° l'emphytéote est tenu d'améliorer le fonds, le colon n'est assujetti qu'à le cultiver ; 2° l'emphytéose s'applique à de vastes *latifundia*, le colonat porte sur des exploitations moins importantes, ce qui explique comment un emphytéote peut occuper quelquefois plusieurs colons (3) ; 3° l'emphytéose s'adresse à une classe plus élevée de cultivateurs que le colonat, et dans tous les cas n'exerce aucune influence sur leur statut personnel.

---

(1) Savigny, Das rœmische Colonat (verm. Schrift. t. II. p. 2 et 8) : Zumpt. Entstehung des rœm. Colonats (Rheinisch. Museum für d. Philolog. p. 1 et 5); Rudorff (Das Edict des T. Alexander. id. p. 178).

(2) C. L. 23 § 1. de agric. 11.47.

(3) L. 1. C. de manc. et col. 11.62.

DEUXIÈME PARTIE

EMPHYTÉOSE DANS L'ANCIEN DROIT

L'emphytéose byzantine et les diverses institutions avec lesquelles nous l'avons comparée, témoignaient toutes de la décadence de l'empire romain, et laissaient déjà entrevoir sa fin prochaine ; cette prévision ne devait pas tarder à se réaliser. Les Germains se rendirent bientôt maîtres de la Gaule, et quatre-vingts années s'étaient à peine écoulées depuis que Théodose avait partagé le monde romain entre ses deux fils, que l'empire d'Occident s'écroulait sous la main des Barbares, et qu'un nouveau royaume d'Italie s'élevait sur ses ruines. Le despotisme avait fait son œuvre : Rome était désormais sujette. L'agonie de l'empire d'Orient fut plus longue, et grâce à sa situation militaire, Constantinople résista dix siècles encore à la conquête.

De tous les établissements fondés par les Germains sur les débris de l'empire romain, la monarchie, française est assurément le plus grand et le plus durable, et la France est peut-être le seul pays où ils aient imposé une domination définitive à une population vraiment romaine. La civilisation latine joua un rôle considérable dans les développements successifs de la nation franque, et présida, pour ainsi dire, à sa constitution. La législation romaine et le droit impérial, qui formaient la loi commune de la population galloromaine, devaient donc bientôt modifier dans leurs éléments essentiels, les mœurs et les institutions germaniques.

Peu à peu, les principes égalitaires et démocratiques, qui régissaient la société germaine, s'amoindrissent, la tyrannie des grands s'organise, et les Leudes, dès que la présence d'un Clovis ou d'un Charlemagne ne les contient plus, ne tardent pas à s'ériger en une aristocratie indépendante. C'est une classe puissante et avide qui se crée ; chacun de ses membres n'aspire qu'à exercer un despotisme absolu sur tout ce qui l'entoure, et la propriété et la liberté individuelle sont pour elle, l'une un objet de convoitise, l'autre un obstacle, qu'elle poursuivra aussi bien chez le Franc que chez le Galloromain. Durant cette période de juxtaposition sociale, où vainqueurs et vaincus vont être confondus sous la même domination, la violence et la spoliation deviennent la règle ; l'Eglise, si honorée des barbares, n'en est pas même à l'abri, et le petit propriétaire, impuissant à protéger sa personne et

ses biens, va au devant de la quasi-servitude qui
le menace : faible, il implore la protection du fort,
qui ne la lui accordera qu'après l'avoir dépouillé
de sa propriété, et en avoir fait son vassal ou son
serf. Lorsque le calme renaît, l'œuvre entreprise
est consommée ; le régime féodal s'est substitué
à l'organisation germaine, et de personnelles les
lois sont devenues territoriales. Mais à partir de
cette époque, et grâce aux efforts patients et con-
tinus de l'Eglise, du pouvoir royal, et des communes, l'unité tend à se faire, et la hiérarchie des
personnes et des terres réunit toutes les classes
de la société dans un ensemble commun qui viendra
aboutir à la monarchie absolue.

Toutes les modifications que subit ainsi la nation franque, relativement à la condition des personnes et des terres, laissent aussi peu de place
au droit romain qu'aux coutumes germaines ; seul
le droit impérial est susceptible d'application, et
c'est à lui, en effet, que l'on emprunta le plus. De
toutes les institutions du Bas-empire, l'emphytéose
est celle qui se trouve la plus en harmonie avec
les nouvelles idées sociales ; aussi les siècles,
qui séparent le règne de Justinien de la Révolution française, sont-ils féconds en faits relatifs à sa
propre histoire. Nous ne pouvons donc pas négli-
ger cette importante époque, et si nous voulons
rendre intelligible la situation des emphytéotes, au
moment où le code civil est sur le point d'être
rédigé, il est indispensable d'exposer rapidement les

diverses phases par lesquelles a passé la tenure emphytéotique.

Nous distinguerons deux périodes dans ce long espace de douze siècles, et nous consacrerons un chapitre à chacune d'elles :

Chapitre I. — Emphytéose à l'époque franque.

Chapitre II. — Emphytéose du XIe au XVIIIe siècle.

CHAPITRE I.

EMPHYTÉOSE A L'ÉPOQUE FRANQUE

Nous subdiviserons ce chapitre en deux sections : dans la première nous nous occuperons de l'emphytéose proprement dite ; dans la seconde nous traiterons sommairement des institutions qui se rapprochent le plus de cette tenure.

SECTION 1re

EMPHYTÉOSE PROPREMENT DITE

L'invasion, ou, pour nous servir d'une expression plus exacte employée en Allemagne, la migration (*volkerwanderung*) des Germains, avait depuis longtemps mis fin à l'empire d'Occident, et avait élevé sur ses ruines de puissants établissements, lorsque Zénon et Justinien rendirent leurs constitutions sur l'emphytéose. La Gaule notamment avait été

irrévocablement soustraite à la domination romaine:
les Burgondes et les Wisigoths, d'abord *auxiliarii*
ou *fœderati* de l'empire, étaient devenus indépendants
depuis la déposition d'Augustulus en 476 (1); maîtres
des pays où ils avaient été reçus primitivement
à titre d'hôtes, ils occupaient l'est et le sud de
l'ancienne province romaine, tandis que les Francs,
les derniers venus, mais les plus redoutables,
s'établissaient au nord et au centre. Bien plus,
quelques années plus tard, Clovis, chef des Francs-
Saliens, après avoir vaincu successivement les
Wisigoths et les Burgondes, et avoir étendu sa
domination sur la Gaule entière, voyait consacrer
ses conquêtes, et par suite la chûte de l'empire
d'Occident, par l'empereur d'Orient lui-même, qui
lui déférait le brevet de consul, le titre d'ami de
l'empire et de patrice des Romains (2). Dès lors,
pendant la longue période d'années qui suit la conquête barbare, il ne paraît pas qu'il puisse être question
de l'emphytéose romaine, telle que nous l'ont révélée
les constitutions de Zénon et de Justinien. A la
même époque, il est vrai, cette emphytéose byzantine avait déjà pénétré en Italie, mais cela tenait
à ce que les codes de Justinien y avaient été promulgués après les victoires de Bélisaire et de
Narsès, c'est-à-dire entre ce court intervalle de

---

(1) Sur l'existence d'un empire romain barbare antérieur à la chûte de l'empire l'Occident. v. Châteaubriant. Etud. hist. préf. p. 51 (éd. Lefèvre).

(2) Grégoire de Tours, Histor. franc. liv. 2. C. 38.

temps qui sépare la fin du royaume des Ostrogoths, du commencement de celui des Lombards. En Gaule au contraire, d'après l'opinion la plus générale, il faudrait arriver jusqu'à la fin du IXe siècle, ou au commencement du Xe, pour trouver quelques traces du droit de Justinien : une lettre de Charles le Chauve au pape Adrien III (878), et un canon du concile de Troyes (878), seraient les plus anciens documents où il en soit fait mention (1).

Cependant l'institution emphytéotique en elle-même ne pouvait être ignorée en Gaule ; le code Théodosien y avait été reçu et y jouissait d'une grande autorité (2) ; donc les Gallo-romains et les peuples barbares vivant à leurs côtés, connaissaient tout au moins l'emphytéose théodosienne (3), emphytéose qui ne comportait, à la différence de l'emphytéose byzantine (4), ni la commise, ni le *laudemium*. Du reste le

---

(1) Goldast, constitut. imperial. (1713) t. 4. p. 26 ; et Sirmond (œuvr. compl.) conc. antiq. Gall. t. 3. p. 480.

(2) Ord. de Chlot. II. art. 4. nota ; cpr. Cazeneuve. Le franc alleu de la province de Languedoc. Tolose. 1645 2' édit. p. 6, 10, 32, 33 et 38.

(3) cpr. Canon 45 du concile d'Agde (506) connu sous le nom de canon *terrulas aut vineolas* (Hermant. hist. des conciles. Rouen 1689. p. 271 ; Sirmond. concilia antiqua Galliœ. Paris 1629. p. 170) et les définitions du droit canon par F. C. D. M. 1700. p. 83.

(4) D'après la majorité des auteurs (Giraud. t. 1. p. 207 et 209 ; Garsonnet. p. 261), le plus ancien texte qui vise l'emphytéose en France depuis la chute de l'empire romain, serait le *liber Petri*, ou *Petri exceptiones* (l. 2. ch. 60. de reb. eccles.), lequel remonte à la seconde moitié du XIe siècle. Un capitulaire de 876 porte bien toutefois, *libellario nomine vel enfiteoticario jure* (Pertz. monumenta German. histor. leges. t. 1. p. 531) ; mais, suivant les mêmes interprètes, ce capitulaire publié à Pavie n'aurait été destiné qu'à l'Italie. — Ceci n'est peut-être pas très-exact, car deux capitulaires, l'un de 789, l'autre de 817, font déjà mention de l'em-

principal monument de droit romain à cette époque, le *breviarium* d'Alaric, dernier roi Wisigoth qui ait régné à Toulouse, confirme ce que nous avançons ; une constitution et la rubrique *de collatione fundorum juris emphyteutici* sont empruntées au titre II, livre X du code théodosien. Bien plus, alors même que le code de Justinien n'aurait pénétré en France que vers la fin du IXe siècle, ce qui est fort discutable (1), il nous paraît bien difficile d'admettre que l'Eglise gallo-romaine ait pu ignorer aussi longtemps l'existence de l'emphytéose ecclésiastique. Nous savons en effet que cette emphytéose forme l'objet de plusieurs Novelles de Justinien ; or, peut-on légitimement supposer que ces dernières ne soient parvenues à la connaissance de l'Eglise gallo-romaine qu'au IXe siècle, lorsqu'on voit l'Eglise d'Occident faire déjà dans les siècles précédents, les plus larges emprunts au droit impérial byzantin (2)? En France notamment, il ne peut subsister

---

phytéose byzantine. Il ne peut y avoir de doute sur ce dernier point : l'un de ces documents parle de l'empereur Léon, dont le règne est postérieur à la publication du code théodosien, et il suffit de parcourir les deux capitulaires pour se convaincre que leurs rédacteurs avaient sous les yeux les Novelles 7 et 120. V. Baluze. t. 2: p. 241 et 341 ; v. aussi un autre capitulaire de 824 également dans Baluze t. 1. p. 1173.

(1) Le code de Justinien était probablement connu en France dès les premières années du règne de Louis le Débonnaire. v. Cazeneuve (p. 39) et une charte de 817 ou plutôt du 15 oct. 816, qui nous paraît viser en propres termes la loi 1. C. de serv. fugit. 6.1 (rapportée par Dom Vaissette et Dom de Vic, dans leur histoire générale du Languedoc. Paris. 1730. t. 1. p. 482); v. aussi l'épitre 7 d'Hincmar, archevêque de Reims.

(2) cpr. entre autres, les canons du IXe concile de Tolède (655) et la Novelle 67. c. 2. de Justinien ; v. d'ailleurs Fra Paolo Sarpi, traité des bénéfices. Amsterdam. 1689. p. 171.

aucun doute à cet égard ; dès le VIIᵉ siècle les canons promulgués par les conciles ne sont assez souvent qu'une copie à peine déguisée des nombreuses Novelles rendues par Justinien en faveur de l'Eglise (1).

Ces deux points établis, et bien que les sources exactes dans ces temps éloignés soient assez rares, nous devrions y trouver mentionnées, l'emphytéose théodosienne et l'emphytéose ecclésiastique (2) ; mais, et c'est là une remarque qui a déterminé la plupart des auteurs à considérer l'emphytéose romaine comme ayant disparu en deçà des Alpes avec la conquête barbare, quelque soin que l'on puisse mettre à interroger les documents il devient impossible d'y trouver soit le mot, soit la chose. Faut-il donc décider que l'emphytéose ne peut plus se rencontrer en France depuis le VIᵉ siècle ? Nous pensons qu'il faut admettre dans cette question, une distinction

---

(1) cpr. entre autres . canon 11 du Conc. de Narbonne (589) et Nov. 123. c. 12 ; Conc. de Paris (615) : canon 1 et Nov. 6. c. 1 § 5 et § 9, canon 4 et Nov. 123 c. 21 et 23, 137. c. 5 ; canon 12 et Nov. 123. c. 42 ; Conc. de Reims (625) : canon 8 et Nov. 12 c. 1, canon 22 et Nov. 120 c. 10 ; canon 29 du synode de Soissons (745) et Nov. 123 c. 29 ; Conc. de Verberie (759), canons 6, 13 et 17 et Nov. 22 c. 6. Il est à remarquer que parmi ces Novelles, il en est deux, les Novelles 120 et 123. qui traitent de l'emphytéose ecclésiastique.

(2) D'autant plus que la législation romaine était la seule loi du clergé et de l'Eglise ; v. cette phrase dans Cazeneuve (p. 32), à l'occasion d'un procès qui s'était élevé sous Charlemagne entre l'avoué de Fleury et celui de St-Denis : « eo quod salicæ legis judices ecclesiasticas res sub romana constitutas lege discernere perfecte non possent. » D'après Jérôme Acosta (hist. des matières ecclésiastiques. La Haye 1699. p. 57), la tenure convenientia dont l'Eglise faisait alors un grand usage sur ses terres, n'aurait été d'ailleurs qu'un bail emphytéotique ; cpr. Abbé U. Chevalier, cart. de Saint-André-le-Bas. ch. 172 (1009-1023).

entre les emphytéoses à créer et celles déjà constituées au moment de la conquête des Germains.

Relativement aux dernières, la modération que les
vainqueurs montrèrent, en s'établissant sur les débris
de l'empire d'Occident, nous permet de supposer que
rien ne dût être changé, du moins à l'origine, dans
la condition des emphytéotes ; ceux de l'Eglise conservèrent le même *dominus* et ceux de l'Etat et des
cités changèrent seulement de maîtres. Mais, lorsque
vers le VIIᵉ siècle, la France tomba dans cette longue suite de guerres intestines, qui devait engendrer
une anarchie épouvantable pendant près de deux siècles, alors la situation du tenancier libre et, par suite,
celle de l'emphytéote s'altéra profondément. Livré aux
exactions des bandes armées des *potentiores*, menacé
dans sa vie et dans sa possession, cet emphytéote,
afin d'obtenir une protection que les pouvoirs publics,
en voie de désorganisation, ne lui procuraient plus,
dut se mettre sous le patronage soit de l'Eglise, soit
d'un laïque puissant, ou même du roi, et s'obligea,
en retour, à rendre à ce protecteur qu'il s'était
choisi, certains services personnels auxquels la
tenure emphytéotique était par elle-même complètement étrangère. Ces conventions, en quelque sorte
adjointes, ne tardèrent pas à modifier gravement
l'institution emphytéotique ; bien que l'emphytéose
ne créât toujours que des rapports purement réels,
et n'astreignit l'emphytéote qu'à la simple résidence(1),

---

(1) Leg. Langobard. Rhotaris. c. 177 dans Walter. t. 1. p. 710

la condition de ce dernier se rapprocha sensiblement de celle des autres tenanciers. Les baux emphytéotiques se transformèrent ainsi en locations
d'un genre particulier, où le preneur perdait en liberté
ce qu'il gagnait en protection ; le nombre des emphytéoses constituées diminua d'ailleurs avec une
rapidité d'autant plus grande, que beaucoup d'emphytéotes profitèrent du trouble régnant pour s'ins-
tituer d'eux-mêmes propriétaires des terres qui leur
avaient été concédées (1). Dès lors, il n'y a rien
d'étonnant à ce que les textes ne parlent pas d'une
institution qui perdait alors sa plus grande utilité,
c'est-à-dire la sécurité, et nous pensons que l'on
peut, sans trop de témérité, assimiler les causes de
sa disparition à celles qui entraînaient la perte de
l'allodialité.

En ce qui concerne les emphytéoses à créer, il ne
nous paraît pas qu'il puisse s'élever aucune incertitude : l'emphytéose est abandonnée par la pratique,
d'une part parce qu'elle heurte les idées d'asservis-
sement et de vassalité, prédominantes à ces époques,
et d'autre part parce qu'elle est devenue inutile par suite
de la multiplicité des tenures alors en usage, et dans
lesquelles la convention des parties faisait intervenir certaines obligations du bail emphytéotique. Si
l'on envisage d'ailleurs les diverses locations qui
s'établissaient, trois causes auraient pu seulement

---

(1) Dupont. Monographie d'Etormay. dans le Bullet. monumental de
la Soc. franç. d'Archéologie, 1861. 27ᵉ vol. de la collect. p. 162 et s.

assigner à l'emphytéose une place distincte : la perpétuité et l'hérédité de la tenure, son irrévocabilité, et l'obligation d'améliorer. Or, de ces conditions, aucune ne pouvait être assurée de recevoir
une exécution, nous ne dirons point parfaite, mais
même satisfaisante. En premier lieu, la perpétuité, l'hérédité et l'irrévocabilité du droit étaient tout aussi
opposées au but poursuivi par les *potentiores*, que
la liberté dont jouissait l'emphytéote. Ce que recher-
chait le *dominus*, c'était de rendre tout tenancier
son vassal, son *homme*, d'affecter son statut personnel ; et il ne pouvait arriver à ce résultat qu'en
conservant la disposition absolue de la terre concédée, droit qui aurait été paralysé par les conditions
que nous venons d'énumérer, et qui furent d'ailleurs
toujours formellement refusées ou du moins écar-
tées à l'époque franque dans toutes les concessions
territoriales. En second lieu, quel aurait pu être l'effet
ou l'utilité de l'obligation d'améliorer, alors que toute
possession ou même toute propriété était fragile et incertaine ? Lorsque de tous côtés, les seigneurs laïques
et ecclésiastiques se livraient aux violences les plus
barbares et aux déprédations les plus honteuses,
comment admettre qu'un tenancier ait pu entreprendre des défrichements et des plantations ? Comment
concevoir des travaux de culture sur des terres sans
cesse dévastées par d'aussi turbulents voisins ? D'ailleurs l'obligation d'améliorer ne sera bientôt plus spéciale à l'emphytéose, elle s'introduira dans certaines
concessions, dès que le calme tendra à se rétablir

(1), de même qu'elle empruntera à l'emphytéose byzantine la dénonciation de l'aliénation au maître, *ut dominus terram retineat* (2).

En résumé, l'emphytéose, malgré tout l'attachement de la population pour le droit romain (3), est généralement délaissée, comme institution inutile ou contraire aux idées du temps, et, en présence du silence gardé par les textes, il faut reconnaître que, si des emphytéoses ont pu résister aux guerres intestines, aux violences des puissants et au découragement du tenancier, elles devaient être très restreintes, et dans tous les cas, fort dispersées.

SECTION II

DES INSTITUTIONS QUI SE RAPPROCHENT DE L'EMPHYTÉOSE

Les locations perpétuelles ou à longue durée de la période franque, offrent un assez grand nombre de tenures qui présentent une certaine ressemblance avec l'emphytéose. Il importe donc d'exposer sommairement ces diverses espèces de concessions et

---

(1) Guérard: Cart. de l'abbaye de St-Chartres. ch. 133. p. 353; v. dans une chartre de 1047 un bénéfice concédé à charge d'amélioration. D. Martene, thesaurus annecd. t. 1 p. 168; V. aussi une chartre de 1009-1023, où un manse est donné à charge d'amélioration avec reddition *omnis ameliorationis* au bailleur (peut-être il y avait-il là une véritable emphytéose dont la durée était limitée à la vie des preneurs). Abbé Ulysse Chevalier. Cart. de St-André-le-Bas, ch. 170 et 172.

(2) Abbé U. Chevalier. ch. 27, 113 et 220; Ducange, glos. V· Binæ.

(3) «.....*taliter concedimus qualiter lex nostra romana obedire precipit.*» dit un gallo romain dans une chartre du 24 janvier 1034. Marion. Cart. de St-Hugues. ch. 13. p. 21.

d'indiquer leurs principales différences avec le bail emphytéotique. Toutefois, afin de ne point sortir des modestes limites que nous nous sommes tracées, nous ne retiendrons que celles qui offrent le rapport le plus intime avec le bail emphytéotique ; tels sont l'*hospilitas*, le *libellus contractus*, le précaire, la recommandation des terres, le bénéfice, la *terra censilis* et le manse.

§. — 1 Hospilitas

La plus large application qu'ait reçue chez les Barbares, dès les premiers temps de la conquête, la location à longue durée, et par suite le régime emphytéotique, se réfère à l'*hospilitas*. Cette institution, à laquelle les auteurs donnent en général une origine germanique, consistait dans l'attribution faite à chaque barbare, d'un certain cantonnement sur l'étendue duquel chaque propriétaire lui devait le tiers de son revenu, tout en conservant intacts, suivant la judicieuse opinion de MM. Eichorn et Pépin le Halleur, ses droits de propriété (1). Il en résultait donc ainsi une véritable location à long terme, une sorte de bail à rente, dont la redevance était payée en nature par le Romain débiteur, au barbare qui en était le créancier. Plus tard, il est vrai, on procéda à un partage définitif des terres, et le Romain se libéra ainsi de la redevance en fruits par l'abandon d'une partie de sa propriété ; mais le nouvel

_____

(1) Eichorn. Hist. polit. et jurid. de l'Allemagne. t. 1. p. 163 ; Pép. le Hall. p. 190.

état de choses n'en garda pas moins le nom d'*hospili-tas*, bien qu'il eût perdu alors son caractère de loca-tion perpétuelle (1).

Nous n'hésitons pas à accepter ces dernières con-clusions, seulement nous ne pouvons accepter que l'*hospilitas* soit d'origine germanique. Pour nous, cette institution a sa source dans le droit romain ; elle est empruntée au régime militaire, *metatum*, que les empereurs assignèrent pour le cantonnement (Enquartierungswesen) aux *fœderati*, parmi les-quels se trouvaient précisément les Burgondes, c'est-à-dire le peuple, qui pratiqua le plus en Gaule l'*hospilitas*. Les textes du code théodosien et du code Justinien nous semblent d'ailleurs décisifs ; non seulement ils qualifient le *fœderatus* d'*hospes*, alors que l'*hospilitas* sera la première forme, que ce *fœderatus* adoptera ensuite pour la propriété fon-cière, mais les règles qu'ils donnent et les formules administratives (2) dont ils se servent, se retrouvent intégralement dans l'*hospilitas*. L'un d'eux, la loi

---

(1) Lex Burgund. 55. 1. dans Pertz (leg. t. 3. p. 558); v. aussi pour l'hospilitas chez les Lombards, M. Garsonnet. p. 195, Paul Diacre. de gest. lang. 3. 16, Baudi di Vesme. Vicende della proprieta della caduta dell'imperio romano fino allo stabilimento dei feudi. p. 198.

(2) Cpr. les formules administratives employées par le gouvernement impérial avec les expressions *tertiœ, pittacia* et *delegatores*, qui se ren-contrent dans l'hospilitas; cpr. surtout la signification de « tertiœ » dans la loi Wisigothe (Lex. Wisigoth. XI. I. C. 16 dans Walter. t. 1. p. 620) avec cette phrase de la loi 2. C. de metat. 12. 41 « *tertia domino relin-quenda.* »

9. C. de metat. 12. 41, décide que l'on peut se dispenser de loger les militaires, en acquittant une redevance fixée au revenu de la partie de l'habitation, que le propriétaire doit consacrer au *metatus*. Or, comme cette partie réservée forme, d'après la loi *2. h. t.*, le tiers de la maison, il s'en suit que son revenu est le tiers du revenu total, précisément ce que le Romain doit payer au Barbare dans l'*hospilitas* (1). C'est bien là du reste, ce qu'exprime la loi burgonde en parlant (T. 13) d'une propriété *remota hospitis communione* et de terres (T. 53) *quœ hospilitatis jure a Barbaris possidentur*.

§ 2.— Libellus contractus

Il est souvent question chez les anciens commentateurs du droit romain d'une institution, que l'on se plaît à rapprocher de l'emphytéose, le *libellus contractus* (2). Cette expression est cependant loin d'avoir un sens précis (3); aujourd'hui même on n'est pas

---

(1) C. Th. de erogat. milit. ann. (7. 4.) et de metat. (7.8.); C. J. h. t. 12. 41; Nov. 25 de Théodose II; Das Burgundisch-Romanische Konigreich. C. Binding. t. 1. ch. 2. p. 16 et 17; Garsonnet. p. 172, 188 et 189.

(2) Ce contrat, fort en usage dans le Bas-Empire postérieurement à Justinien, a sa source dans une Novelle 13 de Léon-le-Philosophe, et est visé dans une constitution de Constantin Porphyrogénète; on le rencontre fréquemment dans les textes relatifs à l'Italie, il est mentionné par Cassiodore, par les lettres de Grégoire II et par le livre des fiefs, surtout au titre 13, liv. 1, enfin sa présence en France est attestée par Dumoulin et Elbertus Leoninus, Dumoul. Cout. de Paris, § 73 n. 42; Elb. Leoninus, de jur. emphyt. in leg. n. 17; Abbé U. Chevalier, Cart. cit. ch. 95 (962-968).

(3) Dumoulin. id; Clarus, § emph. q. 1.

encore entièrement fixé sur l'espèce de location qu'elle désignait.

Cujas enseigne que le *libellarius contractus* était une vente particulière, soumettant l'*accipiens* à l'obligation d'acquitter tout à la fois une somme fixe et une redevance annuelle, et ne transférant la propriété que pour un temps limité, à l'expiration duquel, cet acheteur ou ses héritiers étaient tenus, s'ils voulaient conserver la chose, de la racheter à un prix déterminé d'avance par le contrat ou fixé par le juge (1). D'après cette théorie, le *libellus* ou *libellarius* donnerait donc lieu à des droits beaucoup plus étendus que l'emphytéose, et quant à la similitude qu'il pouvait offrir avec cette dernière tenure, elle reposerait sur ce qu'il procurait à une véritable aliénation, le caractère d'une concession temporaire, et que ces deux contrats étaient l'un et l'autre sous condition résolutoire; avec cette différence toutefois, que dans le premier c'était la propriété et non la jouissance, qui y était soumise. De là, Cujas déduisait plusieurs différences entre le *libellarius contractus* et l'emphytéose; ainsi : 1° dans le *libellarius contractus* la *certa data pecunia* due serait exigible *renovatione locationis* et non *mutatione possessoris* ; 2° le *libellus* ne serait pas *sub lege meliorandæ rei* ; 3° la commise y serait encourue par le non-paiement du canon pendant deux ans, et non pas *post trienni*

---

(1) Cujas. Récitat. solemn. ad. tit. C. IV. 66 (dans ses op. post. t. V. p. 436).

cessationem ; 4° enfin, contrairement à l'emphytéote, le tenancier *per libellum* aurait pu aliéner librement *sine consensu domini*.

Ce système, que non seulement ne justifient pas les termes de la Novelle, mais avec lesquels il semble être en complète opposition, nous semble inacceptable : rien dans le texte (1), si diffus qu'il soit, n'indique une *venditio*. Pour nous, le *libellus contractus* ne peut être qu'une location à longue durée, et bien que le droit romain ne possède plus à cette époque, cette précision qu'on y rencontrait au temps des grands jurisconsultes, il ne nous paraît pas que cette location diffère en quoi que ce soit de l'emphytéose (2). La Novelle 13 est entièrement en ce sens ; elle ne fait allusion qu'à une location ; son titre porte « *de perpetuis emphyteusibus* », on y parle de *domus quæ elocatæ sint*, de *locationis terminus*, de *renovatio possessionis* ; enfin lorsque l'empereur Léon fixe le montant du rachat au double du canon emphytéotique (3), il appelle le prix ainsi payé non pas *pretium*, mais ἐισδεχτιχὸν, expression qu'emploie la loi 3 C. *de jur. emph. 4. 66.* pour désigner le *laudemium*. Sans doute, à la simple lecture du texte, le *libellus contractus* semble s'écarter de l'emphytéose ; mais si l'on se reporte au

---

(1) Imp. Leonis Aug. nov. constit. Nov. 13. Corp. jur. acad. col. 1121.

(2) Ducange. V° Libellus ; Dumoul. op et loc. cit. ; Baudi di Vesme. p. 172 ; Boutaric, traité des droits seigneuriaux et des matières féodales. p. 386.

(3) «...... sed ut certa quantitate ad duplum emphyteutici vectigalis constituenda solutio definiatur. Nov. 13.

début de la Novelle, où le contrat est considéré comme spécial aux *œdibus deo consecratis*, et, si l'on remarque qu'en l'identifiant à l'emphytéose, le texte n'a pu avoir en vue que l'emphytéose ecclésiastique, alors les différences posées par Cujas tendent à s'effacer. L'emphytéose ecclésiastique était en effet soumise à des règles particulières : le bail était, en principe du moins, temporaire ; la commise était encourue par le non-paiement des redevances pendant deux ans ; enfin, à l'expiration de sa tenure, l'emphytéote jouissait d'un droit de préférence pour obtenir à nouveau le fonds emphytéosé (1). Il est vrai que le *libellus* présente toujours cette particularité que le *laudemium* est exigé à chaque *renovatio possessionis sine mutatione possessoris*, mais ce n'est pas là une de ces conditions susceptibles d'altérer le contrat principal, auquel elles viennent s'adjoindre. Justinien ne prescrit-il pas lui-même, dans sa première constitution, d'observer rigoureusement toutes les *pactiones quœ in emphyteuticis instrumentis fuerint conscriptœ* (2)?

Les autres différences que Cujas signale entre le *libellus contractus* et l'emphytéose, ne nous paraissent pas mieux fondées. Ici les affirmations de notre grand jurisconsulte ne peuvent prévaloir contre les nombreux documents que l'on rencontre en Italie sur le *libellarius contractus*. Si l'on consulte en effet les textes, *libellarius* et *emphyteuta* y sont présentés comme synony-

---

(1) L. 5 in fine. C. de loc. prœd. civ. 1. 70.

(2) L. 2. C. de jur. emph. 4. 66.

mes (1), et l'assimilation faite alors dans la langue du droit s'est conservée jusqu'à nous, car l'emphytéose est encore désignée de nos jours, surtout en Toscane, sous le nom de *contratto di livello* (2). L'obligation d'améliorer, que les termes de la Novelle sont loin de proscrire, est exprimée dans le *livello* (3) ; et quant à la libre faculté qu'aurait eue le preneur d'aliéner sans le consentement du *dominus*, il est difficile de la concilier avec le retour *ad diem* du fonds, et avec les dispositions particulières généralement insérées dans les actes de *livello*, défendant au tenancier d'aliéner, et remplaçant même la commise par une amende (4). Dès lors, l'assimilation entre le *libellus* et l'emphytéose résulte donc aussi bien de la Novelle 13 que des conditions du *livello* (5), qui n'est en définitive que le *libellus contractus*; et s'il existe encore quelques légères différences entre ces deux locations, elles sont empruntées au droit canonique et disparaîtront dès le XIIe

---

(1) Giraud. Essai sur l'histoire du droit français. t. 1. p. 203. n. 1; Muratori. Antiquitates Italiæ medii avi. diss. 36. t. 3. p. 243.

(2) M Garsonnet. p. 263. Il est à remarquer que dans la Chartre 95 déjà citée, supra p. 215 n. 2, le libellus,affecté à des *res ecclesie*, reproduit deux des conditions ordinaires du *livello* et de l'emphytéose italienne ; la durée de 29 ans (comp. Muratori. diss. 10. t. 1. p. 521) et l'amende remplaçant la commise. (Muratori. diss. 13. t. 1. p. 723 et 28, t. 2. p. 774).

(3) Codex diplomaticus cavensis. t. 1. n. 31 et 99.- Muratori. diss. 8. et 10. p. 434 et 537.

(4) Garsonnet p. 466 ; Muratori. diss. 7 et 8. t. 1. p. 377 et 444 pour le *livello* et diss. 22 et 24. t. 2. p. 243, 354 et 774 pour l'emphytéose.

(5) Dans les dissertations 7 et 8 citées à la note précédente les *libellariæ* sont perpétuelles.

siècle (1), ce qui ne peut laisser aucun doute sur l'origine ecclésiastique du libellaire.

En résumé, le *libellarius contractus* ne fut qu'un des nombreux expédients imaginés pour éluder la prohibition d'aliéner les biens de l'Eglise. L'emphytéose aurait permis jusqu'à un certain point d'atteindre le but proposé, mais l'emphytéose perpétuelle était interdite, et quant à l'emphytéose temporaire, elle ne promettait pas une jouissance assez rémunératoire au preneur. Alors que les tremblements de terre et les incendies, si fréquents à Constantinople, n'amoncelaient partout que des ruines (2), comment l'emphytéote aurait-il pu se contenter d'une location même *ad longum tempus* ? Comment pouvait-il alors espérer être indemnisé d'améliorations qu'il avait dû faire et refaire plusieurs fois ? Il fallait donc, pour respecter le principe d'inaliénabilité, trouver une institution, qui, tenant le milieu entre l'emphytéose temporaire et l'emphytéose perpétuelle, permit de prolonger indéfiniment la jouissance de l'emphytéote, et laissât à ce dernier la faculté de se retirer après un temps fixe, si les obligations de la tenure devenaient pour lui trop onéreuses. Le problème fut résolu en insérant plusieurs clauses spéciales dans le contrat d'emphytéose, ce qui ne pouvait en altérer la substance (3),

---

(1) Tels furent le droit d'aliéner et la commise qui furent étendus au livello par les statuts municipaux des communes italiennes à cette époque.

(2) Le Beau. Hist. du Bas-Empire. t. 15. p. 85, 169, 281. 355, 373 etc.

(3) L . 2. C. de jur. emph. 4. 66

et c'est la combinaison de ces dispositions particulières, qui, par leur répétition dans la pratique, fit donner au bail emphytéotique ainsi modifié, le nom de
libellarius contractus (1).

§ 3. — Précaire

Le précaire, *precaria* ou *præstaria*, qui est au
moyen âge la tenure la plus répandue, tire aussi son
origine du droit romain : quelque transformation que
le précaire romain ait dû subir, le précaire de l'époque
franque n'en a pas moins la même étymologie ; on
suppose toujours que l'impétrant adresse une prière
à celui qui fait la concession, et qu'il en reçoit une
pure grâce. Suivant l'ingénieuse conjecture de M.
Gabriel Demante (2), toutes les locations du VIe siècle, où la durée dépend en principe de la volonté du
dominus, auraient trouvé leur source dans un usage,
déjà signalé par Ulpien au IIIe siècle, et qui consistait à adjoindre à un louage un pacte de précaire ;
disposition qui donnait au preneur la faculté de rester
en possession après l'expiration du bail, et qui lui
permettait ainsi, à moins d'une révocation formelle,
de prolonger indéfiniment sa jouissance (3).

---

(1) cpr. le *libellus* avec le bail *convenientia* dont parle Jérôme Acosta.
p. 57 ; cpr. aussi le *libellus contractus* avec la *libellaria simplex,* tenure
du Languedoc, qui offrait avec l'emphytéose un rapport très-intime.

(2) Des précaires ecclésiastiques dans leurs rapports avec les sources
du droit romain. Rev. hist. du dr. français. t. 6. 1860. p. 51.

(3) L. 10 pr. et § 1. D. de adq. vel amit. posses. 41. 2.

Cette combinaison du *precarium* et du louage prit
une large extension sous l'influence des *patrocinia
vicorum* et des causes qui les avaient fait naître,
et l'Eglise, à laquelle les petits propriétaires s'adressaient de préférence, sa protection étant peut-être plus
efficace et surtout moins dispendieuse, ne chercha
qu'à développer un contrat, dont les effets ne pouvaient que lui être exclusivement avantageux. Dès
lors, lorsque la mort de Clovis eut ouvert cette
longue série de violences, de rapts et de guerres
intestines (1), qui ensanglanta la France sous ses
débiles successeurs, ce fut dans cette location ainsi
modifiée que l'Eglise, héritière des traditions romaines, trouva les bases d'une tenure susceptible de
concilier ses intérêts temporels avec la prohibition
d'aliéner qui lui était toujours imposée, à moins d'une
absolue nécessité. Cependant le précaire de l'époque
franque ne fut pas le précaire romain, et il ne pouvait
pas l'être, puisque les administrateurs des terres ecclésiastiques se préoccupaient autant d'en assurer la
culture que d'en tirer un revenu. Ainsi le principe
juridique est le même; le bailleur conserve la propriété du sol et n'abdique qu'une possession essentiellement révocable (2), les formalités du droit ro-

---

(1) Le pouvoir papal était seul alors susceptible de quelque autorité ;
aussi les abbayes, pour obtenir des mesures répressives contre les usur-
pateurs et les détenteurs de leurs terres, sollicitaient-elles la *liberté romaine*, qui consistait dans le droit conféré par le pape à une église de
relever immédiatement de la juridiction du Saint-Siège et d'appartenir en
toute propriété à l'Eglise romaine.

(2) Bien que le précaire fût toujours accordé à titre de bienfait par
l'Eglise, il existe un cas particulier où cette tenure lui a été imposée :

main sont toujours scrupuleusement observées et les formules mérovingiennes reproduisent fidèlement les règles tracées par une constitution impériale, et d'après lesquelles devait être rédigé l'acte de précaire pour les biens de l'Eglise (1). Mais deux des éléments essentiels du *precarium* romain disparaissent par la force des choses : la gratuité, qui ne pouvait s'accorder avec l'existence d'un revenu dans la location, et la révocabilité absolue, qui ne pouvait se concevoir dans une tenure largement répandue, et destinée dans l'intention des parties à associer le preneur aux avantages de la propriété. Toutefois et afin que, suivant les propres expressions du cinquième canon du concile VI de Tolède, *ne longinquitas temporis proprietati obsisteret*, on imposa en même temps au preneur l'obligation de renouveler régulièrement tous les cinq ans son acte de reconnaissance (2).

Les formes principales, sous lesquelles se présentait le précaire, peuvent se ramener à trois : 1° un particulier faisait don à l'Eglise de quelque bien en propriété, puis en sollicitait immédiatement la concession viagère ; c'était la forme la plus fréquente (3) ;

---

ce fut lorsque Pépin le Bref voulant remédier aux usurpations commises sur les terres ecclésiastiques sous Charles le Martel, décida par le capitulaire de Leptine, que les possesseurs de ces terres en conserveraient la jouissance à titre de précaire. Bal. t. 1 p. 149 et 826 ; Pertz. leg. t. 1. p. 18 et 37. c. 2 et 18.

(1) L. 14 C. de sacr. eccl. 1. 2 ; de Rozière. Rec. génér. des form. dans l'Emp. des Francs. formules 326, 327, 328.

(2) Form. de Marculfe II, 5 ; Pertz. leg. t. 1 p. 390, capit. de 846, C. 24.

(3) Bal. t. 2. 1403 ; de Rozière. t. 1 n. 319 et s, ici lorsque la *precaria*

2° un particulier cédait à l'Eglise la nue-propriété d'un
bien dont il se réservait expressément l'usufruit (1),
3° enfin l'Eglise, par une libéralité spontanée concédait directement en précaire une portion de son patrimoine à un particulier, à la charge par ce dernier, de
lui payer un cens ou une redevance déterminée (2).

Dans toutes ces applications, le précaire, comme
l'emphytéose, décompose la propriété et confère au
preneur un véritable droit réel (3); il donne lieu
à un cens modique (4), généralement le 1/10 du
revenu, payable en nature ou en argent, et fait même
parfois encourir au preneur la commise pour inexécution de ses obligations (5). Mais le précaire se
sépare du bail emphytéotique par de profondes
différences : sa durée est excessivement variable,

---

aura atteint sa complète extension, la *prœstaria* désignera l'acte par
lequel la propriété est aliénée, et la *precaria* proprement dite, celui par
lequel la possession est demandée et ohtenue.

(1) Dans ces deux cas l'Eglise ajoutait le plus souvent l'usufruit d'un
bien lui appartenant. le double de ce qu'elle avait reçu en nue-propriété
et le triple de ce qui lui avait été donné en pleine propriété (Sirmond.
œuv. compl. c. 22 t. 3 p. 38 ; un canon du concile de Meaux (848) avait
ainsi modifié la règle posée par Justinien dans ses Novelles 7. c. 3 et 4
et 120 c. 2) ; à la mort du preneur, de sa femme ou de ses héritiers il
s'opérait alors une double consolidation.

(2) Contrairement à ce qui se passait dans les deux premiers cas, où
la concession pouvait être faite avec ou sans redevance (Form. de Marculfe. II, 40 ; de Rozière, t. 1 form. n. 328 et 329), dans cette dernière
hypothèse un cens devait toujours être imposé au preneur, car il n'était
pas permis à l'Eglise d'aliéner à titre gratuit.

(3) Garsonnet. p. 237.

(4) Monumenta boïca. t. 9. p. 12

(5) Bal. t. 2. p. 991 ; Guérard. polypt. d'Irminon t. 2. p. 341.

le contrat peut être constitué *ad modicum tempus*, pour cinq, dix, quinze ans (1), et ne deviendra héréditaire que vers la fin du VIIIe siècle, époque à laquelle on exigera que le contrat soit renouvelé tous les cinq ans (2). Si l'Eglise profite des améliorations faites (3), l'obligation d'améliorer ne constitue pas une des conditions essentielles de la tenure, il suffit au preneur de faire les travaux de culture nécessaires pour que le fonds ne dépérisse pas (4); tandis que la redevance est de l'essence du bail emphytéotique, le cens est seulement de la nature du précaire et peut donc ne pas s'y rencontrer; enfin le plus souvent c'est une simple amende et non la commise, qui frappe le précariste en retard de payer (5).

§ 4. — La Recommandation des terres

Les Germains en s'établissant en Gaule n'ont pas recherché d'abord la possession bénéficiale; ils ont aspiré à la vraie et complète propriété, telle qu'ils la voyaient établie pour les Gallo-romains (6). C'est ce qui explique pourquoi il n'est fait aucune allusion au système bénéficial dans les codes germaniques. La pleine propriété convenait mieux au caractère in-

---

(1) Lex Wisigoth. 10. 1. c. 12.

(2) Formules de Marculfe. II. 5.

(3) Toutes les formules contiennent le retour des biens à l'Eglise « *cum omni re meliorata* ».

(4) Formules de Marculfe II, 40 ; De Rozière. t. 1 n. 328.

(5) Bal. t. 2. p. 824 ; De Rozière. t.1 n. 337, 339, 341.

(6) Fustel de Coulanges. p. 447.

15

dépendant des Germains, et quelque soit l'origine de l'alleu, le chapitre *de alode*, que renferment les lois des Saliens et des Ripuaires, atteste qu'une partie importante des terres, dans le royaume des Francs, était allodiale. Du reste il ne faut pas se faire de l'alleu de ces temps-là, l'idée que l'on s'en est faite plus tard. Lorsque le régime féodal sera parvenu à son apogée, l'alleu ne sera qu'une rare exception, on n'y verra qu'un fonds libre de toute autorité, exempté de tout impôt et de toute juridiction, et suivant une phrase consacrée, l'*alleu* sera la *terre tenue franchement de Dieu* (1). Dans les premiers temps au contraire, l'alleu paraît être la régle générale ; sans doute il est franc de toutes redevances ou services ayant un caractère privé, mais il n'en est pas pour cela indépendant de l'Etat, ni affranchi de l'impôt ; c'est la pure propriété, l'*hereditas* dans la loi des Bavarois, la *terra aviatica* d'après les codes des Francs-Ripuaires et des Francs-Saliens, la *res mancipi* du droit romain, suivant l'idée émise par un chroniqueur du Xe siècle, Sigebert de Gembloux.

L'allodialité des terres ne subsista pas longtemps ; Clovis venait de mourir, et la période de désagrégation qui s'ouvrait amena la ruine de la propriété libre. Alors parut la recommandation qui présentait une connexité si étroite avec les *patrocinia vicorum* et dont les effets devaient apporter des changements si considérables dans la société franque.

---

(1) Bouteiller. Somme rurale. tit. 83. p. 490.

De nombreux systèmes ont été présentés sur l'origine de la recommandation ; nous ne les discuterons pas. Si nous avions cependant à nous prononcer, peut-être serions-nous tentés de rattacher la recommandation aux *patrocinia vicorum* du droit romain (1). Sans doute la ressemblance est très grande entre la recommandation et le serment de fidélité que prêtait le Germain dans le *comitatus* (2), mais cet engagement ne pouvait avoir d'autre durée, que celle de l'expédition pour laquelle il était donné, et ne paraît avoir exercé dans tous les cas aucune influence sur le statut personnel des *comites*. Si l'on envisage ensuite la recommandation, telle que les sources franques la présentent, et si on la compare aux *patrocinia vicorum*, on entrevoit dans les deux institutions les mêmes causes et les mêmes effets, et les textes latins semblent bien les assimiler, rattacher par suite la recommandation au patronage romain, puisqu'ils désignent cette recommandation sous le nom de *patrocinium* (3).

La recommandation se rencontrait dans trois hypothèses distinctes : tantôt des personnes faibles ou humbles se mettaient sous la protection du roi, ce qui leur assurait un *fredum* plus élevé (4), et

(1) Garsonnet, p.211.

(2) Le *princeps* était en général élu par ses compagnons ; cependant, d'après certains auteurs, la noblesse aurait pu parfois conférer le même titre; V. Grégoire de Tours. hist. l. 2.c . 30 ; Des origines ou l'ancien gouvernement de France. (Buat-Nancay). t. 1. 1. 2. ch. 1.

(3) Loi des Wisigoths. V. 3. c. 1.

(4) Lex saliqua antiqua. 14. 5. (éd. Pardessus. p. 238.)

le droit au *placitum regis*; tantôt de pauvres gens
s'adressaient au roi, à l'Eglise ou à un *potentior*
pour obtenir la nourriture, le vêtement ou quelque
autre avantage moins avouable (1), aliénant ainsi leur
liberté dans une large proportion par le *servitium*
et *l'obsequium*, qu'ils devaient rendre ; enfin un
homme déjà influent rendait hommage au roi ou
à un haut personnage en lui jurant fidélité ;
c'etait en terme général le *vassus*, il participait aux
honneurs du patron, et quelque restriction que
ce serment de fidélité ait apportée à son entière liberté, il ne modifiait pas autrement son statut personnel antérieur (2).

La recommandation des personnes entraîna la
recommandation des terres, et la hiérarchie immobilière suivit de près la hiérarchie personnelle : le
recommandé mit bientôt ses propriétés aussi bien
que sa personne sous la protection de l'homme
puissant, qu'il avait choisi pour le défendre ; comme
le précariste, il se désaisissait de sa terre en faveur
du *senior*, puis la recevait ensuite de ce dernier
à titre de concession bénéficiale. La recommandation exerça ainsi une influence considérable sur la
libre propriété et sur la condition personnelle du

---

(1) Comme de ne pas payer leurs dettes ou de ne pas remplir le
service militaire. Leges Langobard. Lotharii. c. 83 dans Pertz. leg. 4.
p. 555.

(2) C'était parmi les *vassi* du roi, alors *vassi dominicales* et par suite
déjà *fideles*, que devaient être choisis les *antrustiones regis* (form. de
Marculfe, l. 1. tit. 18), lesquels promettaient en outre de la fidélité
la *truste*. Buat-Nancay. t. 1 p. 102.

recommandé. Si l'on interroge en effet les sources du droit à ces époques, on trouve une identité parfaite entre la recommandation et le *patrocinium* romain, la situation du recommandé est tout aussi misérable que celle du client du Bas-empire, et les chartes du temps sont remplies des exactions dont on l'accable (1). Ce fut en vain que Charlemagne, par deux capitulaires de 811 (2), proscrivit les abus des comtes et des évêques, et leur défendit d'obliger les hommes libres à se recommander ; il ne fut pas plus écouté que ne l'avaient été les empereurs romains luttant contre les *patrocinia vicorum* ; l'allodialité disparaît tous les jours et déjà se forme la règle générale des temps à venir : « nulle terre sans seigneur ».

Ces quelques mots, consacrés à la recommandation des terres, nous permettent de reconnaître que cette institution ne saurait être rapprochée de l'emphytéose, dans laquelle le preneur ne pouvait être soumis à l'ensemble des devoirs, que le recommandé doit à son seigneur et que seul a pu faire naître le serment de fidélité et d'hommage.

§ 5. — Bénéfice

A l'époque franque, le bénéfice est assurément, avec le précaire, la tenure libre la plus importante et la plus répandue. Cette institution désigne en

---

(1) Hergott. Genealogia diplom. aug. dom. Hasburgicœ fundationis Murensis monasterii. t. 1. p. 324.

(2) Pertz. leg. t. 1 p. 167 et 168.

général la concession, qui met le preneur dans
la dépendance personnelle du propriétaire, auquel il
prête le serment de fidélité, et dont il devient, en
termes génériques, « l'homme » ; le propriétaire
prend alors le nom de seigneur, et le concessionnaire celui de vassal (1).

Trois faits principaux distinguent le bénéfice franc,
des autres tenures qui portent le même nom : 1° le
nom de bénéfice ne s'est appliqué qu'aux concessions territoriales ayant suivi l'invasion germanique;
2° la collation d'un bénéfice a toujours compris une
intention libérale et bienveillante de la part de celui
qui l'accorde ; 3° le devoir de fidélité est le caractère
distinctif de ce système de location.

L'origine du bénéfice franc est encore aujourd'hui
un problème fort controversé : les uns l'ont recherchée
dans le droit celtique (2) ; les autres la rencontrent
dans les bénéfices du droit romain (3) ; les derniers
enfin et les plus nombreux la trouvent dans les anciennes coutumes de la Germanie et dans les libéralités
des *principes* (4). Quant à nous, si nous avions à nous
prononcer, peut-être serions-nous disposés à repousser également ces trois systèmes et à rattacher le bénéfice à la recommandation. De ces diverses opinions, la

---

(1) Mais le bénéfice n'est tel que par rapport au possesseur, car pour
la *senior* qui le concède, il constitue toujours un alleu.

(2) De Courson. Rev. de législ. 1847. p. 357 et s.

(3) Fustel de Coulanges. p. 436 et s ; Serrigny. Dr. publ. et adm. rom.
t. 1. n. 457.

(4) Montesquieu. 1. 30. ch. 1 et 20 ; Dumoulin. De feud. § 1, 2 et 14 ;
Mably. Observ. sur l'hist. de France. t. 1. p. 3.

première s'appuye uniquement sur des faits, qui, se-
raient-ils établis, ne sont rien moins que concluants ;
la seconde, confond les caractères, si différents cependant, des bénéfices francs et romains (1), et la troisième
repose sur cette idée erronée, que le bénéfice militaire de l'époque franque aurait été la forme la
plus ancienne et la plus répandue de l'institution
bénéficiale. Non seulement avant les Carlovingiens
il n'est jamais fait allusion aux obligations militaires des bénéficiers, mais le bénéfice militaire
n'aurait eu aucune raison d'être sous les Mérovingiens, où le service militaire était obligatoire et gratuit pour tous (2), et formait, pour ainsi dire, le premier devoir de l'homme libre ; il ne pouvait apparaître qu'après la transformation de l'organisation militaire originaire, et c'est ce qui eut effectivement lieu
sous Charlemagne (3). Le système qui fait dériver
l'origine du bénéfice de la recommandation, est beaucoup plus en harmonie avec les documents de l'époque ; car il existe une similitude remarquable entre
les chartes de recommandation, et celles où il est

---

(1) Le bénéfice romain est une concession collective, l'hérédité est de
son essence et l'obligation du service militaire est personnelle ; dans le
bénéfice franc la concession est au contraire individuelle, l'hérédité est
simplement de sa nature et le contrat oblige le bénéficier non à servir
en personne, ce dont il est tenu comme sujet du roi, mais seulement à
conduire un certain nombre d'hommes à l'armée.

(2) Grégoire de Tours. VII. 42 ; capit. de 813. 9 et 17. Pertz. leg. t.
1 p. 188 et 189.

(3) Capit. d'Aix-la-Chapelle (807) et de exercitu promovendo. Bal. t. 1 p.
336 ; v. aussi traité de Mersen. c. 5. Pertz. leg. t. 1 p. 395.

fait collation d'un bénéfice (1). Le bénéfice en effet semble destiné à assurer la scrupuleuse exécution du serment prêté par le recommandé, et dont le non-accomplissement entraînera le *ban* et le *forban*; c'est-à-dire la confiscation du bénéfice et la saisie des alleux, ainsi que l'expulsion de la société et l'impunité acquise au meurtrier du coupable (2). Toutefois, une différence subsiste entre le vassal allodial et le vassal bénéficier; l'un n'est obligé qu'à des devoirs restreints et à l'hommage simple, l'autre est soumis à des services beaucoup plus étendus et prête l'hommage *lige*, ce que refusera le premier tant qu'il pourra s'y soustraire; aussi Pépin le Bref distingue-t-il dans un capitulaire « ceux qui possèdent des bénéfices et ceux qui sont honorés en vassalité (3) ».

Les droits et les obligations du bénéficier ne sont pas moins difficiles à préciser, en présence de la diversité présentée à cette époque par les titres de concessions. En principe le bénéficier n'a sur la terre qu'une possession largement étendue, subordonnée à l'existence du lien personnel tracé par la recommandation ; *beneficium* d'après Marculfe (4) signifie simplement

---

(1) Bal. II. 1400, 1405 et 1445. Le *præceptum pro Hispanis* nous montre les Espagnols se recommandant à Louis le Débonnaire avant d'en recevoir des bénéfices.

(2) Capit. de Charlemagne de 802. tit. 2. c. 10.

(3) Il est facile d'entrevoir dans ce système pourquoi le bénéficier doit le service militaire ; il le doit, non comme bénéficier, mais par suite des obligations auxquelles l'a soumis la recommandation envers son *senior*, lequel est tenu désormais de conduire ses hommes à l'armée.

(4) I. form. 30.

l'avantage attaché à la possession d'un immeuble, et les textes mettent sans cesse en opposition le bénéfice et la pleine propriété. Mais on n'est pas d'accord sur l'étendue elle-même de ce droit de possession et l'on discute encore sur le caractère précaire, temporaire ou héréditaire du bénéfice franc. Montesquieu et Mably ont considéré l'hérédité de la concession comme le dernier développement de l'institution ; le bénéfice, d'abord révocable à la volonté du concédant, serait devenu temporaire, puis viager et enfin héréditaire (1). M. Fustel de Coulanges qualifie, sur la foi de certains documents, le droit du bénéficier d'usufruit (2), et n'y voit qu'un droit purement viager : pour lui l'hérédité est incompatible avec l'idée de bénéfice. Enfin une troisième opinion soutient que les Mérovingiens n'auraient aliéné que la jouissance de leurs domaines, et seulement pour la durée des fonctions que les donataires remplissaient auprès d'eux (3). Aucun de ces systèmes ne nous paraît devoir être suivi ; tous sont en plus ou moins grande opposition avec les textes. Le bienfait n'implique pas forcément une absence de tout droit chez le bénéficiaire : une constitution de Clotaire I (500), une autre de Clotaire II (604), et le traité d'Andelot, confirment solennellement l'irrévocabilité du bénéfice (4). Du reste M. Guizot a suffisam-

_____

(1) Montesquieu. l. 30. ch. 16 ; Mably. t. 1. 44 et s.

(2) op. cit. p. 436 et s ; form. de Marculfe.II. 5 ; de Rozière. t. 1. n. 345.

(3) Waitz. Deutsche Verfassungsgeschichte. t. 2. p. 246 et s.

(4) Garsonnet. p. 235

ment démontré l'existence de concessions héréditaires
à toutes les époques de l'histoire des bénéfices (1), et
parfois on serait porté à croire que la plupart des bénéfices temporaires, que l'on rencontre au VIII⁰ et au
IX⁰ siècle, étaient simplement des précaires, ou tout
au moins des locations se rapprochant beaucoup du
précaire (2). Nous repoussons donc l'opinion trop
absolue, d'après laquelle le bénéfice franc devait être
nécessairement et en principe, à l'origine, révocable et
temporaire ; à notre avis il y a eu de tout temps des
bénéfices héréditaires et viagers, et s'il n'existe alors
aucune règle fixe dans les conditions de la tenure bénéficiale, les divergences observées tiennent autant
aux révocations arbitraires des *seniores* qu'à la varia-
bilité de rédaction du titre concessionnel. Il est facile
d'ailleurs de s'expliquer comment on rencontre simultanément des bénéfices héréditaires et des bénéfices
viagers : toutes les fois que le bénéfice était détaché
du patrimoine du *senior*, il est certain que par l'effet
de la recommandation, précédant la collation du bénéfice, la tenure bénéficiale devait être limitée à la vie du
preneur (3), mais, lorsque la terre concédée avait primitivement appartenu au concessionnaire, qui en se
recommandant l'avait abandonnée au *senior*, il ne pouvait y avoir place que pour une concession héréditaire.

---

(1) Essais sur l'hist. de France. p. 141 — 144 ; Lex Burgund. 1. 3 ;
Lex Wisigoth. 5. 2. c. 2 ; Lex Langob. Rotharis. c. 137 ; De Courson.
Cart. de Redon. dipl. 863.

(2) Dans cette hypothèse la terre était le plus souvent accordée sous
condition d'une redevance ou d'un cens.

(3) Marculfe. form. 17. liv. I. et 36 liv. II.

Dans cette dernière hypothèse, il est difficile de supposer que le futur vassal entendit se dépouiller de la propriété entière, et il est fort naturel de penser qu'en se recommandant il réservait aux membres de sa famille le droit de lui succéder sur le bien, à la charge toutefois de se recommander personnellement à leur tour. Deux causes généralisèrent l'irrévocabilité, l'hérédité et la perpétuité ; tout d'abord la faveur dont les peuples germains entouraient toute possession, qui par ses principaux caractères, surtout par la durée, se rapprochait de la propriété; en second lieu la nécessité où se trouvaient les *optimates* de s'assurer fortement de leurs fidèles, du dévouement desquels dépendait le sort de leurs guerres privées (1), c'est-à-dire leur omnipotence. Quelque fût la résistance des empereurs, surtout de Charlemagne (2), il y avait déjà de longues années que l'hérédité était devenue la loi définitive du système bénéficial, lorsque Charles-le-Chauve promulgua le fameux capitulaire de Kiersy-sur-Oise.

Le bénéficier avait-il en outre la faculté d'aliéner tout ou partie du bénéfice et de se soustraire aux charges de la concession en déguerpissant? Il nous semble que cette double question se rattache intimement à celle de l'hérédité des bénéfices, dont elle a suivi toutes les péripéties. Si nous remontons en effet à une époque antérieure à la consécration de ce dernier principe, le droit à l'aliénation n'apparaît nulle part dans

---

(1) Pertz. leg. t. 1. p. 6.
(2) Bal. t. 1. p. 453.

les documents (1), et certains capitulaires refusent expressément au bénéficier de pouvoir rompre arbitrairement le lien de la recommandation ; ils se contentent de réglementer les cas où le *commodatus* pourra désavouer son *senior* (2). Aussi, ce sera seulement lorsque les obligations bénéficiales, personnelles comme celles de la recommandation dont elles émanent, se seront transformées en charges réelles, que le bénéficier aura la faculté d'aliéner et de déguerpir.

Les obligations du bénéficier se résument toutes, d'après l'opinion la plus générale, dans les devoirs impliqués dans l'idée de fidélité. Ces devoirs offrent dans les textes une assez grande confusion, et semblent le plus souvent compris dans ceux qu'entraînait la recommandation et qui étaient essentiellement personnels. Si nous analysons les documents de l'époque, nous apercevons seulement trois obligations propres au tenancier bénéficial : 1° maintenir la terre concédée en bon état (3) et parfois même l'améliorer (4); 2° remplir le service promis comme prix de la concession ; 3° enfin ne pas changer son titre de propriété sans la permission du concédant (5), ce qui indique la fréquence des usurpations.

Ce trop rapide aperçu nous permet néanmoins de rapprocher le bénéfice de l'emphytéose, et de recher-

---

(1) Sauf si la chartre est héréditaire.
(2) Bal. t. 1. p. 510 ; Beaumanoir. ch. 57 ; Pertz. t. 1. p. 189 et s.
(3) Pertz. id. p. 91, 122, 144 et s.
(4) Chartre de 1047 déjà citée. supra p. 212. n. 1.
(5) Capit. de 802, dans Pertz. loc. cit.

cher leurs rapports et leurs dissemblances. Le bénéfice en effet présente d'abord une similitude assez grande avec le bail emphytéotique : dans les deux cas il y a démembrement de la propriété ; dans l'un comme dans l'autre le tenancier est déchu de son droit, s'il détériore le fonds, ou s'il manque d'accomplir les obligations qui peuvent lui être imposées par le contrat originaire ; le bénéficiaire peut être soumis, comme l'emphytéote, à l'obligation d'améliorer (1). Mais de profondes différences se révèlent entre ces deux tenures, différences qui subsisteront, du moins en principe, bien que certaines d'entre elles tendent à s'effacer à mesure que le bénéfice devient plus stable. Ainsi : le canon est un élément essentiel de l'emphytéose et doit être acquitté en argent ou en fruits, dans le bénéfice la redevance fait défaut, l'idée de bénéfice est exclusive de celle de cens (2), et si une prestation doit être fournie en échange de la terre accordée, elle consiste dans les services que nous avons indiqués et qui sont toujours dûs même dans l'hypothèse où une redevance est imposée au bénéficier, en un mot ce dernier à son statut personnel modifié par la collation du bénéfice ; à la différence de l'emphytéote, le bénéficiaire encourt la déchéance non

---

(1) v. p. 236. n. 4.

(2) Lorsque le bénéficiaire doit, en outre des services ordinaires, payer un cens, il n'y a plus bénéfice dans la propre 'acception du mot, mais bénéfice et censive tout à la fois ; la terre est alors concédée, disent les textes, *in beneficium et in censum*. Formules de Goldast 78. « ...postulantes... *ut easdem res beneficium concederentur vel in censum. Quapropter easdem res illis in beneficium et in censum concessimus.* »

seulement lorsqu'il détériore le fonds concédé, mais encore lorsqu'il manque à la foi jurée à son *senior* ou refuse le service militaire (1) ; l'emphytéose est de son essence *ad non modicum tempus*, et le preneur peut transmettre son droit entre-vifs ; dans le bénéfice au contraire, la perpétualité, l'hérédité et la transmissibilité, lorsqu'elles seront érigées en règle générale, ne deviendront pas pour cela de l'essence de la tenure et resteront de sa nature ; enfin le bénéficier peut s'affranchir des charges du bénéfice en l'abandonnant, ce que nous avons refusé à l'emphytéote.

§ 6. — La terra censilis, le manse.

Les institutions que nous venons de parcourir, ne sont pas les seules concessions territoriales qui soient susceptibles d'être comparées avec l'emphytéose ; à côté d'elles, il pouvait exister sur les terres d'autres locations, dont nous ne mentionnerons que les deux plus importantes, c'est-à-dire la *terra censilis* et le manse.

I. — Les textes du IX⁰ siècle font souvent mention de la *terra censilis* ; d'après M. Guérard, cette expression aurait désigné une tenure *sui generis*, qui aurait emprunté son importance à la censive de l'ancien droit, à laquelle elle aurait donné naissance. La *terra censilis* serait tout simple-

---

(1) Bal. I. 494,603, 611.

ment la terre donnée à un haut personnage par un particulier, qui ensuite l'aurait reçue en bénéfice ou s'en serait réservé l'usufruit, sa vie durant, sous obligation de payer au concédant un cens modique, non représentatif du prix de location, mais donné à titre d'hommage et comme signe de dépendance (1). Une phrase d'un capitulaire, que nous empruntons à Baluze (2), paraîtrait confirmer cette explication : « *sed in hac re*, dit le texte, *considerandum est utrum ille qui hanc tenet, dives an pauper sit, et utrum aliud beneficium habeat, vel etiam proprium* ». Ainsi entendue la *terra censilis* présenterait une analogie d'autant plus étroite avec le fonds emphytéosé, que le cens, auquel était alors soumis le bénéficier, offrirait un des caractères du canon emphytéotique, la modicité. Mais la plupart des auteurs ont refusé de voir dans cette concession une tenure ayant une nature et une forme propres, le cens stipulé ne peut être considéré comme imposé *in recognitione dominii*, et suivant eux, l'antithèse de *terra censilis* et *de precario* a simplement pour but de montrer que le bail à cens ne constitue dans l'espèce, ni un bénéfice, ni une tenure servile, mais bien une concession précaire (3).

II. — La condition juridique des possesseurs de manses, *mansoarii*, offre parfois une certaine ressemblance avec celle des emphytéotes. Les uns et les au-

---

(1) Guérard, op. cit. prolégom. § 234 et 230 et appendice p. 341; Lex Alaman. II. 1.

(2) Bal. t. 1. p. 883.

(3) Garsonnet. p. 260 ; cpr. polyptiq. de St-Bertin. t. 2. p. 402.

tres n'ont sur la chose concédée qu'un *jus in re aliena*; le tenancier d'un manse, comme l'emphytéote, est assujetti à payer une redevance foncière, cens ou canon ; tous les deux ont le droit d'aliéner entre-vifs et doivent dans ce cas un droit de mutation au *senior* ; enfin la concession du manse, comme l'emphytéose, a lieu généralement à titre héréditaire (1). Mais les deux tenures se séparent par une différence profonde : le bail emphytéotique est sans influence sur le statut personnel du preneur, tandis que tout *mansoarius*, que le manse soit ingénuile, lidile ou servile, est astreint à des services personnels (2).

Les différents contrats dont nous venons de nous occuper ne sont pas les seuls qui devraient être ici envisagés ; il importerait aussi de parler des tenures serviles dont un grand nombre présentait une connexité souvent étroite avec l'emphytéose, mais c'est là une étude qui n'est plus à faire après les savants travaux de MM. Maurer et Guérard, et qui du reste ne nous entraînerait à rien moins qu'à présenter l'histoire de la location servile au moyen âge. Nous nous bornerons donc à faire remarquer que toutes les institutions en usage tendent à s'élever vers la propriété, l'affranchissement fait passer de nombreux serfs dans la classe plus élevée des censitaires, les possessions

---

(1) Guêrard. passim.

(2) Guérard. passim. Le manse est qualifié d'*ingenuilis, lidilis*, ou *servilis*, suivant la nature des redevances et des services, dont il est grevé, et non pas suivant la condition des personnes qui l'occupent. Cart. de St-Père. p. CCXXVIII.

s'affermissent, le tenancier est mieux assuré contre les exactions du *dominus ;* enfin, à la servitude de la glèbe succède la propriété utile, et de là à la pleine propriété, il n'y a qu'un pas à franchir.

CHAPITRE II

L'EMPHYTÉOSE A L'ÉPOQUE MONARCHIQUE & FÉODALE

SECTION 1re

L'EMPHYTÉOSE PROPREMENT DITE

La période, dans laquelle nous entrons, et qui marque à chaque pas la décadence de la féodalité et les progrès de l'autorité royale, est de beaucoup la plus fertile en faits relatifs à l'histoire de la tenure emphytéotique. Ce n'est plus comme à Rome un expédient entièrement agricole, c'est une véritable institution sociale désormais en harmonie avec le reste de la législation : la hiérarchie des personnes a engendré la hiérarchie des terres et s'est fondue avec elle dans un ensemble commun, les réunissant toutes deux, la hiérarchie territoriale et seigneuriale ; le principe « nulle terre sans seigneur » s'est affermi et est presque devenu la règle générale, il fallait donc rechercher un système de locations, qui, en conformité avec les idées économiques du temps,

16

pût faciliter l'accès de la propriété et permît à l'aliénateur de conserver quelques uns des avantages de la
propriété, entre autres et surtout celui d'assurer à
ses lignagers la dévolution d'un immeuble propre.
C'était la place de l'emphytéose avec la théorie du domaine utile, qu'on y reconnaissait ; dès lors, et suivant les propres expressions d'un de nos grands jurisconsultes modernes, elle devait être, dans notre
ancien droit français, « la bienvenue » (1).

Toutefois, quelque soit l'importance du bail emphytéotique, quelque nombreux que soient les] Chartres,
terriers ou formulaires d'actes, qui en fassent mention, et bien que l'on rencontre à chaque pas le mot
d'emphytéose, il ne faut pas se fier à l'abus qui en est
fait ; aucune expression n'a reçu des sens plus va-
riés, et certes Dumoulin n'était pas au dessous de la
vérité en disant : « *verbum emphyteusis est œquivo-
cum* (2) ». L'emphytéose est tantôt confondue avec le
libellus et la *precaria* (3), tantôt avec le bail à rente (4),
qui transfère la propriété et non pas seulement le domaine utile, parfois même avec le fief (5), où la concession est cependant faite à charge de services hono-

---

(1) Demol. ix, n. 486.

(2) op. cit. § 73. n. 43.

(3 Ducange. V° libellus ; Salvaing de Boissieu. p. 6. (traité du plait seigneurial).

(4) Argou. Instit. au Dr. franç. l. 3. ch. 28.

(5) Les statuts de Bergerac. art. 59. s, *emphyteuta* et *dominus feudalis*
y sont synonymes ; Toulouse 23 mai 1814, dans la jurispr. gén. v° propriété féodale. n. 225; Salvaing de Boissieu. op. et loc. cit.

rifiques, enfin et surtout avec le bail à cens. Ici l'assimilation est d'un usage presque universel ; les actes portent tous en général l'une de ces deux formules : « *accensamus seu in perpetuam emphyteosim damus et concedimus....* » ou bien plus fréquemment encore « *hascensavit et titulo puri et perfecti accensamenti ad acapitum sive in emphyteosim perpetuam tradidit vel quasi cessit, concessit, perpetuo penitus et remisit...* »; et ce n'est là ni un pur hasard de rédaction, devenu une règle constante, ni un effet de prolixité notariale ou d'ignorance juridique, puisque tous les jurisconsultes, Despeisses et Boutaric peut-être seuls exceptés, identifiaient les deux tenures, et que l'un d'entre eux, Fonmaur, écrivait qu'il n'y a pas de véritables emphytéoses dans les pays de droit écrit « *mais seulement des baux à cens comme dans la France coutumière* (1) »

De toutes les confusions faites, cette dernière est de beaucoup la plus grave; elle ne tend à rien moins qu'à faire d'une institution de droit commun une institution féodale et seigneuriale. Sans doute, et nos vieux auteurs sont unanimes sur ce point, l'emphytéose démembre la propriété; elle transporte à l'emphytéote le domaine utile et laisse le domaine direct au bailleur, mais cette directe n'a rien de seigneurial ; suivant les propres termes du savant jurisconsulte Merlin, c'est une simple directe à laquelle n'est attachée aucune espèce de puissance, une

_____

(1) Des droits de quint, lods, et ventes. n. 120.

directe de pur droit privé ; la seule, hâtons-nous de
l'ajouter, qu'aurait pu concevoir le droit romain,
également étranger aux principes féodaux et à la
hiérarchie territoriale et seigneuriale. Dans le bail à
cens au contraire, s'il existe aussi séparation du
domaine utile et du domaine direct, la directe y est
non plus privée, mais seigneuriale et publique, et
c'est cette directe seigneuriale et publique qui constitue véritablement l'essence de la tenure, ainsi que
nous pouvons le lire d'ailleurs dans les arrêtés
de Lamoignon et dans les dissertations féodales
d'Henrion (1).

Comment concevoir cette confusion? Elle peut cependant s'expliquer suivant nous par deux causes
distinctes, relatives, l'une à l'existence d'une emphytéose seigneuriale, l'autre aux tendances usurpatrices
des possesseurs d'alleux roturiers. En premier lieu,
tout propriétaire d'un alleu étant libre d'en disposer,
quelque soit la nature de la propriété, possède donc
toujours le *jus abutendi*, que le fonds soit noble ou
roturier, et par suite le droit de le donner en emphytéose (2). Or, si nous supposons un fonds noble,
il peut toujours y retenir la directe seigneuriale (3);
d'où une double directe, directe emphytéotique et
directe seigneuriale ; mais comme cette dernière, de

---

(1) Lamoignon. tit. 19. art. 5 et Henrion. t. 1. art. alleu. § 9.

(2) Hervé. Traité des matières féodales et censuelles. t. 2. p. 329.

(3) Sur l'existence de deux emphytéoses, seigneuriale et commune,
Guy-pape (jurispr. par Nicolas Chorier, p. 138 et 240), et Salvaing de
Boissieu. (p. 144.)

beaucoup la plus importante, renferme en elle-même presque tous les avantages de la première, il n'y a rien d'étonnant à ce qu'elle soit la seule envisagée dans l'emphytéose d'une terre noble, et il paraît dès lors tout naturel que nos anciens auteurs l'aient, dans cette hypothèse, confondue avec le bail à cens (1). En second lieu, les possesseurs de franc alleu roturier, ambitieux de s'introduire petit à petit dans les rangs de la noblesse, et désireux peut-être plus encore d'exempter leurs terres des charges qui les accablent (2), et dont sont dispensées les propriétés seigneuriales, essayent de transformer l'emphytéose en un contrat seigneurial, de faire des fiefs de leurs rotures ; dans ce but ils exigent peu à peu dans les actes de concessions certains droits seigneuriaux et tendent de plus en plus à assimiler l'emphytéose au bail à cens, dont étaient seuls susceptibles les fonds nobles (3). Ceci posé on ne saurait donc s'étonner que Dumoulin ait pu dire, tout en admettant que le bail à cens et l'emphytéose aient pu différer : « *tamen eadem analogia est, nec est jus diversum* ».

---

(1) Surtout depuis que le droit civil et le droit canonique lui-même (Dunod. Traité des prescriptions. p. 145, 151 et 152) n'observaient plus la commise et que le retrait emphytéotique de Justinien n'était plus d'un usage général (Boucher d'Argis sur Argou. t. 2. p. 303. V. aussi sur l'inobservation de la commise, Limoges. art. 69, Bergerac. art. 60, Arles. art. 88, Salon. Giraud. preuves. t. 2. p. 257).

(2) La roture n'avait rien d'incompatible avec l'allodialité et l'indépendance, l'alleu était en effet sujet au paiement des tailles,

(3) Dans Merlin, v° Rente foncière § 14 ; v. l'édit du mois d'août 1692 et la déclaration du 2 janvier 1769 ; Boutaric, p. 33,

Ces préliminaires nous indiquent déjà avec quelle circonspection on doit interroger à cette époque, les actes qui portent mention de l'emphytéose ; conformément à la doctrine de Merlin, ce ne sont pas les dénominations employées, qui doivent servir de guide, étant donnée une langue juridique si peu précise, ce sont les actes eux-mêmes et leur propre contenu (1). C'est en se conformant à cette règle que nous pourrons décider si l'emphytéose a conservé son caractère propre en tant que contrat, ou bien si elle s'est effectivement transformée et est ainsi devenue une variété du bail à cens ou du bail à rente.

Quant à nous, quelques altérations que la pratique ait pu lui faire subir dans ses parties accessoires, l'emphytéose subsiste encore dans notre période avec son individualité complète. Incontestablement les divergences et les contradictions des jurisconsultes ont jeté un voile assez obscur sur la théorie de l'emphytéose ; mais de là à mettre en doute sa propre existence, il y a loin. Lorsqu'au XII° siècle l'étude du droit romain se ranime et excite dans toute l'Europe, en France plus que partout ailleurs, un enthousiasme excessif, lorsque le droit romain et le droit canonique, publiquement professés, plantent d'aussi profondes racines dans la législation française, comment admettre que l'emphytéose, l'institution la mieux disposée pour la société

---

(1) Cass. 16 fév. 1838.

qui se forme, ait été exceptée de la faveur universelle, et n'ait eu d'autre effet que d'apporter à
l'ancien droit français la théorie du domaine utile
et du domaine direct, la pratique des lods et ventes,
et l'usage du plait, ce dernier emprunté directement
au *libellus*? Il y aurait là une impossibilité morale,
que les faits viennent du reste démentir. En effet,
d'une part, l'emphytéose romaine est toujours restée
la tenure de prédilection de l'Eglise ; elle en use largement sur ses terres et en observe scrupuleusement
toutes les conditions (1) ; or, on connaît le rapport
intime qui existait dans notre ancienne législation
entre le droit canonique et le droit civil ; d'autre part,
en matière laïque, si l'on analyse les chartres ou
terriers contenant mention d'emphytéoses, les principes de l'emphytéose romaine se révèlent clairement ;
trois chartres que nous'empruntons au cartulaire de
St-Hugon, et une série de documents relatifs au
prieuré de Chamonix, nous paraissent décisives en
ce sens. Les deux premières, de la fin du XIVᵉ
siècle, concernent deux reconnaissances emphytéotiques faites à la Chartreuse de St-Hugon ; il n'y
est parlé ni de droits seigneuriaux, ni de bail à
cens ; on s'y borne à déclarer l'existence de l'emphytéose et à mentionner le domaine direct de la com-

_____

(1) Giraud t. 1 p. 209 ; Durandus, speculum juris.lib. 4. tit. de emphy
teusi. t. 3 p. 294; Dupont, p. 143. Cpr. les solennités requises en cas d'emphytéose ecclésiastique avec l'art. 79 de l'ordon. de Blois et un arrêt du
14 mars 1725 du parlement de Paris; v. les dispositions du concile de
Latran tenu sous Alexandre III.

munauté, qui constitue bien alors une directe emphytéotique (1). La dernière, également du XIVᵉ
siècle, est tirée des archives de l'église de Sallanches, et s'applique à une emphytéose constituée entre
particuliers; ici encore il n'y a ni assimilation de
l'emphytéose au bail à cens ou au bail à rente, ni
droits seigneuriaux exprimés : le preneur reconnaît
tenir en vertu d'une emphytéose perpétuelle et sous
réserve du domaine direct emphytéotique du bailleur,
auquel sont en outre attribués expressément *in omnibus casibus et in omni eventu commissio et exchita*
(2), c'est-à-dire la commise et le droit de retour dans
le cas où l'emphytéote décéderait sans héritiers (3),
en un mot deux des prérogatives importantes accordées en droit romain au *dominus* d'un fonds emphytéotique. Cette présence de la commise dans les
actes de pure emphytéose est pour nous une preuve
concluante de l'existence propre de l'institution emphytéotique dans cette deuxième période; c'est en
effet l'attribut type de la tenure (4), aussi étranger au
bail à cens qu'au bail à rente (5).

---

(1) Cart. de St-Hugon, dans les mém. de l'Académ. de Savoie. 2ᵉ série
t. 11. p. 397 et 398. Il en est de même en Dauphiné, v. des chartres du
XIIIᵉ siècle de l'abbaye de St-Felix de Valence.

(2) Ducange. V· Commissio § 2 et Escaeta.

(3) Documents sur le prieuré de Chamonix, Bonnefoy Perrin, p. 254.

(4) La preuve de l'existence de la commise dans l'emphytéose seigneuriale nous semble resulter d'un passage de Guy-Pape (op. cit. p. 132.)

(5) Sur le bail à cens: Dumoulin, rubr. du tit. 2 de Paris, n. 33 ; Loysel
admettait la commise (liv. 4. t. 2 règle 22), mais il est constant qu'il a
pris l'exception pour la règle; v. art. 77 et 85 de Paris. — Sur le bail à
rente: Pothier, du contrat de bail à rente. n· 81, 8.

Toutefois la théorie que nous venons de combattre, n'en n'exerça pas moins une influence considérable sur la directe emphytéotique, dont la pratique et la jurisprudence s'efforcèrent d'affaiblir l'importance. Ainsi : la commise, qui d'après Argou aurait été de droit dans l'emphytéose (1), devait être au Nord prononcée par les tribunaux, tandis qu'au Midi, elle était tombée en complet non usage, et n'était plus tenue que comme comminatoire (2), même au cas d'expresse stipulation ; le droit de retrait emphytéotique, qui présentait sur le retrait censuel l'immense avantage de s'exercer avant la consommation de l'aliénation, n'était plus appliqué généralement dans la pratique (3) ; il n'avait lieu qu'en Languedoc et en Guyenne, et était abrogé en Provence, en Dauphiné et dans le Lyonnais, à moins d'être réservé dans les titres ; enfin le *laudemium*, bien que reconnu dans l'emphytéose finit par ne plus être exigé qu'en vertu d'une clause formelle du bail emphytéotique (4). Mais

---

(1) T. 2. p. 30J : elle était encore observée en Dauphiné au temps de Guy-Pape et de François-Marc. v. arrêt du Parlem.de Grenoble du 24 déc. 1456.

(2) Serres, Institut. du droit français. l. 3 tit. 21. § 3 : il en était de même en Hollande et en Belgique où le pacte exprès était cependant rigoureusement appliqué, Vinnius. p. 670 et Voet. t. I. p. 252 ; de même aussi en Dauphiné (Salvaing. p. 147) et en Savoie (Favre. Cod. definit. forens. et rer. in sacr. Sabaudiœ senatu tractatarum. l. 1. tit. 43. def. 27). v. Dunod. p. 169. On pourrait croire cependant que tout ceci est spécial à l'emphytéose seigneuriale en lisant les œuvres de Despeisses. p. 205 et s.

(3) Boucher d'Argis sur Argou. t. 2. p. 305 ; Tiraqueau, du retrait lignagier, art. 33; Pocquet. p. 455. v.cependant cet auteur p. 234 et l'art. 153 de Reims, qui était passé en droit commun.

(4) Merlin. Rép. v° Rente seigneuriale. § 2 et 6 bis.

quelles que soient ces importantes altérations de la
pratique, ces divers attributs n'en sont pas moins
susceptibles d'être stipulés dans l'emphytéose, et ils
n'en restent pas moins théoriquement des éléments
naturels de la tenure emphytéotique. Ces quelques
réflexions, présentées d'une façon très-générale sur
la notion de l'emphytéose à l'époque monarchique,
vont nous permettre de signaler très brièvement,
quelques unes des difficultés les plus élémentaires,
auxquelles elle a donné lieu.

La condition essentielle pour pouvoir bailler en
emphytéose est d'être possesseur en franc-alleu, soit
noble, soit roturier, du fonds à concéder, ce qui correspond exactement à la qualité de *dominus*, qu'exigeait le
droit romain, et ce qui explique aussi pourquoi l'emphytéose est plus commune au Midi qu'au Nord de la
France (1). Ce principe est suivant nous sans exceptions, et s'applique quelque soit le genre d'emphytéoses,
perpétuelles ou temporaires. Certains auteurs esti-
ment que l'emphytéose temporaire serait susceptible
de s'appliquer à un fonds même non allodial (2). Cette
théorie invoque en sa faveur un passage de Dumoulin
attribuant à l'emphytéote temporaire des droits moins
étendus qu'à l'emphytéote perpétuel, et argumente de
la controverse élevée sur l'art. 78 de la coutume de
Paris, relativement à la perception des lods et ventes
dans le bail emphytéotique, ce qui indiquerait que le

---

(1) Boutaric. p. 377 ; Hervé. op. et loc. cit.
(2) Duvergier. t. 3 n° 145 ; Pép. le Halleur. p. 293. s.

fonds emphytéosé pouvait être une censive (1). Cette
doctrine, contredite par la majorité de nos anciens
auteurs, est en outre condamnée par les principes. En
effet: d'une part Guyot, Argou, Merlin, et Troplong
n'établissent aucune différence entre l'étendue des
droits du preneur perpétuel et ceux du preneur temporaire, et accordent également à l'un et à l'autre le
domaine utile, conformément du reste à l'opinion qui
avait prévalu dans la pratique (2); d'autre part Dumoulin dans la citation alléguée ne propose la distinction
que pour résoudre l'antinomie célèbre des lois *4 et 12.
C. de fund. patrim. 11. 61* ; de plus l'idée des lods et
ventes est loin d'être inconciliable avec l'emphytéose,
puisque, dans l'emphytéose romaine pure, l'aliénation
entraînait la perception du *laudemium* ; enfin le fonds
non-allodial ne pouvant être qu'un fief, une censive,
ou même une terre déjà baillée à rente, nous ne
voyons pas comment nous pourrions y admettre la
possibilité d'une emphytéose, qui a toujours nécessité
chez le concédant une pleine propriété et par suite le
jus abutendi. Le possesseur d'un fief ne peut avoir
une directe purement privée et étrangère à la hiérarchie féodale, sans se conduire en possesseur d'alleu ;
le possesseur d'une censive, lui, ne peut se réserver
une directe quelconque, puisqu'il n'a que le *dominium
utile* « cens sur cens ne vaut » et, quant au bailleur

(1) Dumoulin. § 78. gl. 4. n. 15 ; Brodeau sur l'art. 78 de la C. de Paris;
n. 37.

(2) Loyseau, du déguerpissement. l. 1. ch. 5. n. 8; Merlin. vᵉ emphytéose.
Guyot. vᵉ emphytéose.

à rente, sa tenure lui confère, au lieu de directe, un simple droit réel ; dès lors, si les uns et les autres ont voulu établir une emphytéose, ils n'ont fait en réalité qu'un bail à cens, un bail à rente seigneuriale ou un bail à rente foncière.

Cette question sur les effets propres de l'emphytéose temporaire et de l'emphytéose perpétuelle nous conduit à nous demander quelle était celle des deux qui devait être présumée, lorsqu'aucun terme n'avait été déterminé pour la durée de la tenure. Ici encore controverse : Guyot (1), soutenait que l'emphytéose devait être censée faite à perpétuité, tandis que Brodeau se prononçait sur l'art. 149. de la coutume de Paris pour l'emphytéose temporaire, et réduisait de plein droit sa durée à quatre-vingt-dix-neuf ans. Ces deux systèmes nous semblent l'un et l'autre également difficiles à adopter, et il nous paraît plus juridique de rechercher la solution de notre question dans l'application du principe d'allodialité ou de la règle « nulle terre sans seigneur » ; point de vue auquel se sont peut être placés nos deux jurisconsultes, mais où ils ont eu le tort d'ériger en règle générale une décision parfaitement exacte pour les contrées qu'ils envisageaient. Ainsi la présomption devra donc être pour la perpétuité de l'emphytéose dans les pays de droit écrit, où domine le franc-alleu, et où se sont conservées les traditions du droit romain, alors que dans les pays coutumiers,

---

(1) op. et loc. cit.

où règne sans partage la maxime « nulle terre sans seigneur », l'emphytéose temporaire sera nécessairement présumée. Dans ce dernier cas nous ne faisons même aucune difficulté à accepter, dans le silence du contrat, la décision de Brodeau, limitant la durée de la tenure à quatre-vingt-dix-neuf ans, ce qui est conforme à la loi *8 D. de usu et usufructu. 33. 2,* dont l'application était générale dans notre ancien droit et ce qui est également en harmonie avec le terme exprès stipulé dans la plupart des emphytéoses temporaires.

Remarquons toutefois que cette durée n'est pas indispensable dans l'emphytéose temporaire, celle-ci possédant encore le caractère emphytéotique alors même qu'elle n'aurait pas été concédée pour un aussi long temps. Enfin, et par application du principe que nous avons adopté; dans le cas où nous rencontrerions une tenure, sur la nature de laquelle le contrat ne se soit pas expliqué, mais qui révèle certains des caractères de l'emphytéose, la rente pourra être présumée emphytéotique dans les pays de franc-alleu, tandis que dans ceux où règne la règle « nulle terre sans seigneur » elle sera réputée censuelle ou simplement foncière (1), l'emphytéose exigeant alors une clause formelle pour exister.

L'étude des droits de l'emphytéote soulève à son tour dans notre période quelques difficultés, bien que d'ores et déjà nous n'établissions encore aucune

_____

(1) Loysel, du déguerp. l. 1. ch. 5 n· 8.

différence entre l'emphytéose perpétuelle et l'emphytéose temporaire, à laquelle nous n'hésitons pas à
attribuer le domaine utile (1). Une première question
s'élève sur l'attribution du trésor trouvé dans le fond
emphytéotique. L'introduction de la théorie du domaine utile pouvait en effet laisser supposer que la
fortune, ou *trouve d'or*, comme on l'appelait alors,
dût être attribuée à l'emphytéote ; mais ces *fortunes*,
étant dans notre ancien droit, moins des accessoires
du fonds que des biens vacants soumis au principe
de l'occupation ou de la souveraineté (2), le droit
commun paraissait fixé dans le sens d'un partage
égal entre le seigneur haut-justicier, le seigneur
direct et l'inventeur (3). Cependant il faut observer
que la jurisprudence tendait à restreindre les droits
de ce dernier, même en l'absence de tout dol ou
fraude, qui eût entraîné la sanction édictée par la
loi *3 § 11. D. de jure fisci 49. 14* (4), dont l'application était générale. Ainsi dans tous les cas, l'em-

---

(1) Comp. Argou. l. 3. ch 28 ; Merlin. Quest. V° emph. § 5. n° 1.
et 2. ; V. aussi Dumoulin. de feudis §. 82. gl. 1 n. 6, t. 1. ; D'Argentré, Commentarii in patrias Britenum leges, art. 299, p. 1408 ; Tiraqueau, de utroque retractu municipali et conventionali commentarii
duo, p. 227; Despeisses, des contrats, part. 1, tit. 3. sect 3, t.1. ; Loyseau,
l. 1, ch. 5 n° 98.

(2) Loysel. Inst. coutum. tit. de seigneurie. n° 52; Coquille, sur l'art.
2 t. 1. du Nivernais ; Bacquet, droits de justice. c. 32.

(3) Loysel. l. 2. règl. 52 à 54.

(4) Lebret. Quest. notables, l. 5 ch. 4 ; Berauld sur l'art. 112 de Normandie. tit. des fiefs ; v. aussi l'arrêt du parlement de Rouen, qu'il
rapporte, du 22 nov. 1525.

phytéote n'avait *proprio jure emphyteusis*, aucun droit sur le trésor.

Une deuxième question, plus importante, est relative au droit du preneur emphytéotique sur les mines, minières ou carrières, non exploitées au moment du contrat emphytéotique, ou sur les bois de haute futaie, non mis en coupe réglée à la même époque ; l'emphytéote pouvait-il les exploiter, par suite ouvrir les premières, abattre ou couper les seconds ? A ne s'attacher qu'aux principes du droit romain, il semblerait que l'on dût immédiatement refuser à cet emphytéote un droit *qui causam proprietatis deteriorem facit*, alors qu'il devait au contraire *meliorem facere*, et telle était en effet la solution donnée à la controverse par Barthole, Balde, Angelus, etc.... Dans notre ancien droit et chez nos anciens feudistes, on tendait au contraire à admettre l'affirmative d'une manière plus ou moins large: les uns, comme Dumoulin (1), s'attachaient au bail primitif de concession; les autres, comme d'Argentré (2), se bornaient à distinguer entre la superficie, et le sol même de l'héritage ; quelques-uns, comme Coquille, recherchaient si ces mines, minières, carrières, bois de haute-futaie, formaient ou non toute la consistance du fonds emphytéosé; enfin un certain nombre, parmi lesquels Boutaric (3), conciliaient les deux points de vue de Dumoulin et de Coquille. Quelque étonnement qu'elle puisse exciter en présence des

---

(1) Sur Paris § 74. gl. 2.
(2) Sur l'art. 61 de Bretagne. n. 3.
(3) p. 283.

idées juridiques reçues, c'est à cette dernière solution que nous paraissent s'être arrêtées, dans notre ancien droit, la majorité des auteurs et la jurisprudence (1). De là deux hypothèses bien distinctes : ou le bail de concession est représenté, ou il ne l'est point ; au premier cas, l'emphytéote ne peut exploiter que si les mines , minières, carrières, bois de haute-futaie, ne forment pas l'objet intégral de la tenure ; au deuxième cas son droit d'exploitation s'exerce certainement sur la superficie, mais, pour s'appliquer au sol, en outre que le fonds doit toujours être capable de fournir le paiement des devoirs annuels, il faut de plus que la valeur de ce fonds ne soit pas sensiblement diminuée, et que celui-ci soit dans un état tel, qu'il puisse être rétabli dans son intégralité après quelques années.

L'obligation d'améliorer soulevait à son tour quelques difficultés, lorsque l'emphytéose étant temporaire, et le contrat ayant désigné, ainsi que cela se produisait le plus souvent, les améliorations à effectuer, l'emphytéote les avait de beaucoup dépassées. Le terme arrivé, devait-il les abandonner au propriétaire sans indemnité ? La négative était soutenue par un certain nombre d'auteurs d'une grande autorité, qui n'admettaient le *dominus* à les conserver, qu'à la

---

(1) v. pour les carrières, arret. du parlem. de Normandie du 14 fév. 1648, rapporté par Basnage sur l'art. 204 de Normandie ; et pour les bois de haute futaie, parlem. de Toulouse du 9 déc. 1613. arret rapporté par Cambolas. décis. not. l. 4. ch 10. p. 253 ; contra, parlem. de Paris 15 mai 1517, arret rapporté par Charondas en ses observat. l. 7 ch. 174.

charge de payer la plus value (1), mais l'affirmative,
dont Argou n'hésitait pas à trouver l'application très
rude (2), était, conformément d'ailleurs aux coutumes, généralement adoptée par les jurisconsultes et
la jurisprudence (3).

Enfin et par une innovation juridique, contre laquelle s'élevèrent avec force du reste les romanistes,
il était donné à l'emphytéote dans l'ancien droit français de pouvoir déguerpir. Cette dernière faculté, qui
se lie intimément à la théorie du domaine utile et du
domaine direct, exigeait pour être exercée, certaines
conditions déterminées et pouvait même parfois être
refusée au tenancier. Ainsi l'emphytéote devait faire
le déguerpissement en justice, déguerpir de la totalité de l'immeuble, laisser le fonds concédé en bon
état, et payer les arrérages dus (4). Mais si le preneur
avait promis de mettre *amendement*, c'est-à-dire s'était
engagé à opérer quelques améliorations, le déguerpissement ne pouvait s'effectuer qu'après l'accomplissement de ces améliorations (Parlement de Dijon 9
mars 1610) (5), et dans le cas où l'acte de concession

---

(1) Sur la présomption de savoir par qui avaient été faites les améliorations, et sur la controverse existant entre Dumoulin et Loyseau, Duvergier, Louage. 1. n. 180.

(2) l. 3 c. 28.

(3) Principalement par le parlement de Paris. v. arr. du 2 mars. 1596,
dans Lacombe. Rec. de jur. p. 263 ; Coquille sur l'art. 15. tit. 6. de Nivernais.

(4) Parfois même le terme courant était dû. art. 412. d'Orléans.

(5) Despeisses. t. 2. p. 226 ; Bouvot. t. 1 part. 1, v° déguerpissement.
q. 1.

17

emphytéotique aurait porté la clause *de fournir et faire valoir*, le déguerpissement lui était enlevé ; alors, quels que puissent être les changements ou périls advenus à l'héritage, il était contraint, hormis les cas de force majeure, de continuer au bailleur le service du canon. Ce n'était pas là d'ailleurs le seul effet relatif que produisait le déguerpissement en tant que mode d'extinction et de résolution de la tenure ; si les biens nobles revenaient effectivement tels entre les mains du seigneur, ils n'en restaient pas moins grevés des hypothèques, servitudes et autres charges que l'emphytéote y avait établies. (1)

SECTION II

INSTITUTIONS QUI SE RAPPROCHENT DE L'EMPHYTÉOSE

L'époque féodale et monarchique, que nous traversons, présente un nombre infini de tenures se rapprochant toutes, à un dégré plus ou moins étroit, de l'emphytéose, et à ne considérer que leurs conditions les plus générales, on serait tenté de regarder cette dernière comme l'institution mère et génératrice de toutes les autres. Nous avons déjà eu du reste l'occasion de voir, dans le précédent chapitre, les analogies que cette emphytéose offrait avec diverses locations à longue durée, et il importerait donc d'en ouvrir ici un exposé comparatif, ainsi que nous avons fait pour chacune des périodes antérieures. Mais comme une telle entreprise ne nous entraînerait à rien moins qu'à

---

(1) Maynard. Notables et singulières questions de droit. p. 530 ; Boutaric. p. 278.

une étude complète du régime de la propriété foncière,
ce qui dépasserait de beaucoup les modestes limites
que nous nous sommes tracées, nous nous contenterons simplement de parcourir à grands traits la
théorie du fief et du bail à cens, parce que ce sont les
deux tenures féodales par excellence, celle du bail à
rente foncière, car ce système de location, purement
civil, mais perpétuel, a disparu à ce titre de notre droit
moderne ; nous nous bornerons enfin à dire quelques
mots du bail à bordelage, du bail à domaine congéable,
du bail à locatairie perpétuelle, du bail à complant et
de l'albergement, qui offre un intérêt tout particulier
pour le Dauphiné.

§ 1. — Fief

Le fief, qui a succédé au bénéfice de l'époque franque, n'est à proprement parler, sous des applications
plus variées et des règles plus précises, que la même
forme de location perpétuelle, et c'est bien là ce
qu'exprime Charondas dans une définition qu'il en
donne sur la coutume de Paris, à savoir que « c'est
un droit donné et octroyé en héritage par le seigneur
en bienfait, à la condition de le reconnaître perpétuellement l'auteur d'icelui, l'avouer pour seigneur, et
lui rendre fidélité, secours en guerre ou autre service, ou devoir ». Cette définition, qui révèle les deux
actes distinctifs de l'inféodation ou contrat de fief, la
foi et hommage et l'investiture, est plus particulièrement exacte sous la féodalité pure, avant la décadence
et la disparition du service militaire féodal. Mais lorsque s'est effectuée la révolution, qui a transformé la

féodalité politique et militaire en une institution purement civile, lorsque des prestations pécuniaires, dites
profits seigneuriaux, ont remplacé les services personnels, il ne peut plus être question de devoirs militaires,
et c'est évidemment à cette deuxième évolution de
l'histoire du fief, que se réfère Charondas en disant du
fief que c'est : « un héritage tenu et mouvant d'au-
« trui à la condition de la foi et hommage ». Le fief
n'est plus, d'après le système qui prévaut alors dans
les coutumes, qu'un immeuble, corporel ou incorporel,
détaché d'un autre immeuble plus grand, auquel il est
lié par un rapport réel de mouvance ; un lien personnel existe toujours entre les parties, car la foi est
aussi essentielle au fief que le canon à l'emphytéose,
et il s'opère un démembrement de la propriété inféodée,
la seigneurie directe reste aux mains du concédant et
la seigneurie utile passe avec la propriété au concessionnaire (1). Cette transformation du contrat de fief
tend ainsi sensiblement à le rapprocher des locations
à prix d'argent, dont l'avait distingué jusqu'alors la
spécialité des services dus ; la condition du vassal
arrive à présenter une certaine similitude avec celle de
l'emphytéote, les droits du seigneur rappellent ceux
du *dominus* d'un fonds emphytéotique, et l'on comprend aisément que nos anciens auteurs aient pris
soin de les distinguer. En effet, le droit qui résulte de
l'inféodation est perpétuel ; le vassal peut aliéner le

(1) Merlin. Rép. V⁰ fief. sect 2 § 1. n. 1. Dumoulin. Paris. tit. 1. rubr.
n. 114 ; Pothier, des fiefs. n° 8.

fief, sous condition toutefois de notifier son aliénation au seigneur et de lui payer, au cas de vente, le profit de quint, et dans tous les autres cas, ceux de relief ou rachat (1) ; il peut en outre le transmettre par succession directe ou collatérale (2), l'hypothéquer, le grever de servitudes et autres charges réelles ; s'il aliène, le seigneur jouit d'un droit de retrait, analogue à celui du *dominus* emphytéotique, retrait grâce auquel il lui est donné de prendre pour lui l'aliénation dans un certain délai, c'est le retrait féodal (3) ; enfin ce même seigneur, en dehors de la triple garantie que lui offre, contre l'inexécution des obligations du vassal, l'action personnelle, la saisie civile et la saisie féodale (4), se voit attribuer dans deux hypothèses déterminées, la félonie et le désaveu, une des prérogatives les plus importantes de l'emphytéose, la commise (5). Néan-

---

(1) Paris, art. 23, 33 et 45 ; Loisel, l. 4. t. 3. r. 12 à 23. Toutefois il était défendu au vassal d'abréger le fief en l'aliénant en franc-alleu, ou de le démembrer sans autorisation préalable (Loysel, l. 4. t. 3. r. 70), à moins de faire jeu de fief.

(2) Les mutations héréditaires en ligne directe ne donnaient généralement lieu à aucun profit (Paris. art. 3 ; Loysel. l. 4. t. 3. r. 9 et 12), sauf en Languedoc et en Guyenne où étaient perçus les droits d'accaptes et arrière-accaptes (Boutaric. p. 250),tandis qu'en ligne collatérale les droits de relief ou rachat étaient toujours exigés.

(3) Paris. art. 20. Ce retrait était toutefois primé par le retrait lignager, et ne pouvait s'exercer contre un acquéreur lignager.

(4) Cette saisie pouvait avoir lieu soit faute d'homme, soit faute de dénombrement, soit enfin pour devoirs non remplis ou non payés.

(5) Tout étant réciproque en matière de fief, la déloyauté du seigneur entraînait sa déchéance ; le fief subsistait toujours, mais le rapport de mouvance s'établissait avec le fief dont le fief dominant était mouvant lui-même, et dans le cas, où le seigneur l'aurait constitué sur son franc alleu noble, le vassal le tiendrait en franc alleu.

moins ce contrat de fief se sépare profondément de l'emphytéose : ainsi que le font remarquer Salvaing de Boissieu et Maynard (1), cette dernière n'a pas une origine noble comme celle du fief, qui par sa nature est déclaré exempt des tailles, en quelques mains qu'il passe ; elle ne consiste qu'en droits utiles et ne donne lieu qu'au *laudemium* et à quelques droits d'entrée, tandisque le fief a son essence dans des droits honorifiques, et comprend les lods et ventes, le plait seigneurial et bon nombre de profits seigneuriaux ; en outre elle ne crée pour le preneur aucun devoir personnel, alors que, nonobstant toute transformation de l'inféodation, le vassal n'en est pas moins rendu, en sa personne, sujet de celui qui a la directe, de laquelle le fief relève. Bien plus, l'emphytéose est un véritable contrat à titre onéreux à la différence du fief auquel l'idée de bienfait est inhérente (2), et si l'on s'arrête sur la présence dans le fief de la commise et du retrait, la première n'y apparaît que comme sanction de véritables crimes (le défaut de foi et d'hommage même ne donnait lieu, tout au moins depuis le XIVe siècle, qu'à la saisie féodale (3)), et quant au retrait féodal, il diffère nettement du retrait emphytéotique, puis qu'il n'est encouru qu'après la vente parfaite et consommée, et que

---

(1) Salvaing de Boissieu. p. 146 et Maynard. t. 2. p. 590.

(2) D'où cette différence entre eux relatée par Vinnius (l.3 tit. 25 § 3 n. 4) que le bailleur emphytéotique ne peut, comme le seigneur du fief, empêcher le preneur d'aliéner.

(3) Warnkœnig. Franzœsiche Staats und Rechtsgesichte. t. 2. § 152.

l'autre doit nécessairement s'exercer avant et dès que l'emphytéote se dispose à aliéner (1).

§ 2. — Bail à cens

En droit commun et d'après Pothier, qui le définit (des cens. n° 1), le bail à cens est un contrat essentiellement seigneurial, par lequel le propriétaire d'un héritage ou d'un autre droit immobilier l'aliène sous la réserve qu'il fait de la seigneurie directe, qui prend alors le nom de directe censuelle. Cette tenure, dont les origines sont assez discutées, tout en se rapprochant étroitement du fief, présente une analogie telle avec l'emphytéose, qu'on n'hésite pas en général à les confondre, ainsi que nous l'avons vu précédemment. Des ressemblances très étroites entre les deux institutions juridiques peuvent justifier à première vue cette théorie, qui devient en fait presque exacte, lorsque l'emphytéose s'applique à une terre noble. En effet, le bail à cens opère tout comme l'emphytéose, le démembrement de la propriété en domaine utile et domaine direct; dans les deux contrats le domaine utile seul est aliéné, le domaine direct reste au bailleur avec une rente qui en est récognitive; un droit perpétuel est accordé au censitaire, et le cens à payer présente le caractère de modicité du canon emphytéotique ; de plus le preneur à bail à cens peut transmettre sa tenure par succession, l'hypothéquer,

_____

(1) Salv. de Boissieu. p. 147.

la grever de servitudes et l'aliéner, hypothèse dans
laquelle un profit, appelé lods et ventes, et qui s'é-
lève à Paris au douzième du prix d'achat est alors
dû au seigneur; enfin ce dernier jouit dans certaines coutumes (1), de la prélation et d'un retrait
censuel, droits qui lui donnent l'expectative de rentrer
dans la pleine propriété de ses biens et le rapprochent
d'autant plus du *dominus* emphytéotique. Mais
à côté de ces similitudes qu'offrent les directes
censuelle et emphytéotique, et qui avaient amené
les auteurs et la pratique à les confondre, deux
différences capitales les séparent profondément. La
première s'applique à la qualité des biens qui font
le sujet de l'une et de l'autre; l'on ne peut bailler à
cens qu'un fonds que l'on possède noble, tandis que,
pour bailler un fonds à titre d'emphytéose, il suffit
de le posséder en franc alleu, soit noble, soit roturier.
Ainsi la noblesse est tout autant de l'essence du bail
à cens que l'allodialité l'est de l'emphytéose; des deux
directes, l'une est nécessairement seigneuriale et
publique, l'autre est simplement privée ; et de même
que l'emphytéose ne saurait être constituée sur un
fonds non allodial, de même le propriétaire d'un
alleu roturier ne pourrait le concéder à titre de bail
à cens (2). La seconde différence consiste en ce que,
dans le bail à cens, la redevance, ou censive, est

---

(1) Nivernais, ch. 5, art. 4.

(2) Serrigny, du cens féodal. Rev. crit. de lég. et de jur. nouv. série,
1874, p. 417, s ; Galland, en son traité du franc alleu. p. 88; Boutaric, p.
i j; Henrion t. 1. p. 265.

tout à la fois représentative du domaine direct, et récognitive de la seigneurie, tandis que le canon emphytéotique n'est représentatif que du simple domaine direct, même au cas où la tenure porte sur une terre noble. Enfin deux autres différences très importantes doivent encore être mentionnées ; l'une est relative à l'étendue des droits conférés à l'emphytéote et au censitaire, et l'autre concerne l'une des prérogatives les plus remarquables du bail emphytéotique, la commise. En effet la commise est toujours de la nature du contrat emphytéotique, et bien qu'elle soit tombée en non-usage, on la voit encore s'appliquer, lorsque l'emphytéote s'obstine à ne pas payer (1); au contraire, et quoi qu'en ait dit Loysel (2), elle ne se rencontre jamais dans le bail à cens, pas plus en cas de non paiement qu'en cas de désaveu (3), elle lui est totalement étrangère, et c'est là ce qui constitue aux yeux de Dumoulin la différence entre les deux institutions (4).

§ 3. — Bail à rente foncière

Pris dans son acception la plus large, le bail à rente foncière comprend toutes les conventions, où le propriétaire d'un immeuble en transfère la propriété sous réserve d'une redevance en nature ou en fruits, et

---

(1) Lestangs, en ses arrêts. ch. 7. in fine.
(2) l. 4. t. 2. règle 22 et les notes de de Laurière.
(3) Parlement de Paris. 28 août 1776.
(4) Dumoulin, sur la r. du tit. 2. n° 33 de Paris.

Pothier, dans un sens plus précis, le définit le contrat par lequel « l'une des parties baille et cède à l'autre un « héritage ou quelque droit immobilier et s'oblige à « le faire avoir à l'acheteur à titre de propriétaire, « sous la réserve qu'il fait d'un droit de rente annuelle, « d'une certaine somme d'argent ou d'une certaine « quantité de fruits qu'il retient sur cet immeuble, et « que l'acquéreur s'oblige à lui payer tant qu'il pos- « sédera le dit immeuble » (1).

Ainsi le droit réservé par le bailleur n'est pas une directe, mais un droit à une redevance grevant le fonds, et parfois même l'expectative de recouvrer la propriété à l'expiration du temps fixé, si le bail n'est pas perpétuel. Suivant une réflexion très-exacte de de Laurière (2), le démembrement s'opère alors plutôt sur la chose elle-même que sur la propriété, qui passe aux mains du preneur, et c'est là ce qui constitue le caractère essentiel du bail à rente et le sépare nettement de toutes les autres locations à long terme de notre ancien droit, autant du bail à cens que de l'emphytéose. En présence de cette distinction fondamentale, qui domine la théorie du bail à rente, il paraît difficile de le rapprocher du bail emphytéotique, et l'on en arrive même à se demander comment notre ancienne pratique et nos anciens auteurs avaient pu les assimiler. Cette confusion peut cependant s'expliquer, si l'on compare l'étendue des droits et

---

(1) Du contrat de bail à rente. n° 1.
(2) De Laurière, sur les art. 59, 83, 87, 99 et 100 de Paris.

obligations réciproques des preneurs dans les deux
tenures. En effet : le bail à rente est un contrat réel,
synallagmatique, d'après l'opinion la plus commune (1),
et le plus ordinairement perpétuel, bien que susceptible néanmoins d'être temporaire ; il peut s'appliquer
également à un alleu noble et à un alleu roturier, et
c'est précisément dans cette dernière hypothèse où il
est confondu avec l'emphytéose, surtout depuis que la
commise et le retrait ne sont plus aussi scrupuleusement observés dans cette tenure (2). Le preneur à
rente a sur l'immeuble les pouvoirs les plus étendus,
il peut en disposer, et est admis à déguerpir (3), en
observant les mêmes conditions que celles imposées
aux emphytéotes (4). Le preneur à rente est obligé de
payer, tant qu'il possède l'immeuble, une prestation
soit en denrées, soit en argent, redevance, qui est
prescriptible et divisible, lorsqu'elle n'est point seigneuriale ; il doit en règle générale acquitter les impôts ; il est tenu d'entretenir l'héritage (5) sans qu'il y

---

(1) Pothier. n° 5.

(2) idem. n° 81 et s.

(3) Cette faculté, introduite pour les maisons de Paris et des faubourgs
par l'ordonnance de nov. 1441. art. 20, fut étendue ensuite par la juris
prudence et la doctrine aux coutumes muettes. Primitivement [ce droit
fut contesté au preneur et à ses héritiers, l'ancienne coutume d'Orléans
ne l'accordait qu'aux tiers acquéreurs (Pothier. n. 123) et ce ne fut que
dans leur seconde rédaction que les coutumes de Paris (art. 129 et 130)
et d'Orléans (art. 131 et 412) la concédèrent à ce preneur et à ses héritiers.

(4) v. sur les clauses] de fournir et faire valoir, faire payer la rente à
perpétuité, méliorer tellement l'héritage qu'il] puisse valoir la rente et
plus, Pothier. n° 50 à 56..., 185 et s.

(5) Pothier. n° 111 et s.

ait lieu de distinguer entre les grosses réparations et les réparations d'entretien (1), et, si le contrat cesse par l'expiration du terme ou par le déguerpissement, il est forcé de restituer l'immeuble en aussi bon état qu'il l'a reçu (2). Enfin le bail à rente prend fin et se résout comme l'emphytéose, et présente sur la question des risques la même théorie. A côté de ces ressemblances, le principe que le bail à rente transporte au preneur, sauf le droit réel réservé par le bailleur, tous les droits que ce dernier avait sur la chose et non pas seulement le simple domaine utile, engendre un certain nombre de conséquences qui constituent autant de différences avec l'emphytéose. Dans le bail à rente, la qualité de franc-alleu n'est plus exigé du fonds concédé ; le possesseur d'un alleu noble, le possesseur d'un alleu roturier, le vassal détenteur d'un fief peuvent également bailler à rente foncière ; les droits du preneur à rente dépassent de beaucoup la jouissance la plus large, étant propriétaire, il a tous les droits et actions appartenant au propriétaire, il en dispose à sa volonté sans qu'il puisse y être question, ni de privilèges honorifiques, ni de retrait, ni de prélation, ni de lods et ventes, à moins d'une stipulation formelle (3) ; s'il est tenu d'entretenir, cette obligation est remplie, dès que l'immeuble est en état de fournir la rente, et en dehors de cette limite, il peut valablement détériorer, à moins que le contrat ne prenne .

---

(1) Poth. n. 42, 44, 55 et 56.

(2) Poth. n. 42, 136 et s.

(3) Poth. n. 49.

fin par l'expiration du terme ou par le déguerpissement (1) ; enfin il n'est jamais contraint de faire des
améliorations, sauf clause expresse, dont l'inexécution aurait pour effet direct de prohiber tout déguerpissement avant leur réalisation (2). En dernier lieu
la rente présente plusieurs causes d'extinction, toutes également étrangères à la tenure emphytéotique ;
tels sont l'adjudication sur saisie d'un immeuble,
lorsque la rente n'a pas été déclarée et qu'il n'a pas
été fait d'opposition à fin de charge par le bailleur (3),
la prescription et le rachat. La prescription a lieu ici
non seulement au profit d'un tiers de bonne foi après
dix ou vingt ans, mais encore au profit du preneur lui-
même, lorsqu'il aura laissé s'écouler trente ou quarante ans sans payer la rente (4), et ceci n'a rien de
surprenant puisqu'il ne possède pas au nom d'autrui,
mais au sien propre. Quant au rachat, c'est-à-dire
quant à la faculté de se libérer du service de la rente en
payant le capital, c'est là une cause d'extinction toute
particulière et contraire à l'essence du bail à rente (5),
qu'elle dénature ; elle doit donc être stipulée expressément dans le contrat, et ne reçoit jamais qu'une interprétation restrictive. Ainsi et par application de ce
principe, cette faculté se prescrit faute d'exercice

---

(1) Poth. n. 42, 136 et s.

(2) Poth. n. 57 à 65.

(3) Merlin. Rép. V° hypothèque. sect. 1. § 16.

(4) Poth. n. 195 à 294 ; Pép. le Halleur. p. 270.

(5) Le propriétaire baillait à rente en effet pour ne pas aliéner ; or, s'il
devait être forcé de recevoir le capital, on consommerait précisément à
son détriment l'aliénation, qu'il ne voulait pas faire.

pendant dix ans (1) ; de plus, bien que l'article 16 de
l'ordonnance de 1441 ait déclaré rachetables au denier
douze les rentes assises sur les maisons de Paris
et des faubourgs, et que deux autres édits, d'octobre
1539 et de février 1553 aient étendu la même faveur à
toutes les autres villes, néanmoins ces ordonnances
sont encore appliquées restrictivement, et quand leurs
dispositions eurent passé dans les coutumes de
Paris et d'Orléans (2), on ne les étendit point aux coutumes muettes ; dans cette mesure même le rachat fut
admis seulement pour les rentes, qui n'étaient pas
premières après le cens et fonds de terre (3).

§ 4. — Bail à bourdelage

Le bordelage ou bail à bourdelage, souvent mentionné par un certain nombre de coutumes (4) et surtout très usité dans le Nivernais, où un titre entier (vi)
de la coutume lui avait été consacré, est de toutes
les institutions coutumières celle qui présente la plus
étroite connexité avec l'emphytéose romaine, et cela
autant par le fond même de la situation juridique que
par le détail de ses caractères propres. D'après Argou
et Merlin (5), et suivant l'opinion de quelques auteurs
modernes, on devrait simplement considérer le bor-

---

(1) v. les art. 120. Paris et 269. Orléans; Pothier n. 67 à 76.
(2) Paris. art. 141 et Orléans. art. 270.
(3) Pothier n. 24 à 28.
(4) En Auvergne, à Auxerre, en Aquitaine et en Provence.
(5) Argou t. 2. p. 179 ; Merlin Rép. v° Bordelage.

delage comme une variété du bail à cens seigneurial, et dès lors les différences qu'il peut présenter
avec le bail emphytéotique, seraient déjà connues.
Une telle doctrine nous paraît assez difficile à accepter
de plano : l'article 30 ch. 6 de la coutume de Nivernais constate en effet l'existence du bordelage sur des
biens roturiers, et la question se pose sur l'article 13
de savoir, « *si bourdelage peut être mis sur cens
d'autrui* » ; mais nous ne pouvons oublier qu'il est de
principe que le bail à cens seigneurial n'est susceptible que de biens nobles et que cens sur cens ne vaut.
A ce double point de vue le bordelage semble ainsi
offrir une première ressemblance avec l'emphytéose ;
seulement et ce qui les distingue peut-être en rapprochant davantage ici le bordelage de la rente foncière,
la tenure emphytéotique exige pour s'asseoir un
franc-alleu ; or, si l'on s'attache à la conversion,
qui fut faite plus tard des bordelages en baux à
cens et baux à rente foncière, on y remarque qu'elle
ne fut pas arbitraire, et que l'une ou l'autre de ces
tenures était constituée suivant la nature féodale
ou allodiale du fond bourdélé, ce qui semble bien
indiquer que la qualité d'*allotier* n'était pas exigée
du *dominus* bourdelant (1). Si, à cette différence déjà
importante, on ajoute que le bordelage avait des

---

(1) Art. 30. tit. 6. Nivernais et Coquille en son comment. p. 119. Ce
contrat était tellement rigoureux qu'il fût aboli pour les maisons de
Nevers et du Nivernais et converti en bail à cens ou en bail à rente
suivant la nature des biens (nobles ou roturiers).

conditions plus rigoureuses et plus dures (1), que celles du bail emphytéotique, et que les droits du preneur bordelier étaient sensiblement restreints eu égard à ceux de l'emphytéote, car le premier ne pouvait ni démembrer le fonds, ni l'aliéner, ni le sous-arrenter, on aura déterminé par là toutes les dissemblances qu'un examen attentif pourrait rencontrer entre le bordelage d'une part, et l'emphytéose d'autre part (2).

A l'exception de ces deux points, les tenures bourdelières et emphytéotiques semblent s'identifier; certains des caractères particuliers et distinctifs de l'emphytéose romaine se trouvent même dans le bordelage et permettent de le considérer sous plusieurs rapports comme une véritable emphytéose coutumière. Ainsi le preneur bordelier avait un droit réel et perpétuel, embrassant toutes les prérogatives comprises naturellement dans le droit de jouissance, et si, à l'origine, il ne put ni aliéner par partie le fonds, (3), ni le sous-arrenter (4), ni le détériorer (5), ni même disposer de ses améliorations propres (6), la ressource du déguerpissement sous les conditions

---

(1) v. sur cette dureté des conditions, les paroles du paysan nivernais dans Monteil (Hist. des Franç. des divers estats. t. 4 p. 229).

(2) Une autre différence consistait encore entre ces deux locations à long terme en ce que la succession des héritiers du preneur bordelier était réglée d'une façon toute spéciale. v. art. 18 et 19 niv. et Coquille en son Com. sur les mêmes articles.

(3) et (4). Coquille. p. 108.

(5) Nivern. art. 15. ch. 6.

(6) Niv. id; cpr. Coq. p. 109 et s.

ordinaires lui fut bientôt accordée (1), et l'aliénation de la totalité de l'immeuble bourdelé finit par être admise, mais dans ce dernier cas la coutume de Bourbonnais lui imposa de faire une réquisition au seigneur pour le rendre premier refusant (2). Enfin, et c'est ce qui déterminait l'assimilation, le contrat de bourdelage, comme l'emphytéose, obligeait le preneur à améliorer (3); on y rencontrait la commise appliquée avec la dernière rigueur (4), le seul fait d'avoir démembré le fonds sans l'avoir rétabli dans l'an et jour du commandement du bailleur (5), ou de n'avoir pas payé la redevance pendant trois ans, suffisait à la faire encourir (6); enfin le seigneur bordelier jouissait du retrait et d'un *laudemium* ou droit de mutation énorme, le tiers denier, chiffre que n'atteignaient jamais les lods et ventes dans le bail à cens (7).

---

(1) Niv. ch. 6. art. 16.

(2) art. 490 et 498. Coq. p. 116.

(3) Coq. p. 97.

(4) Niv. ch. 6, art. 23 et s ; Coq. p. 116. Toutefois, la commise était restreinte par la jurisprudence aux parties du fonds qui avaient été démembrées, et la redevance était réduite proportionnellement (Coquille. p. 108 et 5). — La présence de la commise dans la tenure bourdelière, en rapprochant cette dernière location de l'emphytéose pure, l'éloignait par cela même et d'autant plus du bail à cens. Nous avons vu en effet (supra p. 265 et Pép. le Halleur. p. 257), que, malgré l'affirmation de Loisel (l. 4. tit. 2. art. 22. t. 2. p. 128), la commise est toujours restée étrangère au bail à cens.

(5) Niv. ch. 6, art. 11, 12 et 13.

(6) Niv. ch. 6, art. 4 et 7. Le simple retard entraînait le retrait de la concession, puis on admit que la commise n'aurait lieu qu'après trois ans et que le tiers-détenteur n'y serait pas soumis, tant qu'il aurait pu ignorer l'existence de la rente.

(7) Niv. ch. 6. art. 23 et 24.

§ 5. — Bail à domaine congéable. — Bail à locatairie perpétuelle. — Bail à complant.

I. — Le bail à domaine congéable, spécial à la Bretagne (1), est un contrat par lequel le propriétaire concède moyennant redevance la jouissance d'un fonds et le droit d'y faire des améliorations, sous réserve de la faculté de congédier le preneur, c'est-à-dire de l'expulser après un terme fixe, en l'indemnisant de ses améliorations. La présence de cette clause d'amélioration et le fait que le domaine congéable aurait été primitivement une tenure d'une très-longue durée, sinon perpétuelle, appliquée au défrichement de vastes étendues de terres incultes, a déterminé un auteur à rattacher ce contrat à l'emphytéose romaine (2). Cette opinion est peu conciliable, d'une part, avec la résistance qu'opposèrent toujours les Bretons aux institutions romaines, et d'autre part, avec les différences capitales qui séparent le bail emphytéotique et le bail à domaine congéable. En effet, en dehors du congement, particularité essentiellement distinctive et contraire à l'esprit même de l'institution emphytéotique, le domanier n'a pas, comme l'emphytéote, le domaine utile, et, si à la vérité son droit est soumis à la condition résolutoire du congement, il est perpétuel en soi et peut subsister indéfiniment, tout le temps que le congement n'est pas exercé,

---

(1) Hévin. Quest. et observ. concernant les fiefs. p. 176.

(2) M. Dérome. De l'usement de Rohan ou du domaine congéable. Rev. critiq. de législat. et de jurispr. t. 11. 1862 p. 231. et s.

tandis que celui de l'emphytéote prend fin nécessairement avec son bail, lorsqu'il est temporaire.

II. — Le bail à locatairie perpétuelle pouvait se
présenter sous deux aspects différents: en Provence
on le considérait comme un simple bail à rente foncière, offrant par suite les mêmes dissemblances
que cette tenure avec l'emphytéose, au lieu que dans
le ressort du parlement de Toulouse, il avait un caractère vraiment original et dans tous les cas fort
distinct du premier; il ne transférait pas la propriété, bien que les impôts fussent encore à la charge
du preneur (1), mais seulement la simple possession
naturelle (2), l'usufruit du domaine utile (3), lequel
restait à titre de propriété au bailleur à locatairie.
Il s'opérait ainsi, suivant la propre expression de
Boutaric, un cizaillement du domaine utile en deux
parties, ou bien, d'après l'arrêt du parlement de
Toulouse, cité à la note ci-dessous, il y avait, à l'encontre du preneur à locatairie perpétuelle, réserve de la
propriété, soit directe, soit utile. De là il est facile
d'entrevoir la différence de cette tenure avec l'em-

---

(1) De là Tronchet en avait conclu que ce preneur était propriétaire,
mais cette décision est en complète opposition avec celle donnée par la
généralité des auteurs et par la jurisprudence. v. Boutaric. Instit. de
Justinien conférées avec le droit français. liv. 3. tit. 25 § 3.; Fonmaur
n° 536 : Cambolas. liv. 3. ch. 32 et 41; Ferrière, sur la question 162 de
Guy-Pape ; arrêt du parlement de Toulouse du 14 août 1705 (journal du
palais. t. 2. p. 372 ; v. cependant aussi Loiseau, de la distinction des
rentes. liv. 1. ch. 4. n. 23 et Basset des lods, liv. 3. ch. 3. t. 2.

(2) Fonmaur, op. et loc. cit.

(3) Boutaric, des droits seigneuriaux, ch. 14. 1.

phytéose (1), qui, elle, transférait toujours le domaine utile, et exigeait par suite, pour être constituée un fonds possédé allodialement, alors qu'ici il suffit d'en avoir le simple domaine utile.

III. — L'origine du bail à complant est fort ancienne et les chartres les plus âgées en font mention sous le nom de *medium plantum* (2). C'était une espèce de contrat par lequel le propriétaire d'une terre la cédait à un tiers, à la condition que ce dernier la planterait, généralement en vigne, dans un délai déterminé. A l'expiration de ce terme, la moitié du fonds complanté devait toujours revenir au bailleur, et l'autre moitié restait aux mains du preneur, soit à titre de propriété (3), (cas dans lequel il y avait eu plutôt société que louage), soit à titre de fermier, le plus souvent perpétuel *(alteram vero medietatem detentor et heres ejus teneant et possideant)* (4), et c'est dans cette dernière hypothèse qu'il y avait réellement location ou bail à complant (5). Sans s'attacher à la clause d'amélioration,

---

(1) Com. conséquence il n'était pas dû de lods dans le bail à locatairie. v. arrêt. précité. n· 2. op. et loc. cit.

(2) Merlin, Rép. v° Bail à complant; Ducange, gloss. v° complantare; Guérard, Cart. de St-Père de Chartres, p. 113.

(3) Entre autres textes : Abbé Ulysse Chevalier, Cart. de St-André-le-Bas. ch. 26. (1018); v. Cart. du chapitre de l'église de Notre Dame de Nismes (mém. de l'acad. du Gard, 1872). ch. 73.

(4) Ducange, gloss. v. Binœ ; Abbé U. Chevalier, ch. 27 et 80.

(5) On entendait aussi par bail à complant la concession de la jouissance d'un champ que l'on faisait à quelqu'un à titre d'usufruit, à charge d'y faire des plantations et sous condition de rendre chaque année au bailleur une certaine portion des fruits. v. art. 18. C. de St-Jean d'Angely, et art. 75 et 82. C. de Poitou.

prédominante ici, ce bail présentait en outre une
certaine analogie avec l'emphytéose, car il conférait
au bailleur un droit de retrait, presque identique à celui
du *dominus* emphytéotique, et s'exerçant à l'occasion
de l'aliénation ou de l'hypothèque consentie par le
preneur, sur la moitié qui lui avait été laissée (1).
Mais là s'arrêtait la similitude ; jamais le bail à complant n'entraînait translation de domaine utile, comme
l'emphytéose, et quelles que soient les difficultés auxquelles ait donné lieu la détermination du droit, qui
était transféré au preneur à complant, elles se résu-
maient dans cette simple question : il y avait-il ou non
transport de la propriété ? Dans la période historique
que nous étudions, le bail à complant offrait en effet,
comme le bail à locatairie perpétuelle, des variations
considérables suivant les pays où il était contracté ;
ainsi dans le ressort de la coutume de la Rochelle, la
propriété passait au preneur ; au contraire, dans les
régions comprises dans le département de la Loire-
Inférieure, il ne s'opérait aucune translation analogue ;
enfin, quant à ces parties de notre ancienne France
provinciale, qui ont formé depuis les départements
de la Vendée et de Maine-et-Loire, il est encore
très controversé de savoir auquel des deux, du
bailleur ou du preneur, cette même propriété devait
appartenir (2).

---

(1) v. textes de la note 4, page précédente.

(2) Merlin, Rép. v° vignes § 2 ; cass. 16 janv. 1826 et 29 juillet 1828.
Hérold, (quest. pratiq. sur les baux à complant), (Rev. pratiq. du droit
français. t. 3. 1857, p. 364).

§ 6. — De l'albergement en Dauphiné et en Savoie

Le mot albergement, auquel les étymologies les plus diverses ont été successivement données (1), désigne une espèce toute particulière de tenure, que l'on ne rencontre que sur quelques points de la France : dans le Bugey, en Languedoc, dans le Béarn, dans le Dauphiné et en Savoie. Dans la province du Bugey, l'albergement présente un caractère vraiment spécial, et qui le distingue nettement de ce qui s'observe partout ailleurs ; il n'opère aucun démembrement de la propriété et ne confère au preneur qu'un simple droit de jouissance (2). Dans le Languedoc et en Béarn l'albergement procède d'une double origine et s'applique également dans deux cas quelque peu différents ; tantôt c'est une concession immobilière, translative du domaine utile, et alors suivant Merlin, c'est un véritable bail à cens (3) ; tantôt c'est une redevance constituée par abonnement du droit primitif d'albergue, c'est-à-dire du droit de gîte et d'hébergement dont était tenu jadis le vassal

---

(1) Ducange, gloss. v° Hereberga, abergeage, albergation et albergement ; v. aussi herbergen en allemand ; De Laurière, albergue (Guyot Rép. v· abergeage) ; Guy Allard dans son diction. du Dauphiné, alpen ou alpage vieux mots du pays signifiant herme, sommets ou lieux incultes ; cpr. le *coshering* ou *coshry* anglais (Paul Fournier. La question agraire en Irlande. 1882. p. 12. texte et n. 5). Nous inclinons pour albergare, hereberga, herbergen. Remarq. q. dans les chartres les plus anciennes, les albergataires prêtent l'hommage lige ; cpr. chartre du 14 mai 1264. archiv. de Sallanches. C. n. 7, Bonnefoy Perrin. p. 15.

(2) Aubry et Rau. t. 2. p. 447.

(3) Merlin. Quest. de droit. v· Rente foncière. § 8.

envers son seigneur (1) ; ainsi et dans les deux cas l'albergement revêt donc un caractère seigneurial.

En Dauphiné et en Savoie, où l'albergement, parfois appelé aussi, quoique plus rarement, affitement (2) et bénévisement (3), a toujours été la tenure la plus largement répandue ; le domaine utile passe à l'albergataire (4), et, si l'on s'attache ensuite à la nature du droit, d'après la doctrine la plus commune des anciens auteurs, il n'existe plus rien de féodal, on tombe en pur droit privé et l'albergement n'est pas autre chose que l'emphytéose elle-même (5).

Des arguments très sérieux semblent au premier abord confirmer entièrement ce système, en dehors même de l'autorité, qui s'attache en Dauphiné aux grands noms de Basset et de Salvaing de Boissieu. Ainsi les textes relatifs à des albergements portent fréquemment l'une de ces diverses formules, d'où semble ressortir à première vue la connexité étroite qui lierait cette espèce de location à longue durée et l'emphytéose : « ..... *albergavit et nomine contrac-*

---

(1) Merlin. op. et loc. cit ; Simon d'Olive l. 2 ch. 5 ; De Laurière sur Ragneau. v· alberger, t. 1. p. 40.

(2) Journal du Palais, Blondeau et Guéret, arrêt du grand cons. de Paris, 16 sept. 1681.

(3) Archives de la Drôme, E. 554. Comparez cette expression avec celle d'*abenevis* employée pour désigner un bail à cens dans Merlin. Rép. v° emphytéose § 2. p. 573 ; v. aussi Dalloz. jur. gén. v. concession adminis. n. 40.

(4) Basset. t. 2. p. 130 et 163.

(5) Basset t. 1. liv. 1. tit. 7. ch. 3, liv. 3. tit. 2. ch. 1 et t. 2. liv. 1. tit. 10 ; Salvaing ,traité de l'usage des fiefs,ch. 25 ; Duport Lavilette, quest. de droit. t. 1. p. 77.

tus emphytetici tradere et concedere............. »,

«..... albergare et tradere in emphyteosim....... » (1);

«...... albergare et titulo puri perfecti simplicis et irrevocabilis albergamenti tradere, cedere, quictare penitus remittere, meliori modo et forma fieri potest, habere velle in emphyteosim perpetuam et albergamentum perpetuum » (2). De plus les conditions de l'albergement se rapprochent sensiblement de celles de l'emphytéose : la concession y est toujours *ad non modicum tempus* ou même perpétuelle (3); elle emporte translation de domaine utile; elle donne lieu aux lods et ventes et à des deniers d'entrée, introges, empruntés sans aucun doute au *libellus contractus* (4); l'albergataire peut l'aliéner, à moins que cette faculté ne lui ait été expressément retirée; il est tenu parfois d'améliorer le fonds albergé (5) et en thèse générale ses droits et ses obligations semblent se confondre avec les droits et les obligations de l'emphytéote.

Quelque étroites que soient ces ressemblances et quelque puisse être l'unanimité avec laquelle on s'est toujours prononcé pour la complète assimilation de

---

(1) V. entre autres, Abbé Ulysse Chevalier, inventaire des Dauphins de Viennois à St-André de Grenoble en 1346. p. 153, n. 879.

(2) Archives de la Drôme. E. 1914, 3660, etc.

(3) cpr. cette perpétualité avec le terme maximum de 99 ans que Prost de Royer assigne à l'albergement, dict. de jurispr. et des arr. ou nouv. édit. du dict. de Brillon.

(4) V. supra, le système que nous avons soutenu sur le libellus contractus.

(5) Basset, t. 2, tit. 10, ch. 1. p. 55.

ces deux tenures, il ne nous paraît pas cependant qu'il soit possible d'admettre une telle doctrine ; dussions-nous être accusés de témérité, nous inclinons à penser que l'albergement du Dauphiné et de Savoie présente avec celui du Languedoc et du Béarn un rapport beaucoup plus intime qu'on ne croit, et dès lors nous sommes amenés à n'y voir qu'une variété du bail à cens seigneurial.

Tout d'abord on doit faire observer, ce qui est généralement passé sous silence, que l'albergement du Dauphiné et de Savoie comporte une double origine tout aussi bien que l'albergement du Languedoc et du Béarn, ce qui est d'autant plus important que ces dernières provinces appartiennent comme les nôtres aux pays de droit écrit. En Dauphiné, l'expression albergement ne s'applique pas uniquement en effet à une location de plus ou moins longue durée, on la rencontre aussi servant à désigner la redevance constituée par abonnement du droit primitif de gîte et d'hébergement, dont étaient tenus les vassaux envers leurs seigneurs d'après les plus anciens usages féodaux (1) ; et dans ce cas tout au moins il ne peut s'agir certainement que

---

(1) Sur l'albergue en Dauphiné, Giraud, cart. de St-Barnard, ch. 146 et 390, p. 162 et n. 7 ; Abbé U. Chevalier. Cartulaire de St-Chaffre (appendice au) p. 36, chartre de 1184. La relation étroite qui existait entre cette albergue et l'albergement paraît attestée du reste dans une chartre de reconnaissance du 4 mars 1278, passée en faveur du prieuré de Chamonix et où on lit ces mots : « *confessi sunt se tenere a dicto prioratu Johannem Delacu cum albergo et albergamento ipsius* » Bonnefoy Perrin. 15. p. 29 ; cpr. L. unic. C. de collat. donat. vel revelator. x. 28.

d'un pur droit féodal. Sur ce terrain du reste il y a plus ; cette dernière hypothèse n'est pas la seule où un tel caractère soit attribué à l'albergement, il se retrouve encore, lorsqu'on alberge la faculté de construire des garennes ou de retenir les eaux courantes (1).

Ainsi sur les quatre espèces de droits que pouvait conférer l'albergement en Dauphiné, un seul aurait donc été exempt de toute attache seigneuriale ; or, cette simple remarque ne doit pas être sans éveiller quelque incertitude, si l'on s'aperçoit en outre que quel que fut l'objet de l'albergement (2), les conditions intrinsèques de ce contrat n'en demeuraient pas moins sensiblement les mêmes.

Les formules d'actes d'albergement sont d'ailleurs loin d'être aussi décisives que l'affirme le système que nous rejetons, et, si beaucoup d'entre elles semblent assimiler l'albergement à l'emphytéose, un plus grand nombre ne font mention que de l'albergement seul, ou de l'albergement et de l'accensement, qui sont pour ainsi dire identifiés. Telles sont en effet les rédactions qui s'offrent le plus généralement : « ... *albergare ;* ...*dare et concedere in albergamentum* (3) (fréquent dans les très-anciens textes) ; ...*albergare, tituloque*

---

(1) De simples droits d'usage pouvaient être aussi albergés. v. la transaction passée le 4 janvier 1556 entre les chartreux de St-Hugon et les délégués de la commune d'Arvillars, Cart. de St-Hugon, pièces diverses, pièce 50, p. 499 ; V. aussi archives de la Drôme. E. 882.

(2) Alberger est parfois remplacé alors par auberger, dont le rapport est assez curieux avec la rente *aubergada* du Languedoc.

(3) Abbé U. Chevalier, inventaire des archives des Dauphins de

*puro, perpetuo perfecti, simplicis et irrevocabilis al-
bergamenti tradere* (1) (c'est la formule la plus employée) ;... *accensare ou adscensare et albergare et
titulo puri perfecti simplicis et irrevocabilis accensamenti seu albergamenti,* accenser et alberger » (2).
En présence de cette profonde divergence dans la rédaction des formules d'albergement, et que seule peut
expliquer au premier abord l'indécision dans laquelle
se trouvait la pratique aussi bien que la théorie relativement à cette dernière concession , il reste acquis dès
maintenant un fait juridique, qui de lui-même repousse toute conciliation, à savoir que ce contrat
aurait été tantôt un bail à cens, tantôt une emphytéo-
ose (3). Cette dernière déduction est en effet insoute-
nable ; que l'albergement ait pu être l'une ou l'autre
de ces deux tenures, soit, mais toutes les deux ensemble, ceci est impossible, et, pour nous en assurer, il
suffit de rappeler la condition *sine qua non* que nous
avons exigée du bail emphytéotique en le distinguant

Viennois à Saint-André de Grenoble en 1346. p. 153 et 318, n° 879 et
1802 ; Abbé U. Chevalier, appendice au cartulaire de St-Chaffre. p. 38 ;
archives de la Drôme E. 481, 516, 882, (où se trouve un albergement
passé par la Chambre des comptes de Grenoble, 15 mars 1620), 1221
1245, etc.

(1) Nombreux formulaires de notaires ; archives de la Drôme. E 188,
1319, 1737. 2294, etc.

(2) Formulaires des notaires de Pont-en-Royans, archives de la Drôme
E. 278, 1221, 1245, 1971, 3650. 3651, etc.

(3) Nous ne pouvons admettre en effet l'opinion d'après laquelle l'albergement perpétuel devrait être envisagé, non comme un contrat
emphytéotique, mais comme une vente et une aliénation. Blondeau et
Guéret. p. 274.

du bail à cens, à savoir que le bailleur devait être propriétaire en franc-alleu de la terre à emphytéoser. De là s'impose tout au moins la nécessité d'une option, et c'est précisément ce qu'a fait la majorité des auteurs en se prononçant pour l'emphytéose (1). Rien ne nous semble plus contraire à une analyse tant soit peu attentive des très-nombreux actes d'albergement que nous avons consultés. Quelque soit l'époque à laquelle nous nous sommes placé, nous avons pu nous convaincre que l'on pouvait alberger indépendamment de toute allodialité, et l'albergeant, bien loin de présenter la qualité de *franc-allotier*, ne nous paraît avoir eu à vrai dire que celle de feudataire ou de vassal (2). Le plus souvent cette remarque si importante ne nécessite aucune recherche sur la condition antérieure de la terre, elle se déduit presque toujours soit de l'acte d'albergement, soit de l'acte de reconnaissance de seigneurie directe, qui s'y trouve annexé ; or il est de principe dans l'ancien droit, qu'on ne peut faire d'un fief un franc-alleu, car l'on préjudicierait ainsi au seigneur dominant et au prince qui en est le suzerain (3).

---

(1) Dunod (prescript. p. 352 et s) fait remarquer que la facilité, avec laquelle on assimile en Dauphiné toute tenure à long terme à l'emphytéose, provient de ce que le franc-alleu était présumé dans cette province, ce qui excluait toute application de la règle « nulle terre sans seigneur ».

(2) Bonnefoy Perrin, p. 29 ; archives de la Drôme. E. 293, 278, 554, 1221, 1914, 2294, 3650, etc.

(3) De Fréminville, la pratique universelle des droits seigneuriaux, p. 240 ; édit d'août 1692 ; déclaration du 2 janvier 1769 ; Cass. 21 brumaire an 14, 30 mai 1809 et 10 février 1816 (ce dernier arrêt est rapporté par Merlin au Rép. V° fief. § 7 ; Hervé dit bien aussi : « em-

Un fait, qui à son tour n'est pas sans importance dans ce même ordre d'idées, se dégage nettement des documents que nous avons étudiés : tous ou presque tous font mention de droits et devoirs éminemment seigneuriaux. Ainsi à côté des lods et ventes, introges, acaptes, arrière-acaptes, etc...., on voit toujours apparaître formellement stipulés, le *plaît* et le *servis*; et le *plaît* et le *servis*, suivant Salvaing de Boissieu(1) et de Laurière (2), constituent l'un en Dauphiné, l'autre en Savoie, la redevance féodale et seigneuriale par excellence. Sans avoir besoin d'insister sur les conséquences qu'entraînait la présence constante de droits seigneuriaux dans une tenure de l'ancien droit (3), il est déjà facile d'entrevoir combien l'albergement devait être d'une application rare et exceptionnelle sur les fonds roturiers, si tant il était susceptible de s'y

---

phytéose est bail à cens si le bailleur est seigneur de fief », matières féodales, t. 2, p. 329 ; Avis du Cons. d'Etat, 17 janv. et 2 fév. 1809.

(1) p. 201.

(2) De Laurière, glos. v· Servis ; Bretonnière en ses observations sur les œuvres d'Henrys. 1. 3. ch. 2. quest. 6 ; v. aussi Edit de Charles Emmanuel du 4 juillet 1587 et surtout la coutume du Val d'Aoste, 1. 2. tit. 15. art. 41 ; Cass. 25 av. 1820.

(3) La seule présence du plaît et du servis suffit d'après la cour de Cassation pour entraîner l'abolition des redevances foncières, où ces droits féodaux se rencontreraient, Cass. 10 juillet 1810 et 17 juillet 1811. Le premier de ces deux arrêts offre une importance toute particulière dans la théorie que nous présentons, car les reconnaissances portent que le chapitre d'Aoste a, par les présentes, investi, *réalbergé* et *réinféodé* les fonds déjà tenus en fief. Le procureur général de la cour suprême voyait là un tel caractère féodal qu'il a provoqué d'office la cassation d'un arrêt de la cour d'appel de Turin qui avait admis dans l'espèce, que la redevance attaquée était emphytéotique et purement foncière.

appliquer (1). Mais, et c'est là où notre solution se dessine d'une façon plus précise, si l'on s'attache aux quelques actes isolés qui de prime abord repousseraient toute idée de bail à cens ou d'accensement(2), si l'on s'efforce de mettre en lumière leurs caractères et leurs conditions, alors on s'aperçoit que, nonobstant toute dénomination employée, il n'y a pas et il ne pouvait pas y avoir plus d'emphytéose que d'accensement ; la seule tenure qui puisse véritablement exister est un simple appensionnement ou une modeste rente foncière, soumise en outre à la faculté du rachat, ce qui est en opposition avec l'idée mère qui préside à toute concession emphytéotique.

La théorie que nous essayons d'établir, n'est pas d'ailleurs aussi inconciliable que l'on serait tenté de le supposer, avec celle que l'unanimité des auteurs a admise. Entre l'emphytéose et le bail à cens la ressemblance, nous le savons, était assez étroite pour qu'on les ait confondus ; ceux qui ne regardaient point l'emphytéose comme une variété du bail à cens seigneurial ou de la rente foncière, étaient fort rares dans les siècles précédents, et Merlin lui-même avouait que, si les emphytéoses de droit écrit différaient des emphytéoses du droit romain, elles se rapprochaient beaucoup des censives et des tenures féodales des pays coutumiers (3) ; or, le Dauphiné et

---

(1) Cass. 27 février 1809 et 24 mars 1875. D. P. 75. 1. 197.

(2) Archives de la Drôme E. 1221, 1319, 3650, etc.

(3) Merlin. Rép. V· Commise emphytéotique. p. 505. — Les anciens mémoires de procès relatifs à l'emphytéose sont entièrement dans ce sens ;

la Savoie, comme le Languedoc et le Béarn, étaient des provinces de droit écrit. A cette observation, qui pourrait déjà laisser supposer que les auteurs auraient eu en vue seulement l'emphytéose seigneuriale, et par suite le bail à cens, avec lequel ils la confondaient, vient s'ajouter le témoignage des deux jurisconsultes qui ont les premiers soutenu en Dauphiné la doctrine que nous combattons, Basset et Salvaing de Boissieu. Ainsi, Basset écrit en ses notables arrêts, et précisément dans le cas d'un albergement, « que l'emphytéose est fief et tient toujours de la nature des fiefs, que l'un et l'autre *pari passu ambulant*, et sont considérés par le droit et les « docteurs pour être sinon de même espèce, du « moins d'un même genre, et ce si bien par les « coutumes générales de France reçues en Dau- « phiné » ; puis il ajoute qu'il est d'une pratique générale et constante dans les reconnaissances que les reconnaissants confessent tenir « *de feudo et directo dominio, du fief et directe seigneurie* » (1). De même, lorsque Salvaing de Boissieu traite de l'emphytéose, il n'envisage certainement que l'emphytéose seigneuriale, puisque son œuvre est limitée expressément aux droits seigneuriaux, à l'usage des fiefs, c'est-à-dire à tout ce qui répugne à l'idée du franc

---

la redevance emphytéotique est désignée sous le nom de censive, et le bail emphytéotique lui-même sous celui de bail à cens ou de sous-inféodation ; v. mémoire d'une demoiselle Gazay contre Redares avocat, pour le parlement de Toulouse. p. 7, 11 et 12.

(1) t. 2. p. 126.

alleu (1). Quelle place reste-t-il donc alors à l'albergement en dehors du bail à cens seigneurial ? Il semblerait à vrai dire qu'en assimilant l'albergement à
l'emphytéose, le seul but que l'on se proposa, était de
faire ressortir les effets de la première de ces tenures
au point de vue de la perpétuité du droit ou même de
la condition d'améliorer, et c'est ce qui nous paraît se
déduire de cette formule fréquemment employée et
surtout du *pro ut melius*, qui y est renfermé : « *alber-*
« *gare, assensare, et titulo puri perfectœ alberga-*
« *tionis et accensamenti et in emphyteosim perpetuam*
« *dare, cedere, tradidere seu quasi et habere conce-*
« *dere* PRO UT MELIUS *et sanius in perpetuum potest*
« *intelligi sive dici (2).....* » ou « *albergare et titulo*
« *puri perfecti et irrevocabilis albergamenti in emphy-*
« *teosim accensamentum tradere, cedere,.....* PRO UT
« MELIUS *potest dici sive intelligi* (3) ». Un fait historique est à ce sujet digne de remarque ; si l'on recherche les actes les plus anciens où il soit fait mention
de l'albergement, on ne rencontre que le mot seul,
albergement ; il n'y a alors ni trace d'accensement, ni
trace d'emphytéose (4), etc., et ce n'est que vers la fin

---

(1) Cpr. avec cette formule d'un acte d'albergement du 17 déc. 1563
« le Seigneur de Montchenu a albergé *à nouveau fief* par tiltre de pur et
irrévocable albergement, cède, transporte..... » Archiv. de la Drôme
E. 1221.

(2) Archiv. de la Drôme. E. 3586.

(3) Archiv. de la Drôme. E. 2294 (minutes de Latard, notaire à Romans).

(4) v. entre autres : le cartulaire de Saint-Hugon et les documents
publiés sur le prieuré de Chamonix, loc. cit ; V. aussi l'inventaire des
archives des Dauphins de Viennois à Saint-André de Grenoble en 1346,
publié par M. l'abbé U. Chevalier, n° 1802, p. 318.

du XIIIᵉ siècle que l'on voit apparaître les formules où l'on identifie ces différentes tenures. Or, si l'albergement n'avait été que l'emphytéose, c'est-à-dire une concession privée et non seigneuriale, la confusion aurait toujours dû s'opérer avec cette emphytéose, puisque c'était à peu près la seule location vraiment libre ; mais au contraire, c'est avec l'accensement qu'on le trouve le plus souvent assimilé ; les chartes présentent, comme cotature, accensement, alors que c'est un albergement dont il est fait mention dans le texte ; et, détail à la fois curieux et instructif, il nous est arrivé à plusieurs reprises, en parcourant des chartres d'accensements purs passés en Dauphiné, de découvrir au dos deux cotatures, l'ancienne portant le mot « *accensamentum* », et la nouvelle, celui d'albergement (1).

Nous croyons donc pour toutes ces raisons qu'il est impossible de rattacher l'albergement à l'emphytéose ; aussi, ne voyons-nous dans l'albergement qu'un bail à cens plus ou moins modifié par les clauses que l'usage avait pris coutume d'y insérer (2) ; c'est avant tout une tenure seigneuriale et féodale, et la conséquence immédiate et pratique que nous en déduisons,

---

(1) Entre autres. Archiv. de la Drôme. E. 188.

(2) Le fait que nous avons signalé, supra p. 286 et d'après lequel l'albergement pouvait présenter parfois les caractères de l'appensionnement ou de la rente foncière, ne porte aucune atteinte à la théorie que nous proposons. Il y avait alors en effet plutôt sous albergement qu'albergement, or nous savons que le bail fait par un censitaire ne produisait que les effets du bail à rente. epr. Pothier, des cens n. 4 ; Merlin, quest. de droit. v. Rente foncière ; Garsonnet, p. 407.

c'est que lorsque la Révolution aura porté sa large
main sur le système féodal, lorsqu'elle aura affranchi
la terre et détruit sa hiérarchie, il ne pourra plus alors
être question d'albergement ; la redevance à laquelle
il donnait lieu, demeurera éteinte, et l'albergataire
sera devenu propriétaire là où il n'était que tenancier (1).

~~~~~~~~~~~~~~~~~~~~~~

(1) Cpr. Cass. 26 fév. 1810, journ. des audiences de la C. de Cassation,
Denevers et Duprat, an 10 p. 135 ; Cass. 6 fév. 1872. D. P. 72. 1. 101. —
De nos jours encore en Savoie, dans l'Isère et dans la Drôme (entre
autres à Ancône près de Montélimar), des propriétaires acquittent des
droits d'eaux dus en vertu d'anciens albergements. Ce curieux renseignement nous a été fourni par M. Lacroix, archiviste du département de
la Drôme, dont l'obligeance a toujours été si grande pour nous.

TROISIÈME PARTIE

DE L'EMPHYTÉOSE SOUS LE DROIT INTERMÉDIAIRE

Les développements que nous venons de consacrer à la tenure emphytéotique et aux plus importantes des locations à long terme de l'ancien droit, nous permettent d'entrevoir la transformation qui s'était opérée dans l'emphytéose au contact des principes féodaux, et sous l'influence de la célèbre théorie du domaine direct et du domaine utile. Bien qu'étrangère par elle-même à toute idée de prééminence personnelle ou réelle, elle ne constituait plus, comme à Rome, une location exceptionnelle ; entachée fréquemment de féodalité par suite des stipulations accessoires qui y étaient attachées, et confondue le plus souvent avec le bail à cens, qui lui empruntait parfois jusqu'à sa propre dénomination, elle était devenue en complète harmonie avec le système

hiérarchique et la condition générale des terres.
Ce caractère seigneurial, cette confusion entre la
directe censuelle et la directe emphytéotique, quoique
reposant sur une véritable erreur juridique, ne pouvait pas manquer d'entraîner les conséquences les
plus graves pour l'emphytéose au moment où s'ouvrit
l'ère révolutionnaire. Sans que nous ayons en effet
à rechercher ici les causes qui transformèrent alors
la société française, nous ne pouvons oublier que
l'une de celles, qui détermina le plus activement
peut-être l'impulsion des classes laborieuses, résida
précisément dans l'appropriation du sol. Ce mou-
vement unanime qui entraînait les esprits vers
l'émancipation de la propriété, n'allait plus se contenter d'une restriction plus ou moins large des
droits féodaux ; c'était la lutte inévitable entre le
possesseur à longue durée et le propriétaire qui
passait dans sa phase active ; et la réaction qui se
manifestait contre tout l'ancien régime foncier, devait
nécessairement envelopper dans la même réprobation
et les mêmes haines, toutes les locations perpétuelles, qui en formaient la base première. Toutefois,
quelque impatiente et intraitable que fût la passion
populaire, les grandes assemblées de la Révolution
n'obéirent point aux emportements irréfléchis qui
voulaient faire table rase de toutes les institutions
de l'ancien droit ; parmi elles il s'en rencontrait
qui, de leur nature propre, comme l'emphytéose,
étaient exemptes de féodalité ; celles-là devaient être
nécessairement maintenues, et seulement corrigées
dans celles de leurs dispositions qui auraient pu, de

près ou de loin, éveiller quelque souvenir de l'ancienne hiérarchie seigneuriale. Telle fut l'œuvre de la
législation intermédiaire.

Lorsqu'après la nuit du 4 août 1789, l'Assemblée
Constituante s'occupa de réédifier le régime de la
propriété sur les nouveaux principes qu'elle venait
de proclamer, son premier soin fut de faire disparaître tous les obstacles que le système féodal avait
accumulés contre toute tentative possible d'affranchissement du sol : ce fut le but du décret des 15-
28 mars 1790. Mais, et c'est là où se révèle l'esprit
de modération qui anima toujours cette grande assemblée, ne furent abolis alors que les droits, devoirs ou services purement féodaux, c'est-à-dire ceux-
là seuls, qui, impliquant supériorité d'une personne
sur une autre ou exercice de droits appartenant à la
puissance publique, n'étaient susceptibles d'aucune
justification et ne reposaient sur aucun contrat (1).
Les autres redevances, dues à des seigneurs comme
prix ou comme condition de la concession primitive
d'un fonds, et qui se présentaient ainsi avec ce double caractère d'être tout à la fois foncières et seigneuriales, tels que le bail à fief et le bail à cens, furent
simplement déclarées rachetables (2) et payables par
suite jusqu'au rachat, à moins qu'il ne fût prouvé

---

(1) Décr. des 15-28 mars 1790. tit. 1. art. 1.

(2) Décr. des 15-28 mars 1790 tit. 3. art. 2 et les décr. suivants des : 19
mars-6 av. 1791 ; 18-27 avr. même année, qui ne fut appliqué qu'aux emphytéoses temporaires (Cass. 3 prairial an 13) ; 23 juil.-12 sept. 1791 ;
15 sept.-16 oct. 1791.

qu'elles étaient purement seigneuriales et ne s'ap-
puyaient sur aucune concession originaire du fonds.

Cette dernière disposition fut loin de satisfaire les
esprits, et la déception qui se manifesta fut telle, que
l'on essaya d'abord, par une interprétation des plus
abusives, de retourner la présomption qui venait
d'être édictée. C'était une prétention exagérée et une
violation des textes, que condamnèrent successivement
un arrêt du Conseil d'Etat du 11 juillet 1790 et une
instruction de l'Assemblée Constituante elle-même des
15-19 juin de la même année. Toutefois, malgré tous
les efforts qui furent tentés pour rendre à la propriété
l'hommage qui lui était dû, et en présence de la violence avec laquelle s'accentuait la réaction contre tout
ce qui pouvait rappeler l'ancien régime foncier, il
devint bientôt évident que la seule qualité du créancier dans de telles redevances devait en entraîner
fatalement la suppression radicale (1); c'est ce que
firent l'Assemblée législative et la Convention. Par le
décret des 25-28 août 1792, l'Assemblée législative,
rompant avec l'esprit de modération, qui avait animé
la Constituante, renversa la présomption qui avait
été établie au profit des seigneurs, en abolissant sans
indemnité toutes les redevances seigneuriales, qui ne
seraient pas prouvées avoir été le prix ou la condition
de la cession primitive d'un fonds; et le 17 juillet
1793 la Convention, résolue d'en finir avec les derniers vestiges de la féodalité, décréta la suppression,

---

(1) Cpr. Cass. 4 juillet 1809.

également sans indemnité aucune, de toutes les redevances qui ne présenteraient pas un caractère purement foncier. Ce n'est à vrai dire qu'à partir de cette époque que l'ancien système territorial est définitivement anéanti; la moindre trace de féodalité suffit dorénavant à entraîner la disparition de toute tenure; la directe féodale et la directe censuelle, qui ont occupé une si grande place dans notre droit, n'existent plus; et depuis, la jurisprudence, en raison du sort si différent qui leur est réservé, a toujours pris soin de distinguer les redevances purement foncières de celles qui pouvaient présenter un caractère féodal quelconque (1).

Bien que, en se conformant aux principes proclamés dans les décrets des 4, 6, 7, 8, et 11 août 1789, la Constituante n'eût atteint que les redevances, droits, devoirs ou services seigneuriaux, néanmoins l'hostilité, dont le sentiment public entourait les locations perpétuelles, amena bientôt cette assemblée à les réorganiser sur des bases plus conformes aux idées

---

(1) C'est ainsi qu'il a été jugé qu'il y avait mélange de féodalité et par suite application de ces lois, lorsque dans un bail emphytéotique, la redevance était qualifiée de cens annuel et perpétuel, portant lods et ventes, retenues et autres droits seigneuriaux. Cass. 27 fév. et 30 mai 1809 ; v. aussi Cass. 14 ventôse an 7, avis du Cons. d'Etat 17 janv.-2 févr. et 8-13 avr. 1809. Il n'en serait pas ainsi de la défense de vendre sans l'agrément du bailleur, de la réserve d'un droit de *laudemium* en cas de vente ou même d'un droit de retirer l'héritage, car ce sont là des caractères de l'emphytéose. (Cass. 8 févr. 1814). Sont également présumées foncières les redevances dues par les détenteurs de biens concédés originairement à titre de Leibgewin dans les quatre départements de la rive gauche du Rhin. Cass. 30 mars 1808 ; Av. du Cons. d'Etat des 14 juillet et 18 août 1807.

juridiques qui se formaient sur la propriété. Toutefois ici encore, elle sut garder sa modération accou-
tumée ; ces droits fonciers perpétuels ayant été légitimement acquis, et leur suppression devant être une
véritable expropriation pour cause d'utilité publique,
elle ne pouvait les détruire raisonnablement, et par
le décret des 18-29 décembre 1790, elle se contenta
de les déclarer tous également rachetables, non seulement ceux qui avaient été stipulés reçus du domaine direct du concédant, comme l'emphytéose, mais
encore ceux qui avaient formé la condition du transport de la pleine propriété, comme le bail à rente
foncière ou le bail à complant (1). Ce dernier décret
ne se borna pas à faire ainsi du détenetur, le rachat
effectué, un plein propriétaire ; il prit soin de réglementer la théorie générale des rentes et redevances purement foncières, et consacra une série de
dispositions relatives à l'emphytéose : désormais, il
est défendu de créer à l'avenir aucune rente foncière
perpétuelle non rachetable ; les rentes et les emphytéoses perpétuelles sont prohibées, et seuls les baux
à rente viagère et les emphytéoses temporaires sont
susceptibles d'être exécutés pendant toute leur durée,
à la condition d'être limités à quatre-vingt-dix-neuf
ans ou de n'être constitués que sur trois têtes.

---

(1) On ne saurait confondre ces rentes avec celles dites bâtardes en
usage dans l'ancien droit en Dauphiné, et dont le rachat fut ordonné par
deux arrêts du Cons. d'Etat du roi du 11 mai 1624 et du 25 juin 1636, lesquels furent confirmés par un troisième du 9 juin 1682 ; nonobstant
arrêt contraire du parlement de Grenoble du 19 déc. 1648.

Le décret des 18-29 décembre 1790 donne lieu à quelques observations fort importantes. Dans les emphytéoses perpétuelles antérieures à cette loi, maintenues, nous le savons, jusqu'au rachat, il est à remarquer que les articles 1 tit. 1 et 5 tit. 3, en assimilant ces tenures aux rentes foncières, ont pour conséquence de transférer implicitement à l'emphytéote la propriété intégrale, réserve faite par le bailleur d'un droit réel au payement du canon ; ce qui entraîne par suite la disparition, dans l'emphytéose perpétuelle, de la fameuse distinction du domaine direct et du domaine utile. Il est vrai que Merlin (1), paraît faire subsister jusqu'à la loi de brumaire cette fameuse théorie du domaine utile et du domaine direct ; mais il y a là une confusion évidente. Merlin apppelle en effet sans cesse domaine direct le droit réel retenu par le bailleur, or ceci est absolument incompatible avec les plus élémentaires principes de notre ancien droit(2).

Dans l'emphytéose temporaire, il en est au contraire tout autrement, et, si sa durée a été limitée à quatre-vingt-dix-neuf ans, sa nature ne nous paraît avoir subi aucune modification. Rien dans les termes de cette loi de 1790 ne peut nous autoriser en effet à supposer la moindre transformation ; rien ne peut nous laisser soupçonner la disparition de

---

(1) Quest. de droit. v· emphytéose. § 5. n. 5.

(2) v. Supra, bail à rente, p.265. Loyseau. Déguerp. l. 1. ch. 5. n. 13. et Pothier, bail à rente n. 1.

cet ancien caractère essentiel de l'emphytéose, le domaine utile; et une loi postérieure des 15 septembre-
16 octobre 1791, rédigée dans le même esprit, qualifie
de propriété *reversible* le droit du bailleur à emphytéose, et suppose par là que le preneur reçoit
pendant la vie du bailleur une sorte de domaine
utile (1). Cette solution est cependant loin d'avoir
été adoptée unanimement; et parmi les auteurs, les
uns ont prétendu que la loi de 1790 avait transformé
l'emphytéose en un louage (2), et les autres ont
soutenu que cette même loi, ayant effacé du droit
français la distinction du domaine direct et du domaine utile, lui avait substitué dans l'emphytéose
un simple droit réel (3). Ces deux systèmes nous
paraissent inadmissibles, car tous les deux sont
également en opposition avec le texte des lois de
1790 et 1791; et tandis que le premier ne s'appuie
sur aucun fondement, le second ne pourrait présenter une véritable importance qu'autant que ses
défenseurs auraient établi la base de leur argumentation, à savoir que l'emphytéose temporaire n'emportait pas dans l'ancien droit le domaine utile; or
nous avons vu que rien n'est moins exact.

Une dernière difficulté s'est enfin agitée sur le
décret des 18-29 décembre 1790; on s'est demandé
quelle est la sanction de la défense faite par cette

---

(1) Merlin. op. et loc. cit. n. 2.

(2) Fœlix et Henrion. Rent. fonc. p. 28.

(3) Pép. Le Hall. p. 331.

loi de créer à l'avenir des emphytéoses perpétuelles (1). Ici, il y a à peu près conformité d'opinion entre les auteurs et la jurisprudence ; on est généralement d'accord pour rejeter la nullité de la convention, et le sentiment le plus général est d'interpréter la loi de 1790 en ce sens, qu'il ne saurait plus y avoir d'emphytéose perpétuelle sans faculté de rachat (2).

Toutes ces dispositions du décret des 18-29 décembre 1790 ne forment, à vrai dire, que la première phase de l'évolution du droit emphytéotique pendant la période révolutionnaire ; elles devaient être nécessairement complétées, car la théorie du domaine direct et du domaine utile, qui s'y rencontrait encore, ne pouvait s'harmoniser avec les principes nouveaux qui devaient régir désormais la propriété. Ce furent les deux grandes lois hypothécaires des 9 messidor an III et 11 brumaire an VII qui comblèrent cette lacune.

La loi du 9 messidor an III apporte la première une importante innovation à la théorie de l'emphytéose temporaire : elle distingue avec soin cette tenure de la propriété, puis la qualifiant d'usufruit, elle montre par cela même sa ferme intention de la réduire à la condition d'un simple droit réel (art. 5). Bien que le législateur se serve d'une locution impropre, son but ne peut éveiller aucune incertitude,

---

(1) L'emphytéose est réputée perpétuelle, quoique résolue au cas d'extinction de la postérité du cessionnaire. Cass. 12 niv. an 12.

(2) Cass. 15 déc. 1824 D. J. gén. v. louage emph. n. 15. 2 ; cpr. art. 530. c. c.

il veut consolider le droit hypothécaire, et c'est pour cela qu'il rejette l'hypothèque de l'usufruit, droit essentiellement aléatoire dans sa durée, et qu'il n'autorise l'hypothèque de l'emphytéose qu'autant qu'il reste à celle-ci plus de vingt-cinq ans à courir. Enfin, et dans ce dernier cas, c'est-à-dire lorsque l'hypothèque est admise, ce qui est hypothéqué, c'est le droit lui-même, et non plus, comme autrefois, le fonds emphytéosé.

La loi du 11 brumaire an VII vient à son tour compléter l'œuvre commencée par les lois de novembre 1790 et de messidor an III ; elle concerne également l'emphytéose perpétuelle et l'emphytéose temporaire et consacre la disparition, désormais définitive, du double domaine.

L'emphytéose perpétuelle subit ici le contre-coup des réformes que la loi de brumaire introduit dans le régime des rentes foncières, auxquelles son sort est définitivement lié : dorénavant (art. 7), le bailleur à rente ne pourra plus hypothéquer, ce qui transforme tout simplement la redevance, sinon en un droit mobilier, du moins en une créance personnelle, privilégiée, hypothécaire, soumise à une inscription et susceptible d'être purgée par le défaut d'inscription en temps utile (1). Le preneur à bail à rente et l'emphytéote perpétuel, qui lui est entièrement assimilé, ont donc par suite une propriété pleine et non démembrée.

---

(1) Cass. 8 nov. 1824; Merlin. Quest. vᵒ emphyt. § 5. n. 4.

Quant à l'emphytéose temporaire, la loi de brumaire permet de l'hypothéquer pendant et pour tout le temps de sa durée, et accorde la même faculté à l'usufruit, qu'elle sépare nettement, dans son article 6, de l'emphytéose. Mais, et c'est là un point très-important, elle oppose toujours l'emphytéose à la propriété, et la rapproche de l'usufruit, fait matériel qui dénote clairement chez ses auteurs l'intention bien arrêtée de lui conserver le caractère de simple droit réel que lui a attribué la loi de messidor an III (1). Cette déduction toutefois n'a pas été adoptée par l'unanimité des auteurs; Merlin entre autres a soutenu que la loi de brumaire an VII avait reconnu à l'emphytéote le domaine utile (2), mais cette opinion isolée nous paraît impossible à soutenir en présence de la similitude des termes employés par les deux lois hypothécaires de l'an III et de l'an VII. Vouloir admettre, comme le fait cet auteur (par *a contrario* de la disposition concernant l'emphytéose perpétuelle), que le bailleur peut encore hypothéquer séparément la rente emphytéotique, qu'il s'obstine à appeler domaine direct, c'est là une prétention que repousse formellement le texte de l'article 6 de la loi de

---

(1) Aubry et Rau, t. 2, p. 453; Demolombe. t. 9. n° 491.

(2) Merlin, loc. cit. n° 8; Favard de Langlade, Rép. de législat. v° hypothèq. sect. 1. n° 2; Proud'hon, du domaine de propriété. t. 2. p. 770; Cass. 26 av. 1853. D. P. 53. 1. 145. — Cette théorie a entraîné des conséquences remarquables en matière d'enregistrement : ainsi l'emphytéose a été déclarée susceptible des droits de mutation par décès (Cass. 6 mars 1850. D. P. 50. 1. 129) et des droits proportionnels de vente d'immeubles en cas d'aliénation (Cass. 26 av. 1853. D. P. 53. 1. 145. ou de rétrocession du droit (Cass. 18 mai 1847. D. P. 1847. 1. 176).

brumaire. Du reste, et comme le fait très-justement remarquer M. Pépin le Halleur (1), s'il est exact qu'entre la coutume de Paris et le code civil il ne soit intervenu aucune disposition législative sur la distinction des biens en meubles et immeubles (2), cette considération ne saurait être concluante en faveur du système de Merlin, puisque d'après la loi de brumaire tous les immeubles ne sont pas susceptibles d'hypothèque; et l'on est forcé d'avouer qu'il y aurait une véritable inconséquence à admettre dans la redevance emphytéotique temporaire, le caractère de charge purement foncière, alors que ce même caractère était enlevé à la redevance perpétuelle.

En résumé donc, au moment où l'emphytéose a terminé son évolution et où va être rédigé le code civil, trois faits restent définitivement acquis : 1° l'emphytéose seigneuriale a disparu ; 2° l'emphytéose perpétuelle, prohibée pour l'avenir, est mise au rang des rentes foncières rachetables ; 3° l'emphytéose temporaire est maintenue, mais elle est redevenue ce qu'elle était primitivement à Rome, il n'y est plus question de domaine direct et de domaine utile, et elle constitue seulement comme jadis un droit réel.

C'est à ce retour aux saines doctrines du droit romain, et surtout à ce dernier caractère de réalité, que nous aurons souvent l'occasion de nous reporter pour résoudre les difficultés auxquelles donne lieu l'étude de l'emphytéose sous le code civil.

_____

(1) p. 338.
(2) Merlin. Quest. de droit. V° emphyt. § 5 n. 4. note.

QUATRIÈME PARTIE

EMPHYTÉOSE DANS LE DROIT MODERNE

CHAPITRE Ier

DE L'EMPHYTÉOSE SOUS LE CODE CIVIL ET DE SA NATURE JURIDIQUE

Lorsqu'on embrasse d'un rapide coup d'œil les diverses et profondes transformations que le législateur du droit intermédiaire a apportées (1) aux institutions juridiques qu'il a rencontrées sous ses pas, et lorsqu'on les compare au système général des lois que viennent établir les rédacteurs du code civil, la même pensée prédominante se dégage chez les uns et chez les autres, ils tendent tous au même but final, anéantir l'organisation si compliquée de l'ancienne propriété foncière, et en déterminer l'unification et la simplification. Ce principe dirigeant, que nous avons observé invariablement dans la période révolutionnaire, est formulé par le code civil

---

(1) L. du 28 sept. 1791. art. 1.

dans les articles 543, 529, 530 et 1709. Tout d'abord
l'article 543 c. c. vient consacrer l'abolition de la
fameuse division de la propriété directe et utile. Cet
article, en énumérant les divers droits réels dont
peuvent être susceptibles les biens, ne cite en effet
que le droit de jouissance, les services fonciers
et la propriété ; mais par propriété, il n'entend que
la propriété unique, que définit l'article suivant 544
c. c. « le droit de jouir et disposer des choses de
la manière la plus absolue, pourvu qu'on n'en fasse
pas un usage prohibé par les lois et règlements ».
Les travaux préparatoires ne peuvent laisser aucun
doute à cet égard, et Treilhard lui-même indiquait
bien que tel était l'esprit des rédacteurs du code,
lorsqu'il s'exprimait ainsi : « On ne peut avoir sur
les biens que trois sortes de droits, ou un droit de
« propriété, ou une simple jouissance ou seulement
« des services fonciers ». Le code civil, comme la
législation intermédiaire, abolit ensuite dans les
articles 529 et 530 c. c. les concessions perpétuelles
de l'ancien droit, qui, sans opérer démembrement de
la propriété, ne la transféraient que sous la retenue
par le bailleur d'un droit réel et immobilier. Cette
dernière décision, qui venait confirmer le décret des
18-29 décembre 1790, ne fut pas admise toutefois
sans une vive discussion : Malleville défendit avec
énergie les tenures perpétuelles, dont l'utilité lui
paraissait indiscutable ; Cambacérès à son tour, sou-
tint la même proposition et se prononça avec insistance pour l'abrogation d'une loi, qui était à ses yeux
toute politique et de circonstance ; enfin Portalis lui-

même fut très hésitant, et son incertitude se traduisit jusque dans ses propres paroles, « il n'est pas évident, disait-il, que le rétablissement des rentes foncières fut un bien, quoiqu'il ne soit pas également certain qu'il fut un mal » (1). Tronchet, Regnaud de St-Jean d'Angély et le premier consul furent au contraire unanimes à réclamer le maintien du décret de 1790 ; l'existence des baux à rente perpétuelle présentait, à leurs yeux, de graves dangers, tant au point de vue économique qu'au point de vue social, et il ne leur apparaissait pas, avec raison, qu'un bail dût être nécessairement perpétuel et une rente irrachetable pour donner au preneur la sécurité qui lui est indispensable. Ce fut cette opinion qui prévalut, et les articles 529 et 530 c. c. disposent que dans toute aliénation immobilière faite à charge de rente perpétuelle, cette rente foncière est essentiellement rachetable et ne constitue plus qu'un droit personnel mobilier. Enfin, et bien que la concession soit perpétuelle, s'il est clairement établi que les parties n'ont eu en vue qu'un simple bail sans translation aucune de la propriété au bailleur, leur intention sera respectée ; mais, en vertu des articles 1 de la loi des 18-29 déc. 1790 et 1709. c. c. combinés, la durée de la location sera limitée à quatre-vingt-dix-neuf ans (2).

En résumé, le code civil a consacré la législation

---

(1) Locré. t. 8. p. 93.

(2) Aubry et Rau. t. 2. p.452.

intermédiaire en ce qui concerne les tenures perpétuelles et les rentes foncières, sous la seule modification de la possibilité du rachat avant trente
ans ; mais, et c'est là une question très-controversée,
en a-t-il fait de même pour la tenure emphytéotique ?
A-t-il tout à la fois, comme cette législation, rejeté
l'emphytéose perpétuelle et maintenu l'emphytéose
temporaire d'une durée maximum de quatre-vingt-dix
neuf ans ?

Un premier point est certain, c'est que l'emphytéose
perpétuelle n'existe plus aujourd'hui. En effet, elle a
été abrogée par le décret des 18-29 décembre 1790,
confirmé par l'article 530 du code civil, et tout contrat
passé sous ce nom tomberait évidemment sous l'application de cet article. Dès lors, et comme nous l'avons
déjà fait remarquer, non-seulement les titulaires ont
vu la propriété se fixer sur leur tête, mais dans le cas
où il aurait été stipulé une emphytéose perpétuelle,
c'est-à-dire une emphytéose dont la durée serait
supérieure à quatre-vingt-dix neuf ans, et alors même
qu'elle serait résoluble par l'extinction de la postérité
du cessionnaire, tout le monde est d'accord pour lui
appliquer l'article 530. c.c (1). Toutefois, si l'intention
des parties avait été de réserver la propriété au constituant, le contrat ne serait pas nul, ainsi que l'art.

(1) Cass. 15 déc. 1824, 12 niv. an 12 et 6 janv. 1852 (Dalloz. jur. gén.
V° louage emph. p. 589 et D. P. 52. 1. 250) ; Merlin. loc. cit. n. 7 ;
Troplong. louage. t. 1. n. 50 ; Pép. le Hal. p. 340 ; Dur. t. 3. n. 148 ; Val.
priv. et hyp. n. 128.

530. c.c. *in fine* le laisserait supposer, il serait simplement réductible à un maximum de quatre-vingt-dix neuf ans (1).

La controverse ne s'élève que sur l'emphytéose temporaire, autorisée par le décret de 1790, et sur laquelle le code civil a gardé le silence le plus absolu. Il ne s'agit pas ici de discuter si les parties contractantes peuvent insérer dans un bail ordinaire toutes les clauses, qui, dans les rapports respectifs du bailleur et du preneur, auraient pour effet d'identifier ce contrat avec l'emphytéose. Le grand principe de la liberté des conventions posé dans l'article 1134. c. c. suffit à valider une telle stipulation, sans influer en rien sur le bail conclu ; et la jurisprudence a été si loin dans cette voie qu'elle a jugé qu'une durée indéfinie des droits du preneur n'altérerait en rien l'essence du louage (2).

La seule question est de savoir si les parties, ayant entendu ou ayant déclaré formellement faire un bail emphytéotique, il en résultera aujourd'hui, comme sous les lois du 9 messidor an III et 11 brumaire an VII, un contrat *sui generis*, donnant lieu à un droit réel immobilier, susceptible d'hypothèque et d'aliénation, et capable d'être protégé par l'action possessoire. La solution de ce problème constitue l'une des controverses les plus importantes du code civil, et

---

(1) 815, 1429, 1660 et 1709. c.c; Aubry et Rau. loc. cit. § 224 ; Demolombe t. 9. 531 ; Massé, Vergé sur Zachariœ § 198.

(2) Cass. ch. r. 24 nov. 1837 (D. P. 38. 1.134) v. cependant 1709. c.c. combiné avec l'art. 1 de la loi des 18-29 déc. 1790.

sans aucun doute la plus considérable de notre sujet.

Deux systèmes sont en présence : l'un, défendu par des jurisconsultes éminents, repousse l'emphytéose temporaire, et n'admet que la possibilité d'un bail ordinaire à long terme, créateur d'un droit personnel mobilier; l'autre, qui a également pour lui de hautes autorités juridiques et l'appui de la jurisprudence, décide au contraire que, nonobstant le silence du code civil, l'emphytéose n'en subsiste pas moins en tant que contrat *sui generis*. Mais dans cette dernière opinion, la difficulté n'est pas pour cela définitivement tranchée; une fois l'existence de l'emphytéose reconnue, la question entre dans une deuxième phase, et les auteurs se séparent de nouveau lorsqu'il s'agit de déterminer la nature et les caractères propres de cette tenure: certains veulent y rencontrer le domaine utile, d'autres y découvrent l'attribution d'une propriété temporaire ou d'une co-propriété à temps; les derniers enfin n'y voient qu'un droit réel immobilier; la jurisprudence elle-même est aussi divisée que la doctrine, puisqu'elle consacre également chacune de ces décisions si divergentes.

Le système qui se prononce pour l'abrogation de l'emphytéose par le code civil, et qui compte aujourd'hui de si nombreux et illustres défenseurs, est assez récent : les premiers commentateurs du code, contemporains de sa rédaction, même ceux qui y ont pris part, ne semblent pas s'être doutés de cette suppression de l'emphytéose (1), et ce n'est

(1) Merlin. Rép. vᵒ emphyt.

guère que sous la Restauration, après la publication
des œuvres de Grenier (1) et de Delvincourt (2),
que la controverse s'est élevée. Les adversaires de
l'emphytéose se fondent d'abord et simultanément
sur le silence observé par le code civil (3), et sur
l'article 7 de la loi du 30 ventôse an XII. Cet article abroge en effet les lois antérieures, relatives
aux matières dont il est traité dans le code ; or le
code a donné une théorie complète des droits réels,
et l'article 543 qui les énumère, les limite expressément à trois, la propriété, l'usufruit qu'il appelle
jouissance, et les services fonciers ; l'emphytéose, à
laquelle il n'est pas fait la moindre allusion, est donc
nécessairement exclue. Cette restriction de l'article
543 c. c. est d'autant plus importante, qu'elle est for-
tifiée par les articles 526, 2118 et 2204 c. c: ainsi
l'article 526 c. c. s'occupant des immeubles par l'objet
auquel ils s'appliquent, c'est-à-dire des droits réels
immobiliers autres que la propriété, se borne à citer
l'usufruit et les servitudes; de même l'article 2204 c. c.
ne comprend comme susceptibles d'expropriation que
les immeubles tenus en pleine propriété, leurs accessoires réputés immeubles, et l'usufruit de ces mêmes
biens ; enfin l'article 2118 c. c. est encore plus décisif, indiquant les biens sur lesquels l'hypothèque

---

(1) priv. et hyp. n° 143.

(2) t. 3. p. 415.

(3) Ce silence paraît d'autant plus important, que le tribunal de cassation avait proposé le maintien de l'emphytéose. Fenet. t. 2. p. 653.

peut s'asseoir, il n'y range que les immeubles par nature ou par destination, et l'usufruit de ces immeubles. Ici l'absence de toute mention de l'emphytéose semble véritablement concluante : l'article 2118 c. c. du code a été en effet copié littéralement sur l'article 6 de la loi du 11 brumaire an VII : or cet article présentait précisément l'emphytéose comme susceptible d'hypothèque, au même titre que l'usufruit.

On a argumenté ensuite du but qu'ont poursuivi les rédacteurs du code civil et qui a surtout consisté à simplifier l'ancienne organisation de la propriété, en faisant disparaître la notion du double domaine direct et utile, dont le rétablissement de l'emphytéose amènerait infailliblement la réapparition. C'est pour continuer l'œuvre des lois révolutionnaires, a-t-on dit, que le Code civil a aboli les anciennes rentes foncières et que l'article 530 c. c. a été rédigé ; dès lors, comment n'aurait-il pas supprimé en même temps l'emphytéose temporaire d'une durée maximum de quatre-vingt-dix neuf ans ? Il y aurait là une véritable inconséquence, car il existe une grande analogie entre le bail emphytéotique et le bail à rente : dans l'un et l'autre cas il s'agit toujours d'un immeuble donné à charge de redevance foncière. On a fait aussi remarquer que le rapport si étroit qui unissait cette emphytéose au bail à cens, n'avait pas été sans la compromettre aux yeux du législateur de l'an XII, et que ce dernier devait lui être d'autant moins favorable qu'elle tend à établir une espèce de mainmorte et à rendre la propriété indisponible.

On a en outre invoqué un passage du discours préliminaire de Portalis sur le projet du code civil, où le célèbre jurisconsulte laissait percer toutes ses hésitations et celles de la commission relativement au maintien ou à l'abrogation des rentes foncières et du bail emphytéotique : « nous avons abandonné à la « sagesse du gouvernement, disait-il, la question de « savoir s'il est convenable d'en provoquer le rétablissement » (1). Or, ajoute-t-on, dans l'opinion que nous développons, puisqu'il n'est intervenu de solution que par rapport aux rentes foncières seules, et que le silence le plus complet a été gardé sur l'emphytéose, l'intention du législateur ne peut être douteuse ; il a entendu conserver les premières, tout en modifiant leurs caractères, et il a rejeté purement et simplement la seconde.

Enfin, on a objecté que l'emphytéose n'aurait plus aujourd'hui aucune utilité, et que Tronchet avait lui-même déclaré au Conseil d'Etat, sur la discussion de l'article 2118, que cette tenure n'ayant plus d'objet, les rédacteurs du code civil n'avaient pas cru devoir s'en occuper (2). Pour les partisans de ce système, l'emphytéose ne saurait être susceptible d'application en France, où l'homme vit libre sur un sol libre et morcelé à l'infini ; suivant eux, si elle forme la tenure de prédilection dans les pays de privilèges et de hiérarchie personnelle et territoriale, elle ne se comprend plus dans les pays de liberté et d'égalité : là, le propriétaire et le cultivateur doivent y être nécessairement et

(1) Locré t. 1. p. 309 ; Fenet t. 1. p. 516.
(2) Locré. t. 16. p. 253.

également opposés, le premier parce qu'il y trouve
une entrave à son pouvoir de disposition, et qu'il lui
faut attendre pendant de trop longues années la plus
value de son capital ; le second, parce qu'il préfère à la
jouissance la plus longue, la plus sûre et la plus étendue, la pleine propriété, quelque modeste qu'elle puisse
être, où ses travaux et ses améliorations lui consti-
tueront, du moins pour l'avenir, un bénéfice assuré et
irrévocablement acquis (1).

Nous repoussons ce système, et nous admettons
avec la jurisprudence que l'emphytéose temporaire
existe encore sous le code civil.

Un premier argument nous est fourni par l'article
544 c. c. Cet article définit la propriété le droit
absolu de disposer des choses, à la seule condition
de ne pas en faire un usage prohibé par les lois ou
réglements ; ce qui laisse ainsi au propriétaire, sous
cette seule restriction, la faculté d'accorder sur son
fonds tel droit réel qu'il juge convenable (2) ; or,
puisqu'il ne se rencontre aucune disposition législative interdisant l'emphytéose, il s'en suit donc
naturellement que cette tenure peut toujours être
valablement concédée par le propriétaire. Sans doute,

---

(1) Delvincourt, loc. cit; Grenier, loc. cit ; Fœlix et Henrion, des rentes foncières, p. 28 ; Rodière et Pont, du cont. de mariage 1. 338 ; Pont.
priv. et hyp. t. 1. n. 388 ; Aubry et Rau, t. 2. p. 434 § 224 bis ; Demol.
t. 9. n. 489 à 491 et 529 ; Massé et Vergé, t. 2. § 280. n. 9; Valette, priv.
et hyp. n. 128 ; Trib. civ. de Rouen. 20 juin 1830.

(2) Laurent. principes. t. 6. p. 107 n° 84 ; v. Favard. Rép. v. emph.;
Duc. Bonn. Rou. t. 2. n. 689.

on ne peut plus constituer des rentes foncières semblables à celles que l'on rencontrait jadis dans
l'ancien droit; mais c'est qu'alors, contrairement à
ce qui s'observe dans l'emphytéose, on se trouve
en présence d'un texte formel, l'article 530 du code
civil. Aucune incertitude ne saurait s'élever sur
les intentions des rédacteurs du code; en écrivant
l'article 544 c. c., ils ont voulu avant tout consacrer
le droit absolu de disposition du propriétaire, et si
l'article 530 n'eût pas été rédigé, il est évident
qu'en vertu des principes généraux du droit commun,
on aurait eu la faculté de créer des rentes foncières
telles que les entendait l'ancienne jurisprudence.
C'est d'ailleurs en ce sens que s'est expliqué Bigot
de Préameneu au Conseil d'Etat : « Si le code civil,
« disait-il, eût gardé le silence sur les rentes fon-
« cières, on aurait pu les croire autorisées en vertu
« de l'axiome que ce que la loi ne défend pas est
« permis; la section a donc pensé qu'il serait utile
« de réduire en disposition législative la décision du
« Conseil à ce sujet ». Dès lors, puisqu'un texte était
nécessaire pour empêcher les parties de stipuler le
rétablissement des anciennes rentes foncières, de
même un texte aurait dû être également indispensable
pour prohiber l'emphytéose temporaire; or, ce texte
n'existe nulle part. Pourquoi s'étonner qu'une institution aussi importante et, on peut le dire, aussi
célèbre que l'emphytéose, ait pu subsister sans que
le code en ait prononcé une seule fois le nom ? Il
nous semble que l'on devrait s'étonner davantage de
sa disparition subite par l'effet d'une simple prété-

rition. Si nous considérons ensuite que les emphytéotes avaient des droits réels, il nous paraîtra bien extraordinaire qu'ils se soient trouvés subitement expropriés par la promulgation d'un code où le titre de leur contrat était omis ; la loi de brumaire a pris soin de s'expliquer, quand elle a transformé le droit du bailleur à rente foncière, et cependant elle n'aggravait pas leur situation, puisqu'elle leur conservait une sûreté hypothécaire.

Ces quelques réflexions nous semblent déjà suffisantes pour répondre tant à l'argument tiré du silence du code, qu'au passage du discours de Portalis ; mais, à dire vrai, le code civil n'est pas aussi muet sur l'emphytéose qu'on le prétend.

Reprenons l'article 543 c. c. : ce texte, si concluant d'après l'opinion que nous combattons, est loin d'exclure le bail emphytéotique aussi formellement qu'on l'affirme (1). Si l'emphytéose n'est pas expressément citée dans l'énumération qui est faite par cet article, la chose elle-même nous semble s'y trouver renfermée implicitement ; il parle en effet de droit de jouissance ; or, c'est ainsi que la loi du 11 brumaire an VII (art. 6) qualifiait le droit de l'emphytéote, et c'est également dans ce sens que le mot de jouissance peut être entendu dans l'exposé des motifs de Treilhard (2).

Vouloir conclure à l'abrogation de l'emphytéose de ce simple fait que l'article 543 c. c. n'a pas rangé le

---

(1) Duc. Bon. Roust. t. 2 n. 69 ; Dem. t. 2 n. 378 bis IX.
(2) Fenet. t. 2. p. 33 ; Dur. t. 4. n. 80.

droit emphytéotique parmi les droits réels, c'est là une argumentation inadmissible, car l'énumération donnée par cet article est incomplète ; le texte ne parle pas en effet de cet autre droit réel principal, la possession (1).

La doctrine adverse insiste cependant et objecte que cet article 543 c. c. doit être considéré comme le sommaire des trois titres qui suivent, et qu'on ne peut y comprendre autre chose que ce qui est contenu dans ces trois titres. Le seul point hors de doute, c'est que l'incertitude qui règne sur la solution de notre question se dégage à chaque pas des différentes dispositions du code ; en employant dans l'article 543 c. c. une expression aussi générale, le but des rédacteurs de ce code a été de ne rien préjuger, et cette remarque suffit largement pour nous permettre de repousser tout système qui tendrait *à priori* à exclure l'emphytéose. Cela est si vrai que lorsque le tribunal de cassation, favorable au maintien de l'emphytéose réclamait une modification de l'article 2118 c. c. il avait jugé l'article 543 tout-à-fait suffisant.

Du reste, on peut opposer aux partisans du système contraire un dilemme, auquel il nous paraît presque impossible de répondre. De deux choses l'une, en effet, ou l'emphytéose est comprise dans le mot jouissance de l'article 543 c. c., ou elle n'y est pas comprise ; si elle y est comprise, l'emphytéose est reçue par le code civil ; si elle n'y est pas comprise

---

(1) M. Troullier à son cours sur l'art. 543 c. c. ; Aubry et Rau. t. 2, §178 et Troplong. de la prescript. 1.237.

le code ne s'en est pas occupé,et par suite,en vertu de l'article 7 de la loi du 30 ventôse an XII, elle doit subsister conformément aux lois de 1790, messidor an III et brumaire an VII, puisque cet article 7 de la loi de ventôse n'a abrogé les lois antérieures qu'autant qu'elles sont relatives aux matières formant l'objet du code.

Quelque délicate que puisse être d'ailleurs l'interprétation de cette loi qui ne dit pas à quelle division ou subdivision du code il faut s'attacher pour savoir si une institution fait ou non partie des matières traitées, il nous paraît certain que, le code n'ayant pas aboli *in terminis* l'emphytéose, a entendu la maintenir telle que le droit révolutionnaire l'avait acceptée. Au surplus, il n'est pas inutile de faire remarquer que les auteurs qui nient l'existence de l'emphytéose, se mettent souvent en contradiction avec eux-mêmes; car ils ne craignent pas, en dépit de l'interprétation qu'ils donnent à la loi de ventôse, de recourir dans beaucoup de cas à la loi des 18-29 décembre 1790. C'est ainsi qu'ils lui empruntent, nonobstant la théorie complète que possède le code sur le louage, la durée maximum de quatre-vingt-dix-neuf ans, et qu'ils appliquent, malgré l'article 530. c. c., les règles de l'ancien droit pour déterminer le prix de rachat des rentes foncières (1). En matière de location à longue

---

(1) Relativement au taux du rachat de ces rentes, il faut distinguer si elles sont perpétuelles et irrachetables, ou simplement rachetables ; dans le premier cas, c'est le taux fixé par la loi des 18-29 déc.

durée, ces mêmes auteurs se montrent encore plus inconséquents ; ils repoussent l'emphytéose et ils admettent que le code a maintenu cette institution particulière à la Bretagne, translative de droit réel immobilier, que l'on appelle bail à domaine congéable, et dont il n'est fait également aucune mention dans l'article 543. c. c. Il est vrai que l'on a essayé de repousser cette objection en alléguant que cette tenure se divisait en deux éléments, tous deux reconnus par le code, un louage du tréfonds et une vente ré_soluble de la superficie ; mais ce subterfuge est d'autant moins admissible que le bail à domaine congéable est incompatible, soit avec les principes reçus au titre du louage, soit avec les dispositions que l'article 1660. c. c. édicte sur le pacte à réméré.

Les articles 526, 2204 et 2118. c. c., qui ont servi à compléter et à fortifier l'argumentation que le premier système établissait sur l'article 543. c.c., ne sont pas plus décisifs que ce dernier texte ; le silence qu'ils observent sur l'emphytéose, peut aussi facilement s'expliquer, et la généralité de leurs termes laisse également place à cette dernière tenure. Ainsi l'article 526 c.c., relatif aux immeubles par l'objet auquel ils s'appliquent, ne saurait être concluant par ce seul fait qu'il ne mentionne pas l'emphytéose ; pour qu'il en fût ainsi, il faudrait encore que l'énumération, qu'il donne, ne fût pas incomplète, et on n'y rencontre ni l'usage,

---

1790 qui est appliqué, tandis que dans le second, c'est celui de l'ancienne jurisprudence fixé au denier 20. Paris 5 août 1851. D. P. 52. 2. 236. Contra Marcadé sur 530. c. c. n· 1 in fine.

ni l'habitation, ni les droits réels accessoires, tels que
l'hypothèque et l'antichrèse (1). Les expressions employées par l'article 526. c.c., n'excluent pas l'emphytéose ; ce texte en effet cite expressément l'usufruit ;
or le mot usufruit peut se traduire par le mot jouissance, et dès lors l'emphytéose est visée par la loi au
même titre que les droits d'usage et d'habitation. Il en
est de même de l'article 2204. c.c., concernant les
biens susceptibles d'expropriation ; on y comprend encore formellement l'usufruit, et ce mot peut être d'autant mieux considéré comme le synonyme de jouissance, que l'emphytéose possède une autre stabilité
que l'usufruit, droit essentiellement aléatoire et par
suite moins propre à l'hypothèque. Seul l'article 2118.
c.c., paraîtrait au premier abord plus embarrassant,
par suite du rapprochement que l'on est tenté de faire
avec la disposition de l'article 6 de la loi du 11 brumaire an VII, dont il n'est que la reproduction. Nous
ne pensons pas cependant que cette comparaison de
textes puisse nous arrêter ; le mot « usufruit » peut
encore s'interpréter ici par le mot jouissance, et s'appliquer en conséquence à l'emphytéose. Cela est si
vrai que, lors du projet de loi présenté en 1851 sur la
réforme hypothécaire, M. Bethmont a dit dans son
rapport au Conseil d'Etat, à propos de cet article 2118
c.c., que les longues jouissances concédées par l'Etat
pour l'établissement des chemins de fer constituaient

---

(1) Dur. t. 4. n. 80 ; Dem. t. 2. n. 378 bis, 4. En ce qui concerne l'hypothèque, cpr. cependant le système soutenu par Marcadé sur l'art. 526
n. 4; Troplong, du louage. 1. 17 ; Demol. t. 9. 471 et 472,etc.

des droits emphytéotiques,.sur lesquels l'hypothèque pouvait s'asseoir.

Enfin, nous croyons qu'il est possible d'expliquer par un argument historique la raison pour laquelle le code s'est abstenu si scrupuleusement de parler de l'emphytéose, et s'est contenté de la comprendre dans les expressions un peu larges et un peu vagues d'usufruit et de jouissance. Il suffit pour cela de se placer à l'époque de la rédaction du code civil. On était alors trop peu éloigné du régime féodal pour essayer de discuter avec la passion populaire les haines justifiées ou non, dont elle enveloppait toutes les institutions foncières de l'ancien droit. L'emphytéose, bien qu'étrangère par sa nature aux tenures seigneuriales, objet de la réprobation publique, s'était cependant tellement altérée à leur contact, que la pratique et la majorité des jurisconsultes ne l'en distinguaient plus : or, nous ne pouvons oublier que le législateur de 1804 s'est toujours appliqué à rejeter tout ce qui pouvait, de près ou de loin, réveiller le souvenir de la féodalité ; et de même qu'il avait écarté dans la matière des servitudes, par un scrupule exagéré, l'expression de *servitudes personnelles* (1), de même il a hésité à insérer dans le texte des lois le 'mot « emphytéose ».

En résumé, non seulement les dispositions du code civil ne rejettent pas l'emphytéose ou semblent même l'accepter implicitement, mais encore l'article

(1) Cpr. L. 1. D. de serv. ; Maleville, introd. au tit. 4 du liv. 2 ; Demol. t. 10. 211 ; Aubry et Rau, op. et loc. cit. § 225. n. 1.

2181, relatif à la purge des privilèges et des hypothèques, nous paraît en impliquer directement le
maintien. Ce texte ordonne aux tiers détenteurs,
comme formalité préliminaire à la purge, de faire
transcrire leurs titres d'acquisition translatifs de la
propriété d'immeubles ou droits réels immobiliers;
en parlant de droits réels immobiliers, la loi n'a pu
avoir en vue que l'usufruit et l'emphytéose. D'une
part, en effet, il ne saurait s'agir des droits d'usage,
d'habitation ou de servitudes réelles, auxquels la
purge ne peut s'appliquer, puisqu'ils ne sont pas
susceptibles d'être vendus aux enchères; et d'autre
part, l'expression « droits réels » étant au pluriel, il
en résulte que la loi envisage au moins un droit réel
autre que l'usufruit, qui présente cette qualité, et tel
est bien le cas de l'emphytéose, dont la purge peut
se faire dans des conditions moins mauvaises que
s'il s'agissait d'un usufruit ou d'une nue-propriété.

Les autres considérations présentées à l'appui du
premier système ne nous paraissent pas plus concluantes. Ainsi nous ne voyons pas en quoi l'emphytéose serait en opposition avec l'esprit général de notre
code. Sans doute, ses rédacteurs ont voulu simplifier l'organisation si compliquée de la propriété
dans l'ancien droit, et ils ont ainsi continué l'œuvre de la législation intermédiaire; mais ils n'ont
légiféré qu'avec une extrême modération, et ont
le plus souvent réagi contre les entreprises bien
autrement radicales des assemblées révolutionnaires. Dès lors, puisque les lois de cette époque ont à

diverses reprises conservé expressément l'emphytéose temporaire, et refusé d'y reconnaître un caractère féodal, il est bien difficile d'admettre que les
rédacteurs du code civil, plus ou moins attachés à
l'ancien droit, aient été plus rigoureux que ces
législateurs, si ennemis des institutions antérieures,
et pour lesquels cependant les lois de 1790, 1792 et
1793 étaient suffisantes pour en effacer le moindre
souvenir (1). On ne peut se tromper du reste sur
les intentions des rédacteurs du code civil à ce sujet;
presque tous les passages des travaux préparatoires,
qui semblent opposés à cette solution, n'ont trait
qu'à l'emphytéose perpétuelle. Quant à la connexité
de l'emphytéose et de la rente foncière, sur laquelle
on a voulu se fonder pour repousser l'emphytéose
temporaire, nous nous bornerons à faire remarquer
que nous y avons déjà répondu en nous plaçant sur
le terrain de l'article 544 c. c., et que l'identité, que
l'on veut établir, ne saurait d'ailleurs tout au plus
s'appliquer qu'à l'emphytéose perpétuelle.

Nous ne pourrions être en contradiction avec les
termes formels de l'article 544. c. c., que si nous
admettions dans l'emphytéose le domaine direct et le
domaine utile; mais, et c'est là un point qui for-
mera pour ainsi dire la deuxième partie de cette
longue controverse, nous nous proposons également
de repousser cette théorie injustifiable de l'ancien

---

(1) Les tribunaux ont toujours pu en vertu de ces lois annuler toute
tenure infectée du vice de féodalité. Cass. 24 mars 1875. D. P. 75. 1. 197.

21

droit, pour en revenir à la doctrine du droit romain, consacrée par la loi de brumaire.

L'objection qui consiste à prétendre que l'emphytéose a disparu comme n'ayant plus aujourd'hui d'objet, et comme ne répondant à aucune nécessité sociale ou agricole, n'est pas plus justifiée. Tronchet a bien, il est vrai, expliqué ainsi le silence de l'article 2118 c. c. dans la discussion au Conseil d'Etat ; mais quelque importance que puisse avoir une telle déclaration émanant d'un jurisconsulte qui, rapporteur en 1791 du comité des droits féodaux, avait eu déjà si souvent à s'occuper de l'emphytéose, il ne nous paraît pas qu'elle doive avoir d'autre portée que celle d'une simple opinion personnelle (1), surtout en présence de la division qui s'était opérée, relativement à cette question, entre les commissaires du gouvernement. Les paroles prononcées par Tronchet ne prouvent qu'une chose, c'est que ce dernier était un de ceux qui réclamaient la suppression de la tenure emphytéotique ; mais elles ne prouvent pas que le législateur lui ait donné raison.

Soutenir, comme on veut le faire, que l'emphytéose n'a plus aujourd'hui par elle-même aucune utilité, c'est ce que nous refusons énergiquement d'admettre. Sans doute et par suite des changements considérables apportés à l'appropriation du sol par le nouvel état social fondé par la Révolution,

---

(1) On trouve même dans ce passage, ce qui n'est pas sans étonner beaucoup, certaines erreurs graves sur l'origine et l'histoire de l'emphytéose.

nous comprenons fort bien que ce système de location ne soit plus susceptible d'une aussi large application que dans les siècles précédents, où la terre
était centralisée entre les mains de quelques-uns ;
mais si diverses que puissent être les appréciations
des économistes (1), il n'est pas moins certain que
l'emphytéose présente encore de l'utilité dans un
grand nombre de cas, et qu'elle permet notamment
de réaliser dans une certaine mesure le grand problème social de l'association du capital et du travail.

Si l'on envisage en effet ses résultats pratiques,
on peut se convaincre de l'impulsion qu'elle a donnée
au développement des villes et des campagnes ; ici,
elle est venue en aide aux entrepreneurs de constructions (2) ; là, elle a déterminé de nombreux défrichements et des améliorations agricoles considérables. Dans nos départements, elle a contribué largement au travail de transformation des biens communaux ; sur les bords de la mer, c'est grâce à des
baux emphytéotiques que des terrains incultes et sa-
blonneux, des lais et des relais, ont été mis en culture ; enfin en Algérie et dans les colonies, ce mode
d'exploitation du sol a déjà été employé fructueuse-

---

(1) Demol. t. 9. n° 49. p. 407; Say. économ. polit. t. 2. p. 74; Duvergier. t. 3. n° 143 ; Rossi. rev. de législ. t. 11. p. 10 ; Laurent. t. 8. n° 345;
Troplong. du louage. n° 50 et 51.

(2) Ainsi à Londres et à Paris; dans cette dernière ville,c'est au moyen
de baux emphytéotiques que la rue de Rivoli a été continuée en vertu
de la loi du 21 janv. 1826, et que la salle de l'Opéra-comique a été cons-
truite.

ment et y a exercé les plus salutaires influences.
L'emphytéose est particulièrement avantageuse pour
certaines personnes morales, telles que les hospices,
les communes, l'Etat et les départements : ces établissements publics peuvent en effet difficilement
surveiller leur patrimoine, et trouvent ainsi un moyen
pratique d'assurer indéfiniment leurs revenus et
d'augmenter la valeur de leurs immeubles dans des
proportions parfois très élevées ; aussi n'hésitent-ils
pas à en user largement. On a fait remarquer, il est
vrai, que la tenure emphytéotique était moins favorable au cultivateur, car celui-ci doit payer les impôts, supporter les grosses réparations et faire
souvent d'énormes avances sans avoir à espérer aucune indemnité pour le cas de stérilité ou perte partielle du fonds ; mais ces charges sont largement
compensées par les nombreux profits qu'il est appelé
à en retirer. Ainsi elle lui permet d'obtenir la terre
sans bourse délier, et de ne la conserver que sous
la condition de payer une simple redevance dont la
modicité est le caractère essentiel ; elle développe le
coefficient de son travail journalier en le forçant à des
améliorations dont il est appelé à retirer les premiers
intérêts, et qu'il a dès lors utilité à terminer le plus
tôt possible ; elle lui assure la stabilité de son droit
par le démembrement de la propriété qu'elle confère ;
elle lui fournit, par l'hypothèque dont elle est susceptible, un instrument de crédit ; enfin elle encourage
et détermine l'épargne qui lui est indispensable pour
se protéger des cas fortuits, et qui à l'échéance de sa
tenure lui procurera un véritable capital mobilier.

Ces considérations économiques constituent un argument de plus en faveur du maintien de l'emphytéose. Dans notre société actuelle en effet, où les idées démocratiques ont un libre cours, on s'efforce d'améliorer le sort du travailleur et de l'amener à posséder un jour ; or, n'est-ce pas là le but final du bail emphytéotique ?

Une preuve bien concluante de l'utilité incontestable que présente l'emphytéose, résulte de l'unanimité constante avec laquelle on s'est toujours prononcé pour son rétablissement formel dans nos codes. Lorsqu'en 1840 eut lieu la grande enquête sur le régime hypothécaire, les cours de Paris, de Pau et de Rouen, les facultés de Caen et de Grenoble demandèrent l'introduction du mot « emphytéose » dans les textes, et en 1849 cette emphytéose fut expressément mentionnée dans le projet de réforme hypothécaire, qui, déjà voté en deuxième délibération, ne dut de ne pas aboutir qu'aux évènements de 1852 (1). Depuis la promulgation du code civil, toutes les enquêtes agricoles ont recueilli la même réclamation, et à partir de cette époque les nombreuses propositions de code rural, qui se sont succédé et qui n'ont pu malheureusement parvenir jusqu'ici à maturité, ont toujours mis ce contrat au nombre de leurs dispositions primordiales et lui ont consacré un titre

---

(1) Pont. priv. et hyp. t. 1 p. 385. n.; — Loi sur la réforme hypothécaire: art. 2122 (c. 2118. c. c.) monit. univ. du 10 av. 1850 et rapport Vatisménil. art 2110 (c. 2118 c. c.) monit. univ. du 26 avril 1850.

spécial (1). Enfin la plupart des législations étrangères, même celles qui ont adopté le code civil, ont
également reconnu l'utilité de l'emphytéose : tels sont
les codes belge (2), hollandais (3) et italien (4).

Le système, que nous avons essayé d'établir, soutenu par la majorité des auteurs (5) et consacré par
une jurisprudence constante (6), semble avoir reçu
une espèce de consécration législative de nombreuses lois spéciales postérieures au code civil. Ainsi
nous trouvons d'abord, en date des 11 juin 1806, 10
mars 1807, 7 mars 1808 et 2 février 1809, quatre avis du
Conseil d'Etat, qui suivant l'opinion adverse aurait

---

(1) Deverneilh. proj. de cod. rur. 1810 et observ. des commis. consult.
t. 3 p. 625 ; projet de cod. rur. rapport Casabianca, monit. univ. 3 av.
1866, et journal offic. des 10 févr., 8 mars, etc. 1870 ; proj. de cod. rur.
1876. journ. offic. des 31 oct. et 1 nov. 1876 (tit. v. du proj.) p. 7829.
et rapport de M. Ribière. journ. offic. du 20 janv. 1882.

(2) Lois des 10 et 25 déc. 1824.

(3) Lois du 25 déc. 1824 et code civil de 1838 (art. 767 à 783).

(4) Code Albert de 1838 (art. 1941) et code Italien de 1866 (art. 1556-
1567). Cpr. code des Deux Siciles publié en 1819 (art. 1678 à 1703).

(5) Duv. t. 3 n. 147; Proud. dom. de propr. t. 2. n. 209; Toul. t. 3.
n. 101 ; Champ. et Rigaud t. 4. n. 3070; Pép. le Hal. p. 340 ; Marcadé
t. 2. n. 358; Tropl. priv. et hyp. t. 2. n. 405 et louage t. 1 n. 50 ; Duc.
Bonn. Roust. t. 2 n. 70 ; Dem. t. 2 n. 378 bis v; Dall. Jur. gén. v° louage
emph. n. 6 ; M. Trouiller à son cours.

(6) Paris 3 fév. 1836. D. jur. génér. v° louage emph. n. 7, 4· ; Grenoble 4 janv. 1860. D. P. 60. 2. 190 ; Toulouse 25 juil. 1861. D. P. 64. 1.
83 ; Cass. 26 juin 1822 (D. J. Gén. v° act. posses. n. 534) et 1 av. 1840.
D. P. 40. 1. 140 ; 24 juil. 1843, D. P. 43. 1. 397 et 12 mars 1845 D. P.
45. 1. 105 ; 17 nov. 1852. D. P. 52. 1. 262 ; 23 fév. et 26 av. 1853. D.
P. 53. 1. 53 et 145 ; 24 août 1857. D. P. 57. 1. 326 ; 6 mars et 11 nov.
1861. D. P. 61. 1. 417 et 444 ; 26 janv. 1864. D. P. 64. 1. 83 ; 29 août
1865. D. P. 65. 1. 329 ; 1 av. 1868. D. P. 68. 1. 220 et 4 août 1880. D. P.
81. 1. 13 et 14. — Cons. d'Etat. 9 fév. et av. 1869. D. P. 70. 3. 95 et 68.

quelques années plus tôt proscrit l'emphytéose ; et, malgré l'insistance mise par Delvincourt à vouloir restreindre leur application aux emphytéoses cons-tituées avant le code civil (1), ces dispositions législa-tives présentent un intérêt d'autant plus considéra-ble que rien, ni dans leurs termes, ni dans leur es-prit, ne permet de faire la moindre distinction entre les emphytéoses antérieures et postérieures à cette époque. Nous citerons encore : le décret du 30 dé-cembre 1809, concernant les fabriques d'églises (2), une décision ministérielle du 16 septembre 1821, relative aux droits électoraux de l'emphytéote, une ordonnance du 8 août 1821 sur l'administration municipale, le sénatus-consulte du 30 juin 1810 (art. 10), et la loi du 8 novembre 1814 (art. 15) sur la dotation de la couronne. MM. Demolombe et Valette (3) ont prétendu que ces textes n'entendaient par baux emphytéotiques que des baux à longue durée, et cette interprétation serait, à leur dire, plei-nement corroborée par la loi de 1832, qui, correspon-dant exactement à celle de 1814, ne parle que de baux de plus de 18 ans. Notre réponse sera facile. Nous ferons remarquer, d'une part, que les lois en question sont en entière conformité avec une autre loi du 22 novembre 1790, qui appelle dans son article 29 les baux emphytéotiques des aliénations ; d'autre

---

(1) t. 3. p. 185.

(2) Duv. t. 16. p. 497.

(3) Demol. t. 9. n. 491 ; Val. p. 197.

part que la différence de rédaction des lois de 1832 et de 1814 s'explique par ce seul fait que dans leur intervalle est née la controverse qui nous occupe et que le législateur de 1832 a simplement voulu laisser la question en l'état. Aucune difficulté ne saurait s'élever du reste sur la loi de 1814 ; son application se retrouve en effet dans plusieurs dispositions législatives qui autorisent des constitutions d'emphytéose ; et sur l'une d'entre elles, la loi du 21 juin 1826 (1), il a été jugé que le bail emphytéotique devait être considéré comme susceptible d'hypothèque (2).

Nous avons essayé de réfuter la doctrine d'après laquelle l'emphytéose ne pourrait être de nos jours qu'un louage prolongé, et nous nous sommes efforcé d'établir l'existence propre et distinctive de cette tenure ; mais, ce premier point admis, une nouvelle difficulté surgit, ou plutôt la controverse entre dans une deuxième phase, lorsqu'on en arrive à se demander quelle est la nature du droit qui appartiendra alors à l'emphytéote. Cette institution confère-t-elle un droit de propriété ou bien un simple démembrement de la propriété ? Ici, l'incertitude est aussi grande parmi les auteurs que dans la jurisprudence ; et cette dernière, qui est cependant unanime à proclamer le maintien de l'emphytéose,

---

(1) Cette loi du 21 juin 1826 est relative aux terrains situés à Paris entre la rue de Rivoli et la rue Saint-Honoré, et confirme le bail emphytéotique passé en 1821 par le ministre de la maison du roi et la ville de Versailles.

(2) Paris 10 mai 1831 et Cass. 19 juillet 1832. (Dalloz. Jur. gén. v° louage emph. n. 9).

a consacré et consacre encore, au moins par des arrêts de cours d'appel, toutes les opinions proposées, sans s'arrêter définitivement à aucune.

Un premier système, qui a pour auteur le savant Merlin (1), sanctionne la tradition ; il attribue à l'emphytéote le domaine utile et réserve au bailleur le domaine direct. C'est la doctrine d'un assez grand nombre d'auteurs, et celle à laquelle la jurisprudence s'est ralliée unanimement pendant de longues années (2). Cette solution n'est que la conséquence immédiate de celle que l'illustre procureur général de la Cour de Cassation a émise sur la loi de brumaire an VII. Dès qu'il avait admis concurremment que cette loi avait investi l'emphytéote du domaine utile en le faisant participer à la propriété, et que le code avait laissé subsister l'emphytéose, il ne pouvait lui attribuer que la nature et les effets qu'il lui reconnaissait dans la dernière disposition législative la concernant. Merlin se fonde sur le droit romain et sur la possibilité d'une propriété temporaire (3) . Les lois

(1) Quest. V⁰ emph. § 5. n. 2.

(2) Proud'hon. usufruit. t. 2. n⁰ 97. Cass. 23. niv. an 7, 1 pluv. an 10, 26 pluv. an 11, 24 vendém. an 13, 26 juin 1822, 15 janv. 1824, 19 juil. 1832, 3 fév. 1836. (Dalloz. jur. génér. V⁰ act. posses. n. 534 et v⁰ louage emph. n. 7. 3 et 4 et n. 9. et le journal des audiences de la Cour de Cassation de Denevers et Duprat) ; Cass. 17 nov. 1852. D. P. 52. 1. 262. 26 av. 1853. D. P. 53. 1. 145 ; 9 janvier 1854. D. P. 54. 1. 118 ; 24 août 1857. D. P. 57. 1. 326 ; Nîmes 30 mars 1843. D. P. 45. 1. 106 ; Grenoble 4 janv. 1860. D. P. 60. 2. 190.

(3) L. 1. et 3. si ag. vect. 6. 3 ; C. tit. de jur. emphyt. 4. 66. et L. 12. C. de fund. patrim. emphyteuticis. 11. 61. Ces lois sont citées dans plusieurs arrêts de la Cour de Cass., notamment dans celui du 23 niv. an 7 et du 26 juin 1822. Dalloz. J. Gén. V⁰ act. posses. n. 534.

romaines, dit-il, confèrent à l'emphytéote l'action en revendication et la faculté d'hypothéquer ; or, celui-ci ne saurait avoir de tels droits, s'il n'avait pas la propriété du fonds emphytéotique, car ce sont là des attributs qui ne peuvent appartenir qu'au proprié- taire. Mais comme ces mêmes textes du droit romain déclarent aussi que l'emphytéote ne devient pas propriétaire, et qu'ils donnent au bailleur du fonds emphytéotique la qualification de *dominus*, il s'en suit que pour concilier ces décisions opposées, il faut supposer que le premier participait à la propriété du second, qu'il y avait alors ce que Boutaric aurait appelé un « *cizaillement* » de cette propriété, ce qui impliquait nécessairement la distinction du domaine utile et du domaine direct, l'un revenant à l'em- phytéote, l'autre restant au bailleur. Donc, ajoute Merlin, après l'abolition de l'emphytéose perpétuelle, la même distinction doit subsister en matière d'em- phytéose temporaire, puisque le preneur, ayant aussi l'action *in rem* et le droit d'hypothéquer, est encore propriétaire. Enfin, on fait encore remarquer que, loin de répugner à l'aliénation temporaire de la propriété, qui est tout autant de droit naturel que l'aliénation perpétuelle, le code civil la consacre au contraire dans ses articles 2125 et 617. Le premier reconnaît en effet que la propriété peut être réso- luble dans certains cas, ce qui lui suppose une durée temporaire, et le second donnant au pro- priétaire la faculté de transférer pour un temps déterminé l'usufruit de son héritage, c'est-à-dire un droit réel ou une partie de la propriété, lui concède par cela même le droit d'aliéner cette propriété pour un temps limité.

Nous ne pouvons accepter ce système que nous avons déjà repoussé en expliquant la loi de brumaire. Son point de départ est matériellement faux, et nous croyons avoir démontré jusqu'à quel point l'idée qui lui sert de base viole l'esprit et le texte de la loi du 11 brumaire an VII.

L'argumentation empruntée au droit romain n'est pas plus exacte et nous y avons déjà répondu. La distinction du domaine direct et du domaine utile est, comme nous l'avons si souvent répété, une pure conception féodale, à laquelle le droit romain est resté complètement étranger. Or, nous ne pouvons l'oublier, la théorie du code sur la propriété est celle du droit romain et le code n'admet dans ses articles 530, 543 et 544 c. c. que deux démembrements de la propriété, l'usufruit et le droit réel. Vainement peut-on invoquer, comme le fait Merlin, l'action réelle et le droit d'hypothéquer, auxquels est appelé l'emphytéote? L'usufruitier aussi jouit de ces mêmes privilèges, devra-t-on en conclure qu'il a également le domaine utile? D'ailleurs, ainsi que le fait observer très justement M. Laurent (1), rien n'empêcherait de raisonner de même sous l'empire de la loi belge du 10 janvier 1824 sur l'emphytéose, puisqu'aux termes de l'article 3 l'emphytéote jouit de tous les droits attachés à la propriété, non-seulement de celui d'aliéner ou d'hypothéquer son

(1) t. 8. p. 424. n. 348.

droit, mais encore de celui de grever le fonds emphytéotique de servitudes pour toute la durée de la tenure.
Quant à l'idée émise que l'emphytéose consisterait
dans une aliénation temporaire de la propriété, elle est
presque impossible à concilier avec les principes de
notre droit moderne. On invoque bien en ce sens, il
est vrai, les articles 617 et 2125 c. c., mais ni l'un ni
l'autre ne s'y appliquent. D'une part l'usufruit est un
droit essentiellement temporaire, et d'autre part on ne
peut confondre le terme avec la condition dont l'effet
est rétroactif.

Un deuxième système se révèle dans les arrêts de
la Cour de Cassation. Ici la Cour suprême, toujours à
la recherche d'une explication qui concilie le droit de
propriété du bailleur avec les droits si étendus accordés à l'emphytéote, abandonne la distinction du domaine direct et du domaine utile, et se place exclusivement sur le terrain de l'aliénation temporaire en employant les formules les plus diverses et les plus
variées (1). Ainsi un arrêt de la Cour de Cassation du
24 juillet 1843 dit que l'effet propre au bail emphytéotique est d'opérer l'aliénation à temps de la propriété de l'immeuble donné en emphytéose (2), et un
arrêt de la Cour de Paris du 10 mai 1831 décide que
l'emphytéose confère une jouissance usufruitière à

---

(1) Cass. 1 av. 1840 (D. P. 40. 1. 140), 24 juillet 1843 (D. P. 43. 1 397)
18 mai 1847 (D. P. 47. 1. 176) et 23 fév. 1853 (D. P. 53. 1. 53) ; Paris
10 mai 1831. Jur. génér. v° louage emph. n. 9. p. 585. 2° col.

(2) v. aussi en ce sens. Trib. de Lille, 3 mars 1849 (D. P. 49. 5. v°
enreg. n° 7.

longues années et une co-propriété entre le bailleur et
le preneur.

Bien que cette nouvelle théorie facilite beaucoup la
démonstration relative au maintien de l'emphytéose
par le code civil, elle n'est pas plus acceptable que
celle que nous venons de repousser (1). Nous admettons sans doute qu'une personne puisse avoir
une propriété temporaire, mais *pendente die* elle
aura été seule propriétaire, et cessera de l'être à
l'arrivée du terme, puisqu'il est impossible de concevoir deux personnes ayant chacune la propriété d'une
seule et même chose pour le tout. Or le bailleur à emphytéose ne cesse pas d'être propriétaire pendant cette
durée de la concession, car le preneur lui paye annuellement une redevance en reconnaissance de son droit.
L'idée d'une co-propriété resterait donc la seule admissible, et cette hypothèse est encore inacceptable :
deux communistes ont nécessairement des droits
égaux, et la redevance dont jouit le bailleur indique
tout au moins une certaine supériorité de son droit sur
celui du preneur. Ainsi, il ne doit pas être plus question pour l'emphytéote de droit de propriété que de
domaine utile, et quant à la théorie du domaine utile
consacrée par la Cour de Cassation, on peut l'expliquer en faisant observer avec M. Troplong, que ces
arrêts ne sont intervenus que dans une matière spéciale, en matière d'enregistrement. Le législateur de

---

(1) On trouve alors en effet l'emphytéose dans les articles 518, 543 et
2118. c. c.

frimaïre n'ayant point parlé de l'emphytéose, la Cour
avait à trouver des analogies qui fussent de nature à la
guider, et elle a pensé que l'emphytéose se rapprochait
plutôt d'une aliénation de la propriété que de tout autre acte.

Une dernière opinion revenant aux vrais principes
du droit romain consacre la théorie des lois de messidor et de brumaire, et décide que l'emphytéose
confère au preneur un simple droit réel. C'est celle
que nous adopterons avec la majorité des auteurs
(1) et avec la jurisprudence actuelle de la Cour de
Cassation (2). Le premier arrêt en ce sens fut rendu
en 1845 sur le rapport de Troplong, et, reproduisant
la théorie de Doneau, il disait que l'emphytéote avait
le *quasi-domaine*. Ceci exclue donc toute idée de
propriété à temps ou de domaine utile, car de même
que l'expression *quasi-usufruit* marque que le droit
n'est pas un usufruit véritable, de même ces mots
quasi-domaine indiquent que cet emphytéote n'a pas
davantage une propriété, mais quelque chose qui s'en
rapproche beaucoup, un démembrement ou droit réel,
comme Cujas et Doneau l'établissaient (3). Cette solution est la seule qui puisse être acceptée. D'une part
nous avons réfuté la distinction du double domaine,
direct et utile, et l'aliénation temporaire, et d'autre

---

(1) Massé, Vergé sur Zachariæ t. 2. § 280 ; Pépin le hal. p. 348, Troplong. p. 180, n. 32, Champ. et Rigaud, t. 6. n° 841.

(2) Cass. 12 mars 1845. (D. P. 45. 1. 105), 6 mars et 11 nov. 1861. (D. P.
61. 1. 417 et 444), 4 août 1880. (D. P. 81. 1. 13. et 14).

(3) Cujas sur la loi 74. D. de rei vindic. et Doneau. t. 9. 14. 30.

part, puisque nous admettons le maintien de l'emphytéose par le code civil, celui-ci n'a pu la conserver que telle qu'elle était dans le dernier état de la législation intermédiaire, et nous avons démontré que les lois de messidor et de brumaire lui avaient rendu ce caractère de droit réel qu'elle aurait toujours dû avoir, et qui était celui du droit romain dont le code a adopté entièrement la théorie sur la propriété. Ainsi entendue, notre doctrine se concilie absolument avec les articles de notre code, et facilite beaucoup la démonstration relative au maintien de l'emphytéose par le code : alors en effet, on retrouve cette tenure dans les articles 518, 530, 543, 544 et 2118. c.c. Enfin nous ferons observer en terminant que tel est bien le caractère qui a été toujours attribué au droit emphytéotique dans les législations étrangères, et dans les divers projets de loi qui ont été présentés et discutés sur l'emphytéose (1).

---

(1) V. art. 1. loi belge du 10 janv. 1824; art. 1556, 1562 et 1567 combinés du code italien de 1866. — v. aussi art. 2110. rapport de M. Vatisménil sur le projet de réforme hypothécaire de 1851. monit. univ. 15 av. 1850 ; art. 66 du projet du code rural de 1870. journ. officiel 5 mars 1870; art. 66 du projet du code rural de 1876. journ. officiel du 1ᵉʳ nov. 1876. suppl. Cpr. la nouvelle rédaction de l'art. 1. dudit projet, adopté par le Sénat. journ. officiel du 28 janv.1882.

CHAPITRE II

DES ÉLÉMENTS ESSENTIELS DE L'EMPHYTÉOSE ET DE SES MODES DE CONSTITUTION

SECTION 1re

ÉLÉMENTS ESSENTIELS DE L'EMPHYTÉOSE

Dans l'état actuel de notre législation, l'emphytéose s'analyse en une sorte de droit réel emportant au profit du concessionnaire la jouissance temporaire du fonds, à la charge par lui de payer une redevance au concédant.

La tenure emphytéotique implique donc au moins trois éléments essentiels : un droit réel, une concession temporaire de jouissance, l'obligation de payer la redevance ; nous allons les étudier successivement, et nous nous demanderons ensuite si l'obligation d'améliorer le fonds emphytéosé n'est pas aussi de l'essence de l'emphytéose.

I — L'emphytéose est un droit réel *immobilier*, puisqu'il a nécessairement pour objet un immeuble. Ce double caractère entraîne les conséquences les plus graves, que nous allons entrevoir rapidement. Ainsi :
1°En matière d'enregistrement,l'emphytéose sera soumise au droit proportionnel de mutation immobilière de 5 fr. 50 0/0, et non au simple droit de bail de 0 fr. 20 0/0 (1) :

---

(1) V. infra. l'emphytéose au point de vue fiscal, ch. 5.

2° L'emphytéose sera susceptible d'hypothèque et d'antichrèse, et non de gage mobilier (1) ;

3° Le contrat emportant constitution ou translation d'emphytéose devra être transcrit pour être opposable aux tiers (art. 1.§ 1 de la loi du 23 mars 1855); et, dans le cas où la transcription n'aurait pas été faite, le bail emphytéotique ne pourrait valoir à l'encontre de ces tiers, même pour une durée de dix-huit ans (art. 2 et 3 § 2 de la même loi) (2) ;

4° Le preneur emphytéotique pourra intenter l'action possessoire et l'action réelle pétitoire (3) ;

5° L'emphytéose sera susceptible d'expropriation forcée ou de saisie immobilière (2118 et 2204 c. c.) et d'expropriation pour cause d'utilité publique (4) ;

6° Le droit de l'emphytéote sur les constructions et améliorations qu'il a faites sur le fonds, devra être également considéré comme immobilier, la maxime *superficies solo cedit* gardera toute sa force, et les constructions ou améliorations seront comprises dans l'aliénation ou l'hypothèque du droit emphytéotique (5).

---

(1) acte de notoriété du Châtelet du 19 juillet 1687; Cass. 19 juil. 1832. (Jur. gén. Vᵉ louage emphyt. n. 9) et 26 janv. 1864. D. P. 64. 1. 83 ; Paris 10 mai 1831 et 3 fév. 1836 (Jur. génér. id. n° 9 et 7. 4° Ce dernier arrêt est relatif à la non application de 2073. c. c. V. aussi pour l'antichrèse. Cass. 29 août 1865. D. P. 65. 1. 329; art. 6 de la loi belge de 1824; art. 1567 du nouveau code italien.

(2) Cpr. Mourlon, transcript. 1. n. 21 et Flandin, transcript. 1. n. 359 ; loi belge du 10 janv. 1824 art. 1.

(3) Cass. 26 juin 1822. Jur. gén. vᵉ act. posses. n. 534.

(4) Cass. 12 mars 1845 (D. P. 45. 1. 105) et 1 av. 1868 (D. P. 68. 1. 220); Rouen. 20 nov. 1878 (D. P. 79. 2. 105).

(5) Demol. t. 9. n. 171 et 173.

22

Mais ne l'oublions pas, cet emphytéote n'est pas propriétaire, et, si nous envisageons les objets qu'il attache au fonds à perpétuelle demeure, ceux-là seuls
seront considérés comme immeubles, qui resteront
au propriétaire à l'expiration de la tenure; car les autres ne sont que des meubles (1).

7° De même le tuteur ne pourra sans l'autorisation
du conseil de famille et l'homologation du tribunal, ni
consentir une emphytéose sur les biens du mineur,
ni aliéner le droit emphytéotique, qui appartiendrait à
ce même mineur. Dans le cas où le tuteur agirait seul,
le bail ne serait même pas valable pour une période de neuf ans (1429, 1430 et 1738. c. c.), il serait
nul pour toute sa durée (2).

8° Enfin sous le régime de la communauté, l'emphytéose appartenant à l'un des époux constituera un
propre (1404. c.c.), et le mari ne pourra seul consentir
sur les propres de sa femme un bail emphytéotique
même pour une période de neuf années (1429. c.c). Toutefois, si le mari avait obtenu le consentement de sa
femme pour établir une pareille tenure, la communauté
ne serait débitrice d'aucune récompense, et il en serait
encore ainsi dans l'hypothèse où des deniers d'entrée,
introges, auraient été versés dans la communauté.
Aujourd'hui en effet, ces introges ne sauraient être
considérés comme la représentation du domaine utile
qu'acquérait jadis l'emphytéote, et il nous paraît plus

---

(1) Massé et Vergé sur Zachariæ, t. 2 § 254, n. 2 ; Proud. domaine privé,
t. 1 n. 166 ; Demol. t. 9. n. 212 et 213.

(2) Cpr. art. 2. du projet de code rural de 1876, déjà voté au Sénat.

exact de n'y voir qu'une sorte d'arrhes du contrat ou
de caution réelle des obligations du preneur. Du reste
la somme dont la communauté est alors appelée à
profiter, compensera la diminution de revenus qu'elle
aura à supporter, le canon emphytéotique étant presque toujours très inférieur au produit normal du
fonds. Sous le régime dotal, le seul principe d'inaliénabilité empêche tout établissement d'emphytéose de
la part du mari, fût-ce même avec le consentement de
la femme (1).

A l'inverse cependant, nous admettrons contrairement à Merlin (2), que le droit à la redevance n'établit
à l'égard du bailleur emphytéotique qu'un simple
droit mobilier ; car, si le bailleur reste toujours propriétaire de l'immeuble emphytéosé, il n'en est pas
moins créancier du canon et ne peut avoir par suite à
cette occasion qu'un droit personnel.

II. — Le deuxième élément essentiel de l'emphytéose consiste dans la durée de la concession, sans
que cette durée toutefois puisse excéder aujourd'hui
quatre-vingt-dix-neuf ans. C'est en effet le terme
maximum du bail emphytéotique depuis le décret du
29 décembre 1790. Quant à un minimum d'années au
dessous duquel cette tenure ne saurait exister, il ne
s'en rencontre aucun. Un premier point certain, c'est
que la concession ne sera jamais *ad modicum tempus*
car il faut toujours un délai assez long pour opérer

---

(1) Massé, Vergé, t. 4. §§ 644 n. 14 et 670 n. 4 ; Rodière et Pont, t. 2.
n. 487.

(2) Quest. V° emph. § 7 n. 4.

des améliorations et permettre au preneur de s'indemniser de ses dépenses et de ses travaux par l'excédant
du revenu produit par le fonds sur le montant de la
redevance. Mais il est impossible de déterminer *a
priori* le nombre d'années que doit présenter le bail
pour avoir le caractère emphytéotique (1), puisque la
durée est nécessairement en raison directe des améliorations à effectuer, améliorations qui peuvent varier
à l'infini. Toute la difficulté se ramène donc, comme
en droit romain, à une simple question de fait, et dès
qu'elle aura été résolue, il ne sera pas indispensable
que la tenure soit *ad longissimum tempus*. En un
mot, si la très-longue durée est le cas le plus ordinaire
des concessions emphytéotiques, elle ne constitue
plus, comme dans les précédents, une condition *sine
qua non* du contrat, et un terme relativement restreint
y sera valablement reçu, s'il suffit au preneur pour
exécuter les travaux projetés et s'indemniser des dépenses par lui faites. C'est ce que la jurisprudence a
reconnu elle-même à plusieurs reprises (2), et c'est ce
que M. Malens a fait très exactement ressortir au
Sénat, lors de la discussion relative au bail emphytéotique (3). Ainsi que le faisait remarquer M. le sénateur Malens, le long délai de la jouissance est moins

---

(1) Cpr. sur la durée minimum de dix ans dans l'emphytéose ; Andreolus, Andreoli controversiœ, controv. 90, n. 1. p. 171 et Papon, instrument
du 1er notaire liv. 2. p. 122.

(2) Grenoble 4 janv. 1860 (D. P. 60. 2. 190) ; Cass. 24 août 1857 (D. P.
57. 1. 326) et 11 nov. 1861 (D. P. 61. 1. 444).

(3) titre 5 du projet de code rural de 1876.

une condition principale de droit qu'une condition accessoire de fait, et puisque dans certaines cultures, la
vigne par exemple, quelques récoltes défrayeront largement le cultivateur, on ne saurait comprendre la
nécessité d'une durée minimum de vingt ou trente
ans (1). Nous reviendrons d'ailleurs sur cette question
en parcourant les dispositions du bail emphytéotique
déjà votées par le Sénat.

III. — L'obligation imposée au preneur de payer
une redevance ou canon forme le troisième élément
essentiel de l'emphytéose. Il est en effet conforme aux
principes reçus et à la tradition constante, qu'on ne
pourrait pas plus concevoir une emphytéose sans canon qu'une vente sans prix ou un bail sans loyer (2). La
Cour de Paris dans un arrêt du 3 février 1836 a cependant jugé le contraire, et a décidé que la seule chose
essentielle étant que le contrat contienne un prix, ce
prix se rencontrait dans l'obligation imposée au preneur de faire des améliorations. Cette opinion, condamnée par une jurisprudence constante (3), ne se
soutient pas. Quel argument invoque en effet la Cour
de Paris ? Elle s'appuie sur ce que le canon prenant
sa source dans les idées de féodalité, ne pouvait plus

---

1) Journal offic. de la Républ. française du 12 fév.1876. débats parlem.
Sénat p. 62.

(2) Doneau. Com. 9. 14. 23.

(3) Cass. 24 août 1857 (D. P. 57. 1.326), 26 av. 1853 (D. P. 53. 1.145),
26 janv. 1864 (D. P. 64. 1.83), et 11 nov. 1861. (D. P. 61. 1.444) ; Grenoble 4 janv. 1860 (D. P. 60. 2. 190) ; tribunal de Castres. 31 déc. 1860
D. P. 64. 1. 83).

être considéré comme essentiel à la perfection de l'acte ;
mais c'est là une erreur dont elle aurait pu se convaincre par la lecture d'un texte quelconque du droit
romain relatif à l'emphytéose, et à laquelle on devait
d'autant moins s'attendre de sa part qu'elle consacrait
en même temps la fameuse distinction féodale du domaine direct et du domaine utile. Aucune disposition
législative ne s'y opposant, nous conserverons donc
au canon les caractères inhérents à l'emphytéose, que
nous lui avons reconnus en droit romain, la périodicité
et la modicité. Ce dernier caractère toutefois, est loin
d'être accepté unanimement ; et si la jurisprudence tend
à adoter la modicité de la redevance comme le cas le
plus ordinaire (1), la plupart des auteurs semblent
admettre au contraire que le chiffre du canon serait
devenu depuis l'ancien droit presque représentatif de
la valeur du produit de l'immeuble emphytéosé. Cette
décision nous paraît encore découler de l'assimilation
qui s'était établie alors entre l'emphytéose et le bail à
cens ou à rente foncière. Si nous recherchions en effet
les conditions intrinsèques de véritables emphytéoses
dans l'ancien droit, nous y rencontrerions encore la
modicité du canon (2). D'ailleurs la solution de la difficulté se lie étroitement à celle de savoir si l'emphytéote est tenu d'améliorer ; suivant le système admis,

---

(1) V.ce caractère formellement exprimé dans les deux arrêts de la Cour
de Cassation des 26 avril 1853 (D. P. 53. 1. 145) et 26 janv. 1864 (D. P.
64. 1. 83). v. aussi trib. de Castres. 31 déc. 1860 (D. P. 64. 1. 83).

(2) Cpr. Despeisses. Lyon 1726, t. 2. p. 225. n. 11 ; Antonius Favre.
de definit. 51, Clarus v° emphytéose. quest. 1 n. 5 ; Papon p. 122.

l'économie du contrat dictera la solution ; une redevance proportionnelle au revenu produit étant peu
conciliable avec la nécessité d'augmenter la valeur du
fonds.

La question de savoir si l'obligation d'améliorer
est de l'essence même de la tenure emphytéotique,
constitue sans contredit l'un des points les plus
controversés de notre matière. Les deux opinions
que nous avons rencontrées précédemment se retrouvent de nouveau en présence. Un premier système
repousse l'obligation d'améliorer en se fondant
sur le droit romain et l'ancien droit (1). L'emphytéote
doit jouir simplement en bon père de famille, et bien
que ses droits sur la superficie soient plus étendus que
ceux d'un usufruitier (2), il n'est astreint qu'à conserver
la valeur de la chose soit en s'abstenant de toute détérioration, soit en exécutant les grosses réparations
et les réparations d'entretien au fur et à mesure
qu'elles deviennent nécessaires (3). La seule concession qu'on fasse, c'est que, si le preneur a vo-
lontairement créé des améliorations, il ne pourra pas
les détruire pendant la durée de la tenure. Nous rejetons ce système ; l'obligation d'améliorer a toujours
été, nous avons essayé du moins de le démontrer, non
seulement un élément essentiel, mais encore le carac-

---

(1) Cpr. nouv. Deniz. § 3. n. 8 ; arrêt du grand Conseil 12 nov. 1740 ;
parlement de Paris 2 juin 1614.

(2) Metz 27 déc. 1826. Jur. gén. v° louage emph. n. 18.

(3) Loyseau. déguerpissement. 1. 4. ch. 5. n. 5 ; Duvergier n. 152 :
Cass. 12 mars 1845. D. P. 45. 1. 105.

tère type de l'emphytéose, soit en Grèce, soit à Rome.
Pourquoi en serait-il autrement aujourd'hui alors
surtout que le droit révolutionnaire a voulu revenir
pour l'emphytéose aux principes de la législation romaine (1) ?

On objecte que, cette obligation eût-elle existé primitivement, l'ancien droit l'a fait disparaître et que
l'emphytéose n'a pris place dans le droit moderne
qu'avec cette modification (2). Rien ne nous paraît
plus contraire à la théorie que nous avons essayé de
présenter. La question, même dans l'ancien droit, était
tout au moins très-controversée (3), et la solution qui
lui est donnée repose sur l'éternelle confusion, qui
s'est établie entre l'emphytéose et le bail à cens. Il est
en effet à remarquer que les jurisconsultes qui assimilent ces deux tenures sont aussi ceux qui se refusent
à admettre l'obligation d'améliorer, et si l'on consulte
les auteurs à ce sujet, on s'aperçoit que les plus anciens juristes, c'est-à-dire ceux qui ont pu le mieux
connaître la doctrine romaine, affirment l'existence

---

(1) Grenoble 4 janv. 1860. (D. P. 60. 2. 190); Toulouse 25 juil. 1861
(D. P. 64. 1. 83) ; Cass 6 mars 1861 (D. P. 61. 1. 417), 11 nov. 1861
(D. P. 61. 1. 444) et 26 janv. 1864 (D. P. 1. 83) ; cpr. les deux arrêts
de la Cour de Cassation des 19 juill. 1832 (Jur. gén. loc. cit. n. 9) et
du 26 av. 1853 (D. P. 53 1. 145).

(2) Domat. lois civiles L. 1. tit. 4. sect. 10. n. 1 ; Loyseau. déguerp.
l. 6. ch. 6. n. 1. Jul. Clarus v° emph. quest. 45. n. 1 : Despeisses t.
2. p. 232 ; Dunod p. 339 ; Boœquet. dict. des dom. p. 219 : Merlin
Répert. V° emph. § 2. n. 6 ; Duvergier n. 152 ; et 153; Troplong p. 206
et s. ; Dalloz. Répert. nouv. éd. V° louage emphytéotique. n. 18.

(3) Charondas pandectes l. 2. ch. 17; Cujas (Paris 1577) de feudis l. 1.
tit. 2. p. 480 et tit. 5. p. 487 ; Papon p. 122 et 127 ; Parlement de Paris
Arr. du 3 mars 1597.

de cette obligation, tandis qu'elle est impitoyablement
rejetée par les auteurs plus modernes, qui tendent
alors unanimement à ramener toutes les locations à
longue durée aux deux concessions types du droit
féodal, le bail à cens et le bail à rente foncière. Cette
simple observation ne se déduit-elle pas du reste des
paroles prononcées au Sénat par M. Brunet, lors de
la discussion relative au bail emphytéotique : « Il faut,
« déclarait-il, le dire en passant au Sénat, c'était un
« droit seigneurial, qui s'établissait par l'emphy-
« téose » et il ajoutait immédiatement après, que la longue durée était le signe caractéristique, l'élément principal de la tenure (1). Deux des dispositions accessoires de l'emphytéose, que l'on retrouve à toutes les
époques et dans toutes les législations, suffiraient du
reste à faire présumer l'obligation d'améliorer, nous
voulons parler de celle qui refuse toujours au preneur la diminution ou la remise du canon en cas de
stérilité ou perte partielle (2), et de celle qui lui défend
de détruire les améliorations faites et de réclamer à
leur occasion aucune indemnité à l'expiration du

---

(1) Journal officiel de la Républiq. franc. 12 fév. 1882. sénat. débats par-
lementaires. p. 60 et 61.

(2) Nouv. Denis. § 3 ; Merlin. Répert. V° emph.; Duvergier. n. 165 ;
Anton. Favre C. 1. 4. tit. de jur. emphyt. définit. 36 ; Speculator. C. 1. 4.
tit. de emphyteusi. n. 163 ; La Roche. des droits seigneuriaux. 6. art 5 ;
Charondas. pandectes 1. 2. ch. 17; Loyseau 1. 4. ch. 7. n. 20 ; Parlement de Paris. arrêts de déc. 1564, 12 mars 1396 et 27 juillet 1599 : arrêt
du parlement de Dijon 29 mars 1607 ; parlement de Toulouse 17 juin 1560.
La question était toutefois controversée. v. en sens contraire : Guy-Pape
quest. 17 in fine; Dumoulin § 83, glos. 1. n. 45 à 70; Clarus § emph.
quest. 8. n. 17 et 18.

bail (1). Le but poursuivi dans l'emphytéose (le mot
« emphytéose » l'indique par lui-même), c'est l'amélioration du fonds ; dès lors comment concevoir que
pour atteindre ce résultat le législateur se soit contenté de donner au preneur la faculté d'améliorer, et
ne lui en ait pas imposé l'obligation. C'est là ce
qu'exprimait en si justes termes M. Malens au Sénat
dans la séance du 11 février 1882 : « l'emphytéose,
« disait-il, ne tient pas son caractère principal de la
« durée, elle tient son caractère principal de son but,
« or ce but, c'est l'amélioration du fonds, etc. (2) »

D'après la jurisprudence, l'emphytéose présente enfin un cinquième et dernier élément essentiel, c'est la
faculté pour l'emphytéote de disposer d'une manière
presque absolue de son droit (3). Ainsi l'emphytéote
pourra donner, vendre, hypothéquer sous la seule
réserve des droits du bailleur, et la jurisprudence a été
si loin dans cette voie qu'elle a considéré toute condition restrictive de jouissance, notamment la défense
générale de sous-louer, ou même celle de ne sous-
louer qu'à un certain taux, comme exclusive de
l'emphytéose (4).

---

(1) Cette dernière prohibition était autrefois également discutée. v.
Clarus § emphy. quest. 45 n. 1 ; Loyseau l. 6. ch. 6. n. 1. Dans ce sens,
arrêt du parlement de Paris. 3 mars 1597.

(2) journ. offic. loc. cit.

(3) Cass. 26 juin 1822. D. A. 1. 234; 19 juillet 1832. D. P. 39. 1. 296.
1 av. 1840. D. P. 40. 1. 140; 24 août 1857. D. P. 57. 1. 326; 26 janv.
1864. D. P. 64 1. 83; 6 mars et 11 nov. 1861. D. P. 61. 1. 417 et 444.
Paris 10 mai 1831. Jur. gén. V° louage emph. n. 9. Grenoble 4. janv. 1860.
D. P. 60. 2. 190. Toulouse 25 juillet 1861. D. P. 64. 1. 83.

(4) v. spécialement l'arrêt de Grenoble 4 janv. 1860 D. P. 60. 2. 190.

SECTION II

CONSTITUTION DE L'EMPHYTÉOSE

§ 1. — Qui peut donner ou recevoir à titre d'emphytéose ?

L'emphytéose étant un démembrement de la propriété, c'est-à-dire un droit réel immobilier, peut être établie par ceux qui ont la propriété de l'immeuble (1) et la capacité de l'aliéner (2). En un mot, l'emphytéose est un acte de disposition (3), et non un simple acte d'administration. De là dérivent plusieurs conséquences importantes à signaler : 1° le tuteur ne pourra consentir une emphytéose sur les immeubles du mineur, qu'en suivant les conditions et les formes exigées pour l'aliénation des biens de mineur (457 et 460. c.c., 953 et s. C. Pr.); 2° le mari, sous le régime de la communauté, devra obtenir le consentement de sa femme pour donner en emphytéose (1428. 3° c.c.) ; 3° la femme séparée de biens devra se munir de l'autorisation de son mari ou de justice (1538 et 1449. c.c.); 4° l'emphytéose ne pourra, en principe, être vala-

---

et celui de la cour de Cassation du 11 nov. 1861. D. P. 61. 1. 444. cpr. Paris 6 janv. 1880 D. P. 81. 2. 80. et Grenoble 20 mai 1881 D. P. 82. 2. 24, d'après lesquels la clause de ne sous-louer qu'avec le consentement écrit du bailleur équivaut à une interdiction de sous-louer.

(1) Les maisons et les bâtiments peuvent aujourd'hui sans aucun doute faire l'objet d'une emphytéose. Cpr. Doneau. 9. 13. 11. et Voet. 6. 3. 7.

(2) Cpr. 2125. c.c.

(3) Despeisses. t. 2. p. 184 ; Voet. 1. 6. 3. 6.

blement constituée sur les biens dotaux en raison de
la règle d'inaliénabilité ; 5° les personnes morales
placées sous la tutelle administrative, telles que
l'Etat, le département, les communes, les hospices,
etc, devront remplir pour les baux emphytéotiques
toutes les conditions exigées d'elles en cas d'aliénation immobilière (1) ; 6° Le mineur émancipé, voulant établir une emphytéose sur ses biens, restera
soumis aux mêmes formalités que le mineur non
émancipé (art. 484, 457 et s. c.c.) ; 7° l'individu
pourvu d'un conseil judiciaire ne pourra bailler en
emphytéose sans l'assistance de ce conseil (art. 513.
c.c.) ; 8° enfin, l'administrateur provisoire donné à
une personne placée dans un établissement d'aliénés,
ne pourra donner en emphytéose un des biens de
cette personne ; pour que la constitution du bail emphytéotique soit valable, il faudra recourir à l'interdiction et lui faire nommer un tuteur, qui agira
conformément aux articles 509, 457 et s. c.c. combinés (2).

Pour recevoir en emphytéose, la capacité d'aliéner n'est plus nécessaire ; acheter est un acte d'administration, et la seule condition requise du futur
emphytéote est d'avoir la capacité de s'obliger (3).

En conséquence le tuteur, la femme mariée ayant

---

(1) V. pour les fabriques, décr. du 30 décembre 1809. Duvergier. t.
16. p. 497.

(2) Cpr. Dalloz. Jur. gén. v° aliénés. n. 252 ; Aubry et Rau. t. 1.
§ 127 bis p. 531 et n. 16 ; Demol. 8. 838.

(3) Clarus. § emphy. Quest. 5. n. 2.

la libre administration de ses biens, le mari sous
tous les régimes autres que la séparation de biens,
pourront stipuler un droit d'emphytéose.

§ 2. — Des modes de constitution de l'emphytéose

A Rome et dans l'ancien droit, l'emphytéose s'établissait par contrat, testament et prescription, et
comme ces modes sont encore aujourd'hui, d'après
les articles 711 et 712. c.c., les plus généralement
employés pour acquérir la propriété, il importe donc
de rechercher s'ils sont également applicables à la
constitution du droit réel emphytéotique, simple démembrement de cette pleine propriété.

I. Contrat. — Quelle que soit l'époque à laquelle on
se place, l'emphytéose a presque toujours pris naissance à la suite d'un contrat ; et dans la pratique
nous n'avons jamais rencontré, nous devons le reconnaître, aucun exemple d'emphytéose testamentaire
ou d'emphytéose acquise par prescription. Le contrat
emphytéotique présente aujourd'hui les deux mêmes
caractères qu'il présentait autrefois ; il est nécessairement à titre onéreux et purement consensuel. Le
premier point ne saurait éveiller aucun doute ; l'idée
de gratuité est inconciliable avec la tradition ; que
l'emphytéose soit assimilée au bail ou à la vente, il
n'existe point de bail sans loyers, ni de vente sans
prix. Du reste s'il pouvait y avoir difficulté, elle serait
déjà résolue *à priori*, puisque nous venons de considérer l'existence d'une redevance comme l'un des
éléments essentiels de la tenure. Le deuxième point

est plus discuté, et un certain nombre de jurisconsultes ont soutenu, sur la foi d'un fragment de la
constitution de Zénon, qu'un *instrumentum*, un écrit,
était devenu nécessaire, tout au moins dans l'ancien
droit, pour valider le contrat (1). Nous avons déjà
repoussé en droit romain cette opinion, et nous nous
bornerons ici à faire remarquer que, fausse en droit
et condamnée par Cujas, elle n'a jamais pu prévaloir
dans la pratique (2). Il est vrai toutefois, qu'après
l'introduction de la faculté de déguerpissement, l'emphytéose perpétuelle paraissant s'être ainsi transformée en une charge purement réelle, il aurait
peut-être été raisonnable de lui appliquer alors les
règles de la rente foncière, et de la considérer comme
un contrat réel, mais il n'est pas probable que l'on
se soit écarté sur ce point des principes du droit
romain, et de la constitution de Zénon. Dans le droit
moderne, ce contrat n'a pas changé de nature, il n'est
devenu ni réel, ni solennel; il est resté consensuel.
La seule innovation que nous puissions relever, se
déduit du système général posé par le code civil dans
l'article 1138, et d'après lequel les conventions ayant
pour objets des droits personnels ou réels transmet-
tent ou constituent ces droits, indépendamment de
toute formalité intrinsèque et de tout acte d'exécution.

---

(1) Doneau. 9. 13. 14 ; Elbertus Leoninus. in rubr. h. 14 ; Vinnius.
n. 8 ; Thibaut. § 779 ; Despeisses. p. 184 et 185 ; Charondas. l. 2. ch.
17 ; Parlement de Dijon. déc. 1600 et Parlement de Paris 4 juin 1604.

(2) Clarus § emph. quest. 2 n. 19 et 22, et quest. 4. n. 2 ; Guy Pape
quest. 582. n. 3 ;]Menochius. de presumpt. lib. 3. proef. 98. n. 2 ; Papon.
p. 125.

La tradition n'est donc plus indispensable comme à Rome et dans l'ancien droit pour établir un droit d'emphytéose (1); la simple convention suffit à cet effet.

Le principe général dont nous venons de faire l'application n'est plus aujourd'hui aussi absolu, il ne reste rigoureusement exact qu'*inter partes*; à l'égard des tiers, une nouvelle formalité est exigée depuis la loi du 23 mars 1855, la transcription, qui était déjà auparavant tout au moins nécessaire comme formalité préliminaire de la purge. Cette loi s'appliquant à toutes les mutations entre-vifs concernant la propriété, ses démembrements ou même certains droits personnels de nature à diminuer la valeur des immeubles, auxquels ils se rapportent, on en arrive ainsi naturellement à se demander si la constitution d'une emphytéose exige également une transcription. La solution de cette question dépend uniquement du point de savoir si l'emphytéose est un droit réel, susceptible d'hypothèque. Si l'on ne voit dans la tenure emphytéotique qu'un bail ordinaire de très longue durée, cette tenure est sans doute assujettie à la transcription, conformément aux articles 2. 4° et 3. 2° alinéa de la loi du 23 mars 1855, mais on est alors tenu d'observer les conditions spéciales énoncées par ce dernier article. Ainsi, bien que l'emphytéote ultérieur, même dans ce cas, puisse

---

(1) Loysel. l. 3. t. 42. 6.

se prévaloir du défaut de transcription (1), le bail emphytéotique primitivement constitué et non transcrit ne sera opposable que pour ce qui reste à courir sur la période de dix-huit ans, au moment de la transcription du deuxième contrat emphytéotique (2). Si l'on reconnaît à l'emphytéose le caractère de droit réel, non susceptible d'hypothèque, ce contrat n'est pas soumis à la transcription. On se trouve alors en effet en dehors de l'énumération présentée par les articles 1 et 2 de la loi de 1855. Enfin, si l'on admet avec nous que l'emphytéose constitue à la fois un droit réel et un droit réel susceptible d'hypothèque, alors. le droit ne sera garanti

---

(1) La faculté d'opposer le défaut de transcription nous paraît appartenir non seulement à ceux qui ont des *droits réels*, mais encore aux *tiers* qui ont des droits sur cet immeuble, de quelque nature qu'ils puissent être. Le mot *droits*, employé seul, est ici d'autant plus remarquable, que le qualificatif *réels*, qui se trouvait dans la rédaction primitive de l'article, a été supprimé lors de la discussion au Cons. d'Etat, et ce précisément afin d'étendre le bénéfice de cet article aux tiers, qui tout en n'ayant sur l'immeuble que des droits personnels, ont rempli à leur occasion la formalité de la transcription, qui leur est imposée. cpr. Sirey. Rec. gén. des lois et arrêts. 60. 1. 608. V. aussi Flandin. 2. 1263 et 1264, et Aubry et Rau. 2. § 174. p. 58. n. 13.

(2) La question de savoir comment doit s'effectuer la réduction de la durée du bail est fort controversée. Indépendamment de la solution que nous avons adoptée (argum. par analogie de 1429. c. c.), et d'après laquelle la durée de dix-huit ans doit être calculée à partir de l'entrée en jouissance du preneur, ou de l'époque à laquelle a commencé chaque période de dix-huit ans (Pont. Hypothèq. n. 260 ; Flandin. 2. 1266.; Troplong. de la transcript. n. 203; Aubry et Rau. loc. cit. p. 60. n. 17); on soutient (Mourlon. exam. critiq. append. p. 348 ; Rev. pratiq. 13. 1862. p. 321) que cette durée doit avoir comme point de départ le jour de la transcription de l'acte constitutif du deuxième contrat, ou ce qui revient au même, le moment où les tiers auront intérêt à poursuivre la réduction du bail.

à l'égard des tiers que par la transcription. D'où il suit que, lorsque l'acte d'emphytéose n'aura pas été transcrit, il ne pourra être opposable aux tiers, fût-ce pour une durée de dix-huit ans, ou même pour une durée inférieure.

II. Testament. — Quoique nous n'en ayons encore rencontré aucune application dans la pratique (1), l'emphytéose peut théoriquement s'établir par testament. Dans ce cas trois situations peuvent alors se présenter. Ainsi : 1° le *de cujus* a laissé à l'héritier le *nudum jus* et a légué le droit emphytéotique à un tiers ; 2° à l'inverse le *de cujus* a attribué le droit emphytéotique à l'héritier et a disposé du *nudum jus* en faveur d'un tiers ; 3° enfin le *nudum jus* et le droit d'emphytéose ont été légués à des tiers séparément. Quelque soit l'hypothèse dans laquelle on se place, le legs d'emphytéose présente toujours le même caractère, c'est un legs avec charge et conditionnel. D'une part, en effet, il n'y a pas d'emphytéose sans rédevance, et d'autre part, cette même tenure soumet le preneur à des obligations ; elle ne saurait donc être constituée par la simple déclaration de la volonté du *de cujus* et obliger le preneur sans son consentement. Ainsi le droit d'emphytéose ne sera définitivement établi que

---

(1) Cette emphytéose testamentaire pourrait cependant avoir aujourd'hui une certaine utilité pratique, par suite de la nullité des substitutions prohibées (896 c. c.) et de la restriction apportée par les art. 913 et 1049 c. c. à l'étendue des substitutions permises. Le testateur voulant assurer la conservation des biens immeubles dans la famille d'un futur légataire dont il connaît les goûts dissipateurs, pourrait ainsi les donner en emphytéose à un tiers en laissant le *nudum jus* à ce légataire.

par l'acceptation du légataire, ou, si le futur emphytéote est l'héritier, par l'effet de la saisine ou de l'acceptation des dettes et charges de la succession. Quant
à déterminer l'espèce de legs dans laquelle doit rentrer
le legs d'emphytéose, nous pensons que ce dernier ne
constitue jamais qu'un legs à titre particulier, la disposition comprendrait-elle tous les immeubles de la
succession. Dans cette hypothèse quelques doutes
pourraient surgir, car le legs semble embrasser une
quote-part du patrimoine, mais il ne nous paraît pas
cependant qu'il soit possible d'y voir un legs à titre
universel. D'abord le legs d'emphytéose ne rentre
dans aucune des classifications de l'article 1010 c. c.,
qui prévoit toujours un legs de propriété ; en outre,
le legs d'emphytéose, si étendu qu'il soit, n'implique
jamais une vocation éventuelle à toute l'hérédité ; enfin,
s'il est généralement admis, que le legs d'usufruit
portant sur toute la succession n'est qu'un legs particulier, il ne peut en être autrement pour l'emphytéose,
d'autant plus qu'on ne peut objecter ici aucun texte
analogue à l'article 612 du code civil (1).

III. Prescription. — La prescription peut-elle également donner naissance à l'emphytéose ? En droit
romain nous avons adopté la négative ; dans l'ancien

---

(1) Pour les auteurs qui ne voient dans le legs d'usufruit qu'un legs
à titre singulier (M. Testoud à son cours ; M. Trouiller à son cours ;
Laurent. t. 13. n. 226. Aubry et Rau t. 2. p. 480. n. 7. § 280 ; § 714.
n. 16 ; § 721 n. 3 ; Rennes. 15 janv. 1880. D. P. 81. 2. 114 ; Cass. 8 juil.
1874. D. P. 74. 1. 457.), leur décision fournit un argument *a fortiori*
en faveur de notre solution.

droit au contraire on admettait unanimement l'affirmative. La question se posait en effet en d'autres
termes; il s'agissait alors non plus d'un droit réel,
mais du domaine utile, or, comme le faisaient remarquer Gluck, Voet et le jésuite Gibalinus (1), le domaine utile, comme le domaine direct, pouvait s'acquérir non seulement par la prescription de dix ou
vingt ans avec juste titre et bonne foi, mais encore
par la prescription de trente ou quarante ans. Que
décider aujourd'hui sous l'empire du code civil ?

Au premier abord il semblerait que l'on dut se
prononcer dans le sens de l'ancien droit, la prescription est un moyen général d'acquérir (711 et 2219.
c. c.) applicable à la propriété et à ses démembrements, et il n'existe aucun texte spécial qui excepte
l'emphytéose. Mais à côté du droit commun on relève dans la tenure emphytéotique des obligations
particulières, sans lesquelles elle ne saurait exister,
l'obligation de payer une redevance et celle d'améliorer; dès lors comment admettre que, par cela même
que pendant trente ou quarante ans le *dominus* a
reçu certaines sommes déterminées, ou constaté
certaines améliorations sur le fonds, il ait prescrit à
l'encontre du possesseur le droit d'exiger dorénavant
les unes et les autres.

Nous pensons qu'il faut pour résoudre la difficulté
distinguer avec soin la prescription trentenaire de la

---

(1) Gluck 8.§ 609; Voet 6. 3. 4; Gibalini tractatio. Lyon. 1563. t. 2.
c. 5. p. 429.

prescription de dix ou vingt ans avec juste titre et bonne foi. De là deux questions :

1° Peut-on prescrire l'emphytéose par dix ou vingt ans avec juste titre et bonne foi ? Dans cette hypothèse nous acceptons volontiers l'acquisition du droit emphytéotique. Le nouvel emphytéote a été en effet partie dans le contrat, il s'est valablement obligé ; quant au propriétaire, il a été suffisamment représenté par le propriétaire apparent ; le concours de volonté a donc pu valablement se former. Il est du reste logique de faire profiter le véritable propriétaire des stipulations faites et des avantages obtenus par le propriétaire apparent, puisque les actes de ce dernier lui sont opposables.

2° L'emphytéose peut-elle s'établir par la prescription trentenaire (1) ? Beaucoup d'auteurs le pensent. D'une part, disent-ils, l'emphytéose, à raison du silence du code, est une institution essentiellement traditionnelle et la tradition est constante en ce sens ; d'autre part, la propriété et ses démembrements pouvant s'acquérir par prescription de trente ans (art. 2262. c. c.), il doit en être de même du droit réel emphytéotique. Bien que cette argumentation ne soit que la conséquence logique des principes, il nous paraît impossible cependant d'adopter la solution à laquelle elle tend. Si la prescription pouvait

---

(1) Cette hypothèse est presque irréalisable en pratique, car celui, qui aura possédé pendant trente ans, aura prescrit non l'emphytéose, mais la propriété. Le seul cas vraiment possible est celui de la prescription de dix ou vingt ans.

s'appliquer dans ce cas, elle donnerait lieu non seulement à un droit réel, mais encore à l'obligation pour le preneur d'améliorer et de payer une redevance, elle constituerait donc au profit du propriétaire deux créances; or ceci est impossible juridiquement. La prescription présente aujourd'hui en effet cette particularité, de créer à la fois une action et une exception, et ni l'une ni l'autre ne sauraient appartenir à celui qui a possédé à titre d'emphytéote. Il n'a point l'action pétitoire, car elle ne peut naître à son profit qu'à la condition de justifier d'une obligation personnelle, et il n'a pas davantage l'exception pour repousser le propriétaire, parce que l'exception n'existe que dans le cas où il y a également action. Sans doute on admettait dans l'ancien droit que la prescription était un mode de constitution de l'emphytéose, mais la redevance avait alors un caractère tout différent de celui qu'elle présente dans notre droit moderne; elle était assimilée à une charge foncière et formait ainsi un droit réel immobilier, tandis qu'aujourd'hui elle n'est plus qu'une simple obligation personnelle (1). On ne saurait donc se fonder sur la tradition pour décider l'affirmative. Bien plus si l'on s'attachait à ce qui se passait dans l'ancien droit, on serait peut-être moins absolu, car l'on s'apercevrait que le caractère de droit réel

---

(1) Despeisses. t. 2. p. 187. n. 3, 224 et 225; Speculator, l. 4 tit. emph. n. 81; Mascard. concl. 602. n. 15 et 603. n. 6; v. Cujas sur la loi 2. C. de jur. emph.

immobilier, assigné généralement à la redevance emphytéotique, disparaissait cependant dans certains
cas, et précisément lorsqu'il s'agissait d'emphytéose
temporaire, la seule qui puisse maintenant exister.
Dans cette dernière hypothèse, le déguerpissement
n'était plus permis au preneur, « encore, dit Despeisses (1), que le temps ne soit pas modéré », et
dès lors le droit à la redevance ne pouvait donc
plus constituer qu'une obligation personnelle (2).
C'est ici où il faudrait connaître la tradition, et
les jurisconsultes ne nous paraissent avoir statué,
dans notre ancien droit, que sur le cas le plus ordinaire, c'est-à-dire sur le cas d'une emphytéose perpétuelle. Les partisans du système que nous combattons ont cependant essayé de réfuter cette grave
objection : « l'obligation à la redevance qui sera im-
« posée au présumé emphytéote, ont-ils répondu,
« n'est que la conséquence de la prescription, on
« ne prescrit que ce que l'on a possédé, or ici on n'a
« possédé qu'à charge de redevance ». C'est faire là,
croyons-nous, une application fort erronnée de la
règle *tantum prescriptum quantum possessum.*
Cette maxime veut dire simplement en effet, que le
droit prescrit se mesure sur le droit auquel le possesseur prétend d'après l'étendue de sa possession ;

---

(1) Despeisses. t. 2. p. 225. Cpr. Masuer. tit. des associations. 28. n. 19.

(2) Sur le rapport existant entre le déguerpissement et le caractère de
droit réel immobilier donné au canon, cpr. Despeisses op. et loc. cit ;
La Roche. 15 art. 1 ; Guy de Lacombe, dict. v° déguerpissement.

ainsi celui qui aura eu l'*animus domini* aura usucapé la propriété entière, tandis que ceux qui auront
limité leur possession à une servitude du fonds
n'auront usucapé que cette servitude (1). Dès lors,
dans notre cas, le *quantum possessum* s'appliquera
au fait matériel de l'*usucapiens* d'avoir exercé sur le
fonds une jouissance identique à celle d'un véritable
emphytéote, mais là s'arrêtera son effet; le droit à
la redevance ne peut être considéré comme une
partie de l'immeuble non comprise dans l'*animus
acquirendi*. C'est ce qui explique pourquoi nous ne
saurions admettre l'argument *a fortiori* que l'on veut
tirer de la constitution de l'usufruit par la prescription ; la nue-propriété pouvant très-bien rester
en dehors de l'*animus* du possesseur, et aucune
obligation personnelle n'étant de l'essence de l'usufruit.

CHAPITRE III

EFFETS DE L'EMPHYTÉOSE

Nous subdiviserons ce chapitre en deux sections :
dans la première, nous étudierons les droits de l'emphytéote et les obligations du propriétaire qui en
sont corrélatives ; dans la seconde, nous chercherons
à déterminer les obligations de l'emphytéote et les
droits du bailleur, qui y correspondent.

---

(1) Massé, Vergé, t. 5 § 851. n° 2.

SECTION 1re

DES DROITS DE L'EMPHYTÉOTE ET DES OBLIGATIONS DU PROPRIÉTAIRE

§ 1. — Droits de l'emphytéote

Les droits de l'emphytéote peuvent se ramener à trois : droit de jouissance, droit de disposition, et exercice des actions possessoires et réelles.

I. — Droit de jouissance de l'emphytéote. — L'emphytéote a sur l'immeuble donné en emphytéose les droits les plus étendus, et la jouissance qui lui est accordée est telle qu'elle pourrait justifier dans une certaine mesure le système erroné, que nous avons du reste repoussé, et d'après lequel cette tenure aurait donné lieu à une véritable aliénation temporaire de la propriété. C'est ce qu'exprime très-exactement la loi hollandaise en disant que l'emphytéose est un droit réel consistant à avoir la pleine jouissance d'un immeuble (1). Ainsi l'emphytéote a le droit d'user comme il lui plaît de la chose, il en perçoit les fruits et jouit de l'alluvion (2) (arg. par analogie de 596. c. c.), du droit de chasse et du droit de pêche (3). Toutefois, quelque large que soit cette jouissance, elle ne saurait être aussi étendue que celle d'un plein propriétaire ; si l'emphytéote n'est

---

(1) Code hollandais. art. 767; loi belge du 11 janv. 1824. art. 1 et 3.

(2) Speculat. 1. 2. tit. 2. n° 157; Parlement de Toulouse. 14 août 1597.

(3) Troplong. n. 38; Duv. n. 161; Demol. 10, n. 87 bis; Pép. le Hall, p. 352.

pas tenu comme l'usufruitier de respecter l'état actuel de la chose, il doit tout au moins ne point compromettre les droits du concédant, et ses pouvoirs doivent être nécessairement restreints dans cette limite.

Des difficultés se sont élevées relativement aux droits qu'il fallait lui attribuer sur les bois de haute futaie, les édifices, les mines et carrières, enfin sur le trésor et sur l'île formée dans un cours d'eau non navigable ni flottable et dont le bailleur du fonds emphytéotique est propriétaire riverain. Sur tous ces points la jurisprudence et les auteurs étaient déjà divisés daus l'ancien droit, et le silence regrettable observé sur l'emphytéose par le code, n'a pu avoir pour effet que d'augmenter encore l'incertitude. Il importe donc de rechercher si,en combinant les règles propres du contrat emphytéotique avec les principes de droit commun, il n'est pas possible d'arriver à une solution juridique.

Dans l'hypothèse de l'article 561 c. c., il semblerait que l'on dût refuser à l'emphytéote la jouissance de l'île (1). L'argument *a contrario* que l'on tire de l'article 596 c. c. relatif à l'usufruitier fournit un argument par analogie (2), et cet argument semble d'autant plus concluant que le droit de l'emphytéote est tout aussi limité que celui de l'usufruitier. Nous nous prononçons au contraire en faveur de l'emphy-

---

(1) Cpr. Laurent. t. 6. p. 473.
(2) Aubry et Rau. 2. p. 467; contra Ducaur. Bonn. et Roust. 2. p. 311.

téote. D'une part, la tradition est en ce sens, et d'autre part, les exceptions ne pouvant s'étendre, le principe général de l'accession doit recevoir ici son application (1).

En ce qui concerne le trésor, la question est tranchée par l'article 716. ç. c., c'est au propriétaire qu'il doit revenir (2). Le trésor ne constitue ni un fruit, ni un produit du fonds ; donc l'emphytéote, pas plus que l'usufruitier, n'a aucun titre pour le réclamer. La controverse n'aurait pu du reste s'élever sérieusement que dans l'ancien droit, où la tenure emphytéotique transférait le domaine utile, et là encore nous avons vu que l'opinion la plus générale tendait à en exclure l'emphytéote (3).

La détermination des pouvoirs de l'emphytéote est beaucoup plus délicate, lorsqu'il s'agit des édifices, des bois de haute-futaie et des mines et carrières. La question était fort controversée dans l'ancien droit, et se rattachait à celle beaucoup plus générale de savoir s'il était permis au preneur de changer la face et la substance du fonds emphytéosé. M. Duvergier (n. 180), dans notre droit moderne, s'est placé également sur le même terrain, et a tenté de faire triompher le système présenté par Boutaric, d'après lequel la négative ou

---

(1) Voet. 6. 3. 11 ; Laurent. p. 459.

(2) Dur. 4. n. 314 ; Demol. 13. n. 47.

(3) V. supra, p. 254. Cpr. Parlement de Bordeaux 2 décembre 1595, Chambre de l'édit de Grenoble, fév. 1631 ; arrêt de Castres 30 juil. 1641, Parlement de Paris, 28 juillet 1570 ; Despeisses (et les auteurs qu'il cite) p. 244, n. 9.

l'affirmative devait être prononcée suivant que ces édifices, bois de haute-futaie, etc., formaient l'objet principal ou simplement l'objet accessoire de la concession emphytéotique. Cette solution nous paraît beaucoup trop vague, et il nous semble préférable de parcourir rapidement chacun des cas sujets à discussion.

En ce qui concerne les édifices, nous sommes portés à admettre que le preneur peut exécuter toutes les transformations qui lui conviennent, pourvu que les changements effectués par le concessionnaire aboutissent en définitive à une amélioration. C'est là, avons-nous dit, le but immédiat de la tenure ; dès qu'il est atteint, peu importe les moyens employés. Ainsi nous pensons que l'emphytéote pourrait détruire les édifices existants, s'il devait les remplacer par d'autres plus importants et plus productifs.

En résumé la jouissance du preneur emphytéotique tient le milieu entre celle du propriétaire et celle de l'usufruitier : il est permis en effet à l'emphytéote d'innover à la condition d'améliorer, ce qui est refusé à l'usufruitier ; mais, à la différence du propriétaire, il lui est interdit d'innover de manière à diminuer la valeur du fonds(1). Toutefois notre solution appelle un tempérament dont la Cour de Metz a fait elle-même l'application dans l'arrêt du 27 déc. 1826 (2). S'il avait été déclaré dans le contrat que l'on serait tenu d'entretenir,

---

(1) Cpr. loi belge. art. 3.

(2) Dalloz. Jur. gén. v° louage emph. n. 18.

sans dénaturer ou altérer la substance de certaines parties du fonds auxquelles s'attachait un intérêt d'art ou d'agrément, le preneur ne pourrait passer outre, et le concédant aurait immédiatement action contre lui, soit, la mutation étant peu importante, pour le forcer à rétablir les lieux dans leur état primitif, soit, l'abus étant très grave, pour poursuivre la résolution du bail. Ce n'est là du reste que l'application des principes généraux en matière de contrat.

La question qui s'élève sur les bois de haute futaie, si controversée dans l'ancien droit, doit se résoudre, à notre avis, par une double distinction. Il faut d'abord déterminer, conformément à l'opinion de Boutaric, si ces bois forment l'objet principal du bail emphytéotique, ou n'en sont qu'une partie accessoire; et il faut de plus rechercher si, lors de l'entrée en jouissance de l'emphytéote, les bois étaient ou n'étaient pas en coupes réglées. Les bois constituent-ils l'objet principal de la tenure? Il nous paraît impossible d'ores et déjà d'accorder au preneur le droit de les couper ou de les arracher; s'il en était autrement, le fonds serait détérioré et il n'y aurait aucun espoir de le remettre de longtemps dans son état primitif. Reste à examiner dans quelle mesure le preneur doit être appelé à en tirer profit. Distinguons pour cela si le bois était ou non déjà mis en coupes réglées. Le bois était-il déjà en coupes réglées? L'emphytéote, dont le droit est certainement plus large que celui de l'usufruitier, pourra faire des coupes en se conformant à l'aménagement. Puisqu'il fait les coupes de manière à ce que le bois puisse se reproduire, il n'y a en effet à craindre aucune détérioration, et on est dès lors assuré qu'à l'expiration du bail, le bois aura au moins une valeur égale à celle qu'il avait au début. Le bois n'était-il pas encore en coupes réglées, alors nous ne croyons pas que l'on puisse accorder au preneur autre chose que les arbres morts ou abattus par accident, à la charge de les remplacer par d'autres (1). Cependant, dans le cas où les arbres devenant vieux et secs ne croîtraient plus et ne porteraient plus de fruits, la même faveur devrait lui être donnée (2). Si, au moment du contrat, le bois de haute futaie n'est qu'une partie accessoire du fonds, il ne saurait y avoir lieu à la deuxième distinction, et l'emphytéote pourra y apporter toutes les modifications, sous condition d'améliorer. Tout se ramènera donc à une simple question de fait laissée à l'appréciation du juge, celle de savoir si les transformations opérées ont diminué la valeur du fonds, et si la suppression du bois n'est pas compensée par les revenus que va produire la terre dans sa forme nouvelle (3).

Relativement aux mines, minières et carrières, l'emphytéote ne peut y avoir des droits plus étendus dans notre législation moderne que le simple usufruitier. En extrayant en effet du fonds emphytéosé

---

(1) Loi belge. art. 4.

(2) Despeisses. p. 231. n. 19. quarto ; La Roche. ch. 11, art. 6. — 591. c. c.

(3) Tropl. n. 38 ; 592. c. c.

la pierre, la houille, etc., on diminue d'autant et sans compensation future possible la valeur du fonds emphytéosé ; il semblerait donc que l'on doit refuser au preneur tout droit sur ces mines ; mais la jouissance emphytéotique est beaucoup plus large que celle procurée par l'usufruit, et l'on ne peut dès lors se montrer plus sévère à l'égard de cet emphytéote, que le code civil ne l'a été envers l'usufruitier.

Ainsi, suivant que les mines et minières sont déjà ou ne sont pas encore en exploitation à l'ouverture de l'emphytéose, le preneur en aura ou non la jouissance, conformément aux articles 598 et 599 c. c. (1). On a discuté néanmoins le point de savoir à qui du propriétaire ou de l'emphytéote doit revenir la redevance due par le concessionnaire, lorsque l'exploitation de la mine commence pendant la durée de l'emphytéose. Il ne nous semble pas qu'il puisse y avoir lieu à difficulté. D'une part, les droits de l'emphytéote sont limités à ceux qui ne diminuent pas la valeur de l'immeuble (2) ; et, d'autre part, il est de principe que cette redevance n'est due qu'au propriétaire du sol, or l'emphytéose transfère non la propriété, mais un simple droit réel (3). Enfin, et

---

(1) Contra. Dumoulin.§ 74. gl. 2 ; Voet. 6. 3. 11 ; Troplong. n. 38 ; cpr. Douai, 9 mars 1854. D. P. 54. 5. 480.

(2) Laurent. 8. p. 460.

(3) Telle est la solution admise généralement au cas d'usufruit ; Proud'hon. 3. 1206 ; Taulier. 2. p. 310 ; Demol. 10. n. 437 ; Aubry et Rau. 2. p. 486. Contra. Delvincourt. 1. p. 358. Remarquer aussi que d'après une jurisprudence constante, la redevance ne constituerait plus qu'une rente mobilière si elle était séparée de la propriété. Aubry et

pour les mêmes raisons, si l'emphytéote avait obtenu du gouvernement la concession de la mine, il devrait payer la redevance au bailleur emphytéotique.

II. — *Droit de disposition de l'emphytéote.* — Les pouvoirs du preneur emphytéotique ne se bornent pas à la jouissance ; il a également le droit de disposition, et par suite le droit d'aliénation. C'est même, on s'en souvient, un des caractères propres de la tenure, à tel point que s'il faisait défaut, le contrat ne se formerait pas. Ce pouvoir si exorbitant au premier abord, et dont on trouvait une explication facile dans la théorie du domaine utile, peut se justifier sans difficulté tout en se plaçant sur le terrain du droit réel immobilier. Ce n'est là en effet qu'un démembrement de la propriété ; et, comme la propriété d'après l'article 544. c. c. confère le pouvoir de disposer des choses de la manière la plus absolue, et par suite le droit d'aliéner, les mêmes droits doivent appartenir à l'emphytéote au moins dans la mesure du droit réel qui lui est accordé (1). Mais ici on se sépare de l'ancien droit en ce qui concerne l'objet de l'aliénation ; jadis c'était le fonds emphytéosé lui-même qui était transmis; aujourd'hui on ne peut vendre, échanger ou donner que le droit réel, *nemo plus juris transferre potest quam ipse habet* (2).

Rau. 2. p. 27. Cass. 13 nov. 1848. D. P. 48. 1. 245. et 24 juill. 1850. D. P. 50. 1. 262. Contra. Demol. 9. n. 649.

(1) Cpr. 595. c. c. C'est donc à tort que la jurisprudence se fonde sur le droit de disposition de l'emphytéote pour soutenir l'existence du domaine utile.

(2) 2125 et 2182. c. c ; 717. c. Proc ; Doneau. 9. 14. 7.

Ce droit d'aliénation a soulevé quelques difficultés en cas de transmission à titre onéreux. On s'est demandé en effet s'il y avait lieu dans l'emphytéose à rescision pour cause de lésion de plus des sept douzièmes, et si le droit d'aliéner lui-même devait être soumis aux restrictions dont l'avait entouré la législation romaine.

Nous n'envisagerons pour le moment la première de ces deux questions que dans le cas où cette emphytéose, étant déjà établie, est transmise à un tiers par l'emphytéote (1). Doit-on lui appliquer alors l'article 1674. c. c. ? Nous inclinons à le croire. Dans l'espèce tout au moins, la vente n'est point aléatoire, et quoiqu'on ait pu dire, les termes généraux, non moins que l'esprit de l'article 1674. c. c., comprennent aussi bien les immeubles par l'objet auxquels ils s'appliquent que les immeubles par nature ou par destination ; tous les motifs qui justifient la rescision pour lésion se rencontrent donc (2).

La deuxième question est plus importante. En droit romain, nous l'avons vu, trois conditions étaient exigées de l'emphytéote, lorsqu'il aliénait : c'étaient la

---

(1) Nous examinerons plus loin la question de savoir si le constituant peut demander la rescision pour lésion.

(2) Dur. 16. p. 443 ; Tropl. de la vente. 2. n. 793 ; M. Trouiller à son cours ; contra Aubry et Rau. 4. § 358. n. 2. C'est ainsi qu'une jurisprudence constante admet la rescision pour lésion dans les ventes d'usufruit ou dans les ventes d'immeubles faites moyennant une rente viagère ; (Bourges 11 fév. 1840. Dall. Jur. gén. v° vente 1572 ; Cass. 9 juillet 1855. D. P. 55. 1. 385 et 12 nov. 1867. D. P. 68. 1. 344-345 ; Caen 6 janv. 1879. D. P. 80. 2. 176. Cpr. Aubry et Rau t. 4. § 358 et Laurent t. 24 § 436) à fortiori doit-elle être acceptée dans l'emphytéose, qui est loin de présenter le caractère aléatoire de ces contrats.

dénonciation au propriétaire, le droit de prélation au profit de ce dernier et la prestation d'une portion du prix. Ces mêmes conditions sont-elles exigées dans notre droit moderne? Pour le savoir, recherchons quel a été sur ce point le dernier état de l'ancien droit. En Hollande, Voet l'atteste du moins (1), elles n'avaient plus force obligatoire ; mais en France les décisions des jurisconsultes étaient fort contradictoires; et il est assez difficile tout d'abord de se former des idées nettes et précises. Néanmoins, et nous avons eu l'occasion de nous en expliquer, si l'on s'attache à l'opinion presque universellement reçue, on arrive à reconnaitre que l'emphytéote tendait à une entière liberté de disposition. Relativement à la dénonciation au propriétaire et à la nécessité de lui demander son consentement, les passages de Dumoulin et de Merlin (2), que l'on oppose, ne sauraient influer sur cette doctrine qui est celle de la presque unanimité des auteurs (3). Le paragraphe 73 de la coutume de Paris de Dumoulin, et les développements fournis par Merlin, se réfèrent en effet plutôt à la théorie traditionnelle qu'à l'état actuel de la question (4); et quant au paragraphe 82 de Dumoulin, qui vise bien, lui, les emphytéoses existant

---

(1) Voet. c. 3. 22.

(2) Dumoul. § 73. rubr. n. 41 et § 82. gl. 1. n. 11; Merlin Rép. et quest. §. 1. V° locat. perpét.

(3) Charond. 1. 2. ch. 15 et 17 ; Ferron. in cons. Burdig. 1. 2. tit. 8 § 7 ; Bugnon. lois abrogées. 1. 1. ch. 29; Boutaric 13. p. 377.

(4) Cpr. Tropl. n. 44.

à son époque, ce n'est qu'une simple opinion personnelle, alors irrévocablement condamnée tout au moins
dans le ressort du parlement de Paris (1), si elle ne
l'était déjà dans toute la France (2). En ce qui concerne le retrait ou droit de prélation, nous avons vu il
est vrai, qu'il s'était conservé dans certaines provinces
de droit écrit, mais ce n'était qu'une rare exception (3),
qui ne se justifiait que difficilement même en Languedoc (4), et que la commise ne sanctionnait généralement
pas (5). Du reste, par le fait même que l'emphytéote
n'était plus tenu de dénoncer son aliénation au *dominus*, il ne pouvait plus être question du véritable retrait emphytéotique : ce droit, fût-il toujours en vigueur, n'aurait été en effet susceptible de s'exercer
qu'après la vente, et se serait alors confondu avec
le retrait censuel, lequel ne s'appliquait que s'il y avait
titre ou coutume (6).

Ramenée à ces termes, la difficulté est tranchée depuis
les lois de la période révolutionnaire. Quant au *laudemium* dû au propriétaire, bien que la prestation en

---

(1) Nouv. Deniz. V° emphy. § 83. n. 6.

(2) La non dénonciation au dominus n'était plus du moins sanctionnée
par la commise. Loyseau. du déguerp. l. 1. ch. 5. n. 8 ; Despeisses. p.
224 ; Boutaric. p. 376.

(3) Parmi les auteurs cités supra, remarquons que Pocquet (l. 5. ch. 4.
sect. 5. p. 455) repousse le retrait au cas d'emphytéose temporaire, précisément la seule qui puisse exister aujourd'hui.

(4) Maynard. l. 4. ch. 34. V. à ce sujet ce que dit le commentateur de
Boutaric (p. 216. n. 3 et p. 217) par rapport à la coutume de Toulouse.

(5) Nouv. Deniz. loc. cit. ; Coquille. Cout. de Nivern. art. 13.

(6) Cpr. Argou. l. 3. ch. 28 et le commentateur de Boutaric p. 276.
n. 2.

eût été maintenue dans un grand nombre de cas (1),
et que son chiffre fût souvent bien supérieur au taux
fixé par Justinien, il est hors de doute qu'il a aussi
disparu. D'une part le *laudemium* se concilie peu avec
les termes absolus de l'article 544. c.c. et d'autre part
les textes de l'ancien droit qui en font l'application
paraissent n'avoir statué que sur le cas le plus général, ou sur l'emphytéose perpétuelle, et rien ne prouve qu'il en ait été de même pour l'emphytéose temporaire, la seule qui ait survécu de nos jours. Enfin, il était
de maxime dans l'ancien droit que les lods n'étaient dus
que lorsque la propriété était transmise (2); donc, la
tradition se serait-elle conservée intacte jusqu'à la promulgation du code, ils ne pourraient plus se trouver
dans l'emphytéose moderne, puisque cette dernière
est tout aussi étrangère à l'idée du domaine utile qu'à
celle de l'aliénation temporaire de la propriété.

Toutefois, nous ne raisonnons que dans l'hypothèse, où le silence des parties laisse place à l'application des principes généraux. Si des clauses expresses
du contrat restreignaient dans ces limites le droit de
disposition de l'emphytéote, elles devraient être fidèlement observées (3), car il n'y aurait rien de contraire
à l'ordre public ; ce seraient simplement des obligations de faire se résolvant en dommages-intérêts, et la

---

(1) Despeisses. p. 201. n. 8 ; Clarus § emph. quest. 23 n. 3.

(2) Dumoulin § 78. gl. 2. n. 191. et § 20. gl. 1. n. 82 ; Argentré § 28 ;
Salv. de Boissieu. usage des fiefs. ch. 83 ; Boutaric. p. 104 et 105. n.
2. et. 3.

(3) Cass. 8 fév. 1814.

déchéance n'en résulterait qu'autant qu'elle aurait été stipulée sous la forme d'une condition résolutoire (1). Cette liberté complète d'aliéner est peut être regrettable, et une notification quelconque au propriétaire devrait être au moins nécessaire. Dans l'opinion commune, le bailleur emphytéotique est libre en effet d'agir directement contre le nouvel emphytéote, il ne faudrait donc pas lui laisser ignorer la mutation qui s'est opérée, et qui soumet l'acquéreur aux mêmes obligations que l'emphytéote primitif (2).

Nous avons encore à nous demander si le preneur peut établir des droits réels sur le fonds emphytéotique. En ce qui concerne l'usufruit, il n'y a aucune difficulté, puisque toutes espèces de meubles ou d'immeubles sont susceptibles de faire l'objet d'un droit d'usufruit (art. 581. c.c.). Mais *quid* des servitudes prédiales et de l'hypothèque ? Ici il est plus difficile de se prononcer.

---

(1) Tropl. n. 44 ; Duv. n. 164 ; Pép. le Hall. p. 361.

(2) Un arrêt de Grenoble du 13 fév. 1833 a même rendu le possesseur actuel de l'héritage passible de tous les arrérages échus et de tous les frais faits par le bailleur contre les emphytéotes antérieurs. Cette décision ne saurait être acceptée ; elle suppose en effet que le canon emphytéotique constitue une charge réelle ; or rien, nous l'avons vu, n'est plus inexact : ce n'est qu'une simple obligation personnelle résultant d'un engagement contracté par le preneur envers le bailleur, et comme telles, les obligations ne pouvant se transmettre par voie de cession, il en résulte que le nouvel emphytéote ne sera tenu qu'envers l'aliénateur, et que le *dominus* n'aura contre lui que l'action indirecte de l'article 1166 c.c. Cpr. Laurent. p. 454 et 455. La décision de la cour de Grenoble n'aurait pu se comprendre que dans l'ancien droit et dans le seul cas où le seigneur aurait agi par l'action hypothécaire. Cpr. Maynard. l. 6. ch. 3 ; Ant. Fav. C. l. 4. tit. 31. déf. uniq ; Charondas. l. 2 ch. 16 ; Despeisses p. 191. n. 19 ; Dal. Rép. V° louage emph. n. 28. et 38.

D'abord l'emphytéote peut-il constituer des servitudes? Dans l'ancien droit l'affirmative ne faisait point de doute (1); le preneur sans le consentement du seigneur direct avait la faculté d'imposer sur l'immeuble emphytéosé des servitudes qui ne disparaissaient qu'avec l'emphytéose elle-même. Cette solution ne nous paraît plus aujourd'hui admissible, même dans ces limites. Il est de principe en effet, que le droit d'établir des servitudes appartient au propriétaire seul ; or, l'emphytéote n'a pas la propriété, il n'a qu'un droit réel, et un droit ne peut être grevé de servitudes (2). En outre on ne saurait ici argumenter par analogie de ce que nous avons reconnu au preneur le droit de donner en usufruit à un tiers son emphytéose : les termes de l'article 637. c.c., loin de présenter la généralité de ceux de l'article 581. c.c., portent que les servitudes ne peuvent s'asseoir que sur des héritages, c'est-à-dire sur des fonds de terre et des bâtiments, ce qui exclut nécessairement tout autre droit immobilier (3). Pour permettre à l'emphytéote de constituer ainsi des servitudes pendant la durée de la tenure, il faudrait imaginer des quasi-servitudes, c'est-à-dire une véritable fiction, et l'esprit du code civil repousse toute fiction (4).

---

(1) V. Cujas sur la loi 3. C. de jur. emph. ; Despeisses et les auteurs qu'il cite p. 224. n° 8.

(2) Laurent. p. 456. n° 375.

(3) Cpr. Dur. 5. n. 542; Demol. 12. n° 737.

(4) Loi belge de 1824. art. 6 ; Laurent. loc. cit. ; cpr. projet de code rural 1876. tit. 5 art. 9.

Doit-on repousser également l'hypothèque? C'est là encore une question fort délicate et qui offre au point de vue pratique un intérêt considérable. Il est évident que la difficulté se lie étroitement à celle de savoir si l'emphytéose est un droit réel; mais, ce point même admis, elle n'en est pas pour cela définitivement résolue et la controverse quoique circonscrite n'en subsiste pas moins. Tous les immeubles ne peuvent indistinctement faire l'objet d'une hypothèque; celle-ci ne peut s'asseoir que sur les immeubles par nature ou par destination et sur l'usufruit de ces immeubles. Cette rédaction restrictive de l'article 2118 c. c., qui passe précisément sous silence l'emphytéose, fournit non seulement un argument des plus puissants en faveur de l'affirmative, mais semble vraiment dicter cette solution, lorsqu'on vient à la comparer avec la disposition de l'article 6 de la loi du 11 brumaire an 7, sur laquelle elle a été littéralement copiée et qui rangeait formellement la jouissance à titre d'emphytéose parmi les immeubles susceptibles d'hypothèque (1). Quelque soit la force de l'argumentation présentée, il ne nous paraît pas cependant que l'on doive se rallier à ce système, et conformément à la jurisprudence (2), et à la majorité des

---

(1) Aubry et Rau, t. 3. § 259. n. 1. p. 125 ; Laurent, p. 455. n. 374 ; Maleville sur l'article 2118 c.c. ; Proudhon, usuf. 1. n. 97 ; Delvincourt 3. p. 185 ; Toullier 3. n. 101 ; Valette. 1. p. 491 ; Pont. n. 388 : Demol. n. 491; Trib. de la Seine. 2 juillet 1830. Dal. Rép. V° louage emph. n. 9.

(2) Cass. 19 juillet. 1832 (D. P. 39. 1. 296) et 26 janv. 1864 (D. P. 64. 1. 83) : Paris 10 mai 1831 et Douai 15 déc. 1832. Jur. gén. V° louage emph. n. 9. L'argument sur lequel se fonde la jurisprudence ne saurait être accepté, car depuis la législation intermédiaire la tenure emphytéotique ne transfère plus le domaine utile.

auteurs (1), nous accorderons à l'emphytéote la faculté d'hypothéquer. Telle a toujours été en effet la tradition constante dans l'emphytéose. En droit romain il ne pouvait s'élever aucun doute, et dans l'ancien droit les auteurs et la jurisprudence étaient unanimes en ce sens (2). Lorsque M. Jollivet a déclaré au Conseil d'Etat que l'hypothèque ne s'était jamais appliquée à l'emphytéose, il a donc commis une erreur grossière, que l'on ne saurait pas plus nous opposer que celle de Tronchet alléguant que la seule utilité de l'emphytéose était d'éviter les droits seigneuriaux (3). En dernier lieu le droit intermédiaire, qui (tout en abolissant l'emphytéose perpétuelle) maintenait l'emphytéose temporaire, consacrait à son tour, dans les lois des 9 messidor an III, art. 5. et 11 brumaire an VII. art. 6, la même faculté d'hypothéquer, avec cette variante toutefois, que l'hypothèque ne grevait plus comme jadis le fonds emphytéotique lui même, mais seulement le droit réel d'emphytéose. Or, nous avons essayé de le démontrer, le silence observé par le code civil sur l'emphytéose n'a eu pour effet que de conserver le contrat emphytéotique tel qu'il existait dans le dernier état de

---

(1) Grenier 1. n. 143 ; Favard. Rép. V° hypothéq. p. 714. n, 2; Rolland de Villargues Rép. du not. V° Bail emphy. n. 11. et hypothèq. n. 121 ; Dur. 4. n. 19 et 80; Duv. n. 159 et s ; Tropl. 2. 405; Persil sur 2118 c. c. n. 15.-Cpr. Code hollandais art. 771; loi belge de 1824. art. 6; Code italien de 1866. art. 1567.

(2) Boerius decis. 181. 1. 2. p. 328; Anton. Favre. C. 1.4. tit. 43. déf. 2; Guy pape quest. 575 ; Papon. 1. 2 p. 127 ; acte de notoriété du Châtelet du 19 juillet 1687.

(3) Locré. t. 16. p. 250 et 253.

la législation intermédiaire ; et l'article 2118 c. c., sur lequel nous nous sommes déjà expliqué, nous paraît d'autant moins prohiber l'hypothèque de l'emphytéose qu'il permet d'hypothéquer les biens immobiliers, l'usufruit de ces mêmes biens, et que l'emphytéose est un droit immobilier qui constitue un démembrement de la propriété aussi énergique que l'usufruit (1). Du reste le Conseil d'Etat en rejetant la proposition Jollivet, qui déclarait l'hypothèque inapplicable à l'emphytéose, n'a-t-il pas montré par cela même qu'il s'en référait au droit antérieur ? Enfin en nous plaçant dans un autre ordre d'idées, le droit d'hypothéquer n'est que le corollaire indispensable de l'obligation d'améliorer ; l'emphytéote, aujourd'hui comme autrefois, doit nécessairement donner au fonds toute la valeur dont il est susceptible ; il est donc conduit à contracter des emprunts qu'il serait incapable de réaliser dans de bonnes conditions, si cette faculté d'hypothéquer lui était retirée. En résumé, l'emphytéote doit être admis à hypothéquer ; seulement, comme il n'a pas la propriété du fonds qui reste toujours au bailleur, l'hypothèque qu'il consentira ne portera que sur l'emphytéose et sera résolue par suite en même temps qu'elle, *resoluto jure dantis, resolvitur jus accipientis.* Quant au droit d'hypothéquer le fonds lui-même, il ne peut appartenir qu'au bailleur emphytéotique.

Nous n'avons examiné jusqu'à présent que le cas

---

(1) Cette argumentation a fortiori est d'autant plus remarquable que la loi de messidor an 3 rejetait l'hypothèque de l'usufruit et admettait au contraire celle de l emphytéose, v. Supra p. 300.

d'une transmission entre-vifs ; l'emphytéose peut être également transférée *mortis causa*, soit par l'ouverture d'une succession *ab intestat*, soit par suite d'un testament : elle figure donc dans le partage du patrimoine comme les autres biens (1). Ici il n'y a aucune difficulté, et le droit à la tenure sera réglé conformément aux principes généraux du code en matière de succession légitime ou testamentaire. Ainsi, dans l'hypothèse où une législation étrangère n'attribuerait l'emphytéose qu'aux descendants mâles, les filles devraient être admises à la jouissance nonobstant cette disposition (2). Si la règle était en effet fondée sur un véritable fideicommis, il y aurait alors substitution prohibée (art. 896. c.c.) ; et si le droit était considéré comme héréditaire, il ne pourrait s'appliquer, puisque les articles 1130 et 732. c.c. s'opposent à ce que l'ordre légal des successions puisse être violé par un contrat antérieur ou par des principes abrogés à l'époque du code.

III. — Actions dont l'emphytéote est investi. — En droit romain l'emphytéote jouissait pour sauvegarder ses droits des interdits possessoires et des actions réelles (3) ; quelle est aujourd'hui sa situation à ce point de vue ? L'affirmative est presque généralement

---

(1) Nouv. Denis. § 2.

(2) Cass. 23 nov. 1807. et v. les conclus. du procureur général Merlin. Rép. v° emph. § 6.

(3) Le droit romain qualifiait alors les actions réelles d'*utiles* pour marquer que l'emphytéote n'avait pas la propriété, qui restait au bailleur avec les actions réelles directes. Doneau. 9. 14. 4 ; v. loi du 14 juillet 1819.

adoptée. Relativement aux actions possessoires, un arrêt de la Cour de Cassation du 26 juin 1822 (1) les a accordées au preneur ; tout en nous ralliant à cette solution, nous repoussons encore le motif sur lequel la Cour suprême établit sa décision. La jurisprudence en effet invoque de nouveau le domaine utile de l'emphytéote ; or, si le droit aux actions possessoires n'avait pas d'autre fondement, il faudrait évidemment le rejeter, car il ne peut être question dans notre législation, ni de domaine direct, ni de domaine utile. Mais ce système se justifie par les termes de l'article 23 du code de procédure, qui concède l'action possessoire à tous ceux qui depuis une année sont en possession paisible et non précaire de la chose, et tel est bien le caractère de la possession de l'emphytéote, qui ne possède précairement qu'à l'égard du propriétaire et en ce sens seul qu'il ne pourra prescrire contre ce dernier. L'emphytéose constitue un immeuble distinct de la propriété du concédant ; comme il est de principe que l'action possessoire compète à quiconque est troublé dans un droit réel immobilier (2), elle doit donc nécessairement revenir à l'emphytéote pour défendre son droit, même à l'encontre du propriétaire, si ce dernier voulait le troubler dans sa jouissance. Du reste, comment ce droit emphytéotique, qui est incontestablement supérieur à l'usufruit, serait-il moins protégé que ce

---

(1) Dalloz. Rép. V° action posses. n° 534 ; Garnier. p. 309 et Bélime. n. 307.

(2) Dalloz. V° act. posses. n. 510.

dernier auquel la doctrine la plus générale a toujours reconnu l'action possessoire (1) ? En un mot si
l'emphytéote détient bien pour le bailleur emphytéotique le fonds sur lequel s'exerce son droit ; quant
à ce droit, il le possède *proprio nomine* et doit
être en mesure de le défendre contre n'importe qui
et par n'importe quel moyen. Cette distinction nous
permet aussi d'accorder à l'emphytéote les actions
réelles directes, car nous ne connaissons plus en
droit français la distinction subtile des actions directes et utiles. L'emphytéote est personnellement
investi du droit qu'il exerce *proprio nomine,* il doit
donc avoir la faculté d'exercer à son occasion les
actions réelles qui naissent de son droit réel immobilier (2).

§ 2. — Obligations du bailleur emphytéotique

Deux obligations sont imposées au bailleur emphytéotique : il est contraint de mettre et maintenir le
preneur dans la possession paisible de la chose, et il
doit contribuer au payement des impôts dans la
limite du cinquième de la redevance, que le preneur
est autorisé à retenir. Le propriétaire est d'abord tenu
de délivrer la chose à l'emphytéote et de lui en

---

(1) Bourjon, droit commun de la France. 2. compl. sect. 3 ; Proudhon.
usuf. n. 32 et 1239 ; Toullier. 3. n. 418: Dur. 4. n. 519 ; Bélime. n. 302 ;
Poth. de la possession. n. 100.

(2) Cpr. Despeisses. p. 223. n. 3.

garantir la libre et paisible jouissance (1). Dans l'ancien droit on avait discuté sur l'existence de cette obligation de garantie, et Ant. Favre l'avait même mise en doute, sous le prétexte que l'emphytéose était une espèce de libéralité (2) ; aussi n'admettait-il le preneur évincé qu'à réclamer le montant des canons qu'il avait payés et lui refusait-il toute action en dommages et intérêts (3). Aujourd'hui il ne saurait s'élever aucune difficulté sur la question, la garantie résultant de la nature même du contrat. Cette obligation est en effet la conséquence de toute aliénation à titre onéreux, et les dispositions du code au titre de la vente (art. 1626 c.c.) sont également applicables aux autres cas d'aliénation à titre onéreux ; or, l'emphytéose est une véritable aliénation, et une aliénation essentiellement à titre onéreux (4). D'ailleurs, d'une part le contrat emphytéotique tient tout ensemble de la vente et du louage, et ces contrats comprennent l'un et l'autre l'obligation de garantie ; d'autre part le canon, quelque modique qu'il puisse être, n'en représente pas moins dans notre droit moderne une partie de la jouissance.

Pendant la durée de la tenure, le concédant ne peut nuire aux droits de l'emphytéote. C'est la disposition de l'article 599. c.c. en matière d'usufruit, et nous

---

(1) Nouv. Denis. V° emph. § 3; Dalloz. loc. cit. n. 17 ; Duv. n. 176.

(2) C. tit. de jur. emph. 1. 4. def. 51.

(3) Ant. Favre. op. et loc. cit. n. 1.

(4) V. supra p. 349.

pensons que ce texte doit s'appliquer ici par *a fortiori*, puisque nous avons attribué au preneur la pleine jouissance, et que nous avons imposé au propriétaire l'obligation de le garantir de tous troubles et évictions. Pour les mêmes motifs, nous soumettrons ce propriétaire aux principes qui découlent de l'article 613 c.c., d'après lequel l'usufruitier n'est tenu que des frais de procès et autres condamnations qui concernent la jouissance.

Enfin, d'après un avis du Conseil d'Etat du 2 février 1809 (1), ce propriétaire doit participer, sauf convention contraire, aux contributions imposées sur la propriété ; l'emphytéote est autorisé à retenir le cinquième du montant de la redevance, ce qui représente la contribution due par le bailleur. Cette décision nous semble peu justifiable ; elle repose uniquement en effet sur la fameuse distinction du domaine direct et du domaine utile, dont il ne peut plus être question dans notre droit (2).

SECTION IIe

DES OBLIGATIONS DE L'EMPHYTÉOTE ET DES DROITS DU PROPRIÉTAIRE

§ 1. — Des obligations de l'emphytéote

Les obligations mises à la charge de l'emphytéote sont au nombre de quatre: l'emphytéote doit payer

---

(1) Lois des 1er déc. 1790. tit. 2. art. 6 et 3 frim. an 7. art 98 et 99. Paris 1er pluv. an 10 et Cass. 2 vent. an 11. Dal. Rép. v° louage emph. n. 22.

(2) Dalloz. Rép. V° louage emph. n. 21 et 22, et impôts directs. n. 133.

le canon emphytéotique, il doit entretenir l'immeuble emphytéosé, l'améliorer et acquitter la contribution foncière presque intégralement.

I. — L'emphytéote est tenu de payer au bailleur une redevance en argent ou en nature, que la tradition désigne sous le nom de canon emphytéotique et dont nous avons déjà déterminé les caractères propres. Cette redevance, ainsi que nous l'avons vu, sensiblement inférieure aux taux ordinaire des fermages, doit être acquittée annuellement, et constitue un des éléments essentiels de la tenure. Quelques difficultés se sont élevées sur cette première obligation de l'emphytéote, en raison des règles admises dans l'ancien droit.

Ainsi on s'est demandé si le canon était toujours payé en reconnaissance du droit de propriété du bailleur. La question ne saurait vraiment faire de doute aujourd'hui, et nous n'en eussions pas parlé, si la législation belge, qui présente avec la nôtre une étroite connexité, n'avait pas exigé la redevance à ce titre, et si la jurisprudence française ne consacrait pas le plus souvent dans ses arrêts la fameuse distinction du domaine utile et du domaine direct. L'idée que le canon n'est que la reconnaissance du droit de propriété ne repose en effet que sur une conception féodale ; elle est donc étrangère à notre droit. Conformément aux vrais principes du droit romain, le canon n'est que la représentation d'une partie de la jouissance, l'autre partie étant représentée par les améliorations imposées au preneur, et dont le bailleur est appelé à profiter à l'expiration de la tenure (1).

La solution que nous venons de combattre entraînait jadis une conséquence importante: nous voulons parler de l'indivisibilité de la rente emphytéotique. Il suivait de là : 1° que le seigneur pouvait réclamer la totalité du canon à chacun des emphytéotes ou des héritiers de l'emphytéote primitif; 2° que chaque partie du fonds était grevée de la totalité de la redevance (2). Doit-il en être de même sous l'empire du code civil ? Deux points sont d'abord certains ; d'une part, l'indivisibilité ne peut être une indivisibilité *natura et contractu*, puisque l'objet de l'obligation consiste en argent ou en denrées, c'est-à-dire en choses essentiellement divisibles ; d'autre part chaque partie du fonds n'est pas grevée de la totalité du canon, car la redevance n'est pas une charge réelle. La difficulté se ramène par suite à la question plus simple de savoir s'il y a indivisibilité *obligatione* ou *solutione tantum*. Il faut alors distinguer, comme on distinguait dans notre ancienne jurisprudence (3), suivant que l'emphytéose a été constituée *ab initio* à un ou plusieurs preneurs.

1re hypothèse. — Le contrat a été constitué à l'origine au profit de plusieurs emphytéotes. A moins de

---

(1) Cpr. Laurent. p. 463 et 464.

(2) Voet. 6. 3. 37 ; Ant. Fav. C. 1. 4 tit. de jur. emph. def. 41 ; Papon. 1. 2. ch. emph; Charondas. 1. 2 ch. 16; Despeisses. p. 190 et 193 ; Mayn. 1. 2. ch. 34 ; Parlements de : Bordeaux 10 juin 1540, Toulouse 9 mars 1552, Dijon 15 déc. 1597 et 12 mai 1604.

(3) Parlem. de Dijon 18 janvier 1610 ; Despeisses. p. 190. n. 18.

stipulations contraires on doit appliquer le droit commun ; le canon est divisible et le propriétaire ne peut réclamer à chaque tenancier que sa part et portion dans la dette (1).

2ᵉ hypothèse. — L'emphytéose n'a été concédée qu'à un seul preneur. Dans ce cas nous croyons que l'obligation est au moins indivisible *solutione tantum*. Le bailleur en contractant a entendu en effet que le paiement s'exécuterait toujours pour le tout ; et du reste l'emphytéote n'étant plus tenu de lui dénoncer la transmission de son droit, la redevance serait ainsi susceptible de subir des diminutions, ce qui serait contraire à la tradition d'après laquelle le canon ne peut jamais être augmenté, ni diminué pendant la durée de la tenure.

Ce principe traditionnel, que nous venons d'invoquer, suppose résolue la controverse qui s'est élevée sur le point de savoir si la redevance peut être diminuée ou remise pour cause de perte partielle ou de stérilité du fonds. En droit romain nous avons adopté la négative, et dans l'ancien droit la même doctrine était presque universellement admise (2), bien qu'il y eût quelque résistance dans le cas où

---

(1) Dans l'anc. droit le droit commun était en sens contraire, mais cela tenait à la nature du canon. Desp. loc. cit.

(2) Speculat. 1. 4. tit. emph. n. 163; Charond. l. 2. ch. 17 et dans ses réponses l. 11. ch. 29. La Roche. ch. 6. art. 5; Ant. Fav. C. l. 4. tit. emph. def. 36; Voet. 6. 3. 16; Argou 3. ch. 21. n. 1; Loyseau l. 4. ch. 7. n. 20; Desp. p. 192: nouv. Deniz. vᵉ emph. § 3. n. 3 et arrêt du 27 juillet 1599 ; Parlements de Dijon 29 mars 1607 et Toulouse 17 juin 1560.

le canon était proportionnel au revenu de l'immeuble (1). Que décider dans notre législation moderne? On doit encore se prononcer dans le même sens et consacrer le système de la tradition. Les avantages considérables que l'emphytéote retire du contrat, sont une raison suffisante pour lui refuser toute diminution ou remise de la rente, qui est ainsi fixée à forfait. Quelle que soit en effet la valeur que le fonds puisse prendre, quelles que soient les améliorations qui lui soient apportées, cette rente n'est pas cependant augmentée par réciprocité, elle ne doit donc subir aucune diminution, lorsque l'inverse se produit (2). Du reste, admettrait-on, ce que nous ne pouvons accepter, que l'emphytéose devient un simple bail lorsque la redevance est à peu près égale au produit ordinaire du fonds, il n'y aurait pas encore lieu à diminution ou remise. L'article 1770 c.c. ne l'accorde en effet au preneur que s'il n'a pas été indemnisé par d'autres années de jouissance; or, on ne peut pas légitimement supposer que pendant la durée toujours assez longue des baux emphytéotiques, il n'y ait pas assez d'années fructueuses pour compenser les pertes des années stériles. Cette simple observation répond à l'argument invoqué par M. Laurent et suivant lequel le droit du fermier à l'indemnité repose sur l'équité (3).

(1) Clar. § emph. q. 8. n. 8; Dumoulin Coutume de Paris tit. 2 § 85. gl. 1 à 70; Fachin. l. 1. ch. 89; Voet. 6. 3. 16; Tropl. n. 41.

(2) Il en était de même dans l'anc. droit où Charond. l. 2. ch. 17, écrit qu'il doit en être ainsi: « *soit que la pension soit grande ou petite* ». Merlin, Rép. v° emph. § 1. n. 6; Duv. 1. n. 165. — contra Pép. le Hall. p. 353.

(3) Laurent. p. 467.

L'obligation d'acquitter la redevance est sanctionnée par une double action : le concédant non désintéressé peut soit en poursuivre le paiement en justice,
soit demander la résolution du contrat. Nous reviendrons sur ce dernier point en traitant de l'extinction
de l'emphytéose.

II. — L'emphytéote, bien que ses droits soient
supérieurs à ceux de l'usufruitier, est tenu, d'après
l'arrêt de Metz du 27 déc. 1826, d'apporter à l'immeuble
emphytéosé les soins d'un bon père de famille, et doit
s'abstenir de toute détérioration sous peine de voir le
propriétaire ouvrir contre lui à l'expiration du bail
une action en dommages-intérêts ou même demander
durant la concession la résiliation de la tenure, si
l'abus de jouissance était de nature à nuire au bailleur (1). Une certaine analogie paraît donc se mani-
fester au premier abord entre la condition de l'emphytéote et celle de l'usufruitier ; toutefois, il est hors de
doute que l'on doit se montrer beaucoup plus sévère
à l'égard du dernier qu'à l'encontre du premier. En
matière d'usufruit, le seul fait de laisser dépérir un
fonds faute d'entretien, ou de commettre de simples
dégradations suffit pour entraîner la cessation de
l'usufruit (art. 618. c.c.) ; dans le cas d'emphytéose
au contraire, il faut, d'après les principes reçus, pour
que le preneur soit déchu de son droit, que la dégra-
dation soit *notable* et que l'abus soit *grave*.

---

(1) Arrêt du Grand Conseil du 12 nov. 1740. Nouv. Deniz. v° emph. § 3.

III. — Mais l'emphytéote n'est pas seulement
astreint à entretenir l'immeuble emphytéosé, il doit
encore, suivant nous, l'améliorer, et c'est ce que
nous avons essayé d'établir en traitant des éléments
essentiels de l'emphytéose. Bien que la presque
unanimité des auteurs modernes refuse de soumettre
l'emphytéote à cette obligation, ou l'y assujetisse seulement lorsque le contrat renferme la clause expresse
d'amélioration, toujours interprétée restrictivement,
nous avons conclu que cette obligation d'améliorer
formait, pour ainsi dire, le caractère typique de
l'emphytéose. Nous renvoyons donc aux explications
que nous avons fournies au chapitre II sur cette
importante controverse. Il se rencontre cependant
une hypothèse où cette obligation doit être nécessairement restreinte, c'est lorsque les parties ont
énuméré et indiqué dans le contrat les améliorations
à faire. Si d'autres améliorations avaient été effec-
tuées, le preneur devrait certainement les laisser au
propriétaire à l'expiration du bail (1), car il ne peut
changer la superficie qu'à charge d'améliorer ; mais
nous pensons que si l'édifice bâti en dehors des
termes du contrat venait à s'écrouler par cas fortuit,
il ne serait nullement tenu de le reconstruire et
n'aurait qu'à remettre les lieux dans leur état
primitif (2). Dès que les améliorations exigées ont

---

(1) Contra. Brodeau sur Louet. let. E. som. 11. Parlem. de Paris,
21 août 1599.

(2) Loyseau. déguerp. l. 5. ch. 6 contra. Prudhon usuf. t. 8. n. 3373.

été réalisées, le contrat est exécuté, pourvu que le fonds n'ait subi ailleurs aucune détérioration.

IV. — Comme corollaire de la large jouissance qui lui est accordée, l'emphytéote doit acquitter toutes les charges auxquelles est soumise la propriété. Il doit donc faire toutes les réparations réclamées par l'état des lieux, non seulement les réparations locatives (1754. c. c.) et d'entretien (605 c. c.), mais encore toutes les grosses réparations, quelles qu'elles soient (1). Le preneur est en outre assujetti à payer toutes les impositions établies sur le fonds, lors même que l'acte de concession ne l'y soumettrait pas expressément ; nous avons vu toutefois qu'aux termes d'un avis du Conseil d'Etat du 2 fév. 1809, l'emphytéote a le droit de retenir le cinquième du montant de la redevance (2). Cette retenue représente, ainsi que nous l'avons vu, la contribution due par le bailleur ; d'abord proportionnelle à la contribution foncière (3), ce n'est que plus tard qu'elle a été ramenée au quart, puis au cinquième (4). Toutefois,

---

(1) Merlin. Rép. v° emph. § 1. n. 6 ; Fachin, l. 2. c. 92 ; loi belge, art. 5.

(2) D'après certains auteurs (Naquet. traité des dr. d'enregistrement t. 2. p. 232 ; dictionn. des droits d'enregistrement, v° bail emph. n. 113), cette retenue ne s'appliquerait qu'aux anciens baux emphytéotiques et serait basée sur une loi spéciale des 23 nov.-1 déc. 1790 ; mais nous avouons que nous ne pouvons accepter une telle distinction en présence de la généralité des termes de l'avis du Conseil d'Etat. cpr. Dalloz. jur, gén. V° impôts directs, n. 133.

(3) Loi du 1er déc. 1790, art. 6. tit. 2.

(4) Lois des 3 et 11 frim. an 7 et avis du Cons. d'Etat du 2 fév. 1809 ; cpr. projet de Code rural. 1876. tit. 5. art. 8. § 3.

ce droit de retenue n'est pas de l'essence de l'emphytéose; il pourrait être modifié et il disparaîtrait
même complétement s'il en avait été fait mention
dans l'acte constitutif (1).

Plusieurs questions se sont élevées sur ces diverses obligations de l'emphytéote. La plus importante
de toutes est relative au cas où il s'agit de déterminer si,
à la fin de la tenure, l'emphytéote est admis à se faire
rembourser de ses impenses pour les constructions
faites en dehors des termes du contrat, ou s'il lui est
permis tout au moins d'en enlever les matériaux. Dans
l'ancien droit les auteurs et la jurisprudence étaient
fort divisés : la Coutume (2) et la jurisprudence du
parlement de Paris (3) refusaient toute indemnité, tandis que le parlement de Toulouse et la grande majorité
des auteurs (4) adoptaient la solution contraire. Il nous
semble que l'on doit encore aujourd'hui suivre la
décision du parlement de Paris. L'emphytéote en effet
ne peut avoir la faculté de transformer la superficie
que sous l'obligation formelle d'améliorer , dès lors
sur quelle cause pourrait-on fonder le droit au rem-
boursement? Ce n'est certes pas sur un motif juridique, puisque les améliorations sont exigées par la

---

(1) Cass. 2 vent. an. 11 et 10 janv. 1831 ; Colmar. 27 mars 1806.

(2) Coquille. Cout. de Nivern. art. 15. tit. 6.

(3) Argou. 2. 1. 3. ch. 28.

(4) Brodeau sur Louet. let. E som. 11 et deux arrêts du parlement de
Toulouse du 18 déc. 1597 et du 21 mars 1631 ; Clarus § emph. q. 45.
n. 1 ; Dumoulin § 1. gl. 5. n. 80 ; Loyseau. 1. 6. ch. 6. n. 6 ; Desp. p.
232 ; Duv. n. 174 ; Tropl. n. 48 ; Demol. 9. n. 697 ; Massé et Vergé
2. § 197 ; Dalloz Rép. V° louage emph. n. 19.

propre nature du contrat ; ce ne peut donc être que sur
ce principe d'équité que nul n'est tenu de s'enrichir
aux dépens d'autrui. Mais il est inexact que ce principe reçoive ici son application : l'étendue des droits
du preneur emphytéotique ne peut être compensée par
le canon si minime qu'il paye au propriétaire ; cette
compensation n'est obtenue que par les améliorations
qu'il doit effectuer ; or, si ces améliorations devaient
lui être remboursées, comment le concédant serait-il
indemnisé de la privation de sa chose? Faudrait-il voir
une compensation suffisante dans ce simple fait que le
concessionnaire à évité au bailleur les soucis et le soin
de donner au fonds une plus-value ; ceci est insoute-
nable. Si nous admettions du reste la solution contraire, il en résulterait une inégalité choquante entre
les parties ; l'emphytéote, après s'être désintéressé de
ses améliorations en en percevant le revenu intégral
pendant de longues années, se verrait encore indemnisé de ses impenses à la fin de la concession, et le
bailleur, obligé de verser en une seule fois des sommes
considérables, pourrait se trouver dans l'impossibilité
de les réunir, ce qui le priverait de son bien et laisserait ainsi l'emphytéose se perpétuer. On a soutenu,
il est vrai, que la question était tranchée sous l'empire
du code civil par la disposition générale de l'article
555. c. c. Cet article nous paraît ici inapplicable. Il ne
dispose en effet qu'au profit du possesseur de bonne
ou de mauvaise foi ; or, toute autre est la situation de
l'emphytéote ; le possesseur que comprend l'article
555. c. c. est pourvu de l'*animus domini* à l'encontre
du propriétaire, il a l'*animus sibi rem habendi*, il peut

donc avoir l'espérance qu'il conservera le fonds, tandis que l'emphytéote, comme tout détenteur à titre précaire, doit prévoir sa dépossession à jour fixe et se rappeler que la transformation de la superficie ne lui est accordée que sous condition formelle d'améliorer. D'ailleurs s'il en était ainsi, de quelle utilité serait donc pour le bailleur cette obligation d'améliorer, puisque dans l'opinion que l'on nous oppose l'emphytéote ne pourrait jamais être considéré autrement que comme possesseur de mauvaise foi (1).

On s'est enfin demandé si l'emphytéote devait être soumis à certaines des obligations de l'usufruitier ; par exemple s'il devait faire dresser un état des immeubles à son entrée en jouissance, donner caution de jouir en bon père de famille, et dénoncer au propriétaire les usurpations commises par les tiers et en général tous les faits susceptibles de porter atteinte à la propriété (art. 600, 601 et 614. c. c.). En ce qui concerne la dernière obligation, l'affirmative nous semble résulter du principe que l'emphytéote ne peut jamais détériorer, mais quant aux deux premières, nous sommes d'autant moins porté à les admettre, qu'elles se concilient peu avec l'étendue de la jouissance emphytéotique (2).

§ 2. — Droits du bailleur emphytéotique

L'emphytéose, ne conférant au preneur qu'un droit

---

(1) Pép. le Hal. p. 356.
(2) Laur. p. 468 et 471. n. 386 et 390 ; du reste la caution est de droit strict.

réel, le bailleur reste toujours propriétaire. Il en résulte qu'il est toujours libre de transmettre entre-vifs
ou *mortis causâ* le fonds emphytéotique, de l'aliéner,
de l'hypothéquer et d'exercer à son occasion les actions
réelles. Merlin (1) lui avait également accordé le droit
d'hypothéquer la redevance, mais nous avons déjà repoussé cette décision, qui ne pouvait se fonder que sur
la distinction du double domaine aujourd'hui condamnée par nos lois.

Le propriétaire, ainsi que nous venons de le voir, a
droit au paiement régulier et intégral du canon emphytéotique, et profite sans indemnité, à l'expiration
de la tenure de toutes les améliorations faites par le preneur sur l'immeuble emphytéosé. Pendant la concession il a le droit de s'opposer à toute détérioration de la
part du concessionnaire, d'exiger de lui les améliorations, et de le contraindre au paiement de la redevance.
Mais ici se présente une question; doit-on lui accorder
comme garantie des obligations de l'emphytéote un
droit légal de préférence, tel qu'un privilège ou une
hypothèque? Dans l'ancien droit l'affirmative était
unanimement adoptée, et le seigneur direct était pré-
féré sur le fonds emphytéotique à tous les créanciers
antérieurs de l'emphytéote, quelle que fût la faveur attachée à la qualité de leurs créances (2). Dans notre droit

---

(1) Merlin quest. V° emph. § 7.

(2) Ant. Favre. C. 1. 4. de. jur. emph. def. 4. et 59 et 1. 7. tit. 32.
def. 2 ; Dumoulin tit. 1. § 59. n. 4 ; Desp. p. 193. n. 31. Parlement de
Paris. nov. 1543 ; C. des Compt. et Aydes de Montpellier oct. 1632 ; chambre de l'édit de Castres 26 mars 1611 ; Parlements de : Bretagne sept.
1603, Toulouse 29 janv. 1603, Grenoble juill. 1635.

moderne on ne peut certainement lui donner le privilège du bailleur, car il n'est pas bailleur, bien que ce
nom lui ait été maintenu par l'usage ; mais doit-on
lui accorder le privilège du vendeur d'immeuble de
l'article 2103, 1°. c. c. ? Nous ne le pensons pas. Sans
doute l'emphytéose peut être considérée comme une
aliénation immobilière et le fondement du privilège se
retrouve ici, puisque le bailleur a mis le bien dans le
patrimoine du preneur ; mais les privilèges sont de
droit étroit, et par suite il nous paraîtrait anti-juridique
de raisonner par analogie. D'ailleurs le privilège est
une dérogation au principe général posé dans l'article 2093. c. c. ; or les exceptions ne s'étendent pas (1).

Quant à la jouissance même du fonds pendant la
concession, nos développements antérieurs nous permettent de décider qu'il ne saurait y prétendre à aucun
titre. Si certains des fruits ou produits du sol sont effectivement refusés à l'emphytéote, tels que les bois
de haute-futaie non aménagés, et les produits des mines et minières non ouvertes lors du contrat, ils ne
doivent point être pour cela attribués au concédant, car
le droit de l'emphytéote se trouverait de la sorte restreint ou paralysé, ce qui n'est pas possible.

SECTION III

RISQUES DANS L'EMPHYTÉOSE

Aucune innovation n'a été apportée depuis le droit
romain à la théorie des risques dans l'emphytéose.

---

(1) Cpr. Desp. p. 193. n. 31.

A moins de stipulations contraires, la perte totale incombe toujours au propriétaire et la perte partielle doit être supportée par l'emphytéote.

Cette disposition de la loi *1. C. de jur. emph. 4.66.* necessa jamais dans l'ancien droit d'être appliquée avec la dernière rigueur (1) et, quelque eût été l'étendue de la perte partielle, l'emphytéote n'en devait pas moins acquitter la rente entière, la portion restante de l'immeuble fût-elle de beaucoup inférieure à la moitié, ou même insuffisante à assurer le paiement de cette rente. Cette règle absolue fléchissait toutefois dans deux cas ; lorsque la redevance était sensiblement proportionnelle au revenu ordinaire du fonds — beaucoup d'auteurs pensaient alors qu'il y avait bail et non emphytéose — et lorsque le canon n'avait pas été fixé *totaliter*, mais à tant par arpent ou perche du fonds (2). Aujourd'hui la première de ces exceptions, comme nous l'avons vu, doit être rejetée; et quant à la seconde, elle doit être acceptée, car elle n'est que l'application du droit commun. Chaque arpent ou perche, sétérée ou hectare, formant, pris individuellement, l'objet de la tenure, doit entraîner en effet l'extinction de la redevance qui lui est afférente, dès qu'il éprouve une perte totale.

---

(1) Desp. p. 193. Si perit res tota liberatur emphyteuta
         Si perit pro parte, nulla liberatur arte.
Loys. l. 4. ch. 7. n. 20 ; Ant. Fav. C. l. 4. tit. 43. def. 36 ; Mayn. l. 4. ch. 30; Charond. l. 2. ch. 17 ; Parlement de Toulouse 17 juin 1560.

(2) Clarus. § emph. q. 8. n. 8 ; Desp. loc. cit.

CHAPITRE IV

EXTINCTION DE L'EMPHYTÉOSE

Nous distinguerons parmi les causes d'extinction, les causes d'extinction proprement dites et les causes de déchéance. Par suite nous subdiviserons donc ce chapitre en deux paragraphes :

§ 1. — Des causes d'extinction proprement dites.

§ 2. — Des causes de déchéance.

§ 1. — Causes d'extinction proprement dites

I. — L'emphytéose étant un contrat consensuel peut prendre fin soit par des causes propres à tous les contrats, soit par des causes spéciales au droit emphytéotique. Ainsi en tant que contrat, l'emphytéose est susceptible de s'éteindre s'il y a nullité, rescision, arrivée de la condition résolutoire. Ce n'est que l'application du droit commun. Mais, et la question était jadis fort discutée, faut-il admettre la rescision pour cause de lésion? La négative, combattue toutefois énergiquement par Voet et Speculator (1), était généralement soutenue dans l'ancien droit et avait même fini

---

(1) La lésion devait être alors d'outre moitié. Voet de rescind. vend. n. 13; Speculat. l. 4. emph. n. 11; nouv. Deniz. V° emph. §. 3.

par prévaloir dans la pratique (1). Bien que l'emphytéose constitue une véritable aliénation immobilière, et que le canon représente une partie de la jouissance, ce qui pourrait au premier abord laisser planer quelques doutes, il faut encore *à fortiori* nous rallier à cette solution. D'une part la distinction du domaine direct et du domaine utile a disparu, et d'autre part l'esprit et le texte formel du code (art. 1118. c. c.) manifestent clairement que la lésion n'existe qu'à l'état d'exception ; or les exceptions ne s'étendent pas par voie d'interprétation.

II. — L'emphytéose cesse par l'échéance du terme. On ne fait encore ici qu'appliquer le droit commun : dès qu'un contrat est essentiellement temporaire, il doit nécessairement et de plein droit expirer avec le temps. Qu'arriverait-il cependant si l'emphytéote ne restituait point le fonds ? Un premier point certain, c'est qu'il ne saurait y avoir lieu à tacite reconduction ; la tradition est constante en ce sens, et M. Troplong en donne l'explication en faisant remarquer que le droit emphytéotique est trop considérable pour lui appliquer une rénovation tacite (2). Alors de deux choses l'une, ou l'ancien emphytéote continue à payer le canon, ou il s'en abstient tout en détenant le fonds ; dans le premier cas il sera considéré au

---

(1) Dumoulin au code. tit. de jur. emph. et opera. t. 3. p. 574 ; Mayn. 1. 3. ch. 62 ; Charond. Répons. 10. ch. 86 ; La Roche ch. 1. art. 32 ; Desp. p. 228 ; Parlem. de Toulouse 23 déc. 1589 et mai 1591.

(2) Duverg. n. 181, Tropl. n. 40. et les auteurs qu'ils citent ; Colmar 16 août 1820 (Dalloz. loc. cit. n. 29 et 41. 2ᵉ espèce).

moins comme un simple locataire, dans le second
ce sera un possesseur de mauvaise foi auquel l'article
555. c.c. deviendra applicable.

III. — La résolution du droit du constituant, la
mort du preneur sans héritiers, et la confusion,
c'est-à-dire la réunion sur une même tête des qualités
d'emphytéote et de propriétaire, font également dis-
tparaître la tenure emphytéotique.

Doit-on reconnaître le même effet à la prescrip-
ion? Il faut distinguer : le propriétaire peut prescrire
par trente ans la liberté de son fonds ; un tiers jouit
aussi de la faculté d'acquérir l'immeuble franc et
quitte de tout droit emphytéotique par une possession
de dix ou vingt ans avec juste titre et bonne foi ; un
usurpateur enfin, possédant trente ans, arrivera au
même résultat ; mais l'emphytéote est dans l'impossibilité absolue de parvenir par la prescription à la
propriété de l'immeuble (1). C'est en effet d'après les
termes de l'article 2236. c.c. un détenteur à titre
précaire ; il ne pourrait donc valablement prescrire
qu'en transformant le caractère de sa possession, ce
qui ne peut avoir lieu que dans les deux cas cités par
l'article 2238. c.c. Toutefois s'il intervertissait ainsi le
titre de sa possession, rien ne s'opposerait plus à la
prescription, et au bout de trente ans il y aurait prescription acquisitive quant à la propriété, et prescription
libératoire quant à la redevance (2).

---

(1) Argou. l. 3. ch. 28.

(2) Il en était de même dans l'ancien droit pour la prescription de
trente ans ; Fachin. l. 8. c. 99 ; Cujas sur la loi 2. C. de jur. emph. ;
Desp. p. 227 ; La Roche. ch. 2. art. 1 et ch. 20. art. 1 et 21. La pres-

IV. — L'expropriation pour cause d'utilité publique
éteint l'emphytéose aussi bien que tous les droits
réels grevant le fonds exproprié ; seulement, comme
l'expropriation ne doit rien changer aux droits respectifs des parties, et que ces droits auxquels le
fonds était assujetti s'exerceront désormais sur l'indemnité, de quelle manière doit-on opérer la répartition entre le preneur et le propriétaire ? Deux systèmes
se sont successivement fait jour devant la jurisprudence.

1er Système. — Dans une première opinion sanctionnée par deux arrêts de la Cour de Cassation des 12
mai 1845 et 1er avril 1868 (1), une seule indemnité est
fixée par le jury eu égard à la valeur totale de l'immeuble ; le prix est placé et l'emphytéote en perçoit les
intérêts, déduction faite au profit du bailleur du canon
emphytéotique. On se fonde sur ce que l'emphytéose,
par suite du silence de la loi, doit être assimilée à
l'usufruit avec lequel elle présente la plus étroite connexité, et on objecte que, s'il fallait distribuer des indemnités séparées, on tomberait dans des difficultés
presque insolubles. Cette doctrine, qui présente le grand

---

cription de cent ans n'était pas davantage admise (Baquet, droit d'amortissement ch. 60. n. 1 ; Brodeau sur Louet. let. C. ch. 21 ; Parlements de
Paris 21 janv. 1569, 7 juil. 1603 et de Dijon 1567) sauf cependant en Dauphiné où le parlement de Grenoble adoptait la solution contraire même
dans l'hypothèse d'une emphytéose ecclésiastique (parlem. de Grenoble,
5 fév. 1616, 9 juil. 1622, 20 déc. 1623 et 28 mai 1631 ; Expilly. arrêts
ch. 183).

(1) D. P. 45. 1. 105 et D. P. 68. 1. 220.

avantage d'être excessivement simple, est suivie par la
généralité des auteurs (1).

2ᵉ Système. — Le deuxième système décide que le
jury doit allouer deux indemnités distinctes, l'une
au profit du propriétaire, l'autre au profit de l'emphytéote. C'est la solution qui a été donnée à la question
par un arrêt assez récent de la Cour de Rouen du 20
novembre 1878 (2), et c'est également celle à laquelle
nous nous rallions. En effet, d'après le droit commun
établi par l'article 39. 1° de la loi du 3 mai 1841, on
doit prononcer des indemnités séparées toutes les fois
que des tiers ont des droits sur la chose expropriée
cumulativement avec le propriétaire ; il n'y est fait
exception que pour l'usufruitier ; or, les exceptions ne
s'étendent pas, et il ne reste donc place qu'à l'application du droit commun. Sans doute la tenure emphytéotique, tout en se séparant du bail et de l'usufruit,
présente une certaine similitude avec ce dernier ;
mais un simple argument d'analogie ne peut l'empor-
ter sur un texte, et en ce qui concerne les difficultés
auxquelles peut donner lieu une telle décision il suffit
de faire remarquer que le jury est précisément constitué
pour résoudre les difficultés de cette nature. Du reste, et
comme on le fait très justement observer, ce système
est le seul qui, en fournissant immédiatement un capital
disponible à chacune des parties, remplisse le but de

---

(1) Batbie, traité de droit public et administratif. t. 7. n. 117 ; Dall.
Rép. Vᵉ expropriat. pour cause d'utilité publique. n. 618 et Sabatier.
traité de l'expropriat. pour cause d'utilité publique. n. 341.

(2) D. P. 79. 2. 256.

la loi, qui est d'indemniser complétement l'une et l'autre des chances d'augmentation de valeur ou de revenu, que l'expropriation fait disparaître(1).

V. — Relativement au déguerpissement jadis en usage, et grâce auquel l'emphytéote pouvait se libérer du canon en délaissant l'héritage, il ne saurait plus raisonnablement en être question. Cette faculté, même dans l'ancien droit, était refusée à l'emphytéote temporaire(2) ; c'est pourquoi, soit qu'il s'agisse d'un nouvel emphytéote ayant acquis d'un preneur antérieur, soit qu'il s'agisse de l'emphytéote primitif, le déguerpissement ne peut plus se concevoir. Tous les deux sont en effet personnellement obligés à payer la redevance ; le premier n'a traité et ne s'est engagé qu'avec son vendeur et non avec le bailleur emphytéotique, d'où impossibilité pour lui de déguerpir à l'encontre de ce dernier ; le second est lié directement à l'égard du propriétaire par un lien d'obligation ; or, il est de principe qu'on ne peut pas, par le déguerpissement, se libérer des charges personnelles. Merlin a soutenu, il est vrai, que la rente emphytéotique était due par le fonds et non par la personne, mais c'est une erreur que nous avons déjà réfutée ; et quant à l'argument d'analogie qu'il

---

(1) En ce sens, Duvergier. collect. des lois. 1841. p. 158. n. 4. et Daffry de la Monnoye. de l'expropriat. pour cause d'utilité publique, t. 2. n. 22. Dalloz. D. P. 79. 2. 256 (n. 1 et 2) ; cpr. projet de code rural, 1876. tit. 5. art. 11.

(2) Masuer. tit. 28. n. 19 ; Desp. p. 225 ; Loyseau. l. 4. ch. 9 et s.; nouv. Deniz. V° emph. § 3. n. 1.

cherche ensuite à établir entre notre cas et celui d'une perte totale du fonds, c'est là une méprise juridique telle qu'elle ne saurait mériter d'être discutée (1).

Pour les mêmes raisons, la renonciation de l'emphytéote n'est pas susceptible de mettre fin à la tenure emphytéotique, laquelle, à la différence de l'usufruit, constitue toujours un contrat à titre onéreux. Il n'y aurait peut-être qu'un seul cas où ce mode d'extinction pourrait s'appliquer, c'est celui où, les améliorations ayant été déterminées strictivement par le contrat, le preneur ne renoncerait à la concession qu'après les avoir intégralement réalisées.

VII. — Enfin, l'emphytéose s'éteint par la perte totale de la chose donnée en emphytéose, sans qu'il y ait lieu de distinguer entre la perte matérielle et la perte juridique. Mais il n'en est ainsi que si la chose sur laquelle porte le bail emphytéotique disparaît pour le tout : dès lors, dans l'hypothèse où un édifice viendrait à être détruit (par cas fortuit, bien entendu), il faudra, pour savoir si l'emphytéose

---

(1) Certains auteurs (Voet. 6. 3. 17. et Gluck. t. 8. p. 532) ont encore objecté l'analogie existant entre l'usufruit et l'emphytéose, et Domat (lois civiles. 1. 1. t. 4. sect. 10. n. 7.) a fondé la nécessité du déguerpissement sur l'équité qui commande que le preneur puisse déguerpir, lorsque les revenus de l'immeuble sont insuffisants pour couvrir le paiement de la redevance. Les premiers confondent des droits essentiellement différents, et le second méconnaît le grand principe, reconnu même dans l'ancien droit, et d'après lequel la perte partielle, quelle que soit son étendue, doit être supportée intégralement par l'emphytéote. cpr. art. 6. projet de code rural. 1876. tit. 5.

est éteinte, déterminer si c'était la maison ou le sol
ui-même qui formait l'objet de la tenure.

§ 2. — Causes de déchéance de l'emphytéote

I. — L'emphytéote peut être déchu de son droit
s'il détériore le fonds. La tradition a toujours été
constante sur ce point, et dans l'ancien droit, le
preneur était privé de la tenure, alors même qu'après
les dégradations, le fonds se retrouvait dans un état
plus que suffisant pour assurer le paiement du canon
emphytéotique (1). Dans notre droit moderne, la
déchéance est encourue non seulement lorsque le preneur diminue par son fait actif la valeur de l'immeuble
emphytéosé, mais encore lorsqu'il la laisse se produire passivement, en n'exécutant pas les travaux
ou les réparations exigées par l'état des lieux. Alors
le juge peut, suivant les cas, soit ordonner que les
dommages seront réparés aux frais de l'emphytéote,
soit prononcer la résiliation du droit emphytéotique
pour inexécution des obligations du contrat (art.
618 c. c.).

II. — En droit romain, le preneur perdait encore
son droit lorsqu'il n'observait pas les règles auxquelles était soumise la transmission de la tenure
emphytéotique. Aujourd'hui, il n'a plus rien à redouter de ce chef; ces formalités, déjà considéra-
blement réduites par l'ancien droit, ont, ainsi que nous
l'avons vu, complétement disparu (supra, p. 368 et s.).

---

(1) Charondl. Répons. l. 11. ch. 26.

III. — Enfin , l'emphytéote encourait également
la déchéance d'après le droit romain, s'il cessait de
payer le canon pendant deux ou trois ans ; c'est ce
que l'on appelait la commise emphytéotique.

La commise doit-elle encore recevoir son application ? Dans l'ancien droit, cette question avait soulevé d'assez graves difficultés : tandis que certains auteurs, comme Henrion de Pansey, soutenaient qu'elle
avait complétement disparu , ou qu'elle était tombée
tout au moins en désuétude (1), d'autres, comme
Dumoulin, Argou et Domat (2), déclaraient qu'elle
était toujours en vigueur, et ce, à tel point qu'on
devait la suppléer en dehors de toute clause spéciale. La vérité nous paraît être que la commise
était la règle générale et que ce n'était qu'à l'état
d'exception qu'elle était rejetée en Languedoc et en
Dauphiné (3). Mais en passant dans l'ancien droit,
la théorie de la commise romaine avait subi de
profondes altérations : l'emphytéote n'était plus privé
de la tenure de plein droit et par la seule expiration
du terme fixé, il pouvait y échapper par un paiement tardif et le droit canonique, moins rigoureux
encore, lui donnait en outre la faculté de détourner
la commise en payant à bref délai (4). En outre,

---

(1) Henr. de Pansey. Rép. v° com. emph. n. 1.

(2) Dumoulin sur la loi 2. C. de jur. emph. ; Argou. 1. 3. ch. 28;
Domat. 1. 1. t. 4. sect. 10. n. 10.

(3) La Roche. ch. 19. art. 4; Loyseau. des offices. ch. 13. n. 4 ; Lestang.
arrêts. ch. 7; Expilly. arrêts. ch. 183. n. 1.

(4) Tropl. n. 46.

la déchéance encourue ne pouvait jamais être prononcée que par le juge (1), qui restait toujours maître
d'accorder un délai ; et il en était ainsi alors même
qu'il eût été dit dans le contrat que la commise
s'exécuterait sans aucune sommation ni poursuite
judiciaire (2). Bien plus, si le seigneur était rentré
en possession de son immeuble en vertu du pacte
commissoire et de la sentence du juge, il était reçu
que l'emphytéote pouvait néanmoins reprendre le
fonds après trente ans en acquittant les arrérages
dus. La commise, même expressément stipulée,
n'était donc plus tenue que comme comminatoire.

Aujourd'hui toutes ces controverses ne sauraient
présenter un grand intérêt, et la question doit se résoudre par les principes généraux énoncés dans les
articles 1183 et 1184 c. c. Le contrat est-il muet sur le
cas de non paiement de la redevance? On se trouve dans
l'hypothèse prévue par l'article 1184 c. c. ; le propriétaire doit s'adresser à la justice pour obtenir l'expulsion
de l'emphytéote, auquel le juge peut néanmoins accorder
un certain délai de grâce (art. 956, 1184 et 1655 c. c.).
Le contrat renferme-t-il au contraire des clauses
formelles à cet égard ? C'est l'article 1183. c. c. qui s'applique, le propriétaire est toujours tenu de demander

---

(1) Dumoul. § 43. gl. 1. n. 42 ; Charond. Rép. l. 3. ch. 28 et Pand.
l. 2. ch. 17 ; Desp. p. 229 ; Domat. loc. cit. Parlem. de Paris. 21 janv.
1565.

(2) Merlin. quest. V° emph. § 3. n. 1 ; Coquille. cout. du Nivern.
tit. 6. art. 7 ; Duv. n. 166 ; Tropl. n. 46 ; Parlem. de Paris. 19 déc.
1614.

la résolution au juge, et, comme dans l'ancien droit,
l'emphytéose ne sera anéantie que lorsqu'il y aura eu
jugement prononcé et que ce jugement aura acquis
force de chose jugée ; mais cette résolution produit alors son effet de plein droit, le preneur ne peut
plus recevoir aucun délai de grâce. La seule difficulté
qui s'agite ici est de savoir si la simple échéance du
terme suffit à entraîner la résolution, ou s'il faut en
outre une sommation, conformément à ce qui est déclaré par l'article 1656. c. c. au cas d'un pacte commissoire adjoint à une vente. Bien qu'on ait soutenu que
l'article 1656. c. c. constituait plutôt une exception
qu'une règle générale, et que l'on devait par suite en
rejeter l'application dans notre matière (1), nous pensons que la solution de cet article doit être généralisée
et étendue à l'emphytéose (2). Il est de principe en
effet (art. 1139. c. c.) que la seule échéance du terme ne
met pas le débiteur en demeure de payer, et que ce
n'est qu'après lui avoir adressé au préalable une sommation restée sans résultat que la résolution peut
avoir lieu. Toutefois il en serait différemment, s'il avait
été stipulé que cette résolution produirait effet de plein
droit et sans sommation ; alors le seul fait du non-
paiement de la redevance pendant deux ou trois ans
ferait encourir la déchéance. En résumé, suivant les

---

(1) Tropl. vente n. 64 et 666 ; Dur. 16. n. 375. et 377 ; Toull. n. 555 et
Larombière, obligations 2. art. 1184. n. 57.

(2) Demol. 25. n. 554 ; Aubry et Rau § 302 ; Colmet de Santerre t. 5.
n. 101 bis 3 ; M. Trouiller à son cours sur l'article 1656. c. c.

termes du contrat, on appliquera les articles 1183, 1184 et 1656 c. c. (1).

Tout ce que nous venons de dire n'est relatif qu'aux emphytéoses contractées depuis le code civil ; quel serait l'effet du non-paiement du canon pendant deux ou trois ans, s'il s'agissait de baux emphytéotiques antérieurs au code civil ? Nous distinguerons avec Troplong si l'acte constitutif d'emphytéose présente ou non une clause formelle de résiliation. La déchéance n'est-elle pas expressément stipulée ? L'article 1184 c. c. doit s'appliquer d'autant mieux qu'il est conforme à la tradition de l'ancien droit (2). Quant à la règle de la non-rétroactivité des lois, elle ne saurait être en question, puisque la loi peut toujours déterminer pour l'avenir le mode d'exécution des obligations déjà existantes. Le contrat renferme-t-il une clause formelle de résolution, il nous semble n'y avoir encore place que pour l'article 1184. c. c. Sans doute il est de principe que c'est la loi appliquée au moment de la mise en demeure, et non celle existant lors du contrat que l'on doit suivre (3) ; mais, comme le fait très justement observer Troplong, il n'en est ainsi qu'autant que les parties n'ont pas déterminé elles-mêmes la portée de ses effets, puisque les conventions légalement formées tiennent lieu de loi aux contractants. Or, les clauses

---

(1) Duv. n. 169 ; Pép. le Hal. p. 358 et s. ; contra Tropl. louage 1. n. 46 ; cpr. Dalloz. loc. cit. n. 34. Cpr. proj. du code rural de 1876 tit. 5. art. 5.

(2) Speculat. l. 4. tit. emph. n. 107.

(3) Cass. 16 juin 1818. Dall. jur. gén. V° louage emph. n. 34.

résolutoires expresses étant réputées jadis purement
comminatoires, on violerait donc le principe de la
rétroactivité des lois, si l'on ne sanctionnait pas la tradition à laquelle le bailleur et le preneur ont entendu
se référer, et que consacre l'article 1184. c.c.

CHAPITRE V

L'EMPHYTÉOSE AU POINT DE VUE FISCAL

La recherche des droits fiscaux auxquels peut être
assujettie l'emphytéose en matière d'enregistrement
et de contributions directes, est assez délicate et a
donné lieu à de graves discussions que nous allons
très sommairement examiner.

§ 1. — Enregistrement

La première difficulté, la plus importante, est
relative au droit d'enregistrement qui est applicable à l'emphytéose en cas de constitution, rétrocession et mutations diverses. La raison de
douter vient de ce que la loi du 22 frimaire an
VII, ne tarife pas l'emphytéose; dès lors, pour fixer
le droit auquel elle doit être soumise, il faut découvrir le contrat avec lequel elle présente la plus étroite
analogie et la plus grande ressemblance (1). Bien que
l'opinion la plus généralement suivie et que nous

---

(1) Cpr. les expressions du tarif de 1722. art. 94.

avons admise sur le maintien de cette emphytéose, se soit accordée dans ses différents systèmes à y voir un contrat *sui generis*, distinct du bail ordinaire, la régie s'est bornée pendant longtemps à percevoir le droit de bail simple, c'est-à-dire 0 fr. 20 p. 100 (1), et ce n'est qu'assez tard qu'elle a réclamé le droit proportionnel de mutation immobilière de 4 fr. p. 100, auquel venait s'adjoindre le droit de transcription de 1 fr. 50 p. 100 (2). C'était, comme nous l'avons indiqué déjà, la conséquence logique de la doctrine adoptée, et c'est, en dépit de la résistance des tribunaux (3), la solution qu'a consacrée la Cour de Cassation (4).

Ce premier point résolu, la discussion s'ouvre de nouveau lorsqu'il s'agit de fixer la base d'après

---

(1) Décis. de la régie: 14 prair. et 16 mars an VII, 23 mai 1883 et 21 janv. 1834.

(2) La liquidation du droit de transcription s'opère conformément aux règles prescrites en matière d'enregistrement (art. 25 de la loi du 21 ventôse an VII; inst. 832. n. 3, 1146 § 3, 1205 § 11 et 1249 § 7); cpr. Naquet, traité des droits d'enregistrement. 1re. éd. t. 2. p. 235; dict. de l'enreg. p. 479 n. 92.

(3) Trib. de St-Quentin. 29 mars 1837 (D. P. 38. 4. 102); trib. de Lille 27 janv. 1838 (D. P. 38. 3. 105) ; trib. de Florac 18 mai 1844 (D. P. 47. 1. 176).

(4) Cass. 1 av. 1840 (D. P. 40. 1. 140), 24 juil. 1843 (D. P. 43. 1. 397), 18 mai 1847 (D. P. 47. 1. 176), 23 fév. et 26 av. 1853 (D. P. 53. 1. 53 et 145), 24 août 1857 (D. P. 57. 1. 326), 11 nov. 1861 (D. P. 61. 1. 444); trib. de Lille 8 janv. 1846 (D. P. 46. 4° v° enreg.) et 3 mars 1849 (D. P. 49. 5. v° enreg. n. 7). Le même droit est perçu en cas de rétrocession d'un bail emph. : trib. de Cambrai 11 avril 1845 (D. P. 46. 4. v° enreg. n. 90), sol. enreg. 5 sept. 1865. citée par Garn. Rép. gén. 2979. 2; cpr. Naquet. t. 1. p. 253 et s., t. 2. p. 227 et s.; Demantes, principes de l'enreg. 3e. éd. t. 1 et 2. n. 359, 684 et 759.

laquelle sera perçu le droit d'enregistrement. Un premier cas doit tout d'abord être écarté, c'est celui où la transmission a lieu à titre onéreux : là tous les auteurs sont du même avis, le prix fixé au contrat. ou déclaré par les parties, sauf expertise, donne alors le capital imposable (1). La difficulté ne commence réellement que dans l'hypothèse d'une transmission à titre gratuit, soit entre-vifs, soit *mortis causâ*. Ici l'accord cesse, et la solution de la question varie suivant que l'on reconnaît à l'emphytéote une propriété temporaire, le domaine utile, ou seulement un droit réel. Si l'on se place sur le terrain de l'aliénation temporaire ou de la translation du domaine utile, on se trouve en présence de cinq systèmes.

1ᵉʳ Système. — Un premier système calcule l'impôt sur la somme représentative du droit cédé, déterminée par une déclaration estimative des parties, conformément à l'article 16 de la loi de frimaire (2). Ce système arrive à ce résultat monstrueux que le capital imposable pourra être supérieur à celui qui est formé en cas de transfert de la pleine propriété et qui n'est

---

(1) Trib. de Lille 8 janv. 1846. (D. P. 46. 4. vᵒ enreg.). Relativement aux bases d'estimation données aux employés pour savoir s'il y a lieu de demander l'expertise, v. Dict. de l'enreg. p. 486. nᵒ 140 et 141,instr. 331. et art. 13820. J. — Dans l'opinion qui ne voit dans l'emphytéose qu'un bail ordinaire à long terme, le capital, sur lequel doit être perçu le droit de bail alors exigible de 0 fr. 20, serait obtenu en multipliant la redevance annuelle par le nombre des années du bail.

(2) Lille 11 mai 1839. J. E. 12. 301 ; 1ᵉʳ fév. 1840. J. E. 12458 ; Seine 17 août 1842. J. E. 13095. — Sol. enreg. 10 juin 1853 et 9 fév. 1857 ; Garn. Rép. Gén. 2979-1.

jamais supérieur à vingt ou vingt-cinq fois les revenus (1).

2e Système. — Dans ce deuxième système, on assimile l'emphytéose au bail à vie, et on perçoit la taxe sur un capital obtenu en multipliant seulement les redevances par dix (2). Cette opinion ne saurait être sérieusement discutée ; elle repose sur une similitude que rien ne justifie.

3e Système. — L'administration argumente par analogie de l'article 15 § 2 de la loi du 22 frimaire an VII, et constitue le capital imposable en multipliant par 20 ou 25 la redevance, sans distraction des charges (3).

4e Système. — Un quatrième système, par application de l'article 15 § 7 de la loi du 22 frimaire an VII, forme le capital imposable en multipliant par 20 ou 25 non pas la redevance, mais le revenu du fonds emphytéotique, déduction faite de la redevance, qui représente la propriété du bailleur ; et quant à cette propriété du bailleur, le capital en est obtenu en multipliant par 20 ou 25 le chiffre de la redevance (4). Cette opinion présente le grave inconvénient de ne pas tenir compte, d'une part, de la diminution de valeur

---

(1) Cpr. Naquet. t. 2. p. 229.

(2) Dalloz. jur. gén. n. 4623 ; Demantes. n. 362 ; Naquet. t. 2. p. 230 et 231.

(3) Cass. 1er av. 1840 (D. P. 40. 1. 140), 24 juil. 1843 (D. P. 43. 1. 397) et 18 mai 1847 (D. P. 47. 1. 176). - Cette méthode paraît être spéciale à l'opinion qui se prononce pour l'aliénation temporaire, les deux suivantes se rencontrant plutôt dans la doctrine qui reproduit l'ancienne théorie du domaine utile de l'emphytéote.

(4) Trib. de Lille, 3 mars 1849 (D. P. 49. 5. v° enreg. n. 7).

qu'éprouve le droit du preneur à mesure que s'écoule
chacune des années qui forment la dernière période de
20 ans, d'autre part, de l'augmentation proportionnelle que prend alors le droit du donataire ou de l'héritier du bailleur.

5e *Système.* — Le dernier système proposé par M.
Moreau de la Meurthe tend à remédier à cette conséquence fâcheuse de la deuxième opinion. L'honorable conseiller commence par calculer le capital
comme s'il n'y avait pas de bail emphytéotique, et
comme si l'immeuble n'appartenait au moment du
décès qu'au bailleur ; puis, pour opérer la répartition
entre le propriétaire et l'emphytéote, il distingue si
le bail offre encore au moment du décès plus ou
moins de vingt ans de durée. Dans la première hypothèse, il opère comme dans le précédent système, et
dans la seconde, il se borne, pour avoir le capital du
preneur, à multiplier la valeur locative de l'immeuble,
diminuée de la redevance, par le nombre d'années qui
restent à courir avant l'expiration de l'emphytéose. Cela
fait, pour déterminer le capital réel imposable de la
propriété du bailleur, il retranche le produit obtenu
du capital imposable de la propriété entière, et le reste
de cette soustraction donne : 1° le capital imposable
dans tous les cas de la propriété du bailleur ou la
redevance capitalisée ; 2° la proportion dans laquelle
cette propriété s'est accrue de valeur au fur et à
mesure que la tenure arrivait à son terme (1).

_____

(1) Cass. 17 nov. 1852 (D. P. 52. 1. 262). V. l'opinion de Moreau de
la Meurthe consignée dans Dalloz. 1850. 1. 129. n. 2.

En résumé, ces différentes opinions prennent en général pour multiplicateur le chiffre de 20 ou 25 (1), qui est celui employé dans l'hypothèse d'une transmission *mortis causa* de la pleine propriété (art. 69. § 7 n. 1 et § 8 loi du 22 frimaire an VII ; art. 52 de la loi du 28 av. 1816, et art. 33 de la loi du 21 av. 1832).

Si au contraire on adopte le système qui ne trouve dans l'emphytéose qu'un simple droit réel immobilier, ce contrat se rapproche de l'usufruit ; et alors on établira le capital en multipliant par 10 ou 12,50 la redevance, puisque l'usufruit est considéré par les lois fiscales comme la moitié de la pleine propriété (2). Ici les inconvénients auxquels donnait lieu dans la doctrine précédente la constitution du capital imposable, ne se présentent plus. Néanmoins cette dernière solution est loin de nous paraître satisfaisante ; l'emphytéose n'est pas plus une vente qu'un usufruit, c'est un contrat *sui generis*, auquel devrait correspondre un droit fiscal spécial; et il est regrettable que le législateur n'ait pas statué sur ce point.

§ 2. — Contributions directes

L'emphytéose a également soulevé quelques débats en matière de contributions directes. Une pre-

---

(1) Depuis la loi du 21 juin 1875. art. 2, on multiplie par 20 le revenu des immeubles urbains et par 25 le revenu des immeubles ruraux.

(2) Trib. de la Seine 28 juin 1850. De même ici (art. 2. de la loi du 21 juin 1875), on multiplie par 10 le revenu des immeubles urbains et par 12.50 le revenu des immeubles ruraux.

mière question est relative à la taxe annuelle de mainmorte, créée par la loi du 20 février 1849 — modifiée par la loi du 30 mars 1872 (1) — comme représentation des droits de transmission entre-vifs ou par décès, et à laquelle sont assujetties les personnes morales légalement autorisées. Dans l'hypothèse où ces établissements ou personnes morales auraient donné leurs immeubles en emphytéose, on a discuté le point de savoir s'ils étaient fondés à demander la réduction de cette taxe, et s'il n'y avait pas lieu par suite à en opérer la répartition entre le bailleur et l'emphytéote proportionnellement aux droits qui leur appartiennent alors respectivement. Quatre systèmes ont été soutenus.

1er Système. — Une première opinion prend ici pour base et applique par analogie les règles relatives à la contribution foncière, en se fondant sur ce que la taxe de mainmorte est calculée d'après les formes prescrites pour l'assiette et le recouvrement de cette contribution (loi du 20 fév. 1849, art. 2) Or, comme l'emphytéote doit acquitter, à moins de stipulations contraires, toutes les contributions imposées sur les propriétés tenues à bail emphytéotique (2) (av. du Cons.

---

(1) La taxe de mainmorte, primitivement fixée à 0 fr. 62 par franc du principal de la contribution foncière, a été portée par l'article 5 de la loi du 30 mars 1872 (D. P. 72. 4. 83) à 0 fr. 70. Cette taxe est en outre soumise à l'avenir aux décimes auxquels sont assujettis les droits d'enregistrement en vertu de l'art. 2 de la loi du 23 août 1871.

(2) Cpr. Cons. d'Etat 14 juin 1855. D. P. 56. 3. 2 et 29 juillet 1881. D. P. 83. 3. 5. Cette obligation entraînait par réciprocité avant 1848 cet effet que c'était à l'emphytéote seul que devaient être comptées les contributions foncières pour la formation du cens électoral.

d'Etat du 2 fév. 1809), sauf à retenir le cinquième du montant de la redevance, ce qui représente la contribution due par le bailleur, il s'en suit que la taxe de mainmorte imposée à la personne morale devra être fixée à 0,70 cent. pour franc de la partie du principal de la contribution foncière que la personne morale supporte, et qui est invariablement limitée au 1/5 du montant de la redevance.

2ᵉ Système. — Le deuxième système se place sur le terrain de l'article 2 de la loi du 3 frimaire an VII, d'après lequel la répartition de cette contribution doit être faite par égalité proportionnelle sur toutes les propriétés foncières à raison de leur revenu net et imposable. On détermine alors, conformément aux articles 3 et 4, le revenu net imposable de la copropriété du bailleur, et on perçoit la taxe de 0,70 cent. par franc sur la contribution foncière à laquelle donnerait lieu le revenu ainsi formé (1).

3ᵉ Système. — La troisième opinion s'appuie, comme nous l'avons fait précédemment, sur ce que l'emphytéose ne confère au preneur qu'un simple droit réel, et, argumentant par analogie, elle conclut à donner ici la même solution que si l'immeuble était grevé seulement d'un droit d'usufruit. Or dans cette dernière hypothèse, l'usufruit étant toujours considéré d'après le droit commun et les dispositions de la loi du 22 frimaire an VII, comme la moitié de la pleine propriété, la

_____

(1) Cons. de préfectu.e d ! Seine-Inférieure . 20 août 1868.(D. P. 70. 3.95). Dans ces deux systèmes on admet que l'emphytéose transfère au preneur , oit la propriété temporaire, soit le domaine utile,

nue-propriété formant l'autre moitié, il en résulte que le droit de mutation auquel cette dernière pourra être soumise, se calcule sur la moitié de la valeur de la pleine propriété, et que la taxe de mainmorte doit être établie seulement sur la moitié des biens grevés d'usufruit (1). Cette solution, transportée dans le cas où une emphytéose a été constituée par une personne dite de mainmorte, a donc pour effet de lui accorder une réduction de moitié sur le montant de la taxe à percevoir.

4ᵉ Système. — Le Conseil d'Etat repousse toute réduction en faveur des personnes morales, bailleresses emphytéotiques; le paiement de la totalité de la taxe leur incombe sans qu'il y ait lieu à aucune répartition entre elles et les preneurs, proportionnellement aux droits de chacun sur les immeubles emphytéosés (2). Cette jurisprudence nous paraît entièrement fondée, et nous n'hésitons pas à l'adopter. D'une part en effet, aucune disposition de la loi ne prescrit d'accorder une réduction, et d'autre part, le contrat ne transférant à l'emphytéote qu'un droit réel, le bailleur reste donc toujours propriétaire, et comme tel, c'est donc lui qui doit acquitter l'intégralité de la taxe, conformément aux articles 1 et 3 de la loi du 20 février 1849. S'il en était différemment, la loi serait inique et son but ne serait pas atteint;

---

(1) En ce sens. Cons. d'Etat 13 août 1831. Jur. gén. Vᵒ taxe. n. 30); Contra, Cons. d'Etat 28 déc. 1830 (D. P. 51. 3. 50.)

(2) Cons. d'Etat. 5 mars 1852, 3 fév. 1853 et 9 fév. 1869. (Jur. gén. Vᵒ taxe n. 30 et 31, D. P. 53. 3. 39. et 70. 3. 93).

le preneur emphytéotique supporterait *de plano* deux
droits de mutation, dont l'un ne repose que sur
la perpétuité de la personne morale. On oppose
alors, il est vrai, que la taxe étant calculée sur la
contribution foncière, laquelle s'accroît avec les améliorations faites par le preneur, il peut en résulter
que la redevance due au propriétaire soit absorbée
et au delà, ce qui ne tend rien moins qu'à enlever
au concédant tout le profit de la tenure. Cette objection ne nous paraît nullement fondée : le véritable
avantage que le bailleur retire de l'emphytéose,
réside en effet non pas dans ce canon ou loyer
purement nominal, mais dans la mise en valeur de
ses terres, dont il doit profiter à l'échéance sans
en avoir fait les frais ; or, quand il recueille les
améliorations, il n'a aucun droit spécial à acquitter (1), et dès lors, le paiement intégral de la taxe ne
saurait jamais absorber tout le bénéfice du contrat.
Quant à prétendre que le bailleur sera ainsi soumis
à la taxe pour une partie de la propriété dont il ne
jouit pas, contrairement à la loi de 1849, il suffit
pour y répondre de faire remarquer que l'emphytéose ne transfère au preneur qu'un droit réel et
non une propriété temporaire ou le domaine utile.

Une deuxième question assez délicate s'est encore
présentée, il y a peu de temps, devant les tribunaux.
L'emphytéose ayant été établie sur des terrains à

---

(1) D'après la déclaration du 22 fév. 1724 art. 4, les bénéficiers et communautés payaient alors l'amortissement.

l'état de marais, il s'agissait de déterminer la part
que devait supporter le preneur dans l'indemnité de plus-value due au concessionnaire du
desséchement. Deux situations peuvent se présenter.

1re Situation. La libération s'est faite par le paiement en argent de la plus-value à laquelle les concessionnaires ont droit (loi du 16 sept. 1807, art.
20). Il importe de distinguer, croyons-nous, si le
desséchement était ou non une des améliorations
que les parties avaient eues en vue lors du contrat.
Dans le premier cas, l'emphytéote doit acquitter intégralement la somme due ou la moitié de la plus-
value ; dans le second, il y a lieu, suivant nous,
d'appliquer ici par analogie la solution donnée en
matière d'usufruit (1). Dès lors, si le propriétaire
a désintéressé l'entrepreneur, l'emphytéote devra lui
tenir compte des intérêts de l'indemnité qu'il a
soldée ; si c'est au contraire ce dernier qui a fait
l'avance de l'indemnité, il pourra se la faire rembourser sans intérêts à l'expiration ou à la résolution
de la tenure.

2e Situation. On a acquitté la dette du concessionnaire en constituant à son profit une rente foncière
calculée à 4 0[0 (loi du 16 sept. 1807. art. 22). C'est
l'hypothèse dans laquelle la jurisprudence s'est prononcée, et la Cour de Cassation a décidé que l'emphytéote était tenu des arrérages de la rente tant

_____

(1) Cpr. 606 et 609. c. c. — v. Proudhon. du dom. publ. t. 4. n. 1623
et Jurisp. gén. v° Marais. n. 53.

personnellement que sur la chose même affectée
par privilège à la garantie du recouvrement de l'indemnité (1). L'emphytéote est en effet astreint à payer
toutes les contributions pesant sur la propriété ;
il doit donc supporter la taxe de plus-value, taxe
assimilée aux contributions directes ; et quant au
caractère de personnalité reconnu à cette obligation,
contrairement à un jugement du tribunal de Lille du
3 août 1877 (2), il suffit de faire remarquer que l'indemnité due ne frappe pas la propriété d'une manière impersonnelle, mais atteint telle ou telle personne à raison de la propriété ou du démembrement
de la propriété, dont elle jouit. Il est vrai que l'on peut
objecter le droit laissé au propriétaire par l'article
21 de la loi de 1807, de pouvoir se libérer en délaissant une partie de son fonds ; mais ce n'est là qu'une
facultas solutionis qui ne modifie que le paiement et
non le caractère de la dette (3). Le résultat pratique
de cette dernière décision sera donc que l'emphytéote
restera toujours tenu des arrérages échus pendant
sa jouissance, alors même qu'il aurait cédé sa tenure
à un tiers.

---

(1) Cass. 4 août 1880. D. P. 81. 1. 13 et 14.

(2) D. P. 81. 1. 13 et 14.

(3) Batbie, dr. adm. t. 5. n. 439.

CHAPITRE VI

DE L'EMPHYTÉOSE D'APRÈS LE PROJET DE CODE RURAL VOTÉ PAR LE SÉNAT

Le silence regrettable observé par le code sur l'emphytéose, va bientôt disparaître ; on peut du moins l'espérer. Le titre V du code rural, déjà voté par le Sénat, est consacré au bail emphytéotique.

Si le législateur avait fait droit aux aspirations des populations rurales et aux désirs des sociétés agronomiques, il y a fort longtemps que la question aurait été résolue. Depuis la promulgation de nos codes, il ne s'est jamais préoccupé de la propriété, de ses démembrements ou de son exploitation, sans tourner ses regards vers l'emphytéose. Dès 1808, c'est-à-dire cinq années à peine après la promulgation du code civil qui aurait abrogé implicitement une tenure que le conseil d'Etat continuait à réglementer, la nécessité d'un nouveau code rural se fit vivement ressentir, et, dans le projet qu'en élabora M. Verneilh, un chapitre spécial fut consacré au bail emphytéotique et au bail à rente (1).

---

(1) Verneilh. t. 3. p. 623 et 625.

La théorie qui fut alors proposée sur l'emphytéose s'écartait peu de celle que nous avons cherché à établir ; mais l'article 2 renfermait en germe une double innovation assez malheureuse et qui devait faire fortune dans la suite : il soumettait l'emphytéose à un terme minimun (31 ans) et l'assimilait au bail à ferme de longue durée. Seulement dans ce dernier cas et afin d'éviter dans la pratique une confusion facile à comprendre, la présomption emphytéotique n'était attachée qu'aux baux de plus de 30 ans. Enfin l'emphytéose présentait en matière fiscale une législation toute particulière ; de 31 ans jusqu'à 50, le droit d'enregistrement était fixé au double du tarif du même droit pour les baux de 9 ans ; de 50 à 75 il était du triple, de 75 à 100 du quadruple. Ce projet n'aboutit pas ; on était en 1814, et les agitations du moment ne permettaient point de discuter utilement un recueil de 960 articles.

L'idée du code rural ne fut pas cependant délaissée ; reprise en 1818 (5 fév.) à la Chambre des députés, puis abandonnée, elle fut l'objet en 1834 d'une nouvelle proposition due aux vives réclamations du Conseil d'agriculture et des conseils généraux. Une commission fut nommée, mais le code rural devait encore avorter, et tout se réduisit à un projet sur les vices rédhibitoires, devenu la loi du 20 mai 1838.

En 1840, lors de la grande enquête sur le régime hypothécaire, il fut de nouveau question du bail emphytéotique ; les Cours de Paris, Pau et Rouen, les facultés de Caen et de Grenoble réclamèrent l'intro-

duction du mot emphytéose dans les textes (1), et le
projet de loi, loin de se borner à consacrer l'existence
propre de l'emphytéose, lui reconnut en outre le
caractère de droit réel immobilier susceptible d'hypothèque (2). Par une fatalité étrange qui semble
s'attacher à la législation de ce contrat, cette loi si
impatiemment attendue ne put aboutir ; elle suc-
comba avec l'assemblée qui l'avait enfantée sous le
coup des événements de 1852. En 1854, M. de La-
doucette demanda au Sénat de jeter les bases du
code rural ; cette proposition donna lieu à un remarquable rapport de M. de Casabianca à la suite duquel
le projet fut renvoyé au Conseil d'Etat, chargé de
l'élaborer.

En 1870, le code rural, dont le titre V avait été
consacré en entier à l'emphytéose, revint au Sénat, et
on avait même commencé à le discuter, lorsqu'éclata
la guerre franco-allemande ; pour la troisième fois, il
fut abandonné. Il ne demeura pas toutefois longtemps dans l'oubli, et dès 1876, le gouvernement
saisissait le Sénat du projet de code rural qu'avait
rédigé le Conseil d'Etat sous l'Empire. Le titre V du
livre premier, relatif au bail emphytéotique, n'était
que le développement du projet de M. Verneilh, à
l'exception des dispositions fiscales. Sur ce dernier
point le projet ne contenait aucune réglementation
spéciale, et l'exposé des motifs portait que l'on devait

---

(1) Pont. priv. et hypothèques. 1. p. 385. n. 2.
(2) art. 2122 de la commission. Rapport de M. Vatisménil sur le projet
de réforme hypothécaire. monit. universel, séance du 25 av. 1850.

se référer à la doctrine admise par la jurisprudence et que nous avons analysée précédemment. Quatre particularités se relevaient dans la loi proposée : 1° l'emphytéose ne pouvait être constituée que par écrit (art. 59) ; 2° elle ne pouvait être consentie que pour trente ans au moins (art. 58) ; 3° on lui assimilait entièrement le bail à ferme, dès que celui-ci présentait la même durée (art. 58), à tel point que le titre V était intitulé « *du bail emphytéotique ou à long terme* » ; 4° elle permettait au preneur d'exercer sur les minières et carrières tous les droits du propriétaire, mais elle ne lui conférait quant aux mines que ceux d'un simple usufruitier (art. 69).

La Commission nommée par le Sénat pour examiner le projet du gouvernement, lui fit subir plusieurs modifications, qui, bien que peu nombreuses, n'en étaient pas moins excessivement graves. Elle supprima d'abord l'article 59, d'après lequel l'emphytéose ne pouvait être établie que par écrit ; elle donna au preneur la faculté de créer *sur le fonds* des servitudes actives ou passives (art. 9 § 3); elle restreignit les droits de ce dernier sur les mines, *minières* et *tourbières* à ceux d'un simple usufruitier (art. 12) ; elle ne soumit le bail emphytéotique qu'aux droits d'enregistrement exigés pour les baux ordinaires de biens immobiliers, c'est-à-dire à 0 fr. 20 0/0 (art. 13), enfin elle maintint le terme minimum de trente ans et l'assimilation proposée entre l'emphytéose et le bail à ferme ordinaire de longue durée. Les articles 2 à 9, 9 § 1 et 2, 10, 11 et 12 furent votés sans aucun débat, et ce n'est guère que sur les articles 1, 9 § 3 et 13 qu'à porté au Sénat toute la discussion publique ; ce seront donc les seuls sur lesquels nous nous arrêterons.

L'article 1er est celui qui a donné lieu aux plus graves difficultés ; la double innovation qui y était renfermée, se trouvait en effet en complète opposition avec les principes légués par la tradition. Soit en droit romain, soit dans l'ancien droit, nous n'avons jamais rencontré dans l'emphytéose un minimum de durée et nous en avons expliqué du reste la raison. Ces deux dispositions furent attaquées au Sénat avec la plus grande vigueur par MM. de Gavardie et Malens. M. de Gavardie s'éleva d'abord énergiquement contre la confusion que le projet du gouvernement tendait à établir, au mépris de tous les précédents, entre l'emphytéose et le bail ordinaire à longue durée ; comme le faisait très justement remarquer l'honorable sénateur, on en arrivait ainsi à décider que le terme avait non seulement pour effet d'affecter l'exécution du bail, mais encore sa nature et son caractère, de convertir un droit personnel en un droit réel. C'était, il faut le reconnaître, bouleverser tous les principes que le code civil a inscrits dans les articles 1185 et suivants, et c'était aussi faire peu de cas de l'intention des parties contractantes, car il nous paraît pour le moins téméraire de conclure à la tenure emphytéotique de ce fait qu'un propriétaire aurait concédé sa terre à un tiers pour plus de trente ou quarante ans.

M. Ribière a défendu, il est vrai, l'assimilation proposée en se fondant sur ce que l'un et l'autre de ces contrats, étant susceptibles de la même durée, avaient aussi le même but et la même cause ; mais cette argumentation nous semble loin d'être irréprochable. Si l'emphytéose et le bail à ferme peuvent effectivement présenter le même terme, il n'est peut-être pas exact de dire qu'ils aient le même but et la même cause. Lorsque le propriétaire donne à emphytéose, ce qu'il recherche avant tout, c'est la mise en culture ou l'amélioration d'une terre stérile ou en mauvais état ; lorsqu'il donne à ferme, fût-ce même pour très longtemps, il n'a en vue que l'entretien de sa propriété, dont il recueillera la plus grande partie des revenus, tout en se déchargeant des soucis et des fatigues de l'exploitation. Si le propriétaire donne en emphytéose, il doit donc naturellement compter sur les améliorations que le preneur est tenu d'exécuter ; dès la conclusion du contrat, il est assuré de recevoir une plus value à l'expiration de la tenure. Au contraire, s'il baille à ferme et quelque soit la durée du louage, l'amélioration de son fonds, laissée au bon gré du preneur, ne sera jamais pour lui qu'une simple espérance que ce locataire pourra toujours ruiner en rétablissant les lieux dans leur état primitif.

Les faits économiques reposent tous sur des causes éminemment rationnelles ; dès lors, comment en assimilant les deux tenures arriverait-on à expliquer ce fait constant, que le canon emphytéotique a toujours été inférieur au montant de la redevance dans le louage ? On objecte sans doute que cette inégalité avait disparu dans l'ancien droit ; mais c'est là une erreur que nous avons réfutée et qui ne repose que sur la confusion faite à cette époque entre le bail emphytéotique et le bail à cens.

A dire vrai, si l'on voulait aller au fond des choses, on trouverait ailleurs le motif de l'innovation. C'est un intérêt agricole qui était véritablement en jeu ; le but final des rédacteurs de la loi était de donner une impulsion vigoureuse à l'agriculture en accordant la ressource au fermier de pouvoir hypothéquer son droit de bail, lorsque la jouissance lui aurait été concédée pour de très longues années (1).

---

(1) Le développement du crédit agricole ne serait-il pas mieux assuré, si l'on inscrivait dans nos lois le principe de la transmissibilité par voie d'endossement de l'obligation hypothécaire, comme l'a établi la loi prussienne du 5 mai 1872 par le moyen des Handfesten ou des Grundsschuldbrief ? L'idée par elle-même de titres de créances négociables par voie d'endossement et portant en eux garantie hypothécaire sur un immeuble déterminé n'a pas été du reste toujours étrangère à notre législation ; elle était formulée par le décret du 9 messidor an III dans le système des cédules hypothécaires. Sous l'empire de ce décret, lorsqu'un propriétaire voulait se procurer du crédit au moyen de l'engagement de ses immeubles, il commençait par prendre hypothèque sur lui-même et se faisait délivrer par le conservateur des hypothèques un titre (feuillet détaché d'un registre à souche) sur lequel, avec certaines mentions destinées à garantir l'authenticité de ce titre et à rendre notoire la situation hypothécaire de l'immeuble grevé, se trouvait une obligation de somme souscrite par le propriétaire à l'ordre du porteur futur ; c'était la cédule hypothécaire dont la durée était décennale. Cette cédule une fois créée, était remise au gré du propriétaire à la personne ayant fait l'avance des fonds, et circulait comme un effet de commerce (à l'exception du recours des endosseurs les uns contre les autres), emportant au profit du légitime possesseur la garantie originaire d'une hypothèque sur l'immeuble ; au jour de l'échéance de la dette, le porteur réclamait le paiement et à défaut de ce paiement faisait vendre l'immeuble. C'est cette idée ingénieuse du décret de messidor que la loi prussienne a adoptée en lui donnant une formule plus précise et en proclamant l'indépendance de l'hypothèque. La Grundsschuld forme une dette principale, un rapport direct et exclusif entre le créancier et l'immeuble affecté (par la Grundsschuld, c'est la terre qui doit et non le débiteur), et se réalise par un bon foncier, Grundsschuldbrief, émanant du Grundbuchamt, inscrit sur le Grundbuch, et qui se négocie comme un simple effet de commerce (la cession peut être même faite en blanc. art. 55. Ordnung vom 5 mai 1872). Cpr. Lehrbuch

Comme d'une part, ils hésitaient à introduire directement dans les lois une disposition aussi opposée à
la doctrine et à la jurisprudence reçues, et comme
d'autre part, l'unanimité des auteurs, Cujas excepté,
s'était toujours refusée à voir dans l'obligation
d'améliorer le caractère essentiel de l'emphytéose,
ils se sont appuyés sur ce que la longue durée était
le signe caractéristique de la tenure emphytéotique,
pour lui assimiler le bail à ferme à long terme. En
se plaçant à cet unique point de vue, on ne saurait
donc s'étonner que le rapporteur de la commission
ait dit au Sénat que : « la seule différence qui exis-
« terait aujourd'hui entre ces deux baux, viendrait
« de certains droits et de certaines obligations que
« la loi se plairait à rattacher à l'un sans les stipuler
« pour l'autre », et ait conclu un peu plus loin à ce
que : « les charges et les avantages, c'est-à-dire les
« conditions essentielles de l'un et de l'autre, doivent

---

des preussischen Privatsrechts. Halle 1875. vol. 1, § 321. p. 709 : Chal-
lamet : Handfesten, cédules hypothécaires, bons fonciers. Thèse de docto-
rat. Paris 1878.
    La cédule hypothécaire n'ayant pas été admise par le code civil, la pra-
tique, pour arriver à la cessibilité de l'obligation hypothécaire par voie
d'endossement, a eu recours à deux expédients, que la jurisprudence
valide, mais qui ne sont pas à l'abri de très graves dangers ; ils consistent, soit à représenter la créance garantie sur hypothèque par lettres
de change ou billets à ordre souscrits par l'emprunteur au profit du
prêteur, soit à rédiger devant notaire (même en brevet. Aubry et Rau
t. 3. § 266 texte et note 46. p. 273 ; Pont. priv. et hypoth. t. 2. p. 100.
n. 66) l'acte constitutif d'hypothèque sous forme d'un billet à ordre.
V. Colmar 29 mars 1852. (S. 54. 2. 488); Cass. 20 juin 1854 (S. 54. 1.
593); Dijon 5 août 1858 (S 59. 2. 80) : Alger 7 mai 1870 (D. P. 71 2. 1.) ;
Cass. 26 déc. 1871 (D. P. 72. 1. 319).

« être absolument les mêmes » (1). La théorie que
nous avons présentée sur l'emphytéose fait justice
d'une telle argumentation ; il suffit, pour s'en convaincre, de se reporter à ce que nous croyons avoir
précédemment démontré, à savoir que la longue durée
était un élément simplement naturel du contrat et
que son véritable élément caractéristique résidait
dans l'obligation d'améliorer, imposée à l'emphytéote.
Néanmoins, la présomption emphytéotique, attachée
par le projet à tout bail à long terme, fut d'abord
adoptée en première délibération par le Sénat ; ce
ne fut que plus tard et pour ainsi dire incidemment,
qu'elle disparut du texte de la loi.

La discussion, dont nous venons d'esquisser un
simple aperçu, se rouvrit de nouveau en deuxième
délibération, et M. Malens s'éleva alors avec beaucoup
de force contre le deuxième paragraphe de l'article 1er,
déjà admis par le Sénat, et qui n'accordait la présomption emphytéotique qu'aux baux d'une durée
minimum de trente ans. Cette disposition, ainsi que
le faisait très justement remarquer l'honorable sénateur de la Drôme, était tout à la fois peu pratique
et contraire à la tradition du passé : peu pratique,
« car, à notre époque où tout va vite, le propriétaire
« est peu disposé à se priver de l'entière jouissance
« de sa propriété pendant un temps aussi long » ;
contraire à la tradition, puisque l'ancien droit n'a
jamais assigné un minimum de durée à la tenure

_____

(1) Journ. offic. du 20 janv. 1882. Documents parlement. Sénat. p. 17*
annexe. n. 48.

emphytéotique. Quelque bien fondées que fussent les observations présentées par MM. Malens et Gazagne, elles n'eurent d'autre effet que de faire abaisser le minimum préalablement fixé, lequel fut ramené de trente à dix-huit ans. Mais l'adoption de cette nouvelle rédaction, objet d'un amendement de M. Bernard, et les savantes critiques formulées par M. Emile Labiche sur le danger d'une telle présomption, entraînèrent un heureux résultat ; sur la proposition de la commission elle-même, l'article 13 fut retiré, et la dangereuse innovation que nous venons de combattre, fut enfin effacée du texte de la loi (1).

L'article 9 § 3 du projet, qui permettait à l'emphytéote de créer sur les fonds emphytéosés des servitudes actives et passives, a également donné lieu à une assez vive discussion ; M. de Gavardie en a demandé le rejet pur et simple, et ce n'est qu'en présence de son maintien qu'il a déposé un amendement tendant à ce que l'emphytéote ne puisse imposer des servitudes actives ou passives sur le fonds qu'avec le consentement exprès ou tacite du propriétaire. Cette seconde proposition n'a pas eu plus de succès que la première, elle a été aussi repoussée par le Sénat, et la seule satisfaction obtenue par les adversaires de l'article 9 § 3, a été l'insertion dans la loi d'un double tempérament. Le droit

---

(1) MM. Malens, Gazagne, Bernard et Emile Labiche au Sénat, séance du 11 fév. 1882. Journ. offic. du 12 fév. 1882. Déb. parlem. p. 59. et s. M. Ribière au Sénat, séance du 19 fév. 1882. Journ. offic. du 20 fév. 1882. Déb. parlem. p. 87.

d'établir des servitudes est reconnu en principe à
l'emphytéote ; seulement, celui-ci ne peut en user
que sous condition de limiter l'exercice desdites
servitudes à la durée de la tenure, et à charge par
lui d'avertir le propriétaire de leur constitution (1).

Enfin, un débat très vif s'est engagé sur les droits
fiscaux, auxquels devait être assujettie l'emphytéose.
Le projet du gouvernement ne contenait à cet égard
aucune réglementation, et l'exposé des motifs se
bornait simplement à renvoyer à la théorie actuellement reçue en doctrine et en jurisprudence. Cette
omission fut réparée par la commission ; elle décida
dans l'article 13, que l'emphytéose serait assimilée,
pour la perception des droits, aux baux ordinaires
des biens immeubles, et cet article 13, devenu
l'article 14, fut voté en première lecture par le Sénat.
Mais entre la première et la deuxième délibération,
l'article 14, devenu à son tour l'article 15, fut de
nouveau remanié par la commission sur les instances
de l'administration de l'enregistrement ; la nouvelle
rédaction, revenant en partie à la solution consacrée
par la jurisprudence, portait que, si l'acte constitutif
d'emphytéose restait assujetti aux droits d'enregistrement et de transcription établis pour les baux à
ferme d'une durée limitée, les mutations de toute
nature ayant pour objet, soit le droit du bailleur, soit

---

(1) MM. de Gavardie et Ribière au Sénat, séance du 24 janv. 1882.
Journ. offic. du 25 janv. 1882. Déb. parlem. p. 26 ; M. Ribière au
Sénat, séance du 27 janv. 1882. Journ. offic. du 28 janv. 1882. Déb.
parlem. p. 29.

celui du preneur, seraient soumises aux dispositions de la loi de frimaire an VII, concernant les transmissions de propriété d'immeubles. Ce nouvel article 15, d'abord adopté par le Sénat sans contestation (1), était cependant encore appelé à être modifié : en troisième délibération, M. Labiche, tout en protestant énergiquement contre l'introduction d'une clause fiscale, qui devait éloigner la pratique d'une institution qu'on voulait développer, réussit à faire admettre, malgré l'opposition du ministre des finances, un amendement aux termes duquel les parties étaient reçues à réclamer, en cas de constitution d'emphytéose, le fractionnement des droits d'enregistrement, conformément au principe contenu dans l'article 11 de la loi du 23 août 1871 (2). Cette dernière disposition (3) vint clore la discussion de la loi devant le Sénat ; le même jour où elle était consacrée (28 fév. 1882), l'ensemble du projet de loi fut voté et renvoyé, le 11 mars suivant, à la Chambre des députés, où il est appelé, il faut l'espérer du moins, à être bientôt discuté (4).

---

(1) Séance du 11 fév. 1882. Journ. offic. du 12 fév. 1882. Sénat. Déb. parlement. p. 70.

(2) MM. Labiche, Léon Say, Lenoël et Gazagne. Séance du 18 fév. 1882. Journ. offic. du 19 fév. 1882. Sénat. Déb. parlement. p. 87 et s.

(3) L'article 15 est redevenu l'article 14 par suite de la suppression de l'article 13.

(4) Voici le texte du projet de loi adopté par le Sénat sur le code rural, tit. V, du bail emphytéotique, et renvoyé le 11 mars 1882 à la Chambre des députés. Déb. parlem. Chambre des députés. annexe n° 593. p. 828.

ART. 1. — Le bail emphytéotique de biens immeubles confère au

Bien qu'elles aient mérité l'approbation de la plupart des jurisconsultes éminents que renferme le Sénat, si nous avions à nous prononcer sur les trois innovations que nous venons d'étudier, nous nous laisserions

---

preneur un droit réel susceptible d'hypothèque ; ce droit peut être cédé et saisi dans les formes prescrites pour la saisie immobilière.

Ce bail doit être consenti pour plus de dix-huit années et ne peut dépasser quatre-vingt-dix-neuf ans ; il ne peut se prolonger par tacite reconduction.

ART. 2. — Le bail emphytéotique ne peut être consenti que par ceux qui ont le droit d'aliéner et sous les mêmes conditions comme dans les mêmes formes.

Les immeubles appartenant aux mineurs ou interdits pourront être donnés à bail emphytéotique en vertu d'une délibération du conseil de famille, homologuée par le tribunal.

Le mari pourra aussi donner à bail emphytéotique les immeubles dotaux avec le consentement de la femme et l'autorisation de justice.

ART. 3. — La preuve du contrat d'emphytéose s'établira conformément aux règles du code civil en matière de baux. A défaut de conventions contraires, il sera régi par les dispositions suivantes.

ART. 4. — Le preneur ne peut demander la réduction de la redevance pour cause de perte partielle du fonds, ni pour cause de stérilité ou de privation de toute récolte à la suite de cas fortuits.

ART. 5. — A défaut de payement de deux années consécutives, le bail leur est autorisé, après une sommation restée sans effet, à faire prononcer en justice la résolution de l'emphytéose.

La résolution peut également être demandée par le bailleur en cas d'inexécution des conditions du contrat, ou si le preneur a commis sur le fonds des détériorations graves.

Néanmoins les tribunaux peuvent accorder un délai suivant les circonstances.

ART. 6. — Le preneur ne peut se libérer de la redevance, ni se soustraire à l'exécution des conditions du bail en délaissant le fonds.

ART. 7. — Le preneur ne peut opérer dans le fonds aucun changemen qui en diminue la valeur.

Si le preneur a fait des améliorations ou des constructions qui augmentent la valeur du fonds, il ne peut les détruire, ni réclamer à cet égard aucune indemnité.

ART. 8. — Le preneur est tenu de toutes les contributions et charges de l'héritage.

peut-être aller à regretter leur adoption. Autant l'abandon de la présomption emphytéotique, reléguée en dernier lieu dans l'article 13, nous a semblé conforme au caractère essentiel de l'emphytéose, autant, nous ne pouvons le dissimuler, les dispositions des

---

En ce qui concerne les constructions existant au moment du bail, et celles qui auront été élevées en exécution de la convention, il est tenu des réparations de toute nature ; mais il n'est pas obligé de reconstruire les bâtiments, s'il prouve qu'ils ont été détruits par cas fortuits, par force majeure, ou qu'ils ont péri par le vice de la construction antérieur au bail. Il répond de l'incendie conformément à l'article 1733 du code civil.

ART. 9. — L'emphytéote peut acquérir au profit du fonds des servitudes actives, et le grever par titre de servitudes passives, pour un temps qui n'excédera pas la durée du bail, et à charge d'avertir le propriétaire.

ART. 10. — L'emphytéote profite du droit d'accession pendant la durée de l'emphytéose.

ART. 11. — En cas d'expropriation pour cause d'utilité publique, le bailleur devra faire connaître le droit de l'emphytéote conformément aux dispositions de l'article 21 de la loi du 3 mai 1841. Des indemnités distinctes sont accordées au bailleur et au preneur.

ART. 12. — Le preneur a seul les droits de chasse et de pêche, et exerce à l'égard des mines, minières, carrières et tourbières tous les droits de l'usufruitier.

ART. 13. — Les articles 1, 9 et 11 sont applicables aux emphytéoses antérieurement établies, si le contrat ne contient pas de stipulations contraires.

ART. 14. - L'acte constitutif d'emphytéose n'est assujetti qu'aux droits d'enregistrement et de transcription établis pour les baux à ferme ou à loyer d'une durée limitée

Le payement de ces droits d'enregistrement est fractionné, si les parties le requièrent conformément à l'article 11 de la loi du 23 août 1871, chaque créance est acquittée solidairement, dans le délai prescrit et sous les peines édictées par l'article 14 de la même loi, par le bailleur et par le preneur, qui sont alors détenteurs des biens.

Les mutations de toute nature ayant pour objet, soit le droit du bailleur, soit le droit du preneur, sont soumises aux dispositions de la loi du 22 frimaire an 7, et des lois subséquentes concernant les transmissions de propriété d'immeubles. Le droit est liquidé sur la valeur vénale déterminée par une déclaration estimative des parties.

articles 1 § 2, 9 et 14 nous paraissent prêter le flanc aux plus justes critiques.

Sans doute le minimum de durée, auquel a été soumise l'emphytéose (18 ans) met en harmonie la loi sur le bail emphytéotique et la loi du 23 mars 1855 (1) ; mais la détermination d'un terme minimum quelconque, devenant une condition essentielle du contrat, est peu conciliable avec les principes juridiques et économiques. Toute restriction apportée à la liberté des parties contractantes est *a priori* malheureuse ou fatale, et nous ne comprenons qu'une seule hypothèse où la grande règle posée dans l'article 1134. c. c. puisse fléchir, c'est lorsque l'ordre public est menacé. Or, en quoi l'ordre public serait-il menacé ici par le maintien du *statu quo* ? Comme le faisait remarquer M. Malens, et après lui M. Foucher de Careil, aucun intérêt ne saurait être lésé, et pour notre part nous n'apercevons pas quel rapport intime serait susceptible d'exister entre la longue durée de la tenure et la réalité du droit du preneur. L'opinion la plus généralement admise prétend, il est vrai, que le droit réel conféré à l'emphytéote ne serait qu'une conséquence de sa longue jouissance, mais rien n'est moins exact. En Grèce, où la nature du droit emphytéotique n'a jamais soulevé de difficultés, nous avons rencontré des emphytéoses constituées pour dix ans, et à Rome la concession du *jus in agro vectigali*, dont la ressemblance était si profonde avec le *jus emphyteuticum*, ne

---

(1) art. 2. § 4.

pouvait excéder parfois cinq années. La croyance,
d'après laquelle le très long terme serait le signe caractéristique de l'emphytéose, s'est formée sous l'empire de
cette idée absolument erronnée, que cette tenure donnait naissance à un droit seigneurial (1), lequel, comme
les autres droits seigneuriaux, n'avait d'utilité qu'à la
condition d'offrir une durée très-longue, sinon perpétuelle. C'est toujours entre la confusion l'emphytéose
et le bail à cens. Ainsi que le disait fort exactement
M. Malens, l'élément distinctif, le caractère principal
du contrat réside au contraire dans l'amélioration du
fonds, et c'est précisément afin de permettre au preneur de remplir cette obligation et de se rembourser de
ses impenses, que la jouissance lui est toujours accordée pendant un nombre d'années assez considérable.
La durée est donc le corollaire de l'obligation d'améliorer ; suivant que les améliorations à effectuer sont
plus ou moins importantes, le terme sera plus ou
moins long ; dès lors, ce terme ne peut être raisonnablement déterminé que par les parties, qui seules sont
à même de l'apprécier, puisqu'elles sont aussi les seules à même de connaître la richesse du sol, les travaux à exécuter, enfin les aptitudes propres et
les qualités personnelles du preneur. En présence
de tels faits, la détermination d'un terme fixe par le
législateur ne serait-elle pas arbitraire ? Si l'on pense
que l'emphytéose est susceptible de donner des résultats favorables, et si l'on veut l'encourager, il faut

_____

(1) C'est ce que M. Brunet a dit au Sénat. Séance du 11 février 1882.
Journ. officiel du 12 fév. 1882; Déb. parlem. p. 60.

aussi tenir compte de l'hésitation qu'éprouve le propriétaire à se dépouiller d'une terre dont il n'aura plus en quelque sorte que la propriété nominale ; or, il est certain que ce dernier sera d'autant moins disposé à bailler en emphytéose qu'un terme plus long lui sera imposé. C'est en ce sens que s'est exprimé M. Malens au Sénat : « je crois, déclarait-il, que s'il y a nécessité « à ce qu'un bail dure trente ans pour que l'emphyté- « ose produise ses effets, c'est un contrat qui n'entre- « ra pas dans la pratique, c'est un contrat qui ne sera « pas usité, parce que de nos jours, où tout va vite, où « tout le monde veut aboutir rapidement, quand il « s'agira de faire un bail d'une durée de trente ans, « personne ne voudra d'un contrat de cette nature (1) ». Ce que disait M. Malens du terme de trente ans, s'applique également au terme de dix-huit ans, et puisqu'il se rencontre certaines cultures, la vigne par exemple, où le preneur peut faire en quelques années les améliorations exigées et se trouver néanmoins complétement indemnisé par trois ou quatre récoltes, pourquoi lui accorder une jouissance minimum de dix-huit ans ? On objecte que, l'emphytéote ayant la faculté d'hypothéquer son droit, on enlèverait au crédit hypothécaire toute base solide, car des créanciers hypothécaires ne pourraient se contenter, comme garantie, d'une jouissance de six mois, d'un an, de deux ou trois ans. Cette objection ne porte pas ; sans avoir

---

(1) Séance du 11 fév. 1882. Journ. offic. du 12 fév. 1882. Sénat. Déb. parlement. p. 60.

besoin de rappeler que le code civil permet d'hypothéquer l'usufruit, et que ce droit est susceptible de s'é-
teindre quelques jours après, ou le lendemain même de
la constitution de l'hypothèque, une courte durée de
six mois, un an, trois ans ne peut jamais, en fait, se
rencontrer dans l'emphytéose. Les améliorations, que
l'emphytéote doit effectuer, sont en effet généralement considérables; par suite, la durée du contrat doit
être assez longue pour permettre à ce preneur de les
accomplir et de s'indemniser de ses impenses et de
son travail.

La solution édictée par l'article 9, en matière de servitudes, nous paraît aussi peu justifiable au point de
vue juridique. Il est en effet de principe, qu'on ne peut
créer des servitudes que sur la chose seule qui vous
appartient ; or, l'emphytéote n'est pas propriétaire du
fonds emphytéotique ; comment donc lui reconnaitre
la faculté d'y établir des droits réels aussi importants
que les servitudes prédiales ? Quant à soutenir, comme
l'a fait M. Ribière, rapporteur de la loi, que le droit de
constituer des servitudes n'a jamais été contesté
à l'emphytéote, c'est là, croyons-nous, une affirmation
beaucoup trop absolue. Qu'il en ait été ainsi dans
l'ancien droit français, cela se comprend, puisque la
tenure transférait alors le domaine utile ; mais en droit
romain, la question était tout au moins fort controversée entre les auteurs, et nous rappelons même, à
ce sujet, que nous avons adopté l'opinion de ceux qui
refusaient à l'emphytéote une pareille prérogative (1).

_____

(1) Supra. p. 86.

Comme le faisait observer M. de Gavardie devant le
Sénat, l'article 9, ainsi formulé, se trouve en contradiction avec l'article 7. Ce dernier texte porte en effet,
que le preneur ne peut opérer dans le fonds aucun
changement de nature à en diminuer la valeur; or,
de tous les changements que le fonds est susceptible
de recevoir, l'établissement d'une servitude, surtout
d'une servitude passive, n'est-il pas le plus propre à
porter atteinte à la propriété du bailleur! Sur les
observations de MM. de Gavardie et Delsol (1), on a
sans doute inséré dans l'article 9, que les servitudes ne
pourraient être créées que pour un temps n'excédant
pas la durée du bail, et à charge d'avertir le propriétaire, mais ces deux dispositions n'ont aucune utilité
pratique. Pourquoi dire que les servitudes ne subsisteront jamais que pendant la durée du bail; le principe posé dans la loi *54. D. de reg. jur. 50. 17.* n'est-il
pas reçu dans notre droit moderne, et la tradition de
l'ancien droit n'est-elle pas constante en ce sens? Pourquoi également avertir le propriétaire? Lui demander
son consentement, comme le réclamait M. de Gavardie, cela s'explique; mais le prévenir de l'exécution
d'un acte qu'il ne peut empêcher, est une formalité
dont nous n'apercevons pas la portée. Si les servitudes constituées par le preneur devaient survivre à
la tenure, il y aurait intérêt pour le bailleur à les connaître, mais il n'en est pas ainsi, puisqu'il est dit que
ces servitudes tomberont avec le bail.

---

(1) Séance du 24 janv. 1882. Journ. offic. du 25 janv. 1882. Sénat. Déb
parlement. p. 26 et 27.

En résumé, il nous semble que le législateur devrait faire une distinction ; ainsi on pourrait accorder à l'emphytéote le droit d'établir des servitudes actives, tout en lui refusant en principe celui de créer des servitudes passives. Les premières en effet sont le plus souvent nécessaires à une bonne gestion des biens, et sont même parfois la source d'importantes améliorations ; il est donc de l'intérêt général d'en permettre la constitution au preneur. Seulement et pour concilier cette prérogative avec les principes, ce preneur devra être considéré comme le *negotiorum gestor* du propriétaire ; d'où cette conséquence, que les servitudes survivront à la résolution, ou à l'expiration du bail. Quant aux servitudes passives, comme elles sont susceptibles de porter dommage au fonds et par suite d'en diminuer la valeur, la solution la plus sage serait de reprendre l'amendement de M. de Gavardie et de décider que l'emphytéote ne serait admis à en grever le fonds, qu'autant qu'il aurait obtenu le consentement exprès ou tacite du propriétaire (1). De cette manière, tous les droits des parties seraient sauvegardés.

Les dispositions fiscales de l'article 14 ne sont pas non plus à l'abri de la critique. D'abord, nous ne comprenons pas que l'acte constitutif d'emphytéose ne soit assujetti qu'aux droits d'enregistrement et de transcription exigés pour les baux à ferme d'une durée limitée. Puisque la loi reconnait elle-même que le droit emphytéotique est un droit réel et immobilier,

---

(1) Alors ces servitudes survivraient bien entendu au bail.

pourquoi n'applique-t-elle pas le droit commun ? Il y a là une inconséquence inexplicable dans la loi et dans l'article 14 lui-même, car le dernier paragraphe de cet article soumet aux droits perçus en cas de transmission d'immeubles toute mutation postérieure venant soit du chef du bailleur, soit du chef du preneur. On a objecté, il est vrai, que l'on voulait ainsi favoriser la création d'emphytéoses; mais, sans nous arrêter à discuter l'effet d'une telle clause dans la pratique, nous pensons qu'il serait plus juridique d'appliquer au bail emphytéotique un droit spécial. L'emphytéose, ainsi qu'on l'a reconnu, est un contrat *sui generis* et à ce titre il devrait être soumis à un droit fiscal particulier, dont le taux devrait varier (la marge est assez grande) entre 0 fr. 20 et 4 0/0. C'est véritablement sur ce point qu'il serait donné d'innover d'une façon utile (1).

Le troisième paragraphe de l'article 14 ne nous paraît pas non plus irréprochable. Lorsqu'il s'agit d'une mutation à titre onéreux, que le droit soit liquidé sur la valeur vénale, déterminée par la déclaration des parties, il n'y a là rien que de très-naturel ; mais qu'il en soit de même dans l'hypothèse d'une transmission héréditaire ou à titre gratuit, la solution est moins admissible. Dans les transmissions de propriété ou d'usufruit entre-vifs à titre gratuit, ou dans celles qui s'effectuent par décès, la base de la taxe est arrêtée par la loi fiscale elle-même et le rede-

---

(1) Cpr. Dictionnaire de l'enregistrement. p. 477. n° 76.

vable sait d'avance à quoi s'en tenir ; suivant la
nature du fonds, le revenu sera capitalisé par 20 ou
25, 10 ou 12,50 ; donc point de contestation à craindre. Au contraire, d'après le système de l'article 14,
le droit se liquidera sur la valeur estimative de
droits dont les parties ne sont appelées à jouir
qu'éventuellement et pour une durée incertaine.
Comme M. Labiche le faisait remarquer fort exactement au Sénat, la liquidation du droit reposera
alors sur une estimation entièrement arbitraire et
essentiellement variable, où cependant une simple
erreur de 1/8 entraînera à l'encontre des déclarants le
payement d'un double droit (1). En ce qui concerne
l'évaluation des droits fiscaux, la nouvelle loi constitue donc une aggravation considérable sur les
règles actuellement suivies par la jurisprudence.
D'ailleurs, la valeur du droit emphytéotique et de la
nue-propriété restée aux mains du bailleur dimi-
nuant et augmentant à mesure que le bail s'appro-
che de son échéance, le système de l'article 14 serait
le plus souvent très peu équitable, et si nous avions
ici à nous prononcer, il nous semble qu'il faudrait
encore déterminer d'une manière fixe la capitalisa-
tion. Puisque l'emphytéose n'est ni un droit d'usufruit,
ni un droit de propriété, pourquoi, au lieu d'appliquer les paragraphes 7 ou 8 de l'article 15 de la loi de
frimaire, ne pas considérer cette emphytéose comme

---

(1) Sur la base approximative au moyen de laquelle l'administration
de l'enregistrement juge s'il y a lieu de demander l'expertise. v. Diction. de l'enregistrement. p. 486. n. 140 et 141.

les 2/3 ou les 3/4 de la propriété? Alors les parties n'auraient plus à redouter aucune incertitude.

Ainsi, nous pensons que, pour satisfaire l'équité, il y aurait peut-être lieu à opérer de la façon suivante. On pourrait par exemple distinguer, comme Moreau (1), si le bail a plus ou moins de vingt ans à courir. Le bail doit-il durer vingt ans ou plus? Alors on obtiendrait le capital imposable du preneur en multipliant le revenu réel, diminué de la redevance, par 13,30 ou 16,6, 15 ou 18,8; quant au capital du bailleur, il serait donné en multipliant la redevance par 20 ou 25. Au contraire, le bail est-il appelé à expirer avant vingt ans? Dans ce cas on formerait d'abord le capital, comme s'il s'agissait d'une transmission de la propriété, puis on aurait le capital du preneur en multipliant le revenu, diminué de la redevance, par le nombre d'années qui reste à courir, et l'on trouverait le véritable capital imposable du bailleur en retranchant ce résultat, c'est-à-dire la valeur capitalisée de l'emphytéose, du capital de la propriété entière.

Enfin, nous désirerions voir consacrer dans la définition du contrat, cette obligation d'améliorer, qui est pour nous le caractère type et distinctif de l'emphytéose. La loi du reste nous paraît bien la reconnaître implicitement dans son article 7 § 2; pourquoi ne l'exprimerait-elle pas en termes formels?

---

(1) v. supra. p. 411.

CHAPITRE VII

COMPARAISON DE L'EMPHYTÉOSE AVEC LES DROITS ET CONTRATS QUI S'EN RAPPROCHENT

Bien que l'emphytéose soit redevenue dans notre droit moderne ce qu'elle était primitivement à Rome, c'est-à-dire une institution juridique exceptionnelle, et, avouons-le, peu répandue, néanmoins elle présente souvent avec certaines locations, soit privées, soit administratives, une connexité assez étroite pour qu'on ait prétendu qu'elles constituaient parfois de vérita-bles baux emphytéotiques. Il importerait donc d'exposer ces différents contrats, de les comparer avec la tenure emphytéotique, et de faire ressortir les ressemblances ou les dissemblances qui les rapprochent ou les séparent ; mais c'est là une étude, qui, pour avoir quelques chances de n'être pas trop insuffisante, nous éloignerait beaucoup trop du cadre que nous nous sommes tracé. Nous ne l'entreprendrons pas : nous nous contenterons d'examiner très-sommaire-ment parmi les unes et les autres, celles qui peuvent offrir avec l'emphytéose le rapport le plus intime.

SECTION 1re

CONTRATS CIVILS

Nous ne reprendrons pas ici la comparaison déjà faite de l'emphytéose avec la vente, le louage, les servitudes personnelles et la superficie (1); nous n'aborderons pas davantage la question de savoir si le droit du simple preneur à bail est un droit réel ou un droit personnel (2) ; nous nous bornerons à rechercher quel a été le sort réservé par les lois révolutionnaires et le code civil à certaines tenures que nous avons déjà comparées pour la plupart avec l'emphytéose dans l'ancien droit, et qui se rencontrent encore dans quelques parties de la France. C'est ainsi que nous sommes amené à indiquer les effets pratiques qui sont reconnus par la doctrine et la jurisprudence au champart, au

---

(1) Les différences qui séparaient la superficie de l'emphytéose dans la législation romaine, sont devenues aujourd'hui encore plus profondes, car le droit de superficie constitue une véritable propriété corporelle, immobilière, et par suite de sa nature perpétuelle. Cpr. Merlin. Quest. v° Biens nat. § 1; Troplong. louage. t 1. 30 ; Aubry et Rau. t. 2. § 223 2°. Demol. 9. 483. 4° ; Besançon 12 déc. 1864 (D. P. 65. 2. 1) ; Cass. 5 nov. 1866 (D. P. 67. 1. 32), 10 avr. 1867 (S. 67. 1. 227) et 16 déc. 1873 (D. P. 74. 1. 249); contra Besançon 19 déc. 1870. (D. P. 73 2. 167). D'après cet arrêt le droit de superficie emporterait la co-propriété du sol. Sur l'*évolage* de la Bresse, cpr. loi du 27 juil. 1856. et le décr. du 28 oct. 1857, portant réglement d'administration publique pour l'exécution de cette loi.

(2) Dans le sens de la réalité: Tropl. louage sur les articles 1709 et 1743 ; Fréminville. minorité. t. 1. n. 528; Bélime. posses. n. 409; Paris 24 juin 1858 et 29 mars 1860. D. P. 59. 2. 217 et D. P. 60. 2. 185 ; contra Grenoble 4 janv. 1860. D. P. 60. 2. 190.

bail à complant, au bail à locatairie perpétuelle, aux baux à métairie perpétuelle, aux baux héréditaires, aux baux à longues années et au bail à domaine congéable (1). Nous poserons toutefois auparavant deux principes généraux qui s'appliquent à toutes les locations de l'ancien droit, à savoir : 1° qu'il ne faut pas s'attacher aux qualifications employées par un acte pour l'apprécier, mais seulement au contenu de cet acte (2); 2° que toute location entachée de féodalité doit être déclarée abolie, alors même qu'elle serait essentiellement privée (3).

I. — *Champart.* — Cette expression générique, qui prenait suivant les pays les noms les plus divers (4), désignait une concession immobilière, faite à charge d'une redevance quérable et consistant en une quote-part des fruits.

Le plus souvent, le champart n'était qu'un bail à rente, une charge foncière grevant l'immeuble sur lequel elle était assise (5) ; en pareil cas il a été assimilé par notre législation moderne au bail à rente, dont il a subi toutes les modifications : la redevance a été rendue rachetable par la loi des 18-29 déc. 1790, et

---

(1) Quant à l'albergement de Dauphiné nous avons déjà dit quelle était la solution qu'on devait lui donner. v. supra. p. 290

(2) Merlin. op. et loc. cit. Cass. 15 av. 1807 et 16 fév. 1838.

(3) Et c'est là un moyen d'ordre public qui peut être présenté pour la première fois devant la Cour de Cassation. Cass. 24 nov. 1852. loc. cit.

(4) Agrier ou terrage dans le midi; tiers ou quart-raisin dans les provinces voisines du Rhin. Tropl. n. 58.

(5) Pothier. des champarts. n. 5; Garsonnet. p. 426.

a été convertie par la loi de brumaire an VII et l'article 530. c. c. en un simple droit personnel et mobilier (1). D'autres fois, cette tenure (champart légal ou coutumier) constituait une variété du bail à cens et comme telle a été abolie par la loi du 17 juillet 1793· Enfin le champart pouvait être un simple loyer, et dans cette dernière hypothèse le droit intermédiaire et le code civil ne lui ont fait subir aucune modification (2).

II. — *Bail à complant*. — Les effets que doit avoir aujour d'hui cette location sont étroitement liés au point de savoir si elle transférait ou non la propriété. En effet, dans la pensée du comité de féodalité qui préparait le décret des 15-28 mars 1790, la faculté de rachat résidait uniquement dans le droit d'acheter une propriété qu'on n'avait pas : le domaine direct, si on avait le domaine utile, la franchise de l'héritage, si celui-ci était grevé d'une rente. Or, si la loi de 1790 a d'abord consacré cette théorie singulière, accréditée par Merlin et Tronchet, que tout bail perpétuel était nécessairement translatif de propriété, une réaction s'est produite en faveur du bail à complant, et la règle, posée par le comité de rédaction de la loi de 1790, a été

---

(1) V. dans l'hypothèse d'un terrage. Cass. 28 juin 1854. (D. P. 54. 1. 220) ; cpr. Cass. 11 fév. 1833 (D. P. 33. 1. 137). V. aussi dans l'hypothèse d'un droit de percière (la redevance est alors fixée au tiers des fruits) quatre arrêts de la Cour de Cassation, deux du 27 janv. 1868. (D. P. 68. 1. 200) et deux autres du 10 mars de la même année (D. P. 68. 1. 205).

(2) Cpr. Troplong. n. 57; Duverg. n. 182 et s; Aubry et Rau § 224. p. 448; Demante. t. 2. n. 378 bis IV et Demol. 9. n. 497.

consacrée pour cette tenure par les deux avis du Conseil d'Etat du 4 thermidor an VIII et des 21 ventôse-23 messidor an XI. Le droit auquel donne lieu le bail à complant est donc personnel ou réel (1), rachetable ou irrachetable, mobilier ou immobilier, suivant que cette location est ou non translative de propriété (2).

III. Bail à locatairie perpétuelle. — Nous avons vu précédemment que le bail à locatairie perpétuelle offrait un caractère bien différent, suivant qu'on le rencontrait en Provence ou en Languedoc ; dès lors, il semblerait conforme à l'esprit du décret des 15-28 mars 1790, d'appliquer à cette tenure la distinction que nous venons de rencontrer, et à laquelle les avis du Conseil d'Etat des 4 thermidor an VIII, 21 ventôse-23 messidor an XI ont soumis le bail à complant. Ainsi, alors que la locatairie perpétuelle de Provence ne donnerait plus lieu qu'à un droit personnel, mobilier et rachetable, la locatairie perpétuelle de Languedoc transférerait un simple droit réel, immobilier et irrachetable (3), dont la durée serait limitée à quatre-vingt

---

(1) Sur le droit réel conféré par le bailleur à complant. V. trib. de Fontenay-le-Comte. 20 déc. 1867 et Cass. 9 mars 1870. D. P. 70. 1.279. Cpr. Hérold. Rev. pratiq. 1857, t. 1. p. 364.

(2) C'est aussi la solution de l'administration de l'enregistrement, instruct. du 5 pluviose an V. (Dall. Jur. gén. Vo louage à complant. n. 5). Cpr. Cass. 10 oct. 1808 (Dall. Jur. gén. vo propr. féod. n° 227), 7 août 1837 (Dall. Jur. gén. vo louage à compl. n. 4). V. aussi Cass. 20 juill. 1828, 9 août 1831 et 11 fév. 1833 (S. 28, 1. 317. — 31. 1. 387. et 33. 1. 183). — Contra, Henrion de Pansey. Compét. des juges de paix. ch. 43. §2.

(3) Le preneur de ce bail à locatairie n'aurait pas sans doute la jouissance si large de l'emphytéote, mais plutôt celle d'un simple usufruitier.

dix-neuf ans, terme maximum aujourd'hui de toute
location. Si tel aurait dû être le sort de la locatairie
perpétuelle du Languedoc, tel n'a pas été celui qui lui
a été réservé par le législateur : l'article 2 de la loi
des 18-29 décembre 1790 a déclaré rachetables sans
exception toutes les redevances établies par le bail
à locatairie perpétuelle (1), assimilant ainsi au bail
à rente un contrat, qui, en Languedoc, ne donnait pas
même au preneur le domaine utile (2). Pleinement
justifiée pour la locatairie perpétuelle de Provence, cette
décision, il faut le reconnaître, a été pour le bailleur
en Languedoc une véritable expropriation législative,
à laquelle l'ordre et l'utilité publics étaient complétement étrangers ; mais les termes de la loi sont formels et nous ne croyons pas qu'il soit possible d'apporter le moindre tempérament à sa rigueur (3).

IV. — Baux à métairie perpétuelle. — La question
de savoir si les baux à métairie perpétuelle sont soumis au rachat est fort discutée. D'une part en effet, la

---

(1) Merlin. quest. v° locat. perpét. § 1; Aubry et Rau § 224. p. 449;
Demol. 9. 505; Cass. 30 mars 1808 (Dall. Jur. gén. V° enregistrem. n.
3148) et 29 juin 1813 (id. v° propr. féodale. n. 207), Nimes 25 mai 1852
(D. P. 55. 2. 262).

(2) V. supra p. 275. Deux causes ont peut-être déterminé ici la décision
du législateur : 1° il a pensé avec Merlin et Tronchet que toute location
transférait la propriété : 2° il n'a peut-être pas pu préciser la nature du
droit auquel donnait lieu la locatairie perpétuelle de Languedoc et, pour
trancher la difficulté, il l'a assimilée au bail à rente foncière.

(3) Nous n'admettrons donc point que la location doive être simplement réduite à quatre-vingt-dix-neuf ans, s'il apparaissait par les termes
du contrat que l'intention certaine des parties était de maintenir la propriété au bailleur.

loi de 1790 a gardé le silence sur ces tenures, et d'autre part, l'intention du législateur a été cependant d'astreindre au rachat toutes les locations ayant un caractère perpétuel. Dans quel sens doit-on se prononcer ? La grande majorité des auteurs et la jurisprudence décident que ces baux quoique perpétuels sont demeurés irrachetables (1). Pour que les locations de l'ancien droit soient soumises au rachat, il faut, dit-on dans ce système, qu'elles transfèrent la propriété ou tout au moins le domaine utile ; or, il est certain que le bail à métairie perpétuelle n'a jamais conféré au preneur qu'un simple droit de jouissance (2). Si la loi de 1790 a méconnu ce principe relativement à certaines tenures, elle a pris soin de les déclarer expressément rachetables ; et ici elle a gardé le silence le plus absolu. Comment donc admettre qu'elle ait eu pour conséquence d'exproprier tacitement le bailleur ? Nous ne pouvons accepter ce système, qui, s'il satisfait l'équité, nous paraît peu juridique. La loi de 1790 a voulu rendre rachetables toutes les redevances perpétuelles sans exception ; par suite les baux à métairie perpétuelle ne sauraient

---

(1) Cass. 11 août 1840 et 30 mars 1842 (Dall. Jur. gén. v° louage à colonage perpétuel et à métairie perpétuelle. n. 4).

(2) Jur. du Parlem. de Bordeaux, v° Bail à métairie perpét. t. 1. p 159 et s.; cpr. Demol. 9. n. 507. Si ce caractère ne ressort pas intégralement de l'art. 331 de la coutume de la Marche, il suffit de rappeler que dans cette tenure le bailleur conservait seul l'exercice des actions, était seul chargé des réparations et pouvait refuser son consentement à toute cession de la part du preneur.

échapper à ce principe général (1), que si un texte
formel les en avait exceptés, comme les avis du
Conseil d'État des 4 thermidor an VIII, 21 ventôse
23 messidor an XI l'ont fait pour les baux à complant
Les auteurs qui soutiennent le premier.système ont
opposé à cette solution le décret du 2 prairial an II,
et ils ont dit que l'esprit de la loi de 1790 était d'autant
plus conforme à la pensée de son comité de rédaction
que, nonobstant l'article 2 de la loi qui déclare rachetables sans distinction toutes les locatairies, il avait
fallu un décret spécial pour soumettre au rachat les
baux à culture perpétuelle du Lyonnais. Cette interprétation n'est pas exacte ; ce décret est simplement
interprétatif, il se borne à faire aux baux à culture
perpétuelle l'application de la règle générale posée
dans la loi de 1790. On a enfin prétendu que le bail à
métairie n'était pas en réalité perpétuel, puisqu'il était
susceptible de prendre fin par l'expulsion du fermier.
Cette objection n'est pas sérieuse ; pour que le bail
perdît son caractère de perpétuité, il faudrait que
le bail fût à terme certain ou incertain, ou que le
propriétaire pût arbitrairement donner congé au
tenancier ; mais l'extinction possible de la descendance directe du fermier n'est pas un obstacle à la

---

(1) Cpr. art. 1er et art. 2 de la loi de 1790. Le mot champart est pris ici
(« Champart de toute espèce et de toute dénomination » dit l'article 1er)
dans un sens large qui s'applique aussi bien au bail à ferme qu'au bail à
complant ou au bail à métairie perpétuelle. L'expression possède en effet
un sens étroit et un sens large. Cpr. Pothier. traité des champarts; nouv.
Deniz. v° champart; Merlin. v°.;champart.

perpétuité du droit (1) ; et quant à la faculté qu'aurait le bailleur de donner congé, elle ne lui appartient que dans certains cas déterminés, à moins qu'il ne consente à abandonner au métayer le tiers du fonds en toute propriété. Le bail à métairie perpétuelle tombe donc sous l'application de l'article 1er de la loi de 1790 (2).

V. — Bail héréditaire d'Alsace, baux à vie et à longue durée. — La controverse qui s'est élevée sur le bail à métairie perpétuelle s'est reproduite sur le bail héréditaire d'Alsace ; doit-on le soumettre au rachat ou l'en affranchir ? Nous n'hésitons pas à admettre le rachat conformément aux principes généraux que nous venons d'exposer. La doctrine contraire (3) que la Cour de Cassation a primitivement adoptée sur les conclusions de son procureur général M. Dupin, repose uniquement en effet sur cette idée erronée et si souvent invoquée, que le caractère perpétuel disparaît de toute tenure susceptible de prendre fin par l'extinction de la postérité du fermier. La Cour de Cassation est revenue du reste aujourd'hui complétement sur cette jurisprudenec, et astreint au rachat le bail héréditaire d'Alsace (4), comme

---

(1) C'est ainsi qu'il a été jugé par la Cour de Cassation qu'une emphytéose ne cesserait pas d'être perpétuelle par cela seul qu'elle aurait été soumise à une condition de retour pour le cas d'extinction de la descendance légitime du preneur; Cass. 6 janv. 1852. D. P. 52. 1. 250.

(2) Telle a été primitivement la décision de la Cour de Cassation; Cass. 2 mars 1835. S. 35. 1. 394.

(3) Cass. 24 nov. 1837. D. P. 38. 1. 134.

(4) Cpr. Colmar. 1 av. 1846 et Cass. 16 juin 1852. D. P. 52. 1. 284 La Cour de Colmar assimile dans cet arrêt le bail héréditaire d'Alsace à l'em-

le bail héréditaire en usage dans la province de Luxembourg (1).

Quant aux baux à longues années et au bail à vie, ils ne sauraient soulever de difficultés; ne présentant pas le caractère de perpétuité qu'a voulu atteindre la loi de 1790, ils ne constituent plus que de simples baux à loyers dont la durée sera bien entendu limitée à quatre-vingt-dix-neuf ans ou à trois têtes (2).

VI. — Bail à domaine congéable. — Des quelques mots que nous avons déjà consacrés au bail à domaine congéable, il était naturel de conclure que cette tenure avait échappé à l'action des lois révolutionnaires. A l'exception du cas, du reste assez rare, où ce bail était entaché de féodalité, il n'était en effet ni translatif de propriété, ni même de domaine utile (3), et par suite ne pouvait être atteint par le décret des 15-28 mars 1790. Si légitime que fût cette supposition, elle ne se réalisa pas; tout ce qui éveillait l'idée d'une suprématie territoriale était l'objet des violentes réclamations des populations agricoles. Les domaniers

---

phytéose, mais cette décision nous semble peu justifiable; si certaines conditions du bail héréditaire le rapprochent beaucoup de l'emphytéose, la première de ces tenures se sépare nettement de la seconde par le Schauffelrecht ou *jus palæ*, droit que l'on rencontrait généralement dans toutes les locations d'Alsace et en vertu duquel les améliorations faites par le preneur devenaient sa propriété.

(1) Metz 22 juil. 1856. D. P. 57. 2. 207.

(2) Troplong. n. 27; Duvergier 3. n. 28 et Demol. 9 n. 510, 530 et 531.

(3) Le congément est en effet exclusif par lui-même de perpétuité dans le droit et dès lors l'analogie que le Conseil d'Etat a voulu établir entre le bail à complant et le bail à domaine congéable est donc complètement inexacte. Toutefois le bailleur pourrait s'interdire d'exercer le congément tant que la redevance serait payée. Cass. 5 mars 1851. D. P. 51. 1. 86.

ne réussirent pas tout d'abord dans leurs entreprises,
la Constituante respecta le bail à domaine congéable,
et prit même soin de le réglementer : la loi du 6 août
1791 supprima seulement ce qu'il contenait de féodal
et les clauses les plus rigoureuses des usements (1).
Ce n'était pas ce qu'attendaient les domaniers ; ils
firent de nouvelles démarches, et le 17 août 1792, un
décret abolit le domaine congéable, prohiba le contrat
pour l'avenir, déclara rachetable la rente due par le
preneur et rendit celui-ci propriétaire. C'était une véritable expropriation contre laquelle on protesta en
vain ; la spoliation fut bientôt consommée par un
décret du 29 floréal an II, lequel n'admit au rachat
que les rentes convenancières, pures à l'origine de
toute attache féodale, et supprima les autres sans
indemnité. Toutefois, ces lois que Merlin proclamait
attentatoires à la propriété (2), n'étaient pas viables,
et, après la dissolution de la Convention, elles furent
abrogées par la loi du 9 brumaire an VI, qui remit en
vigueur celle du 6 août 1791 en maintenant les tenanciers dans leurs possessions aux conditions déterminées par ce dernier décret (3). Le bail à domaine
congéable a donc été en quelque sorte rétabli dans
notre législation moderne, et bien que le code civil

---

(1) Dal. Jur. gén. V' louage à domaine congéable n. 4.

(2) Rép. v° Bail à domaine congéable.

(3) Mais cette loi n'a pas eu d'effet rétroactif et les rachats effectués en vertu des décrets de 92 et de floréal an II sont irrévocables. Cass. 18 nov. 1846. D. P. 47. 1. 101 ; Cass. 1er juin et 5 juil. 1853. D. P. 53. 1. 294.

n'ait pas parlé de cette tenure, ni du droit réel auquel elle donnait lieu, on n'a jamais mis en doute qu'ils n'aient été maintenus par le législateur de 1804.

SECTION IIᵉ

CONTRATS ADMINISTRATIFS

Il existe également des ressemblances profondes entre l'emphytéose et certains contrats administratifs, connus sous le nom générique de *concessions*. Pris dans un sens général, le mot concession désigne tout acte par lequel l'Etat délègue un ou plusieurs particuliers dans l'exercice de ses droits ; mais, si on ne l'envisage que par rapport au bail emphytéotique, il n'a plus une portée aussi large et il comprend simplement l'ensemble des droits que l'Etat octroie ou abandonne à certaines personnes sur les biens de son domaine privé ou public (1). Quelquefois et bien que l'aliénation des biens nationaux ait été soumise à des conditions rigoureuses (2), ces concessions emportent transmission de la propriété sans qu'il soit nécessaire d'accomplir les formalités de la mise aux enchères. C'est ce qui a eu lieu en 1811, lorsqu'un décret du 9 avril a concédé aux départements et aux communes les édifices occupés par certains fonctionnaires, et c'est ce

---

(1) Il en est de même pour les départements et les communes.

(2) Lois des : 22 nov. — 1ᵉʳ déc. 1790 art. 8 ; 22 av. 1813. art. 35 ; 1ᵉʳ juin 1864. Cpr. pour les détails de la vente aux enchères, lois des 15 et 16 floréal an X.

qui a lieu encore aujourd'hui toutes les fois que l'administration cède de gré à gré des marais domaniaux (1), les lais et relais de la mer (2), les portions de route abandonnées par suite de simple alignement (3), ou de changement de tracé (4), et les terrains expropriés qui n'ont pas reçu leur destination (5). Enfin il en est de même aux colonies pour les terres encore en friche (6). Mais le plus souvent, l'Etat se borne à con-

---

(1) L. 16 sept. 1807. art. 41 ; ord. 23 sept. 1825. Cpr. toutefois l'avis du comité des finances des 19 nov. — 4 déc. 1841.

(2) V. textes de la note 1. — Jugé qu'une telle concession peut s'étendre à des lais et relais non encore formés (Cass. 21 juin 1859. D. P. 59. 1. 252) et qu'elle constitue un titre de propriété incommutable, alors même que la superficie du sol concédé serait soumise à l'action du flot dans les hautes marées (Cass. 2. av. 1878 et Rouen 2 juil. 1880. D. P. 83. 1. 353).

(3) L. 16 sept. 1807. art. 53 ; ord. 22 mars 1835 ; inst. 25 août 1835 ; circ. direct. gén. des ponts et chaus. 17 août 1835 ; L. 24 mai 1842 et L. 3 mai 1841. art. 61.

(4) L. 24 mai 1842 ; L. 3 mai 1841. art. 61 ; Cons. d'Et. 17 juil. 1843.

(5) L. 3 mai 1841. art. 60 ; cpr. ord. 22 mars 1835.

(6) Algérie : arrêté du gouv. gén. 18 av. 1841 ; ord. des 9 nov. 1845. art. 5, 5 juin et 1er sept. 1847. art. 1 (Dal. jur. gén. v° Concession et V° organisat. de l'Algérie). Sous l'empire de ces dispositions, on aurait pu croire que ces concessions constituaient de véritables baux emphytéotiques, car transmissibles par succession, elles étaient accordées moyennant une faible redevance et sous condition formelle d'améliorer. Cette opinion devait déjà à cette époque être écartée, puisqu'il était interdit au preneur d'aliéner ou d'hypothéquer sans autorisation. Aujourd'hui il ne saurait y avoir de doute, la concession confère au concessionnaire la propriété de l'immeuble sous condition suspensive de l'accomplissement des clauses déterminées. V. décr. des : 15 juin et 15 sept. 1871 (D. P. 71. 4. 102 et 159), 16 oct. 1871 (D. P. 71. 4. 160), 10 oct. 1872 (D. P. 73. 4. 12), 15 juil.-3 août 1874 (D. P. 75. 4. 22) et 30 sept.-12 nov. 1878 (D. P. 79. 4. 13). — Cpr. St-Pierre et Miquelon : ord. 26 juil. 1833 (Dal. jur. gén. V° organisat. des colon. n. 795; - Mayotte : décr. 29 mars 1865 (op. et V° cit. n. 822) — Nouv.-Calénonie : décr. 5 oct. 1862 (op. et. V° cit. n. 878).

férer au concessionnaire le droit de jouir pendant un temps déterminé d'une partie du domaine public et d'en percevoir les fruits. C'est alors que la concession semble revêtir les caractères du bail emphytéotique : il importe donc de rechercher les cas dans lesquels la confusion est la plus facile à se produire, et c'est ce que nous nous proposons de faire, d'une façon superficielle malheureusement, en examinant rapidement les concessions dans les cimetières, les concessions de mines et les concessions de chemins de fer, ponts, canaux, etc. (1).

I. — Concessions dans les cimetières. — L'article 10 du décret du 23 prairial an XII autorise les communes à accorder dans les cimetières communaux des parcelles de terrains aux personnes qui désirent y posséder une place distincte pour y fonder leur sépulture et celles de leurs parents ou successeurs. Ces concessions se divisent en quatre classes: les unes sont perpétuelles, les autres sont trentenaires et indéfiniment renouvelables, les troisièmes sont données pour quinze ans, les dernières enfin sont essentiellement temporaires, leur terme minimum est de cinq ans et leur renouvellement n'est pas obligatoire pour les communes (2). La nature du droit du concessionnaire, a soulevé de vives difficultés dont la solution nous intéresse d'autant plus que, suivant le système admis,

---

(1) On entend aussi par concessions, certaines locations de choses : telles sont les locations faites par les fabriques des bancs ou chaises dans les églises. Cpr. Dufour. t. 6. n. 281.

(2) Décr. 23 prair. an XII; ord. 6 déc. 1843. art. 3. et 5.

les concessions de cimetières offriront avec l'emphytéose une similitude plus ou moins grande (1). Trois
systèmes ont été soutenus et successivement consacrés par la jurisprudence soit judiciaire, soit administrative.

1er Système. — Une première opinion décide que
la concession perpétuelle ou temporaire renouvelable,
transfère au preneur une véritable propriété, restreinte
il est vrai à certains points de vue par l'affectation spéciale du terrain et par les pouvoirs de police de l'administration (2). D'une part en effet, dit-on dans ce
système, la taxe payée par les concessionnaires a le caractère d'un prix et non celui d'un impôt (3), d'autre
part la commune est tenue en cas de translation du
cimetière de fournir aux preneurs dans le nouveau
cimetière, un terrain égal à celui qui leur est retiré
dans l'ancien (4), enfin un monument funèbre ne peut
être déplacé dans un cimetière, fut-ce même pour rec-

---

(1) L'intérêt pratique de la question consiste en ce que si le droit est
réel, le concessionnaire sera libre d'en disposer et pourra en cas d'empié-
tement actionner directement l'auteur du trouble, tandisque s'il est personnel, il n'obtiendra satisfaction que par l'intermédiaire de la commune et
toute aliénation lui sera interdite.

(2) Enreg. inst. gén. 3 janv. 1810. n. 459 ; Ducroq. dr. adm. t. 2.
p. 502 ; trib. de la Seine 24 déc. 1856 (D. P. 58. 3. 53) ; v. les conclusions
du rapporteur du gouvernement dans un arrêt du Cons. d'Et. du 19
mars 1863 (recueil des arr. du Cons. d'Et. de Lebon. 63. p. 266). C'est à
tort du reste que M. Ducroq cite en sa faveur cette décision du Conseil,
car l'arrêt ne décide qu'une simple question de compétence.

(3) C'est là une source de revenus pour les communes et qui figure parmi
les ressources ordinaires de leur budget. L. 18 juil. 1837. art. 31-10° ;
décr. 31 mai 1862. art. 484-10° (n. 1458) ; ord. 6 déc. 1843.

(4) Ord. 6 déc. 1843. Cpr. Lyon 16 mai 1877. D. P. 79. 2. 19.

tifier un chemin d'accès, sans demander le consentement du propriétaire (1). D'ailleurs, rien ne s'oppose,
ajoute-t-on, à ce que le concessionnaire ait un droit
de propriété, puisque les cimetières font partie du domaine privé de la commune (2). Cette solution est inacceptable. Le principe sur lequel elle s'appuie, la prétendue distinction qu'il faudrait établir entre les
choses *livrées à l'usage du public*, et celles simplement *affectées à un service d'utilité publique*, serait-il
démontré (3), les cimetières n'en devraient pas moins
être rangés dans le domaine public de la commune,
car ils satisfont aux trois conditions, qui d'après M.
Ducroq lui-même caractérisent la domanialité publique (4). D'ailleurs la perpétuité est de l'essence de la
pleine propriété; or, la concession pouvant être temporaire, la doctrine que nous combattons reconnait
elle-même que dans cette hypothèse le concessionnaire
n'aura au plus qu'un démembrement de la propriété.

---

(1) Décis. min. int. v. Bullet. 1861. n. 52.

(2) Ducroq. loc. cit. et traité des édif. publ. n. 23 et s. ; Rev. critiq*
1865. p. 318; Batbie, traité dr. publ. et adm. t. 5. n. 302 : Aucoc.
conf. sur le dr. adm. t. 2. n. 476. — Du reste les communes perçoivent
les produits des cimetières, moins les produits spontanés (tels que les her-
bages, qui sont attribués aux fabriques) et peuvent disposer comme elles
le jugent à propos des arbres plantés dans les parties non concédées du
cimetière. v. décr. 30 déc. 1809. art. 36-4° ; décis. min. intér. 18 janv.
1839: av. Cons. d'Etat. 22 janv. 1841.

(3) Contra : Demol. 9. n. 458 bis et s. ; Aubry et Rau. t. 2 § 169 ; Dres-
solles. journ. dr. adm. t. 11 p. 117 et s. ; M. Lamache à son cours et
Rev. critiq. 1865. t. 27. p. 13 et s.

(4) V. une dissert. de M. Cazalens en note d'un arrêt de Lyon du 4
fév. 1875 (D. P. 77. 2. 161). Si l'on admettait avec l'opinion précédente
qu'il ne saurait y avoir de droits réels sur le domaine public, la question
serait par la même résolue. Cpr. Cass. 20 juin 1863 (D. P. 63. 1. 381).

Quel texte permet donc de croire que la nature du droit doive varier avec la durée de la concession (1) ?

2° Système. — Le deuxième système considère les concessions perpétuelles et les concessions temporaires indéfiniment renouvelables comme des baux à durée illimitée et ne voit dans les concessions temporaires faites sans faculté de renouvellement que de simples baux à durée limitée (2). Cette opinion s'appuye sur ce que les cimetières appartiennent au domaine public de la commune et invoque l'article 11 du décret du 23 prairial an XII, lequel ne permet au concessionnaire de disposer du terrain concédé qu'en faveur de ses seuls parents ou successeurs. Nous repoussons également ce système. Un simple droit de bail ne saurait se concilier avec la disposition de l'article 5 de l'ordonnance de 1843 et avec la décision du ministre de l'intérieur (Bullet. 1861. n. 52). D'après ces deux textes, la commune est obligée, en cas de translation de cimetière de fournir au concessionnaire un terrain égal à celui qui lui est retiré dans l'ancien, et le déplacement d'un monument funèbre ne peut s'effectuer sans le consentement de son propriétaire ; il existe donc une certaine relation directe et immédiate entre le concessionnaire et la parcelle de terre concédée.

---

(1) Cette objection n'a pas embarassé le ministère public, qui a conclu dans l'arrêt du Cons. d'Et. de 1863 ; il a dit qu'en pareil cas, il y aura sinon propriété, du moins un droit analogue.

(2) Inst. gén. Régie. 30 juin 1846. n. 1757 (D. P. 46. 3. 127) ; décr. 23 prair. an XII. art. 10 ; ord. 6 déc. 1843. art. 3 ; trib. de Clermont; Ferrand 5 fév. 1867 (D. P. 67. 3. 63) ; Lyon 4 fév. 1875 (D. P. 77. 2. 161).

3e Système. — Une dernière opinion (1) admet
que la concession confère un droit réel *sui generis*,
dont le caractère et les effets sont déterminés par
l'ensemble des lois qui régissent la matière (2). C'est
celle que nous adopterons. Les défenseurs de ce système se fondent sur deux circulaires du ministre de
l'intérieur en date du 20 juillet 1841 et du 30 décembre
1843, où il est dit que les concessions dans les cimetières ne constituent pas des actes de vente et
n'emportent pas un droit de propriété en faveur du
concessionnaire, mais lui accordent simplement un
droit de jouissance avec affectation spéciale et nomi-
native. Ce droit de jouissance et d'usage ne peut être
qu'un droit réel. Quel est en effet son objet ? Il tend
à assurer au concessionnaire et aux siens un repos
plus ou moins long ; ce n'est donc que la prolongation
du *jus sepulchri*, droit réel par excellence et sur la
nature duquel le terme ne saurait exercer la moindre
influence. On répond alors, il est vrai, que les choses
du domaine public sont insusceptibles de tout droit

---

(1) Notons toutefois un arrêt d'Angers du 5 mai 1869 (D. P. 69. 2.198)
qui accorde au preneur un droit réel immobilier, sans préciser quel est
ce droit, et un jugement du tribunal de Coutances du 9 déc. 1846 (D. P.
47. 3. 206. Jur. gén. V° enreg.) qui sans s'expliquer sur la nature du
droit conféré, déclare que la concession n'est attributive ni d'un droit de
propriété, ni d'un droit de jouissance, ni d'un droit de bail.

(2) Dufour. t. 7. n. 753. et s. ; Batbie t. 7. n. 255 ; Gauthier p. 293.
Lyon 19 février 1856 (D. P. 56. 2. 178), Cass. 7 av. 1857 (D. P.
57. 1. 311), Cons. d'Et. 19 mars 1863 (S. 63. 2. 118), trib. de Lyon 24
janv. 1866 (D. P. 67. 3. 45-46) et 30 juin 1877 (D. P. 78. 3. 88), trib.
de la Seine 1 av. 1882 (D. P. 83. 3. 30.). Cpr. Bullet. min. int. 1863
p. 289 et Lyon. 17 août 1880 (D. P. 81. 2. 16.

réel perpétuel. Cette objection ne porte pas; les choses
du domaine public comportent parfaitement l'établissement de tous les droits réels compatibles avec leur
destination, et tel est bien ici le caractère de la concession, puisqu'elle constitue l'usage ou un des modes de l'usage auquel le cimetière est affecté. Toutefois,
si le droit du concessionnaire est un droit réel, c'est
un droit réel *sui generis* consistant dans un usage
spécial et déterminé du terrain concédé. Ce n'est pas
du reste sa seule particularité ; à un autre point de
vue il est personnel en ce sens que le concessionnaire
ne peut en disposer. L'article 11 du décret du 23
prairial an XII est formel à cet égard, il définit la concession « une place distincte et séparée pour fonder la
sépulture du concessionnaire et celle de ses parents
ou successeurs. »

Ainsi entendu, le droit auquel donnent lieu les
concessions dans les cimetières offre donc une
analogie bien marquée avec le droit emphytéotique.
Mais là s'arrête la similitude, car on rechercherait
en vain dans ces concessions les trois caractères
distinctifs que nous avons assignés à la tenure emphytéotique : la périodicité de la redevance, le droit
de large disposition accordé au preneur et l'obligation
d'améliorer qui lui est imposée.

II. — Des concessions de mines. — Bien que le
droit de propriété soit absolu, les législateurs modernes ont pensé qu'il fallait déroger, pour les mines,
aux principes généraux posés dans les articles 544
et 552 du code civil. Les masses métalliques existant
à l'intérieur de la terre constituent en effet une des

portions les plus importantes de la richesse publique, il importait donc que l'Etat, gardien et protecteur de cette richesse, fût investi du pouvoir de remettre ces dépôts précieux entre les mains de ceux qui lui paraîtraient les plus aptes à les mieux exploiter et à en tirer ainsi le meilleur parti au point de vue des intérêts actuels et futurs de la consommation. Tel a été l'objet de la loi des 12-28 juillet 1791 et de la loi du 21 avril 1810, actuellement en vigueur (1). Dès que leur [existence est révélée, les matières susceptibles de donner naissance à une mine se séparent de la propriété du sol ; ce sont des *res nullius* dont l'Etat n'est pas propriétaire, mais dont il peut, en vertu de son pouvoir souverain, déléguer l'exploitation à un particulier. Le décret de concession (2) ne comporte pas la simple délégation d'un service public à l'égard du concessionnaire, il le rend propriétaire et la mine forme désormais un immeuble distinct, soumis en principe à toutes les règles de la propriété ordinaire, par suite susceptible d'usufruit, d'hypothèque et même d'aliénation (3). Toutefois le législateur de 1810 n'a pas suivi dans toute sa rigueur l'exception par lui faite au principe de l'accession ; il oblige le

---

(1) Quelques-unes des dispositions de cette loi ont été modifiées par la loi du 28 juillet 1880 (D. P. 81. 4. 33).

(2) Il ne peut être statué sur les demandes en concession de mines que par un décret rendu en Cons. d'Et. (Cons. d'Et. 10 mars 1876. D. P. 76. 3.75), et en cas de difficultés sur les limites de la concession, c'est l'autorité administrative seule qui est compétente (Trib. des conflits. 28 fév. 1880. D. P. 81. 3. 36).

(3) L. 21 av. 1810. art. 5 à 8 et 19.

concessionnaire à payer annuellement au propriétaire de la surface une redevance (1), attribuée en reconnaissance d'un droit réel retenu par ce dernier sur le tréfonds. Cette redevance, accessoire de la propriété de la surface, participe dès lors de la nature du droit principal et constitue un droit réel immobilier sur lequel l'hypothèque peut s'asseoir (2). C'est là du reste le seul exemple que l'on puisse rencontrer dans notre législation d'une redevance perpétuelle immobilière et irrachetable. Enfin l'Etat, après avoir accordé la concession, n'abdique pas pour cela tout droit sur la mine, en outre de la redevance fixe et de la redevance proportionnelle que doit lui payer le concessionnaire (3), il conserve un droit de surveillance en vertu duquel il suspend ou même résout

---

(1) Cette redevance doit toujours être fixée par le gouvernement. V. Lyon. 3 août 1874. D. P. 75. 2. 228 ; Paris 22 mars 1880. D. P. 80. 2. 45 (il n'en est pas de même pour l'indemnité à laquelle a droit l'inventeur de la part de celui qui obtient la concession. Cass. 3 mars 1879. D. P. 79. 1. 430). La redevance peut consister, soit en produits de la mine, soit en une somme d'argent ; dans ce dernier cas, elle est généralement de 10 à 15 centimes par hectare, mais peut s'élever jusqu'à 5 francs.

(2) Toutefois il n'en est ainsi qu'autant que la rente est entre les mains du propriétaire du sol ; s'il en était autrement, elle constituerait un droit mobilier ; la nature d'un droit est déterminée par son objet, et cet objet consiste ici en prestations mobilières annuelles.

(3) Art. 33 et s. de la loi du 21 av. 1810. La redevance fixe est de tant par kilomètre carré et varie avec l'étendue de la concession ; la redevance proportionnelle ne peut s'élever (art. 35) au 5 0⁣[0 du produit net de la mine : pour cette dernière, les concessionnaires peuvent faire avec l'Etat un abonnement. Les redevances se perçoivent du reste comme en matière de contributions directes, et les contestations auxquelles elles sont susceptibles de donner lieu, sont soumises à la juridiction du Conseil de Préfecture ; cpr. Gauthier. p. 324.

la concession (1), lorsque le concessionnaire méconnaît les règles d'une bonne exploitation, ou ne se
conforme pas aux réglements de police (2). Il résulte
de cet aperçu, trop sommaire peut-être, que les concessions de mines ne sauraient être rapprochées de
la tenure emphytéotique. Si la concession donne en
effet naissance à une redevance périodique, dont la
modicité est un des caractères essentiels, si elle
accorde au preneur un libre pouvoir de jouissance
et de disposition, si elle lui interdit toute détérioration et le soumet en quelque sorte à l'obligation
d'améliorer, elle lui transfère une véritable propriété,
ce qui est contraire à toute idée d'emphytéose.

*III. — Concessions de chemins de fer, ponts, ca-
naux, etc. —* Lorsque l'Etat, le département ou une
commune ont décidé la construction d'un chemin de
fer, d'un pont, d'un canal, etc., ces personnes morales
peuvent, soit faire elles-mêmes les frais de la construction, soit, et c'est le cas le plus général, déléguer
à l'accomplissement de ce travail un ou plusieurs
particuliers réunis en société. Relativement aux chemins de fer, la loi du 11 juin 1842 avait adopté un
autre système : l'Etat se chargeait de l'établissement

---

(1) Le concessionnaire peut aussi renoncer à l'exploitation de la
mine ; alors la mine est adjugée à un nouveau concessionnaire et le
prix est versé entre les mains de l'ancien concessionnaire déchu ou
renonçant.

(2) V. art. 7, 49 et 50. L. du 21 av. 1810 ; art. 10. L. 27 av. 1838 ;
décr. 22 oct. 1852. — V. et Cpr. Demol. 9. n. 647 et s. ; Aubry et Rau
t. 2. § 223-3° ; Duf. t. 6. n. 575 et s., t. 7. n. 1 et s. ; Batbie t. 5.
n. 446 et s. ; Ducroq. t. 1. n. 400 ; Gauthier. p. 294 et s.

de la voie et en concédait l'exploitation pour 99 ans (1)
à une compagnie ; celle-ci fournissait le matériel, et
à l'expiration du terme le tout devait faire retour à
l'Etat. On procéda ainsi pendant quelques années ;
mais, les chemins de fer prenant un essor de plus en
plus considérable, les compagnies s'offrirent à faire
tous les travaux de construction ; on revint donc au
système de la délégation et l'intervention de l'Etat ne
fut plus exigée que pour l'expropriation des terrains
sur lesquels devait être établie la voie (2). Il existe
alors, comme le dit très exactement M. Dufour (3),
deux conventions bien distinctes quant à leur objet et
quant à leurs effets : en ce qui concerne l'établissement du chemin de fer, la condition de la compagnie
est celle d'un entrepreneur de travaux publics (4), et
après l'achèvement des travaux et leur réception,
elle perd cette qualité pour prendre celle d'entrepreneur d'un service de *voirie*. En résumé, l'entrepreneur devient *exploitant* après avoir été *construc-
teur*, et il est indemnisé tant de ses frais d'exploita-

---

(1) Les premières concessions faites sous la Restauration furent d'abord
perpétuelles ; puis une réaction s'opéra et leur durée fut fixée à 27 ans ;
aujourd'hui leur terme maximum est de 99 ans. C'est là un emprunt à
la loi des 18-29 déc. 1790 sur l'emphytéose, qui semble repousser toute
idée d'aliénation.

(2) Aucoc. t. 3. n. 1241 et s. ; Gauthier. p. 245.

(3) t. 3. n. 213.

(4) Cpr. Aucoc. t. 2. p. 244 ; Cons. d'Et. 24 juin 1840 (Dal. Jur. gén.
v° trav. publ.), 26 mai 1853 (D. P. 54. 3. 55), 1 mars 1860 (D. P. 60. 3. 9).
— Si la compagnie concessionnaire n'avait pas commencé les travaux
dans le délai imparti dans le cahier des charges, le ministre des trav.
publ. aurait le droit de prononcer sa déchéance. Cons. préf. de la Seine.
24 juin 1879 (D. P. 79. 3. 70).

tion que de construction, par l'abandon à son profit de tout ou partie des produits de la chose pendant un terme déterminé.

Une question fort importante se présente ici; le concessionnaire est-il propriétaire de la voie ferrée, a-t-il un droit emphytéotique ou du moins un droit réel *sui generis*?

Un premier point nous paraît certain, bien qu'il ait été vivement contesté, c'est que le droit conféré au preneur ne saurait constituer un droit de propriété. Non seulement les obligations auquel l'Etat soumet les concessionnaires impliquent que la voie ferrée ne leur appartient pas, mais le législateur s'en est expliqué en termes formels. L'article 1er de la loi du 15 juillet 1845 dit en effet que les chemins de fer font partie de la grande voirie; c'est dire qu'ils sont classés dans le domaine public et par suite ne sont pas susceptibles de propriété privée (1). Cette déduction toute naturelle a été cependant combattue et on a fait valoir contre elle deux objections. En premier lieu on a prétendu que les dépendances de la grande voirie n'étaient pas par cela seul insusceptibles de propriété (2), et on

---

(1) C'est ainsi qu'il a été jugé que les lois des 18 mai 1878 et 31 juillet 1879, ayant compris dans le réseau des chemins de fer d'intérêt général certaines lignes d'intérêt local concédées par les départements, ont fait passer ces lignes du domaine public départemental dans le domaine public national. Cons. d'Et. 15 juill. 1881. D. P. 82. 3. 117.

(2) On s'appuye sur ce que certains canaux et les terrains sur lesquels sont établis les chemins de halage n'en constituent pas moins des propriétés privées, bien que dépendants de la grande voirie. Cpr. L. 5 août 1821. art. 3. Dal. Jur. gén. v° can. n. 154; Cass. 7 nov. 1865. D. P. 66. 1. 254.

en a conclu que la loi de 1845, en rangeant les chemins
de fer dans la grande voirie n'avait pas décidé qu'ils
devaient être absorbés par le domaine public au point
d'exclure tout droit de propriété, mais avait simplement décidé qu'ils seraient *affectés à l'usage du public*. En second lieu, on a soutenu que le droit de propriété du concessionnaire était formellement exprimé
dans cette clause, invariablement contenue dans les
anciens cahiers des charges « à l'époque fixée pour
« l'expiration de la concession et par le seul fait de
« cette expiration, le gouvernement sera subrogé à
« tous les droits de la compagnie dans la *propriété*
« des terrains et ouvrages désignés au plan cadas-
« tral ». Ces objections ne portent pas. D'une part en
effet, la première méconnaît ce fait indiscutable que
la construction de la voie constitue une entreprise
de travaux publics faite au nom et pour le compte de
l'Etat (1), ce qui explique l'expropriation pour cause
d'utilité publique en cas d'établissement d'un chemin
de fer (2); d'autre part, on a reconnu depuis longtemps

---

(1) Cpr. Cons. d'Et. 31 mai 1878. D. P. 78. 3. 62.

(2) On a prétendu il est vrai que les concessionnaires constructeurs
n'étaient que des *procuratores in rem suam* envers l'Etat (Dumay. thèse
de doct. Paris 1878. Concessions de chemins de fer. p. 156) ; mais il y
a là une erreur juridique, car les concessionnaires sont tenus de rendre
compte de leur mandat en des formes et sous des conditions très rigoureuses. Ce n'est en effet que lorsqu'il aura été procédé à la réception des
travaux, et après dépôt dans les archives des ponts et chaussées des procès-
verbaux de bornage, du plan cadastral, et de l'état descriptif du chemin de
fer, de ses dépendances et de tous les ouvrages établis conformément
aux cahiers des charges que le concessionnaire pourra mettre la voie en
exploitation.

que la clause invoquée contenait une erreur de droit
évidente et aujourd'hui cette phrase maladroite a disparu de la rédaction des cahiers des charges. De
là il résulte que les chemins de fer ne sont pas soumis
à la taxe de main-morte (1) qu'ils ne sont pas susceptibles de saisie immobilière (2) et que le droit de mutation immobilière ne doit pas être perçu, lorsque le
concessionnaire cède sa concession (3).

Ainsi les compagnies de chemins de fer ne sont pas
propriétaires, mais n'ont-elles pas au moins un droit
emphytéotique ou un droit réel *sui generis*. La question est fort délicate à résoudre.

Au premier abord il semble difficile en présence
de certains textes de ne pas accorder aux concessionnaires un droit réel. Ainsi la loi de 1845, qui
reproduit la loi du 5 floréal an XI sur les canaux,
oblige la compagnie à payer l'impôt foncier et la
jurisprudence lui accorde l'action possessoire (4).
De même la loi du 11 juillet 1866, affectant le droit
de l'Etat sur les chemins de fer à la caisse d'amortissement, qualifie ce droit de nue-propriété, et l'ancienne rédaction des cahiers des charges ne serait-
elle pas exacte en droit, la compagnie ne serait-elle
pas propriétaire, cette clause démontrerait toujours que le droit conféré serait au moins un droit

---

(1) Lois des 20 fév 1849 et 30 mars 1872; v. Cons. d'Et. 8 fév. 1851.
D. P. 51. 3. 49.

(2) Trib. de la Seine. 27 juil. 1850. D. P. 51. 5. 78.

(3) Cass. 15 mai 1861. D. P. 61. 1. 225. Cpr. Douai 9 mars 1857. D.
P. 57. 2. 145.

(4) Cass. 5 nov. 1867. D. P. 68. 1. 117.

réel. N'est-ce pas là du reste ce qu'exprime le nouveau libellé adopté, l'article 35 du modèle (1), et
n'est-ce pas aussi la conséquence qui se déduit des
articles additionnels du traité de Francfort (10 mai
1871), lesquels ont stipulé qu'une somme de 325
millions serait défalquée de l'indemnité de guerre,
comme représentation de la valeur des chemins en-
levés à la compagnie de l'Est (2). Enfin si l'on
n'admet pas le droit réel, comment concevoir que
le projet de loi sur la réforme hypothécaire ait
rangé les concessions de chemins de fer parmi les
biens susceptibles d'hypothèque et que les prêts
faits par l'Etat aient emporté hypothèque de plein
droit sur le chemin de fer, sur toutes ses dépendances et sur le matériel de l'exploitation (3).

Un droit réel étant reconnu au concessionnaire, la
concession de chemin de fer offre avec l'emphytéose

---

(1) Cet article est ainsi conçu : « à l'expiration de la concession, le
gouvernement sera subrogé à tous les *droits* de la compagnie *sur le
chemin de fer* et *ses dépendances* et il entrera immédiatement en jouissance de tous ses produits. »

(2) v. D. P. 71. 4. 28 : art. 1 § 1. Le gouvernement français sera
subrogé à tous les droits acquis par le *rachat* des concessions, en ce qui
concerne les chemins de fer situés dans les territoires cédés, soit achevés,
soit en construction.

Art. 1 § 4. Le gouvernement français s'engage à libérer envers l'empire allemand entièrement les chemins de fer cédés ainsi que leurs
dépendances et tous les droits que des tiers pourraient faire valoir,
nommément des droits des obligataires.

Art. 1. § 5. Le gouvernement français prendra à sa charge les réclamations que la compagnie des chemins de fer pourraient élever vis-à-
vis du gouvernement allemand ou de ses mandataires par rapport à
l'exploitation desdits chemins de fer et à l'usage des objets indiqués dans
le paragraphe 2 ainsi que du matériel roulant.

(3) L. 15 juil. 1840. art. 11,20 et 22. L. 9 août 1847.

une similitude telle que l'on s'explique facilement que M. Dumay ait été amené à confondre les deux contrats (1). La compagnie est en effet tenue de faire des améliorations sans pouvoir en réclamer le prix à la fin de la tenure ; la durée de sa jouissance, comme celle de l'emphytéote, est toujours *ad non modicum tempus* sans pouvoir cependant dépasser 99 ans, terme maximum du bail emphytéotique, elle possède comme lui les actions possessoires et doit également acquitter les charges publiques. Cependant, même en reconnaissant au preneur un droit réel, nous nous refusons à voir dans la concession des chemins de fer une emphytéose. Les caractères que nous venons de reconnaître au droit du concessionnaire ne sont pas les seuls que présente le bail emphytéotique ; il faut en outre, pour que cette tenure puisse exister qu'une redevance annuelle soit payée au propriétaire et qu'il ne soit apporté aucune restriction au pouvoir de disposition de l'emphytéote. Or, ce sont là deux des éléments essentiels de l'emphytéose qui ne se rencontrent pas dans les concessions de chemins de fer (2).

Mais, est-ce bien a un droit réel que donnent

---

(1) p. 189 ; Garsonnet. p. 550.

(2) On ne saurait en effet confondre l'impôt que doit acquitter la compagnie avec le canon emphytéotique, et en ce qui concerne le pouvoir de disposition du concessionnaire, ce dernier n'a jamais pu aliéner sans en demander l'autorisation préalable à l'autorité compétente. V. Aucoc. t. 3. n. 1333 ; trib. de la Seine. 23 oct. 1871. D. P. 72. 3. 55 ; Cons. d'Et. 31 mai 1878. D. P. 78. 3. 62 ; Cons. de Préf. de la Seine 24 juin 1879. D. P. 79. 3. 70. Cpr. L. 11 juin 1880. D. J P. 81. 4. 21 ; Cass. 5 déc. 1882. D. P. 83. 1. 171.

naissance les concessions de chemin de fer ? Quelque soit la valeur des arguments que l'on puisse faire valoir dans le sens de la réalité du droit, nous pensons avec la jurisprudence (1), que le droit conféré est un droit mobilier purement personnel. La nature d'un droit se détermine en effet par l'objet sur lequel il porte, et il consiste ici dans le droit de percevoir les prix de transports des voyageurs et des marchandises ; c'est donc un droit essentiellement personnel et mobilier. On oppose il est vrai qu'un certain nombre de textes impliquent le droit réel, nous ne le nions pas, mais en s'exprimant ainsi le législateur, sous l'inspiration peut-être de la clause insérée jadis dans les cahiers des charges, est tombé dans une erreur juridique qu'il a lui même reconnue en adoptant depuis 1845 un nouveau libellé. Prétendre ensuite que ce nouveau libellé affirme à son tour la réalité du droit, c'est donner à ce texte une signification qu'il n'a pas. Que dit l'article 35 du modèle ? Il dit simplement que lorsque la concession prendra fin, le gouvernement sera substitué à la compagnie concessionnaire dans la perception des taxes de transports, c'est-à-dire dans l'exercice d'un droit mobilier. En un mot, le sens de la phrase « *sera subrogé à tous les droits de la compagnie sur le chemin de fer et ses dépendances* » est

---

(1) Aucoc. t. 3. n. 124 et s.; Dufour. n. 213 ; Batbie. t. 5. p. 403 ; Gauthier. p. 250 et s. Trib. de la Seine 27 juillet 1850. D. P. 50. 5. 78 : Cass. 16 février 1861. D. P. 61. 1. 225. L'arrêt de la Cour de Cass. du 5 nov. 1867 ne fait pas obstacle à celte jurisprudence, car tout en accordant aux compagnies l'action possessoire, la Cour de cassation prend bien soin de leur refuser en même temps tout droit réel.

donné par cette autre phrase qui suit « *et il entrera immédiatement dans la jouissance de tous
ses produits* ». L'argumentation que l'on tire des
paragraphes 1, 4 et 5 de l'article 1er des articles
additionnels du traité de Francfort n'est pas plus
concluante. Bien que les chemins de fer fassent partie
du domaine public et que les compagnies concessionnaires n'aient qu'un droit personnel d'exploitation, ce
droit d'exploitation constitue pour elles le prix des
travaux et des dépenses qu'elles ont faites, et dès
lors ne pourrait leur être enlevé sans qu'on les en
indemnise. C'est précisément pour éviter les difficultés
auxquels aurait pu donner lieu cette indemnité, que
le gouvernement allemand a traité à forfait avec le
gouvernement français, qu'il instituait en quelque
sorte pour cette opération son mandataire. Cette explication nous permet par cela même d'écarter l'argument que l'on tire de l'expression rachat ; par rachat,
il faut entendre l'indemnité accordée par l'Etat à une
compagnie, lorsqu'il lui enlève le droit qu'elle avait de
percevoir des taxes de transports jusqu'à l'expiration
de sa concession. Seules, les lois accordant une hypothèque à l'Etat sur des chemins de fer pourraient nous
embarrasser (1). Il est en effet évident que toutes

---

(1) Si les termes restrictifs de l'art. 2118 c. c. ne permettent pas dans
l'espèce d'accorder au preneur la faculté d'hypothéquer, il faut reconnaître que la cause qui s'oppose à l'hypothèque des meubles (la difficulté
de prendre inscription sur des objets qui n'ont pas d'assiette fixe)
n'existe pas ici ; le matériel des chemins de fer, rails, machines, etc., sont
des meubles fixés au sol ou ne circulant que sur un certain parcours.
Cpr. Gauthier p. 252. Rien ne s'opposerait donc pratiquement à ce que

les fois qu'une clause semblable est intervenue, elle a conféré à la compagnie un droit réel susceptible d'hypothèque au profit de tous ses créanciers, même autres que l'Etat. Nous répondrons que là encore le gouvernement est tombé dans l'erreur juridique qu'il avait déjà commise dans la rédaction des cahiers des charges antérieurs à 1845 et cela est si vrai que dernièrement le Conseil d'Etat a fait écarter, comme illicite, du projet de décret qui lui était soumis, une clause insérée dans le cahier des charges d'une compagnie de chemin de fer d'intérêt local, et aux termes de laquelle le département avait hypothèque sur le chemin de fer après les obligataires.

Les développements que nous venons de consacrer aux concessions de chemins de fer s'appliquent également aux concessions de ponts à péage (1) et de canaux (2) sous réserve de certaines règles de détail qui ne peuvent prendre place ici.

---

ces meubles fussent aussi bien susceptibles d'hypothèque que les navires (L. 10 déc. 1874). C'est en se fondant sur cette idée que plusieurs législations étrangères ont permis aux compagnies d'hypothéquer ; V. pour la Suisse, annuaire de législat. comp. an. 1875; Autriche. L. 10 mai 1874. tit. 2. ch. 1, art. 46 et s. ; Angleterre' L. 10 août 1866 ; contra Suède. loi hypothécaire du 14 sept. 1875. tit. 2. art. 16. (annuaire de législat. comp. 1875-1876, p. 818).

(1) Nimes 2 août 1847. D. P. 48.2. 41 et 51. 1.28 ; Cass. 20 fév. 1865. D. P. 65. 1. 308 ; et pour les bacs, Cons. d'Et. 5 av. 1851. D. P. 51. 3. 34.

(2) L. 5 floréal an XI ; Cass. 5 mars 1829; Dal. jur. gén. Vᵉ can. n. 154.

APPENDICE

LÉGISLATION COMPARÉE

Entrée dans les différentes législations sous la double influence du droit romain et du droit canonique, l'emphytéose est encore aujourd'hui en usage parmi un grand nombre de peuples modernes. Nous ne pouvons donc clore cette étude, sans examiner sommairement les règles auxquelles cette tenure est actuellement soumise en Portugal, en Espagne, en Italie, en Allemagne, en Hollande et en Belgique (1).

---

(1) En présence des trops longs développements où il nous aurait fallu entrer, nous avons du renoncer à parler de l'Angleterre. C'est là en effet une étude dont le moindre aperçu nous aurait entraîné à faire l'historique des tenures si nombreuses que comporte la législation anglaise, et qui forment un ensemble dont il est impossible de détacher une partie pour l'exposer séparément.

En Russie, et bien qu'on y rencontre la division de la propriété en di-

I. — *Emphytéose en Portugal.* — La tradition de
l'emphytéose ne s'est jamais perdue en Portugal et
de nos jours les principes qui la régissent sont empruntés dans leur presque intégrité au droit romain.
Le bail emphytéotique transfère au preneur le domaine
utile, à la charge par ce dernier de payer une redevance ou cens, dont la modicité n'a pas cessé d'être
le signe caractéristique (1) ; il attribue au propriétaire
direct un laudemium (*laudemio*) dont le taux légal
est de la quarantième partie du prix (2) et lui confère
un droit de préférence ou retrait dans tous les cas
où la tenure est aliénée ; enfin comme sous l'empire
des constitutions impériales, l'emphytéote encourt la
commise pour inexécution de ses obligations (3). Toutefois l'emphytéose portugaise présente certaines particularités, complètement étrangères à la législation
romaine. Ainsi, l'emphytéose perpétuelle est seule
admise et doit être inscrite sur les registres fonciers

recte et utile (Lehr. éléments de dr. civ. russe. p. 162. 283 et 284 ; C. B.
513,514,947,950 à 952), il ne nous paraît pas que l'on puisse y découvrir
l'emphytéose. D'une part en effet la législation russe est contraire aux
idées de location perpétuelle (les immeubles ne peuvent pas être loués
entre particuliers pour plus de douze ans. cpr. Lefort. p. 370) ; d'autre
part la notion de l'emphytéose se concilie peu avec l'organisation de la
commune rurale (*mir*) et le régime d'association (*artel*), sous lequel le
paysan est habitué à vivre, enfin et c'est ce qui a lieu pour les *pomestia*,
lorsqu'une terre inculte est convertie par le preneur en un champ pro-
ductif, la plus value est attribuée à ce dernier en propriété et à titre définitif. Cpr. Lehr. p. 163.

(1) Ant. de St-Joseph. Concordance des codes civils. t. 3. p. 181 art. 670.

(2) Anth. de St-Joseph. 679 à 681.

(3) Anth. de St-Joseph. art. 684 ; Lefort. p. 391.

dans un délai déterminé (1); elle ne peut être établie
que par acte authentique et ne se présume, à défaut
de représentation du titre originaire, que si l'emphytéote supposé a payé pendant trente ans une rente
présentant des indices d'emphytéose. Le canon emphytéotique est indivisible en ce sens que, dans l'hypothèse où le propriétaire n'aurait pas approuvé la
division du fonds emphytéosé entre plusieurs copos-
sesseurs, il aurait le droit de forcer ces coposseurs à
élire pour un on trois ans un chef chargé de faire les
recouvrements et d'acquitter la redevance en entier.
Enfin la tenure emphytéotique prend fin par la *con-
solidacao*, mode d'extinction spécial, en vertu duquel
l'héritage fait retour au seigneur direct toutes les fois
que l'emphytéote meurt *ab intestat* sans laisser aucun
héritier en ligne directe ou collatérale jusqu'au cinquième degré (2).

II. — *Espagne.* — En Espagne l'emphytéose romaine s'est conservée dans toute sa pureté et les

---

(1) Ann. de législat. étrang. 1875. p. 383 et 1877. p. 611. — Jadis
l'emphytéose pouvait être donnée non seulement à perpétuité, mais encore pour un certain temps, à une ou plusieurs vies, et dans ce dernier
cas la tenure offrait cette particularité que les biens sur lesquels elle
portait, étaient considérés comme indivisibles et leur dévolution s'opérait
conformément à la loi des majorats. V. Anth. de St-Joseph. art. 663 et
le *digesto portuguez*. art. 921 à 926. Cpr. relativement au droit qu'avait
l'emphytéote temporaire ou à vie, ayant amélioré, d'exiger le renouvellement du contrat antérieur. Anth. de St-Joseph. art. 690 et s. La loi
du 3 mai 1863 ayant aboli les majorats en Portugal, a entraîné la suppression des emphytéoses temporaires et à vie.

(2) Cpr. Anth. de St-Joseph. t. 3, p. 180; Lefort. p. 389 et s. — Cpr.
aussi les dispositions restrictives formulées par la législation portugaise
à l'encontre des personnes de mainmorte.

dispositions des constitutions impériales et des Novelles ont été reproduites presque intégralement par
les *Partidas*, qui constituent encore aujourd'hui le
fonds du droit civil. L'emphytéose espagnole opère
division de la propriété en directe et utile, l'une
retenue par le bailleur, l'autre attribuée à l'emphytéote qui doit en échange payer annuellement un
canon fort peu élevé et simplement recognitif du domaine direct du concédant (1); elle peut être constituée soit à perpétuité, soit à temps pour un terme
plus ou moins long, qui ne saurait être inférieur
cependant à dix ans; enfin et depuis la loi hypothécaire du 8 février 1861 (2), elle est assujettie à la
formalité de l'inscription sur les registres fonciers
pour être opposable aux tiers (3). Les droits et les
obligations du seigneur direct et de l'emphytéote
sont généralement les mêmes qu'en droit romain et
le preneur est toujours tenu de dénoncer l'aliénation au maître auquel n'ont jamais cessé d'appartenir
le retrait emphytéotique (*fadiga*), le laudemium (*laudemio*) et la commise (*commisso*) (4). Toutefois la
législation espagnole présente à ce point de vue

---

(1) L. 3. t. 14. P. I; L. 28. t. 8. P. V. Cpr. Lehr. Eléments de dr.
civ. espagn. Paris 1880. n. 397.

(2) Cette loi a été partiellement remaniée par la loi du 21 déc. 1869
et complétée par le réglement d'exécution du 29 oct. 1870.

(3) C'est là une différence avec la législation allemande qui comporte
la même organisation de registres fonciers ; Lehr. n. 488.

(4) Cette commise, qui s'exerce sans intervention du juge (L. 28. t.
8. P. v), est encore encourue lorsque l'acquéreur n'est pas en état de
payer la rente aussi bien que le vendeur (L. 29. h. t.)

quelques règles spéciales. Ainsi : le propriétaire ne peut exercer le retrait que pendant une durée de huit jours (1), et en est même privé lorsqu'un tiers, ayant acquis un droit réel du preneur, l'a inscrit sur les registres de propriété (2) ; de même lorsque le propriétaire veut aliéner le domaine direct, l'emphytéote jouit également d'un droit de préférence ou retrait (3) ; enfin, à la différence de ce que nous avons observé en droit romain, la tenure emphytéotique s'éteint par le rachat de la redevance (4), par la transformation telle de la chose qu'il en reste moins de 1|8 et par l'expiration d'un laps de 30 ans, pendant lequel le payement de la redevance n'a pas été réclamé par le propriétaire (5).

III. — *Italie*. — L'Italie est la terre classique de l'emphytéose ; de tous temps, elle y est apparue comme la tenure de prédilection de ses habitants, et c'est parmi les jurisconsultes italiens qu'il faut rechercher les plus grandes autorités juridiques qui aient traité de cette institution. Aussi, et quelles que soient les époques, les législateurs n'ont jamais effleuré en Italie les moindres questions relatives à la propriété et à la condition des terres, sans s'occuper du *livello* (6). Lorsqu'après les guerres de

(1) L. 8. t. 13. liv. X. N. R.

(2) L. hypothéc. 38.

(3) L. 8. t. 13. liv. X. N. R.

(4) L. 24. t. 15. liv. X. N. R.

(5) Cpr. Lehr. n. 402 ; v. aussi Lehr. [n. 398 à 400.

(6) v. sur l'emphytéose léopoldine, Garsonnet p. 471 ; v. supra le *libellus contractus*. p. 215.

l'Empire, pendant lesquelles notre code civil avait été promulgué dans presque tous les Etats italiens, ces Etats voulurent se donner des codes nationaux, leur premier soin fut d'y introduire expressément l'emphytéose (1). De même, lorsqu'en 1866, le projet du nouveau code italien fut mis en discussion, l'emphytéose fut maintenue, bien que la commission du Sénat en eût demandé la suppression (2), et dernièrement encore, dans une loi du 19 juin 1873 (art. 19), relative à la conversion des biens immeubles composant le patrimoine ecclésiastique, il a été décidé que les représentants de ces corporations seraient autorisés à donner en emphytéose perpétuelle, conformément aux règles du code civil, les biens fonds incultes et susceptibles d'être amendés (3).

Le nouveau code italien consacre la tradition et envisage l'emphytéose au même point de vue général que tous les autres codes publiés antérieurement en Italie; il attribue à l'emphytéote le domaine utile et considère l'obligation d'améliorer comme le caractère typique de la tenure. L'article 1556 définit l'emphytéose : un contrat par lequel on concède un fonds à la charge de l'améliorer et de payer un revenu

---

(1) Cpr. Code des deux-Siciles publié en 1819 (art. 1678 et 1703) ; code Sardé publié en 1838 et connu sous le nom de Code Albert (art. 1941) ; Code des duchés de Parme, Plaisance et Guastalla, publié en 1820 (art. 415); *proprio motu* des Etats romains, publié en 1834 (art 104).

(2) Huc. Code civil italien. Liv. 3. t. 1. § 10. p. 278 et s. Cpr. art. 1556 et s.

(3) Ann. de législat. étrang. 1872-1873. p. 299.

annuel déterminé en argent ou en denrées (1). L'emphytéose peut être perpétuelle (2) ou temporaire (art.
1556), cas auquel aucun *minimum* de durée n'est imposé au concessionnaire (3), et sa constitution ne
nécessite plus ni acte écrit, ni titre authentique (4). Le
contrat emphytéotique est réglé en principe par la
convention des parties (art. 1557), mais celles-ci ne
peuvent cependant déroger aux dispositions édictées
par la loi elle-même dans les articles 1562, 1563 et
1564. Ces articles donnent la faculté au concédant
d'exiger tous les vingt-neuf ans du preneur la reconnaissance de son droit (5), accordent à l'emphytéote
la liberté absolue de disposer de sa tenure (art. 1562),
et lui confèrent le droit de racheter la redevance emphytéotique moyennant un capital en argent, fixé par
la loi elle-même (art. 1564). En principe ce capital doit
être tel qu'il puisse produire, sur la base de l'intérêt
légal un revenu correspondant au montant de la redevance ou à sa valeur, si cette redevance consiste en
denrées (6). Néanmoins l'article 1564 admet que les
parties sont libres de convenir d'un capital inférieur,

---

(1) C. A. art. 1941; C. de Parme. art. 415.

(2) D'après l'art. 416 du C. de Parme, l'emphytéose ne pouvait pas
durer plus de 100 ans.

(3) Contra. C. napolit. art. 1681.

(4) Contra C. napolit. art. 1679: C. de Parme art. 415.

(5) Art. 1563. Dans le C. de Parme, le délai était de 25 ans ; contra C.
napolit. art. 1700, la reconnaissance devait être faite à chaque mutation.

(6) Alors on prend pour base leur prix moyen pendant les dix dernières années.

et décide que dans le cas où il s'agirait d'une emphytéose temporaire n'excédant pas trente ans, il leur est
permis de désigner un capital supérieur, pourvu que
ce capital ne dépasse pas le 1[4 de celui établi ci-dessus.

Les pouvoirs les plus étendus soit de jouissance,
soit de disposition sont accordés à l'emphytéote.
Ainsi, il peut faire subir au fonds toutes les transformations qu'il lui plait, à la seule condition de ne pas détériorer, et l'article 1561 lui confère à l'égard du trésor
et des mines découvertes dans ce fonds tous les droits
du propriétaire (1). Ses droits de disposition sont encore plus larges ; il aliène et hypothèque (2) librement
sans que son droit soit susceptible de recevoir la
moindre restriction (3) : toutes les anciennes pratiques
romaines, notification au maître, retrait emphytéotique, obligation de payer le *laudemium* sont abolies
et ne pourraient pas même être stipulées expressément par les parties (4). Il y a plus ; si l'emphytéote est
toujours tenu d'améliorer, il possède en retour le droit
spécial, analogue au *Schauffelrecht* (5), de se faire

---

(1) Cpr. C. de Parme. art. 420 ; contra C. napolit. art. 1686.

(2) art. 1567 et 1967. En cas d'extinction de la tenure, les hypothèques nées du chef de l'emphytéote se résolvent, et le droit de préférence est transporté sur l'indemnité due par le propriétaire [à raison des
améliorations faites. Cpr. C. sarde art. 2168 ; C. napolit. art. 1690.
Contra, d'après le code de Parme art. 427 les hypothèques étaient alors
annulées.

(3) Mais l'emphytéote peut-il, ce que lui interdisait le C. napolit., grever
le fonds de servitudes ? C'est là un point sur lequel le nouveau code
italien ne s'est pas expliqué.

(4) Cpr. C. napolit. art. 1691 à 1699 ; C. de Parme. art. 418.

(5) Supra. p. 480. n. 4.

indemniser à l'expiration de la tenure de toutes les améliorations qu'il a faites (1). Le calcul de l'indemnité est encore ici déterminé par la loi elle-même : si l'emphytéose prend fin par l'expiration du terme, le preneur emphytéotique a droit au montant de la plus-value ; si au contraire elle s'éteint par sa faute, on compare la plus-value et la valeur des impenses, et il ne reçoit que la plus faible des deux sommes. La théorie des risques diffère peu de celle du droit romain ; la perte totale seule libère l'emphytéote, qui ne peut obtenir « aucune remise ou réduction de la redevance « pour quelque stérilité extraordinaire ou perte de « fruits que ce soit » (art. 1559). Toutefois et contrairement aux véritables principes romains que consacrait l'article 422 du code de Parme, dans le cas où le fonds viendrait à être détruit en partie et que la partie qui reste serait insuffisante pour assurer le paiement intégral du canon emphytéotique, l'emphytéote est autorisé à renoncer à son droit en rétrocédant le fonds au concédant (art. 1560).

Enfin le nouveau code italien confirme la sanction énergique, qu'édictait le droit romain à l'encontre de l'emphytéote ne remplissant pas les obligations du contrat : s'il reste plus de deux ans sans acquitter la redevance, s'il détériore le fonds emphytéotique ou s'il ne l'améliore pas, il encourt la déchéance (2), à

---

(1) Art. 1566. Cpr. C. napolit. art 1703.

(2) Art. 1565. Cpr. C. napolit. art. 1689. C. de Parme. art. 421.

moins que ses créanciers n'interviennent pour prévenir cette déchéance (1).

IV. — *Allemagne.* — D'après le droit commun allemand, qui admet l'ancienne distinction du domaine direct (Obereigenthum) et du domaine utile (Nutzeigenthum) (2), l'emphytéose constitue un simple droit réel. Le preneur est investi des pouvoirs les plus étendus de jouissance (art. 235) ; il peut aliéner et hypothéquer son droit (art. 238), le transmettre héréditairement et exercer toutes les prérogatives attachées à la pleine propriété du fonds à la seule condition de n'opérer aucun changement qui en diminue la valeur (art. 237). Ses obligations ne diffèrent pas de celles qui étaient imposées à l'emphytéote romain ; il est tenu de payer intégralement le canon tant que l'immeuble emphytéosé subsiste (art. 240), il doit faire toutes les réparations au fur et à mesure qu'elles deviennent nécessaires (art. 239), et est astreint, en cas d'aliénation, d'avertir le propriétaire auquel appartiennent le retrait emphytéotique et le droit de percevoir le *laudemium* (art. 241). Enfin de nos jours l'emphytéose tend à ne plus être que temporaire et doit être inscrite sur les registres fonciers pour être valablement constituée même *inter partes.* Les législations allemandes ont généralement en effet adopté le principe de la publicité des droits réels (O Effentlichkeit) et ont aboli ou

---

(1) Art. 1565 ; C. napolit. art. 1702.

(2) Art. 198. Cpr. Anth. de St-Joseph. p. 49. — Cette distinction tend à disparaître, V. loi bavaroise du 4 juin 1848. art. 17 ; Lehr. Elém. de dr. germaniq. p. 79.

soumis au rachat tous les droits réels perpétuels (1).

Autriche. — En Autriche, l'emphytéose, appelée aussi le plus souvent *cens héréditaire*, est presque confondue avec l'*Erbpacht* ou contrat de ferme héréditaire, dont elle ne se distingue que par la modicité de la rente (2). Ces deux tenures, également assujetties à la transcription sur les registres fonciers et hypothécaires (art. 431 et 1126), transfèrent au preneur le domaine utile, lui confèrent les mêmes pouvoirs de jouissance et de disposition (art. 363, 1127, 1128, 1129 et 1149) et lui imposent les mêmes obligations (art. 1144). En ce qui concerne la cession du domaine utile, l'usufruitier, comme l'appelle fort inexactement le code autrichien (art. 1143 et s.), est seulement tenu de désigner le nom de son successeur au maître et celui-ci ne peut en principe s'opposer à l'aliénation, à moins que le bien et les droits qui en dépendent soient en danger (art. 1141); le droit de mutation, *laudemium* ou *cens pour cause de mort*, n'est exigé que dans certains cas déterminés, et pour qu'il y ait lieu à retrait, il faut qu'il ait été expressément stipulé et qu'il soit exercé dans les trente jours qui suivent la notification de l'aliénation (art. 1142 et 1141). Toutefois il existe entre l'emphytéose et le contrat à ferme héréditaire une différence importante au point de vue des risques;

---

(1) C. Zurich. art. 755 ; cpr. Lehr. loc. cit. — v. aussi Schulte. hist. du dr. et des inst. de l'Allemagne. traduct. par M. Fournier p. 442; C. royaume de Saxe, art. 276.

(2) Code autrichien, art. 1124 et 359.

si une perte partielle se produit, le fermier héréditaire peut obtenir sur le cens une remise proportionnelle pour le temps pendant lequel il a été privé de
sa jouissance, tandis que l'emphytéote, dans le même
cas, doit acquitter intégralement le montant de la
redevance (art. 1133 et 1134) (1).

Prusse. — Le code prussien contient de nombreuses dispositions sur l'emphytéose (2), mais les règles
relatives à ce contrat sont à peu de chose près les
mêmes que celles prescrites pour l'usufruit. Ainsi
l'emphytéote ne peut sans le consentement du propriétaire faire subir au fonds aucun changement susceptible d'en altérer la substance ; s'il peut faire exercer son droit par un tiers, il lui est défendu de céder
le droit en lui-même (art. 110) et, s'il y renonçait en
faveur du propriétaire, il ne serait pas pour cela
déchargé de ses obligations ; enfin il lui est interdit
d'établir sur le fonds des charges permanentes. A ce
dernier point de vue, la loi a été modifiée par un rescrit
du 18 novembre 1802, qui permet au preneur emphytéotique d'hypothéquer sans autorisation du nu-propriétaire. L'emphytéose prussienne présente deux
particularités assez remarquables en ce qui concerne
le canon emphytéotique, et qui la distinguent de l'u-
sufruit avec lequel elle paraîtrait devoir se confondre.
Le preneur, en cas de sinistre ou de stérilité du sol,
peut obtenir en effet une diminution de la redevance

---

(1) Cpr. Lefort. p. 373 et Anthoine de St-Joseph..t. *1*. p. 170.

(2) V. les articles 187 à 226 du code Frédéric.

(presque toujours en Prusse proportionnelle au revenu normal du fonds), et s'il ne paye pas le canon ou s'il abandonne l'immeuble du fonds, le bailleur a le droit d'en réclamer la vente judiciaire (1). Enfin la loi du 2 mars 1850 (2) a supprimé en Prusse l'emphytéose perpétuelle et depuis la loi du 5 mai 1872 le bail emphytéotique est au nombre des droits réels soumis à la formalité de l'inscription sur les registres fonciers (3).

V. — *Belgique.* — Nous serons excessivement brefs sur la législation belge (loi du 25 janvier 1824) que nous avons presque entièrement analysée en traitant de l'emphytéose dans le droit français. Nous nous bornerons simplement à dire que cette emphytéose constitue un droit réel, immobilier (art. 1), réglé en principe par la convention des parties (art. 17), passible des droits de mutation immobilière (art. 11 L. 27 décembre 1817), soumis à la transcription quant aux rapports de l'acquéreur avec les tiers (4) et dont la durée ne peut dépasser 99 ans, ni être inférieure à 27 ans. La théorie belge ne s'écarte du reste que fort peu de celle que nous avons cherché à établir et nous nous contenterons de rappeler sommairement les quelques particularités qu'on y rencontre. Contrairement en effet aux règles que nous avons

---

(1) Anth. de St-Joseph. p. 257; cpr. Lefort. p. 378.

(2) Cpr. Lehr. p. 79

(3) Ann. de législat. étrang. 1873. p. 208 et s.; cpr : L. 13 fév. 1874 et 23 juin 1876 (Ann. de législat. étrang. 1874-1875. p. 136 ; 1876-1877. p. 174).

(4) Art. 1. L 16 sept. 1851 : cpr. Arntz. 1. n. 1222.

posées, la législation belge accorde une indemnité au preneur en cas de perte partiélle des fruits ou lorsqu'il est privé pendant 30 ans de la jouissance du fonds (art. 11), elle lui permet de disposer librement de ses améliorations à l'expiration du bail ou même de les enlever (1), et lui confère la faculté de grever le fonds de servitudes pendant la durée de la concession (2).

VI. — *Hollande.* — La loi du 10 janvier 1824 sur l'emphytéose a été promulguée en Hollande comme en Belgique (3) et est restée en vigueur jusqu'en 1838, époque à laquelle on a publié un nouveau code civil de ce royaume. Les articles 767 à 783, consacrés à l'emphytéose, reproduisent presque intégralement toutes les dispositions de la loi de 1824, à laquelle ils n'ont fait subir que deux modifications. D'une part en effet le code hollandais a rejeté l'article 2 de la loi de 1824, aux termes duquel l'emphytéose était assujettie à un *maximum* et à un *minimum* de durée, et d'autre part il a comblé une lacune qu'offrait l'article 15 de la même loi en insérant dans l'article 780 l'alinéa suivant « il (l'emphytéote) sera déchu aussi s'il n'a « payé la redevance pendant cinq ans consécutifs « après avoir été mis en demeure six semaines au- « paravant » (4).

---

(1) Art. 7. — Mais il ne peut contraindre le propriétaire à lui payer la plus-value.

(2) Art. 6. — L. 1824; art. 45 L. 16 déc. 1831. Cpr. Anth. de St-Joseph. t. 2. p. 53; Laurent. t. 8. n. 340.

(3) Rev. Fœlix 1839, p. 377.

(4) Cpr. Anth. de St-Joseph. t. 2. p. 376.

Nous mentionnerons enfin en terminant que les articles 516 et 1220 du code hollandais, qui correspondent aux articles 526 et 2118 de notre code civil, rangent expressément l'emphytéose parmi les biens susceptibles d'hypothèque.

FIN

TABLE DES MATIÈRES

DEUXIÈME PARTIE

ANCIEN DROIT

TROISIÈME PARTIE

DROIT INTERMÉDIAIRE

QUATRIÈME PARTIE

DROIT MODERNE

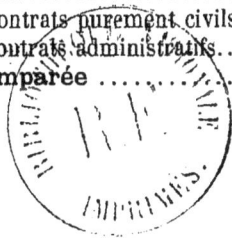

Imprimerie BREYNAT & Cⁱᵉ.